CICÉRON

DISCOURS

—

TOME I

COLLECTION DES UNIVERSITÉS DE FRANCE

publiée sous le patronage de l'ASSOCIATION GUILLAUME BUDÉ

CICÉRON

DISCOURS

TOME I

POUR P. QUINCTIUS — POUR SEX. ROSCIUS D'AMÉRIE
POUR Q. ROSCIUS LE COMÉDIEN

TEXTE ÉTABLI ET TRADUIT

PAR

H. DE LA VILLE DE MIRMONT

DEUXIÈME ÉDITION REVUE ET CORRIGÉE

PAR

Jules HUMBERT

Professeur à l'Université de Poitiers.

AVEC NOTICES JURIDIQUES

DE

Edouard CUQ

Membre de l'Institut.
Professeur Honoraire à la Faculté de Droit de Paris.

PARIS

SOCIÉTÉ D'ÉDITION « LES BELLES LETTRES »

95, BOULEVARD RASPAIL

1934

Conformément aux statuts de l'Association Guillaume Budé, ce volume a été soumis à l'approbation de la commission technique, qui a chargé M. Martha d'en faire la revision et d'en surveiller la correction, en collaboration avec M. de la Ville de Mirmont.

AVERTISSEMENT DE LA SECONDE ÉDITION

Cette seconde édition ne se distingue guère de la précédente que par ceci : 1º l'apparat critique a été rédigé de façon à être conforme aux *Règles* de Havet, postérieures à la première édition ; 2º les notices de chacun des trois discours ont été entièrement refondues. Dans ces notices, M. Cuq s'est attaché surtout à expliquer les questions de droit et de procédure, souvent très obscures, dont parle Cicéron. La plupart des retouches apportées à la traduction sont également de M. Cuq et portent sur des passages de caractère juridique. Le texte, établi par M. de la Ville de Mirmont avec beaucoup de méthode et de prudence, n'a subi que des modifications peu nombreuses. Parmi les plus importantes de ces modifications, je signalerai *Pro Quinctio*, 63 et 87, *iudicium pati* au lieu de *iudicio pati*. M. Cuq ayant appelé mon attention sur ce fait que les textes juridiques disent toujours *iudicium pati* (cf. Gaius, *Dig.*, IV, 7, 3, 5 ; IX, 4, 25. Marcellus ap. Ulp. *Dig.*, V, 3, 13, 14. Paul, *Dig.* III, 3, 54 pr. ; V, 1, 24) j'ai pu constater que *iudicium pati* était bien la leçon de b^2 au § 87 (au § 63 *iudicium* est omis par tous les mss.), d'après une rectification de Clark (cf. *Anecdota Oxoniensia*, XI, p. 86), qui dans son édition avait attribué à b^2 *iudicem pati*. Une autre modification très importante est relative aux chiffres donnés par les mss. dans le *Pro Q. Roscio comoedo* ; on sait que ces chiffres ont fait couler beaucoup d'encre et ont été plus ou moins corrigés dans toutes les éditions. M. Cuq a montré dans sa notice que ces chiffres doivent être conservés.

La bibliographie donnée par M. de la Ville de Mirmont s'arrêtait à 1914. Depuis ont paru : 1º Editions critiques : *Pro Quinctio, Pro Sex. Roscio Amerino, Pro Q. Roscio comoedo*, de J. M. Llobera et J. Estelrich, avec

trad. par L. Riber (Bernat Metge, Barcelone, 1923);
A. Klotz (Teubner, 1923) ; *Pro Q. Roscio comoedo* : F. Ra-
morino, Bologne, 1914 ; *Pro Sex. Roscio Amerino* :
Colombo, Turin, 1918 ; 2° Editions scolaires du *Pro Sex.
Roscio Amerino* : J. B. Baker, Oxford, 1916 ; J. W. van
Rooijen, Leyde, 1916 ; K. Rossberg, 2ᵉ éd., Münster,
1912-1917 ; A. Kornitzer, Vienne, 1918 ; H. Hänsel-
K. Busche, 5ᵉ éd., Leipzig, 1918 ; H. Nohl, 2ᵉ éd.,
Leipzig, 1920 ; J. H. Schmalz, Bielefeld, 1923. Une
seconde édition du Commentaire du *Pro Sex. Roscio
Amerino*, de Landgraf, a paru en 1914.

J. Humbert.

PRÉFACE

Ce premier volume des *M. Tulli Ciceronis orationes* contient le *Pro P. Quinctio*, le *Pro Sex. Roscio Amerino* et le *Pro Q. Roscio comoedo*, tout ce que nous possédons des discours de Cicéron antérieurs à sa questure.

Le commencement du *Sex. R.* est donné par le palimpseste du Vatican (*V*), quelques fragments du *P. Q.*, par le palimpseste de Turin (*P*), détruit dans la nuit du 24 au 25 janvier 1904, lors de l'incendie de la Bibliothèque de cette ville.

Les trois discours se trouvent avec les mêmes lacunes dans un grand nombre de mss., tous du xve siècle. Voici ceux que l'auteur de la plus récente et de la meilleure édition critique des discours de Cicéron, A. C. Clark (1), a retenus pour constituer son texte :

D'abord, le *ms. Parisinus* 14749, *olim S. Victoris* 91 (Σ). Ce ms., qui contient le *P. Q.* et le *Sex. R.*, provient de la célèbre abbaye de Saint-Victor, fondée à Paris, en 1113, par Guillaume de Champeaux ; il est le chef de la famille des mss. copiés en France au commencement du xve siècle. C'est de lui que dérivent plusieurs *mss. Parisini* et le *ms. Guelferbytanus* 205 (*w*), de la bi-

---

1. *M. Tulli Ciceronis orationes* (Oxford Classical Texts), 6 volumes, 1900-1910. Le *Sex. R.* se trouve dans le vol. publié en 1905 et réimprimé en 1908 ; le *P. Q.* et le *Q. R.*, dans le volume publié en 1909. — W. Peterson a donné le vol. qui contient les *Verrines* et celui qui contient les *Orationes cum Senatui gratias egit, cum populo gratias egit, de domo sua, de Haruspicum responso, pro Sestio, in Vatinium, de prouinciis consularibus, pro Balbo*.

bliothèque de Wolfenbüttel, qui contient le *P. Q.* et le
Sex. R. Pour le *Sex. R.*, le Σ a un mérite particulier, que
Clark a mis en lumière : on y trouve, entre les lignes et
dans les marges, des leçons empruntées au *ms. Cluniacensis* du IX⁰ siècle, aujourd'hui perdu, que Poggio Brac-
ciolini, le grand dénicheur de mss., découvrit, en 1415, à
l'abbaye de Cluny et emporta en Italie, où l'on en fit plusieurs copies, toutes fort défectueuses, car le *Cluniacensis*
était peu lisible. Un ami de Poggio, Bartolomeo, originaire de Montepulciano, avait fait des extraits du
Cluniacensis, qui furent maladroitement transcrits dans
un ms. conservé à la Bibliothèque Laurentienne de Florence : ce sont les *Excerpta Bartolomaei de Montepolitiano, quae in ms. Laur.* LIV, 5 *inueniuntur* (*B*). En 1416,
Giovanni Arretino publiait une copie du *Cluniacensis*
qui est le *Laur.* XLVIII. 10 (*A*), qui a été collationné par
Lagomarsini (*Lag.* 10). En 1417, paraissait une autre
copie, le *Perusinus* E. 71 (π), dont se rapproche beau-
coup une troisième copie faite à une date inconnue, le
Laur. LII. 1 (φ), collationné par Lagomarsini (*Lag.* 65).
Le *A*, le π et le φ sont les meilleurs mss. italiens du *Sex.
R.* L'influence du *Cluniacensis* se fait aussi sentir sur le
Laur. (*Gadd.*) XC *sup.* 69 (ψ), qui donne le *Sex. R.* et le
Q. R., et sur le *Monacensis* 15734 (*s*), qui donne le
Sex. R. Quelques particularités du *Laur.* XLVIII. 25
(χ), qui a été collationné par Lagomarsini (*Lag.* 25),
prouvent que ce ms. a été établi après une nouvelle étude
du *Cluniacensis.* Un autre ms. de la Bibliothèque Laurentienne, le *Laur.* XLVIII. 26 (ω), postérieur à l'an
1425, qui a été également collationné par Lagomarsini
(*Lag.* 26), n'a pas une très grande importance pour le
Sex. R. On doit enfin à un ami de Poggio, connu sous le
nom de Sozomenus, le *Pistoriensis* A. 32 (σ) ; c'est du ms.
de Pistoja que semblent dériver les « codices deteriores »
du *Sex. R.*

A côté des mss. qui ont pour source plus ou moins directe les mss. de Cluny et de Saint-Victor, on note pour
le *P. Q.* et le *Q. R.* le *ms. S. Marci* 255. *Flor. Bibl. Nat.*, I,
IV, 4 (*b*), qui a été collationné par Lagomarsini (*Lag.* 6)
et qui est voisin du Σ. Dans la marge de ce ms. se trouvent de nombreuses variantes (*b²*), empruntées à un
autre archétype que celui d'où le *b* dérive. Des corrections *b²* et des leçons de la famille Σ naît la recension

italienne dont le type est donné par le *ms. S. Marci* 254. *Flor. Bibl. Nat.* I, ɪv, 5 (χ), qui contient le *P. Q.*

Pour le *Q. R.*, Clark fait état de divers apographes du ms. que Poggio avait rapporté d'Allemagne avant 1417 : le *Laur.* XLVIII. 26 (ω), collationné par Lagomarsini (*Lag.* 26), qui contient aussi le *Sex. R.* ; un ms. d'Oxford, le *ms. Oxon. Dorvill.* 78 (*o*), autrefois *ms. S. Mariae*, collationné par Lagomarsini (*Lag.* 38) et devenu la propriété de Jacques Philippe d'Orville (1696-1751) ; un ms. de Sinigaglia, *Senensis* H. VI. 12 (*s*). Un autre ms. de Sinigaglia, le *Senensis* H. XI. 61 (*t*), et un ms. de la Bibliothèque Ambrosienne de Milan, l'*Ambrosianus* C. 96 *supr.* (*m*), qui contiennent l'un et l'autre le *Q. R.*, semblent ne pas être des apographes du ms. de Poggio.

Clark utilise enfin un ms. de Paris, originaire d'Italie, le *Paris.* 7779 (*k*), copié à Pavie en 1459, et un ms. d'Oxford, l'*Oxon. Canonici* 226 (*c*), qui donnent tous les deux le *P. Q.* et le *Q. R.* Ils se ressemblent beaucoup ; mais le *k* est supérieur au *c*.

Parmi les très nombreux mss. qui ont été employés par les anciens éditeurs et dont plusieurs sont perdus ou n'ont pas été identifiés, on trouvera cités incidemment dans l'apparat critique :

le *Paris.* 6369, qui dérive du Σ ;

le *Paris.* 7774 ;

le *Paris.* 16226 ;

des mss. d'Oxford ;

des *mss. Palatini*, dont Gruter avait usé à la Bibliothèque de Heidelberg dont il était conservateur ;

le *Lag.* 13 ;

le *Liber ms. perantiquus* de Fr. Hotman ;

les mss. de Lambin, en particulier le *Memmianus*, qui appartenait à Henri de Mesmes, seigneur de Malassise (1531-1596) ;

les mss. de Graevius.

Les mss. d'autres textes que ceux de ces trois discours permettent d'apporter des corrections utiles à quelques leçons du *P. Q.*, du *Sex. R.* et du *Q. R.* ;

l'*Abrincensis* 238 de l'*Orator* de Cicéron lui-même, ms. du ɪxᵉ siècle, provenant de l'abbaye du Mont-Saint-Michel et conservé à la Bibliothèque d'Avranches (*Orator*, 107 : *Sex. R.*, 72) ;

les mss. de Valère Maxime (VIII, ɪ, 13 ; *Sex. R.*, 64) ;

les mss. de Quintilien (*I. O.*, XI, I, 19 ; IX, III, 86 ;
XII, VI, 4 : *P. Q.*, 4, 78 ; *Sex. R.*, 72) ;

les mss. d'Aulu-Gelle (*N. A.*, IX, XIV, 9 ; X, XXI : *Sex·
R.*, 131 ; *Q. R.*, 30) ;

les mss. des rhéteurs et des grammairiens latins. Iulius
Seuerianus (C. Halm, *Rhet. Lat. Min.*, Leipzig, 1863)
supplée quelque peu par une analyse à la partie perdue
du *P. Q.* — Iulius Rufinianus (*Rhet. Lat. Min.*) est utile
pour *Sex. R.*, 24, 34. — Quelques bonnes leçons sont
fournies par Charisius (H. Keil, *Grammat. Lat.*, Leipzig
1856-1879, t. I, p. 264 : *Sex. R.*, 21), par Diomède (*Grammat. Lat.*, t. I, p. 390 : *Sex. R.*, 21), par Priscien (*Grammat. Lat.*, t. III, p. 534, 7, 28 : *Sex. R.*, 76, 95, 104), par
Arusianus (*Grammat. Lat.*, t. VII, p. 454, 481, 486 : *P. Q.*,
17 ; *Sex. R.*, 11, 23).

On doit enfin tenir compte pour le *Sex. R.* des scolies
qui se trouvent dans un ms. du Xe siècle, le *Leidensis
Vossianus Q.* 138, dont l'auteur inconnu est désigné sous
le nom de *Scholiasta Gronouianus*, parce que son commentaire a été publié pour la première fois dans l'édition
de Gronovius.

Depuis cinq siècles et demi environ que l'on imprime
le *P. Q.*, le *Sex. R.* et le *Q. R.*, soit avec les autres discours
de Cicéron, soit à part, et que l'érudition s'évertue à en
améliorer le texte, les éditions sont très nombreuses ; les
essais de correction, innombrables.

Voici la liste des éditeurs et des philologues dont les
corrections et les conjectures sont mentionnées dans l'apparat critique (1) :

---

1. J'évite, autant que possible, d'imposer aux noms propres le
travestissement d'une forme latine. Dans ses *Essais* (I, XLVI),
notre Montaigne disait fort bien : « I'ay souhaité souuent que ceux
qui escriuent les histoires en Latin nous laissassent nos noms tous
tels qu'ils sont : car, en faisant de Vaudemont, Vallemontanus,
et les métamorphosant pour les garber à la Grecque ou à la Romaine, nous ne sçauons où nous en sommes et en perdons la connoissance. » Nous ne savons évidemment où nous en sommes quand
nous voyons dénommer *Syluius*, Fr. Dubois d'Amiens, éditeur de
quelques discours de Cicéron, et *Bosius*, Simon Dubois, commentateur des lettres de Cicéron à Atticus. Conservons leurs noms latins
à *Ren. Boemoraeus* et à *Ian. Gulielmius*, qui ne sont pas connus
sous d'autres noms ; continuons, à la rigueur, à appeler Greff,

Au xve siècle, en la même année 1471, une double *editio princeps* : celle de Rome (*ed. Rom.* 1471), soignée par le savant Giovanni Andrea, évêque d'Aleria (Io. Andreas Aleriensis), et celle de Venise (*ed. Ven.* 1471), soignée par L. Carbo ; en 1473, à Brescia, l'édition de Ferando (*ed. Bresc.* 1473), qui contient les « orationes iam emendatae et correctae per Dominum Guarinum Veronensem » (Guarini, de Vérone, 1370-1460) ; en 1498, l'édition publiée à Milan (*ed. Mediol.* 1498) par Al. Minuziano (Minutianus, professeur et imprimeur, 1450-1522) ; en 1499, l'édition publiée à Bologne (*ed. Bonon.* 1499) par Filippo Beroaldo (Beroaldus) l'ancien (1453-1515), dont le neveu, Filippo Beroaldo le jeune, devait éditer Tacite, à Rome, en 1515.

Au xvie siècle, Josse Bade, né en 1462 à Asschen, près de Bruxelles (Iodocus Badius Ascensius), mort en 1535 à Paris, où il avait établi une imprimerie vers 1500, beau-père de Robert Estienne et de Michel Vascosan, donne de nombreuses *Ascensianae* de Cicéron ; les plus importantes de ces éditions parisiennes sont l'*ed. Asc.* 1511, l'*ed. Asc.* 1522 et l'*ed. Asc.* 1527, qui contient des corrections de Guillaume Budé (1467-1540), fondées sur le ms. de Saint-Victor ; c'est également d'après ce ms. que François Dubois d'Amiens (Fr. Syluius Ambianus) établit le texte d'une édition du *Sex. R.* publiée par Josse Bade en 1530 (*ed.* 1530).

Parmi les nombreuses éditions italiennes procurées par la famille Giunta, d'abord à Florence, puis à Venise, et par la famille Manuzio à Venise : l'édition soignée par Nic. Angeli (Angelius) et publiée par Luca Antonio et Filippo Giunta à Florence, en 1515 (*ed. Iunt.* 1515) ; l'édition imprimée en 1519 dans l'atelier typographique d'Aldo Manuzio (1450-1515) et de son beau-père Andrea Torresano d'Asola (*ed. Ald.* 1519), soignée par Andrea Navagero (Naugerius, 1483-1529), conservateur de la Bibliothèque Saint-Marc de Venise, qui fut chargé de missions diplomatiques auprès de François Ier et, en Espagne, auprès de Charles-Quint. L'*ed. Iunt.* 1534, imprimée à Venise par Luca Antonio Giunta, profitait des

---

Graeuius et Gronov, *Gronouius* ; mais n'allons pas faire de Manuzio, *Manutius*, ou de Lambin, *Lambinus* et métamorphoser Liebhard en *Camerarius* ou Wynants en *Pighius*.

découvertes que Navagero avait faites dans les mss. de France et d'Espagne. Pietro Vettori (Petrus Victorius, 1499-1585) avait collaboré à l'*ed. Iunt.* 1534. — Cf. Petri Victorii *Variarum Lectionum* libri XXV, Florentiae, 1553 (*P. Q.* : XI, xxii ; XXI, xiii ; *Sex. R.* : XI, xi ; XIV, xxi ; XV, vi ; XVII, xxi ; XVIII, vii). — Plusieurs Aldines (1540, 1550, 1554, etc.) de Paolo Manuzio (1511-1574), fils d'Aldo.

Les éditions parisiennes publiées, en 1538, par le gendre de Josse Bade, Robert Estienne (1503-1559), qui utilise les travaux de Pietro Vettori, et, en 1555, par le frère de Robert, Charles Estienne (1504-1564).

Les éditions imprimées à Bâle par J. Hervag, en 1534 (*ed. Basil.* 1534) et en 1540, celle-ci soignée par Joachim Liebhard de Bamberg (1500-1574), dit Camerarius.

Travaux de Barthélemy Lemasson, d'Arlon (1485-1570), dit Steinmetz ou Latomus, premier titulaire de la chaire d'éloquence latine au Collège de France ; — du Bordelais Aymar de Ranconnet, président au Parlement de Paris, mort à la Bastille en 1559 ; — d'Ottavio Pacato, de Brescia (1494-1567), dit Pantagato ; — de Mario Nizzoli (Nizolius), de Brescello (1498-1565), auteur du *Thesaurus Ciceronianus* (1535) ; — d'Adrien Turnèbe (1512-1565), auteur des *Aduersariorum* libri XXX (*P. Q.* : XVIII, xxi ; *Q. R.* : XXIX, xxxvi) ; — de l'Espagnol Ant. Augustino, de Tarragone (1517-1586) ; — du Hollandais Wynants (1520-1564), dit Pighius ; — du Parisien François Hotman (1524-1590), auteur de *Commentarii in* XXV *Ciceronis orationes* (1554) ; — du Limousin Marc-Antoine Muret (1526-1585), auteur de *Variae Lectiones* (1559) ; — du Parisien Claude Dupuy (1545-1594), dit Puteanus.

Les nombreuses éditions de Denys Lambin (1516-1572), qui donnent les corrections de Ren. Boemoraeus. La première parut à Paris en 1566 ; l'édition publiée à Genève, en 1584, contient les corrections de Fulvio Orsini (1529-1600), dit Ursinus.

Au xviiᵉ siècle, l'édition publiée, en 1618, chez Georg Ludwig Froben, à Hambourg, par J. van Gruytere, d'Anvers (1560-1627), dit Gruter, donne les leçons des *mss. Palatini* d'Heidelberg et les corrections de Ianus Gulielmius, de Lubeck (1555-1584), mort à Bourges où il était allé suivre les cours de Cujas. Jacques Auguste de Thou

a fait un éloge ému (*Histor.*, lib. LXXX) de ce jeune érudit dont on espérait une édition de Cicéron.

L'édition publiée à Amsterdam (1684-1699) par le professeur d'Utrecht J. Georg Greff (1632-1703), dit Graeuius, donne les corrections de Jacques Ménard et de Jean Passerat (1534-1602), professeur au Collège de France, auteur d'un *Coniecturarum liber* (Paris, 1612).

L'édition publiée à Leyde en 1692 par J. Gronov (1645-1716), dit Gronouius :

L'*Ars Critica* (Amsterdam, 1696) du Genevois Jean Le Clerc (1656-1737), dit Clericus.

Au xviiie siècle, l'édition du *P. Q.* et du *Sex. R.* publiée à Padoue en 1723, par Giacomo Facciolati (1682-1769) ; les éditions de Cicéron publiées à Leipzig (1737-1739) par Johann August Ernesti (1701-1781), à Paris (1739-1743) par Pierre Joseph Thoulier, abbé d'Olivet (1682-1768), à Naples (1777-1788) par Gasp. Garatoni (1743-1817), à Leipzig (1795 et suiv.) par Chr. Daniel Beck (1756-1832).

Les travaux de D. Ruhnken (1723-1798). En particulier, édition de Rutilius Lupus, Leyde, 1768, p. 36 : *Sex. R.*, xLIV, 129.

Au xixe siècle, les éditions publiées à Leipzig (1814-1823) par Christ. Gottfried Schütz (1747-1832), et à Zurich (1826-1831) par Gaspard d'Orelli (1785-1849).

Les *Aduersaria* (1831-1833) de Peter Paul Dobree, professeur à Cambridge (1782-1825).

L'édition du *Sex. R.* (Leipzig, 1835) de W. Büchner, qui donne les corrections et conjectures de B. Matthaei, de Heumann, de J. F. Heusinger, de C. Reisig et de Scheller.

Les *Kritiske Bemaerkninger* (Viborg, 1836) de A.-S. Wesenberg ; l'étude de Huschke (*Richters Kritik. Jahrb.*, 1840).

La deuxième édition d'Orelli (Zurich, 1845-1862), complétée et remaniée par J. G. Baiter et Karl von Halm.

Les corrections et conjectures de Pluygers (*Mnemosyne*, VII), de Bake (*Mnemos.*, VIII), de Rinkes (*Mnemos.*, VIII), de J. Vahlen (*Rhein. Mus.*, XIII) et de L. Jeep (*Iahrb. f. Klass. Phil.*, LXXVII).

L'édition de Kayser, (Leipzig, 1861), qui donne des corrections de Krause, de F. Passow, de F. Buecheler et de Th. Mommsen ; la deuxième édition de R. Klotz (Leip-

zig, 1863) ; les éditions du *Sex. R.* publiées par Alfred
Eberhard (Leipzig, 1874), par Friedrich Richter et Alfred
Fleckeisen (Leipzig, 1877), par G. Landgraf (Gotha,
1882 ; Erlangen, 1882-1884).

Les travaux de J. N. Madvig (en particulier : *Madui-
gii ad I. C. Orellium Epistola critica*, 1828 ; *Epistola critica ad C. Halmium*, 1856 ; *Aduersaria critica*, 1871-
1884), de Nielaender (*Progr.*, Krotoschin, 1874), de Paul
(*Progr.*, Berlin, 1875), de Whitte (*Opuscula philologica*,
1876), de G. Landgraf (*De Ciceronis elocutione in ora-
tionibus pro P. Quinctio et pro Sex. Roscio Amerino*, Würz-
burg, 1878 ; *Berlin. Philol. Wochensch.*, 1912, n° 41 : *Sex.
R.*, v, 11), de C. A. Lehmann (*Hermes*, XIV), de G. Krueger (*Iahrb. f. Klass. Phil.*, XCVII), de Gustafsson et de
Trojel, cité par Gustafsson (*Revue de Philologie*, 1894,
p. 259).

L'édition de C. F. W. Mueller (Leipzig, 1894), qui
donne des corrections de Buttmann, de Buecheler et de
Mommsen ; l'édition du *Sex. R.* de Halm et Laubmann
(Berlin, 1896).

Au xxe siècle, l'édition de Clark, qui donne des corrections de Mommsen, de Reid et de Nováck, auteur
d'une édition du *Sex. R.* ; les corrections de C. Jullian
(*Histoire de la Gaule*, t. II, Paris, 1908, p. 517, note 6)
et de L. Delaruelle (*Revue de Philologie*, 1910, p. 238).

Notre texte a profité de tous ces travaux des éditeurs
et des érudits. Il n'en a pas abusé ; il conserve le plus
souvent la leçon des mss. et ne l'abandonne que quand
cette leçon est absurde ou impossible ; c'est seulement
alors qu'il adopte la correction qui se rapproche le plus
de cette absurdité en lui donnant un sens raisonnable,
ou la conjecture qui remédie à cette impossibilité. Par
exemple, *P. Q.*, 7, Σ a *horrentissimos*, qui est absurde ;
b, *honestissimos* ; χ, *c, k, ornatissimos*, qui donnent un
sens convenable : j'admets la correction de Fr. Hotman
florentissimos, qui doit être la leçon primitive dont un
copiste a fait *horrentissimos* et qui est d'ailleurs confirmée
par *P. Q.*, 72 : *L. Philippus..honore florentissimus.* —
Q. R., 30, tous les mss. ont *nouissimis*. Or, Aulu-Gelle
(*N. A.*, X, xxi, 1) note : « Non paucis uerbis, quorum
frequens usus est nunc et fuit, M. Ciceronem noluisse
uti manifestum est, quod ea non probaret : uelut est et
nouissimus et *nouissime*. » Cicéron n'a donc pas écrit

nouissimis. Clark conjecture « fort. *uilissimis* ». J'admets
dans le texte la conjecture *uilissimis,* très voisine de la
leçon *nouissimis.*

Depuis cinq siècles et demi qu'il y a des philologues
qui impriment leurs corrections et leurs conjectures, il
ne doit plus rester beaucoup à corriger et à conjecturer :
j'estime qu'il est sage de ne pas essayer d'ajouter de
glanes à une moisson très abondante, dont les gerbes ont
accueilli beaucoup d'ivraie. J'ai résisté à cette déman-
geaison de corriger, dont Turnèbe confessait ingénument
qu'il était attaqué (1). Je ne propose pour les trois discours qu'une seule correction de minime importance : les
mss. ont *Q. R.*, 24, *expressae..publica hae a praetore formulae* ; l'ed. Ald. 1519 a fait entrer dans le texte la correction *publicae a praetore* ; je me fonde sur *De Re Publ.*,
IV, III, 3, *disciplinam..publice expositam,* pour écrire
publice a praetore.

Notre texte est accompagné d'une traduction en fran
çais. Le travail de la traduction est indispensable à qui-
conque prépare l'établissement d'une édition ; on appré-
cie les difficultés du texte en s'imposant la tâche de le
traduire ; on échappe au danger de dénaturer par des
conjectures hasardeuses ce texte dont on a essayé de
pénétrer le sens. Bien des philologues reculeraient devant
certaines corrections, s'ils étaient tenus d'en donner la
traduction dans une langue moderne claire et précise.
Convaincue que la nécessité s'impose de traduire le
texte qui fait l'objet d'une édition et d'une étude, notre
Faculté des Lettres est, je crois, la première qui ait
demandé aux candidats au doctorat une traduction
des ouvrages latins dont ils entreprenaient d'établir
le texte critique accompagné d'une étude sur l'auteur
et sur son œuvre. Les thèses de M. Vessereau, soutenues
en 1905, étaient une édition critique de Cl. Rutilius
Namatianus, accompagnée d'une traduction française
et d'un index et suivie d'une étude historique sur l'œuvre
et l'auteur, et un texte critique de l'*Aetna,* publié avec
traduction et commentaire.

Les traductions peuvent aussi, ce me semble, ne pas
être utiles seulement à ceux qui les ont faites. En 1905,

---

1. *Aduers.*, XX, xxv : Nunc scabie quadam et prurigine emen-
dandi, fortasse non mendosa, agitatus...

elles étaient encore pour certaines érudits l'objet d'une injuste défiance. M. Hild, doyen de la Faculté des Lettres de Poitiers, pouvait écrire dans la *Préface* d'une traduction des *Annales* de Tacite, due à M. Loiseau (Paris, Garnier, 1905) : « J'ai assez de confiance dans ma vieille expérience de professeur, je crois assez bien connaître l'opinion des latinistes, mes confrères de tout pays, pour affirmer que les traductions en langue moderne de nos auteurs de prédilection, fussent-elles excellentes, nous inspirent surtout de l'indifférence et que n'en usant pas pour notre propre compte, nous nous faisons un point d'honneur de ne les pas trop recommander à nos disciples. » J'avoue ne pas être du nombre plutôt restreint de ces savants latinistes — *pauci quos aequus amauit Iuppiter* —, qui n'ayant jamais de doutes sur le sens d'une phrase latine, ne consultent jamais de traductions. Pour ce qui est de nos disciples, professeurs de Lycées, nous prions le conservateur de la Bibliothèque Municipale de ne pas communiquer la traduction Nisard ou la traduction Panckoucke à ceux de nos élèves qui viennent bâcler leurs versions dans la salle publique avant la classe de deux heures ; professeurs de Facultés, nous encourageons nos étudiants à prendre dans une traduction une première idée d'un auteur à expliquer ou une idée générale des ouvrages qu'ils n'ont pas à étudier spécialement. D'autre part, il n'est pas que des professeurs et des disciples. Bien des amis des lettres anciennes, un peu éloignés de leurs études classiques, aiment l'aide d'une interprétation pour revoir utilement un texte qui, seul, leur serait d'une lecture pénible ; et les honnêtes gens, qui n'ont pas fait leurs humanités, ont bien le droit, s'ils en ont le désir, de faire connaissance avec les ouvrages latins qu'ils ne peuvent lire dans le texte.

Que doit être cette traduction dont la nécessité nous semble s'imposer à tant d'égards ? Il faut qu'elle rende scrupuleusement le texte, sans en dissimuler les défauts, qui sont nombreux dans les discours qui nous occupent. Il ne convient pas que le lecteur s'imagine que le style des discours de jeunesse est le même que celui des *Verrines* ou de la *Milonienne*. On pourra accuser bien des passages de ma traduction d'être en mauvais français : c'est qu'ils rendent des passages écrits en mauvais latin. Par exemple, *Sex. R.*, 5 : His de *causis* ego huic *causae*

patronus = C'est pour ces *causes* que me voici défenseur dans cette *cause*. Même jeu de mots, *Sex. R.*, 149 :
Causam mihi tradidit, quem sua *causa* cupere ac debere
intellegebat = Il m'a confié cette *cause* : à *cause* de lui,
il s'en rendait compte, mon désir et mon devoir étaient
de la défendre. — *Q. R.*, 24 : Non eodem tempore et gestum et animam *ageres ?* = (N'irais-tu pas jusqu'à) *rendre* l'âme en *rendant* par tes gestes quelque action théâtrale ? — *Q. R.*, 42 : Qui omnium *iudicio* comprobatus
est *iudex* = Celui dont la désignation comme *juge* a été
pleinement approuvée par le *jugement* de tous.

H. DE LA VILLE DE MIRMONT.

Bordeaux, 1er octobre 1918.

M. TVLLI CICERONIS

PRO P. QVINCTIO

ORATIO

PRO P. QUINCTIO

Le discours en faveur de Publius Quinctius est un plaidoyer civil composé par Cicéron sous le consulat de M. Tullius Decula et de Cn. Cornelius Dolabella, l'an de Rome 673 (81 avant notre ère). Cicéron, né sous le consulat de C. Atilius Serranus et de Q. Servilius Caepio (648/106) avait alors 26 ans. Il avait déjà plaidé d'autres procès (I, 4), mais parmi les discours qui nous ont été conservés, c'est le plus ancien dont la date soit connue (1). Cicéron apparaît ici comme un avocat d'affaires. C'est pour cela que ce plaidoyer ne figure pas parmi ceux qui ont contribué à établir sa réputation d'orateur (2). Les procès civils ne se prêtent pas, comme les procès criminels, aux effets oratoires : l'examen et la discussion des moyens de procédure employés par l'adversaire leur donnent un caractère technique. Cicéron n'a pas négligé cependant d'attirer l'attention du juge sur l'analogie que la cause présente à certains égards avec une affaire capitale, d'insister sur l'évidence des preuves morales et matérielles, sur les conséquences qu'une sentence défavorable aurait pour la réputation et la fortune de son client.

Le *pro P. Quinctio* est un document intéressant pour l'histoire de la préture au temps de Sylla. On a d'autres exemples de la partialité des préteurs pour leurs amis

(1) Aulu-Gelle, XV, xxviii, 3. La chronologie des deux premiers discours de Cicéron est l'objet de discussions. J. Carcopino a examiné à nouveau les textes qui s'y rapportent, à propos du *pro Sexto Roscio Amerino (Sylla ou la monarchie manquée*, 1931, p. 154 et suiv.). Sur cette question, voir la notice de ce dernier discours.

(2) Dial. or., 37 : « Nec Ciceronem magnum oratorem P. Quinctius defensus.... faciunt ».

politiques, du déni de justice dont leurs adversaires étaient victimes. Contre ces abus, il y avait un double correctif : la distinction des fonctions de magistrat et de juge, l'intercession des tribuns de la plèbe contre les décrets iniques des préteurs. Le *pro P. Quinctio* signale une conséquence du premier correctif, une limite à l'application du second : 1º le juge est indépendant vis-à-vis du préteur quant à l'appréciation du fait ; il a seul qualité pour décider s'il est suffisamment éclairé pour statuer ; le magistrat ne peut fixer d'avance la durée de la plaidoirie d'un avocat (VIII, 33). 2º L'intercession d'un tribun de la plèbe en vue de paralyser un décret du préteur doit, pour être efficace, avoir le caractère d'un secours exceptionnel ; elle est sans valeur si ce n'est qu'un moyen de gagner du temps (XX, 65). Le droit d'intercession ne peut s'exercer d'une manière arbitraire (1).

Le *pro P. Quinctio* contient un grand nombre de termes techniques, dont il était difficile de donner une traduction exacte avant la découverte des Institutes de Gaius. Dans cet ouvrage qui présente un exposé bref et méthodique du droit romain jusqu'à l'époque des Antonins, on trouve de précieux renseignements qui éclairent ou complètent les passages du plaidoyer sur le *uadimonium*, la satisdation *iudicatum solvi*, la procuratèle, l'*adstipulatio*, les *certa nomina*, le pacte de constitut, le contrat de société, la copossession, la récupération d'un immeuble dont on a été expulsé par la violence ou d'un esclave appréhendé sur la voie publique, la *sponsio* préjudicielle, la *bonorum uenditio*. Bien que la découverte du palimpseste de Gaius remonte à 1816, on ne peut pas dire que les traductions publiées depuis un siècle en aient tenu un compte suffisant. Dans la présente édition, on s'est efforcé de rendre par un équivalent ou d'expliquer en note les termes dont la traduction littérale n'est pas possible en français.

Le procès qui fait l'objet du *pro P. Quinctio* a pour origine la liquidation d'une société ayant existé entre Sextus Naevius et Caius Quinctius. Caius était mort laissant pour héritier testamentaire son frère Publius. Le règlement des comptes de la société n'ayant pu avoir lieu à l'amiable, on dut s'adresser à justice. L'affaire

(1) Autre exemple : *Tite-Live*, XL, 29.

avait déjà été plaidée par un grand avocat, M. Junius, mais
cette fois Junius chargé d'une légation pour le peuple
Romain, était absent de Rome. P. Quinctius pria son
beau-frère, l'acteur Q. Roscius, de demander à son ami
Cicéron de le remplacer. Cicéron comprit aisément que la
résistance de Sex. Naevius était inspirée par un esprit de
chicane ; il accepta, bien qu'il eût pour adversaire un
orateur célèbre, Q. Hortensius, assisté par un personnage considérable, le consul de l'an 91, L. Philippus, qui
était réputé pour son habileté à conduire un procès (1).

L'affaire avait en apparence un objet nouveau : il
s'agissait non plus de liquider une société, mais de recouvrer une créance que Sex. Naevius prétendait avoir contre
la succession de C. Quinctius. En réalité, il existait
entre les deux affaires un lien étroit. Prévoyant qu'il
n'avait aucune chance de succès dans un procès de société
soumis d'après l'usage à l'arbitrage d'un homme de
bien (III, 13) (2), Sex. Naevius n'avait que la ressource des
plaideurs malhonnêtes, tenter une diversion, employer
des moyens de procédure à des fins pour lesquelles ils
n'ont pas été établis. Il profite de l'absence de P. Quinctius qu'il dit être son débiteur, et se fait envoyer en
possession de ses biens. C'est un moyen de le placer dans
une situation très difficile ; c'est le mettre hors d'état
d'exiger de longtemps la liquidation de la société, peut-
être même le disqualifier à tout jamais.

Analyse du discours

EXORDE (I-II). Appel à l'équité du juge et de son
conseil. Le citoyen institué pour juger l'affaire est
C. Aquilius Gallus, juriste expérimenté (3), disciple de
Q. Mucius Scaevola (consul en 659/95). A côté de lui
siègent trois hommes choisis parmi les principaux de la

(1) Horace, *Epist.* I, vii, 46.
(2) *De off.*, III, 17 ; *p. Q. Rosc.*, IV, 10. Cf. Ed. Cuq, *Manuel
des Institutions juridiques des Romains*, 2e édit., 1928, p. 381.
(3) C. Aquilius est l'auteur des formules de la stipulation
Aquilienne et des posthumes Aquiliens, cf. Ed. Cuq, *op. cit.*, 624,
708. Il fut préteur en 66, chargé de présider un jury criminel.

cité : L. Lucilius, autre disciple de Q. Mucius (1), P. Quinctilius (2) et M. Marcellus (3) (xvii, 54).

Narration (iii-ix). Dans son exposé des faits, Cicéron indique comment Sex. Naevius a compris ses droits et ses devoirs d'associé, comment il s'est conduit envers P. Quinctius depuis qu'il a su qu'il avait des comptes à lui rendre. Il fait connaître l'homme pour mieux faire sentir au juge son goût pour la chicane (xx, 67) et le peu de valeur de ses affirmations.

Sex. Naevius est un ancien crieur public sans fortune qui a épousé une cousine des Quinctii. Il a abandonné sa profession lorsque C. Quinctius l'a pris pour associé (iii, 12). Caius possédait dans la Gaule Narbonnaise des terres d'un bon rapport et des pâturages où il faisait en grand l'élevage du bétail. La société avait pour objet le commerce des marchandises du pays et, sans doute avant tout, des produits des propriétés de C. Quinctius. Quant à Sex. Naevius, on ne sait quel apport il avait fait à la société. Ce qui est certain, c'est qu'il ignorait tout des droits et des devoirs d'un associé. Sa gestion avait souvent paru suspecte ; il s'appropriait sans scrupule ce qu'il pouvait enlever à la société et emporter chez lui. Plusieurs années s'étaient écoulées sans qu'il eût rendu de comptes, lorsque son associé vint à mourir subitement (iv, 14).

P. Quinctius, dès qu'il a connaissance du testament qui l'institue héritier de son frère, se rend en Gaule. Sex. Naevius l'entretient des affaires de la société, sans aucune allusion aux créances qu'il aurait pu avoir contre C. Quinctius, soit comme associé, soit personnellement. Bien mieux, ayant appris que P. Quinctius, pour payer les dettes de la succession, avait l'intention de vendre quelques biens situés en Gaule, il l'en dissuade en disant que le moment n'est pas favorable pour la vente et qu'il tient à sa dis position les crédits qu'il a à Rome (iv, 16).

Confiant en ces paroles, P. Quinctius rentré en ville conclut avec des créanciers de la succession, les fils de Scapula, un pacte de constitut (iv. 18). Il promet de payer à jour fixe une dette échue, promesse grave qui

(1) *Brutus*, XLII, 154.
(2) *Pro Cluentio*, XXVII, 77.
(3) 2 ª *in* Verr., I, li, 135.

procure au débiteur un sursis (1), mais qui a pour contre-
partie l'obligation de payer moitié en sus en cas d'inexécu-
tion à la date convenue (2). En même temps il prie
Naevius de le mettre en mesure de se libérer. A quoi
Naevius répond qu'il ne se considère pas comme obligé
par des propos en l'air. A Rome en effet la promesse de
payer une somme d'argent doit être contractée dans une
forme solennelle, telle que la stipulation (3). Naevius refuse
de remettre quoi que ce soit à P. Quinctius, pas même
un as, tant que la société ne sera pas liquidée, tant qu'il
n'aura pas la certitude de n'avoir avec lui aucun sujet
de discussion (v, 19). P. Quinctius en est réduit à demander aux Scapulae un léger sursis et à faire vendre en
Gaule en son absence et à une époque plus défavorable
les biens dont il avait résolu de se défaire lorsqu'il était
sur place. Il propose ensuite à Sex. Naevius de régler tous
leurs rapports le plus tôt possible. Chacun d'eux désigne
un ami (v, 21), mais aucun accord ne peut être réalisé.
Les instructions données sont contradictoires. P. Quinctius désire limiter ses pertes ; Sex. Naevius veut gagner le
plus qu'il peut. Il faut procéder judiciairement et d'abord
se promettre respectivement de comparaître en justice
(*uadimonium*, v, 22) (4).

Mais Sex. Naevius prend son temps ; il demande plu-

---

(1) *Ad Att.* I, 7 ; xvi, 15, 5 ; *ad fam.* vii, 4.
(2) Gaius, IV, 171 ; cf. Ed. Cuq, *Manuel* ², 511.
(3) Gaius, III, 92.
(4) Il s'agit ici d'un *uadimonium* conventionnel, et non de celui
qui est dans certains cas imposé au défendeur par le magistrat
(Gaius, IV, 184). Cette sorte de *uadimonium* a été introduite
dans l'usage pour remplacer la citation en justice *(in ius vocatio)*
consacrée par la loi des Douze Tables et qui autorisait l'emploi
de la force *(Porph. in Hor. Sat.,* I, 9, 76). Le *uadimonium* avait
lieu anciennement dans une forme spéciale *(uadari,* de *uas)*
exigeant des paroles solennelles *(uerba concepta : ad Qu. fr.* II,
15), mais depuis la suppression des actions de la loi, il se fait
par une simple promesse sur stipulation *(Pro Tull.,* VIII, 20.
Cf. Ed. Cuq, *Manuel* ², 869). On exigeait parfois des cautions
(sponsores), ou bien l'on s'engageait par serment *(iureiurando).*
On pouvait même désigner d'avance des récupérateurs qui con-
damneront le non-comparant à payer une somme convenue
(Gaius, IV, 185). Mais rien n'indique qu'on ait eu recours en
l'espèce à l'un de ces derniers procédés. C'était le *uadimonium
purum.*

sieurs fois la remise de l'affaire. Lorsqu'il se décide à
comparaître, il déclare que la société ne lui doit plus
rien. Il s'est payé lui-même en vendant aux enchères
ce qu'il a jugé bon. Si P. Quinctius a quelque chose à
lui réclamer, il est prêt à l'écouter. Celui-ci n'insiste
pas, et, désirant vérifier l'état de ses biens en Gaule, il
se met en route pour la province (vi, 23).

Dès que Sex. Naevius apprend son départ, il change
de tactique : il prétend que la succession de C. Quinctius lui doit une forte somme d'argent (xi, 37). Il fait
croire à ses familiers que P. Quinctius lui a promis de
comparaître en justice pour cette affaire et fait constater
par témoins qu'il est défaillant (vi, 25). Puis grâce à
ses amis politiques, partisans de Sylla, il obtient du
préteur Burrienus un décret ordonnant l'envoi en possession et l'affichage des biens de P. Quinctius.

Alors intervient Sextus Alfenus : il se présente à titre
de procurateur de son ami P. Quinctius et s'oppose à
l'exécution du décret (vi, 27). Sex. Naevius essaie de
l'écarter en lui demandant la satisdation *iudicatum
solvi* (1). Il est de règle en effet qu'on peut l'exiger d'un
procurateur qui n'est pas constitué solennellement en
qualité de *cognitor* (2). Mais Sex. Alfenus répond que cette
satisdation n'a pas ici de raison d'être : elle est imposée
aux procurateurs pour indemniser le demandeur au
cas où ils abandonneraient la défense (3). Or il ne se présente pas pour défendre à une action personnelle exercée contre P. Quinctius. Il vient protester contre un
envoi en possession accordé à tort en dehors des cas
prévus par l'édit. Un procurateur n'a pas à fournir une
satisdation qu'on ne pourrait exiger de l'intéressé, s'il
était présent (vii, 29). Mais le préteur ne veut rien entendre. Alfenus n'a que la ressource de faire appel à

(1) Gaius, IV, 88-90.

(2) Gaius, IV, 97-101. Les Romains distinguent deux sortes
de mandataires, autorisés à ester en justice au nom d'autrui :
le *cognitor*, constitué en termes solennels en présence de l'adversaire (Gaius, IV, 83) ; le procurateur, qui se présente en vertu
d'un simple mandat, ou même sans mandat, mais de bonne foi
(Gaius, IV, 84).

(3) C'est l'une des trois clauses de la satisdation *iudicatum
solui : de re iudicata, de re defendenda, de dolo malo* (cf. Ed. Cuq,
Manuel 2, 298, 1).

l'intercession des tribuns de la plèbe pour paralyser l'effet du décret. Grâce à l'un d'eux, Brutus (xx, 65 ; xxi, 69), il obtient que le décret ne soit pas exécuté jusqu'aux ides de septembre.

Dans l'intervalle, Sex. Naevius, qui se croit tout permis, a fait expulser P. Quinctius des pâturages et des terres de la société (xxix, 90) comme s'il n'y avait aucun droit. Mais le gouverneur de la province, C. Flaccus, lui a donné l'ordre de restituer une possession dont il s'est emparé par la violence (vii, 28) (1). A Rome, Sex. Naevius appréhende sur la voie publique un esclave de P. Quinctius et veut l'emmener chez lui. Sex. Alfenus intervient aussitôt et le ramène dans la maison de son maître (2) (xix, 61 ; xxix, 89).

Au retour de P. Quinctius, Sex. Naevius, naguère si pressé de se faire envoyer en possession, ne requiert pas l'exécution du décret de Burrienus. Il semble avoir oublié ses griefs contre P. Quinctius. Il lui donne même un témoignage de confiance (3) en s'associant avec lui pour acheter les biens de Sex. Alfenus confisqués et vendus par Sylla (xxiv, 76). Mais au bout de 18 mois, il demande au nouveau préteur Cn. Dolabella que P. Quinctius fournisse la satisdation *iudicatum solui* imposée à ceux dont les biens ont été possédés 30 jours, et qui sont considérés comme des débiteurs suspects (viii, 30) (4). P. Quinctius refuse parce que l'envoi en possession n'a pas eu lieu conformément à l'édit, et que la créance qu'on prétend avoir contre la succession de son frère n'existe pas. Il demande qu'on statue d'abord sur le fond et que Sex. Naevius prouve son droit. Mais le préteur ne lui laisse que le choix entre deux partis : donner la satisdation requise, ou engager avec Naevius un pari en forme de stipulation *(sponsio)* (5), pour faire juger

(1) C'est l'interdit *unde ui*. Gaius, IV, 154.

(2) C'est une application de l'interdit *de seruo ducendo* qui paraît avoir été la forme primitive de l'interdit *utrubi*. Gaius, IV, 149-150. Cf. Ed. Cuq, *Manuel* ², 321, 2.

(3) Le contrat de société *(uoluntaria societas)* crée entre les associés des rapports analogues à ceux qui existent entre frères *(fraterna necessitudo* : IV, 16). Cf. Ed. Cuq, *op. cit.*, 500, 2.

(4) Gaius, IV, 102. Table d'Héraclée, I, 116, 117.

(5) Cette *sponsio* est une stipulation préjudicielle et non une stipulation de peine (Gaius, IV, 93, 94). C'est une manière de

si les biens ont été possédés 30 jours en vertu de l'édit de Burrienus (viii, 31).

P. Quinctius proteste contre cette alternative *(optio* ix, 32). Fournir la satisdation, ce serait reconnaître la régularité de l'envoi en possession ; ce serait se condamner soi-même à une peine capitale *(se capitis damnaret* : ix, 32). Il ne s'agit pas ici de la peine capitale au sens moderne, de la peine de mort. L'envoi en possession, suivi de la vente des biens, n'est pas le châtiment d'un crime : il ne suppose ni une accusation intentée par un citoyen contre un autre dans l'intérêt public, ni un jugement rendu par le peuple dans ses comices, ou par un jury *(quaestio perpetua)* institué en vertu d'une loi (1). Il n'entraîne pas la perte de la liberté ou de la cité. Cicéron, tout en disant qu'il plaide *causam capitis* (ix, 33 ; xxii, 71 ; xxxi, 95), qu'il parle *pro capite* (vii, 33 ; xxii, 72), précise sa pensée en qualifiant l'instance *iudicium de fama fortunisque* (i, 3 ; viii, 30 ; ix, 33). La *capitis damnatio* est une peine civile : celui dont les biens sont affichés (xv, 50 ; xix, 61) et vendus est perdu de réputation et dépouillé de ses biens.

Le mot *caput* reçoit ici un sens spécial : c'est d'abord l'état d'un citoyen dont l'honorabilité *(existimatio,* xv, 49 ; xxxi, 96) est intacte *(caput incolume,* xiii, 45), à qui l'on ne peut reprocher une faute de conduite. Au contraire, celui dont les biens sont affichés et vendus ne s'est pas comporté comme un bon citoyen : il a mal géré sa fortune. Il encourt l'ignominie (xxxi, 99), *suo uitio* (2). Le *caput* est ensuite l'état du citoyen qui a la libre disposition de ses biens présents et à venir. Celui qui a été frappé par un décret d'envoi en possession est dépouillé de ses biens (3) suivant une procédure intro-

---

soumettre une question litigieuse à un juge, mais non d'infliger une peine pécuniaire à la partie qui succombe. La somme stipulée ne sera pas effectivement payée.

(1) Cicéron *(Pro Q. Roscio comœdo,* VI, 16) déclare que les actions de fiducie, tutelle, société, sont *iudicia priuata summae existimationis et paene dicam capitis.*

(2) Gaius, II, 154.

(3) Il reste capable d'en acquérir dans l'avenir (Gaius, II, 155). Mais ses créanciers les feront vendre à leur profit, s'ils n'ont pas été entièrement désintéressés.

duite par le préteur Rutilius (1), à l'exemple de celle
qu'on applique aux condamnés à la confiscation *(bonorum sectio)* (2). L'administration et la garde des biens
sont confiées à la masse des créanciers pendant 30 jours,
après quoi, sur la convocation du préteur, les créanciers choisissent l'un d'entre eux *(magister* : xv, 50)
pour faire vendre les biens dans un délai de 10 jours (3).
Les biens sont adjugés aux enchères, en bloc et au plus
offrant. L'adjudicataire *(bonorum emptor*, xv, 50) acquiert
tout l'actif à charge de payer le passif proportionnelle-
ment au prix d'adjudication. Il est assimilé à un suc-
cesseur universel (4). C'est dire que le débiteur dont les
biens sont vendus est traité comme s'il était mort : il
assiste vivant à ses propres obsèques (xv, 50).

P. Quinctius a donc raison de refuser la satisdation.
Sa situation sera-t-elle meilleure s'il opte pour la seconde alternative ? Engager une stipulation préjudicielle sur la question de savoir si les biens n'ont pas
été possédés conformément à l'édit du préteur Burrienus,
c'est se porter demandeur au procès ; c'est assumer la
charge de la preuve. Les rôles seront intervertis : le
prétendu créancier sera cru sur parole. P. Quinctius
sera moins bien traité que s'il avait commis un crime :
celui qui plaide au criminel se défend contre une accusation formulée contre lui (ii, 8 ; ix, 33) ; il peut la discuter, montrer que les faits allégués sont faux. Ici au
contraire P. Quinctius ignore quel est le fondement de la
créance que Naevius prétend avoir acquise contre
C. Quinctius, et cependant il devra parler le premier
(xxxi, 95). Quel que soit le parti qu'il prenne, son honneur
est en jeu non moins que sa fortune : la stipulation préjudicielle est une *sponsio de probro* (xiii, 46). Néanmoins
Quinctius se décide pour le second parti qui lui laisse
l'espoir de convaincre un juge en qui il a pleine confiance
(ii, 10 ; ix, 32) : il sait que C. Aquilius est un homme
intègre qui n'a qu'un souci, la recherche de la vérité. Il
a également pleine confiance dans les trois hommes choisis
suivant l'usage par Aquilius pour former son conseil.

---

(1) Gaius, IV, 35.
(2) Varro, *De ling. lat.*, II, 10. Gaius, IV, 146.
(3) Gaius, III, 79.
(4) Gaius, III, 80.

Division (x). Cicéron annonce qu'il prouvera : 1° que Sex. Naevius n'était pas fondé à requérir l'envoi en possession ; 2° qu'il n'a pas pu posséder les biens conformément à l'édit ; 3° qu'il ne les a pas possédés.

Confirmation (xi-xxvii). I. Naevius n'était pas créancier de C. Quinctius. Il prétend avoir eu contre lui des créances d'argent s'élevant à une forte somme (xi, 38), des créances dont le montant est fixe (*certa nomina*) et ne peut être modifié par le juge (1). Il ne les a jamais fait valoir en justice (xii, 40). Il n'en a même jamais parlé depuis deux ans. Il soutient que P. Quinctius lui a promis de comparaître ; mais le jour où cette promesse lui aurait été faite, P. Quinctius était parti de Rome pour se rendre en Gaule (xviii, 57).

II. Naevius n'a pas possédé les biens conformément à l'édit, car aucun des cas prévus n'est applicable. P. Quinctius ne s'est pas caché par fraude : il a laissé un procurateur. Il n'a pas quitté sa patrie pour s'exiler : il est parti pour ses affaires. Il n'a pas été *indefensus* : son procurateur est intervenu dès que la vente des biens a été affichée (vi, 27). Qu'importe si ce procurateur a obtenu l'intercession d'un tribun de la plèbe, qui était son ami ? Il s'agissait d'obtenir un secours (*auxilium*) contre un décret inique d'un préteur, ami politique de Naevius. L'envoi en possession suppose qu'il y a plusieurs créanciers : ici un seul se présente, et Naevius ne prouve pas que son débiteur ait refusé de payer (xxiv, 76). Naevius a fait expulser P. Quinctius de certains immeubles, tandis que l'édit autorise simplement la copossession (xxvii, 85). Il a d'ailleurs ordonné cette expulsion, alors que le décret du préteur ne pouvait pas matériellement être parvenu en Gaule (xxv, 79).

III. Naevius n'a pas possédé la totalité des biens, comme l'édit l'exige. Il n'a pas même appréhendé les immeubles propres de P. Quinctius (xxvii, 85), ni en Gaule, ni à Rome. De tous les esclaves de P. Quinctius, il n'en a saisi qu'un : une simple opposition a suffi pour le faire tenir tranquille (xxix, 89).

Récapitulation (xxviii-xxix). [Le début manque dans les mss.]. Toutes les difficultés de ce procès viennent de ce que Sex. Naevius n'a pas voulu soumettre à un

---

(1) Gaius, IV, 50, 52.

juge la créance qu'il prétend avoir. L'affaire aurait pu
être terminée en un seul jour. Cicéron lui a offert, au
nom de P. Quinctius, la satisdation *iudicatum solui*, si
de son côté il consentait à la fournir lorsque P. Quinctius
agirait contre lui (xxviii, 85).

Péroraison (xxx-xxxi). Cicéron fait appel à la pitié
du juge qui ne laissera pas noter d'infamie et priver de
ses biens un homme qui est arrivé à l'âge de 60 ans avec
une réputation intacte et qui n'a pu transiger avec son
adversaire à des conditions supportables.

SIGLA

P = Palimpsestus Taurinensis (30-53 : *sed bonorum...*
  tute collegis- ; 66-70 : *-sentem sine causa.. com-*
  memorando renoua- ; 92-93 : *minas quas... ait*
  officium).

Σ = ms. Paris. 14749, olim S. Victoris 91.

b = ms. S. Marci 255 (Lag. 6), Flor. Bibl. Nat. I.
  iv. 4.

b^2 = m. 2 in ms. S. Marci 255.

χ = ms. S. Marci 254, Flor. Bibl. Nat. I. iv. 5.

c = ms. Oxon. Canonici 226.

k = ms. Paris. 7779.

w = ms. Guelferbytanus 205.

Omnes codices praeter P saeculo XV scripti sunt.

PLAIDOYER POUR P. QUINCTIUS

Exorde I 1 Les deux autorités qui ont le plus grand pouvoir dans l'Etat, ces autorités agissent aujourd'hui toutes les deux ensemble contre nous, je veux dire la souveraineté du crédit et celle de l'éloquence : celle-ci, C. Aquilius, m'inspire une crainte respectueuse ; celui-là, je le redoute. Que l'éloquence de Q. Hortensius soit une gêne pour mon discours, j'en suis profondément ému ; que le crédit de Sex. Naevius nuise à P. Quinctius, j'en ai une vive frayeur. 2 Et il ne nous semblerait pas avoir à déplorer ainsi leur position éminente, si la nôtre était tout au moins moyenne. Mais l'affaire se présente dans de telles conditions, que moi, qui n'ai pas assez d'expérience et qui ai trop peu de talent naturel, je me trouve apparié avec un défenseur très disert, que P. Quinctius, dont les ressources sont faibles, les moyens d'action nuls, le nombre des amis très restreint, est en lutte avec un adversaire qui jouit du plus immense crédit. 3 Et, ce qui aggrave encore notre désavantage, M. Junius, qui a plaidé souvent cette cause devant toi, C. Aquilius, M. Junius, cet homme qui s'est exercé dans d'autres causes et qui s'est souvent et beaucoup occupé de celle-ci, est absent en ce moment, empêché par une nouvelle légation ; et c'est à moi qu'on est venu, à moi, qui, aurais-je même au plus haut point les autres moyens de succès, n'ai pu assurément avoir qu'à peine le temps nécessaire pour étudier une cause que compliquent tant de controverses.

PRO P. QVINCTIO ORATIO

I 1 Quae res in ciuitate duae plurimum possunt,
eae contra nos ambae faciunt in hoc tempore, summa
gratia et eloquentia ; quarum alteram, C. Aquili, uereor,
alteram metuo. Eloquentia Q. Hortensi ne me in dicendo impediat, non nihil commoueor, gratia Sex.
Naeui ne P. Quinctio noceat, id uero non mediocriter
pertimesco. **2** Neque hoc tanto opere querendum uideretur, haec summa in illis esse, si in nobis essent saltem
mediocria ; uerum ita se res habet, ut ego, qui neque usu
satis et ingenio parum possum, cum patrono disertissimo
comparer, P. Quinctius, cui tenues opes, nullae facultates, exiguae amicorum copiae sunt, cum aduersario
gratiosissimo contendat. **3** Illud quoque nobis accedit
incommodum, quod M. Iunius, qui hanc *causam,
C. Aquili,* aliquotiens apud te egit, homo et in aliis
causis exercitatus, et in hac multum ac saepe uersatus,
hoc tempore abest, noua legatione impeditus, et ad me

---

1 res in ciuitate duae : d. r. i. c. b^1ck ‖ in dicendo : dicendo
Σb^1 ‖ ne P. χck : nepotis (ne *add.* b^2) *cet.* ‖ Quinctio (Quinctius
semper P) : Quintio *codd.*

2 neque hoc : nec hoc Σ ‖ tanto opere $b^2\chi c^1$: tanto tempore Σ
tempore b^1c^2k.

3 causam C. Aquili *add. R. Klotz* : causam Aquili *post* egit
add. k ‖ ac saepe : et saepe χ.

4 C'est ainsi que le soutien sur lequel j'avais coutume
de m'appuyer dans les autres causes que j'ai plaidées me
fait aussi défaut dans celle-ci. Car les ressources que le
talent est impuissant à me fournir, je me les procurais
par le travail ; or il ne saurait être question de travail
que si l'on a du temps devant soi. Plus mes désavan-
tages sont nombreux, C. Aquilius, plus il vous faudra,
toi et les assesseurs qui composent ton conseil, écouter
nos paroles avec un esprit bienveillant, afin que la vérité
affaiblie par tant de conditions défavorables retrouve
enfin toute sa force grâce à l'équité d'hommes aussi
éminents. **5** Que si, étant juge, on te voit ne donner
aucune protection à la solitude et à la détresse contre
la puissance et le crédit, si, devant le conseil que tu pré-
sides, la cause doit être pesée d'après les richesses et
non d'après la vérité, certes, il n'y a plus alors dans
l'Etat ni moralité, ni sincérité ; il n'y a plus de consolation pour les faibles dans l'autorité et l'intégrité des
juges. Oui, ou la vérité l'emportera par sa force devant
toi et ceux qui t'assistent ; ou, repoussée de ce tribunal
par la puissance et par le crédit, elle ne pourra trouver
nulle part un refuge où s'arrêter.

II Si je parle ainsi, C. Aquilius, ce n'est pas qu'il me
vienne le moindre doute sur la confiance que tu mérites
et sur la fermeté de ton caractère, ce n'est pas que
P. Quinctius ne doive mettre la plus grande espérance
dans ces hommes que tu as appelés auprès de toi comme
conseillers et qui sont l'élite de l'Etat. **6** Qu'est-ce donc
qui nous inquiète ? D'abord, la grandeur du danger
accable P. Quinctius de la plus forte crainte ; sa situation tout entière dépend d'une seule instance : et, à cette
pensée, l'idée de ta puissance se présente à son esprit
aussi souvent que celle de ton équité ; car tous ceux
dont la vie est entre les mains d'autrui se préoccupent
plus souvent de ce que peut que de ce que doit faire
l'homme au pouvoir et à la souveraineté duquel ils sont
soumis. **7** Ensuite, P. Quinctius a pour adversaires,
en apparence Sex. Naevius, mais en réalité les hommes
d'aujourd'hui les plus diserts, les hommes qui entre tous

uentum est, qui, ut summa haberem cetera, temporis
quidem certe uix satis habui, ut rem tantam, tot controuersiis implicatam, possem cognoscere.

4 Ita, quod mihi consueuit in ceteris causis esse adiumento, id quoque in hac causa deficit. Nam, quo*d*
ingenio minus possum, subsidi*um* mihi diligenti*a* com-
paraui ; quae quanta sit, nisi tempus et spatium datum
sit, intellegi non potest. Quae quo plura sunt, C. Aquili,
eo te, et hos, qui tibi in consilio sunt, meliore mente
nostra uerba audire oportebit, ut multis incommodis
ueritas debilitata tandem aequitate talium uirorum
recreetur. 5 Quod si tu iudex nullo praesidio fuisse uide-
bere contra uim et gratiam solitudini atque inopiae,
si apud hoc consilium ex opibus, non ex ueritate causa
pendetur, profecto nihil est iam sanctum atque sincerum
in ciuitate, nihil est quod humilitatem cuiusquam graui-
tas et uirtus iudicis consoletur. Certe, aut apud te et hos,
qui tibi adsunt, ueritas ualebit, aut ex hoc loco repulsa
ui et gratia locum, ubi consistat, reperire non poterit.

II Non eo dico, C. Aquili, quo mihi ueniat in dubium
tua fides et constantia, aut quo non *in* his, quos tibi aduocasti, uiris *l*ectissimis ciuitatis spem summam habere
P. Quinctius debeat. 6 Quid ergo est ? Primum magnitudo periculi summo †imore hominem adficit, quod uno
iudicio de fortunis omnibus decernit, idque dum cogitat,
non minus saepe ei uenit in mentem potestatis quam

---

3 uentum est : uentum Σ ‖ possem *ed. Rom.* 1471 : possim *codd.*
4 quod ingenio minus *cod. B* Quint. 11, 1, 19 : quo m. i. *codd.* ‖
subsidium mihi diligentia *cod. B* Quint. 11, 1, 19 : subsidio m.
diligentiam *codd.* ‖ et hos : et eos Σ*b*[1].
5 atque sincerum Σ*b*[1] : neque s. *cet.* ‖ ubi Σ : ubi res *cet.* ‖ dico :
loquorΣ ‖ quo mihi : quod m.   *b* ‖ in *add. k* ‖ aduocasti *b* :— auisti
cet. ‖ lectissimis *Lambin* : elect — *codd.*
6 dum : cum Σ*b*[1].

ceux de notre ville l'emportent par leur puissance et par
leur splendeur, et ces hommes emploient un zèle commun
et des ressources immenses à défendre Sex. Naevius, si
l'on peut dire que c'est défendre l'un des deux adversaires que de servir docilement ses désirs passionnés, afin
qu'il puisse plus facilement accabler celui qu'il veut
perdre par un procès inique. 8 Peut-on, en effet, C. Aquilius, peut-on citer ou rappeler une décision plus inique,
plus indigne, que celle qui exige que moi, le défenseur de
l'existence civile de l'autre adversaire, de sa réputation,
de sa situation pécuniaire, je plaide en premier lieu ?
Alors surtout que Q. Hortensius, qui occupe dans l'affaire
que l'on juge aujourd'hui l'office d'accusateur, parlera
contre moi, lui à qui la nature a prodigué une si grande
abondance, une telle facilité de parole ? Il arrive ainsi
que moi, qui dois détourner les traits et panser les blessures, j'ai à m'acquitter de cette tâche avant même que
la partie adverse n'ait lancé aucun trait et qu'on leur
donne, à eux, pour nous attaquer, le moment où le
pouvoir nous aura été enlevé de parer leurs coups, et
que si, en quelque endroit, comme ils sont disposés à le
faire, ils lancent, en guise de trait empoisonné, quelque
accusation mensongère, il n'y aura plus moyen d'apporter le remède. 9 Cela tient à ce que le préteur a violé
l'équité et le droit, d'abord parce que, contrairement à
la coutume générale, il a voulu qu'avant de statuer sur
le fond de l'affaire, le juge se prononçât sur le déshonneur
de P. Quinctius, puis parce qu'il a organisé l'instance
de manière que le défendeur soit obligé de plaider sa
cause avant d'avoir entendu l'accusation dirigée contre
lui. Voilà ce qu'ont obtenu le crédit et la puissance
d'hommes qui se font les complaisants de la passion
et de la cupidité de Sex. Naevius avec autant de zèle
que s'il s'agissait de leur fortune ou de leur honneur
et qui font l'essai de leurs forces dans une affaire telle
que, plus leur mérite et leur noblesse leur donnent de
pouvoir, moins ils devraient y montrer tout ce qu'ils
peuvent.

10 Alors que, abattu et accablé par un si grand nombre

aequitatis tuae, propterea quod omnes, quorum in alterius manu uita posita est, saepius illud cogitant, quid
possit is, cuius in dicione ac potestate sunt, quam quid
debeat facere. 7 Deinde habet aduersarium P. Quinctius
uerbo Sex. Naeuium, re uera huiusce aetatis homines
disertissimos, fortissimos, *f*lorentissimos nostrae ciuitatis, qui communi studio summis opibus Sex. Naeuium
defendunt, si id est defendere, cupiditati alterius obtem-
perare, quo is facilius, quem uelit, iniquo iudicio opprimere possit. 8 Nam quid hoc iniquius aut indignius,
C. Aquili, dici aut commemorari potest, quam me, qui
caput alterius, famam fortunasque defendam, priore
loco causam dicere ? cum praesertim Q. Hortensius, qui
in hoc iudicio partes accusatoris obtinet, contra me sit
dicturus, cui summam copiam facultatemque dicendi
natura largita est. Ita fit, ut ego, qui tela depellere et
uulneribus mederi debeam, tum id facere cogar, cum
etiam telum aduersarius nullum iecerit, illis autem id
tempus impugnandi detur, cum et uitandi illorum impe-
tus potestas adempta nobis erit et, si qua in re, id quod
parati sunt facere, falsum crimen quasi uenenatum
aliquod telum iecerint, medicinae faciendae locus non
erit. 9 Id accidit praetoris iniquitate et iniuria, primum
quod contra omnium consuetudinem iudicium prius de
probro quam de re maluit fieri, deinde quod ita constituit id ipsum iudicium, ut reus, ante quam uerbum
accusatoris audisset, causam dicere cogeretur. Quod
eorum gratia et potentia factum est, qui, quasi sua res

7 florentissimos *Hotman* (*cf.* 22, 72, L. Philippus... florentissimus) : horrentissimos Σ honest — *b* ornat — χ*ck*.
8 in *add. Baiter* ‖ iecerit *b*² : legerit Σ*b*¹χ egerit *ck* ‖ iecerint *b*² :
legerint (egerint *k*) *cet*.
9 omnium : omnem *b*¹*ck*.

de si graves difficultés, P. Quinctius est venu chercher
un refuge dans la confiance que tu inspires, dans ton
amour de la vérité, dans ta miséricorde, C. Aquilius,
alors que la puissance de ses adversaires ne lui a pas
permis de jouir de droits égaux aux leurs, d'obtenir le
même pouvoir d'agir en justice, de trouver un magistrat
équitable, alors que, par la plus grande des injustices,
tout lui est ennemi et hostile, c'est toi, C. Aquilius,
c'est vous, qui siégez dans le conseil, qu'il prie et qu'il
conjure au nom des dieux de permettre que l'équité,
inquiétée, troublée par tant d'actes contraires au droit,
trouve enfin ici un asile et un solide appui.

Narration   III 11 Pour vous rendre la chose plus facile, je vais mettre tous mes soins à vous
faire connaître les faits qui, dès l'origine, ont donné
lieu à cette affaire et les contrats qui ont été conclus.

C. Quinctius, frère de P. Quinctius, notre client, donna,
sans doute, à l'administration de ses autres affaires les
soins prudents et attentifs d'un bon père de famille ;
dans un seul cas il a été un peu moins circonspect,
lorsqu'il s'est associé avec Sex. Naevius, homme de
bien, assurément, mais que son éducation n'avait pas
rendu capable de connaître les droits résultant d'un
acte de société et les devoirs d'un bon père de
famille. Ce n'est pas qu'un certain talent naturel lui
fît défaut : jamais, en effet, Sex. Naevius n'a passé pour
un bouffon sans esprit de bon goût ou pour un crieur
public sans belles manières. Qu'y a-t-il donc contre
lui ? Comme la nature ne lui avait donné rien de mieux
qu'une bonne voix, comme son père ne lui avait laissé
d'autre héritage que l'état d'homme libre, sa voix, il
en fit un instrument de trafic ; son état d'homme libre,
il en profita pour débiter plus impunément ses mor-
dantes plaisanteries. 12 Vouloir vous adjoindre cet
homme comme associé, ce n'était que lui donner les
moyens d'apprendre à fond, aux dépens de votre propre
argent, ce que l'argent rapporte. Cependant se laissant
entraîner par l'amitié qui était née de ses relations avec

aut honos agatur, ita diligenter Sex. Naeui studio et
cupiditati morem gerunt et in eius modi rebus opes suas
experiuntur, in quibus, quo plus propter uirtutem nobi-
litatemque possunt, eo minus, quantum possint, debent
ostendere.

10 Cum tot tantisque difficultatibus adfectus atque
adflictus in tuam, C. Aquili, fidem, ueritatem, misericordiam P. Quinctius confugerit, cum adhuc ei propter
uim aduersariorum non ius par, non agendi potestas
eadem, non magistratus aequus reperiri potuerit, cum
ei summam per iniuriam omnia inimica atque infesta
fuerint, te, C. Aquili, uosque, qui in consilio adestis, orat
atque obsecrat, ut multis iniuriis iactatam atque agita-
tam aequitatem in hoc tandem loco consistere et con-
firmari patiamini.

III 11 Id quo facilius facere possitis, dabo operam,
ut a principio res quem ad modum gesta et contracta
sit cognoscatis.

C. Quinctius fuit P. Quincti huius frater, sane cetera-
rum rerum pater familias et prudens et attentus, una
in re paulo minus consideratus, qui societatem cum Sex.
Naeuio fecerit, uiro bono uerum tamen non ita instituto, ut iura societatis et officia certi patris familias
nosse posset ; non quo ei deesset ingenium ; nam neque
parum facetus scurra Sex. Naeuius neque inhumanus
praeco umquam est existimatus. Quid ergo est ? Cum
ei natura nihil melius quam uocem dedisset, pater nihil
praeter libertatem reliquisset, uocem in quaestum
contulit, libertate usus est, quo impunius dicax esset.

9 in eius modi b^2 : eius m. Σb^1 ‖ quantum k : quod Σ quam *cet*.
10 atque obsecrat... iactatam *om.* Σb^1.
11 huius *codd.* : huiusce Victorinus *R. L.* 201, 25 ‖ quo ei :
quo eidem Σ quo idem b^1.

Naevius, Quinctius forma, comme je l'ai dit, une société
relative aux produits que l'on se procurait en Gaule. Il y
possédait un vaste établissement pour l'élevage du
bétail et des terres fort bien cultivées et de bon rapport.
Voici donc Naevius enlevé aux salles de Licinius (1), à
la réunion des crieurs publics, et transporté en Gaule
jusqu'au delà des Alpes. C'est un grand changement
de milieu ; mais le caractère de Naevius ne change pas.
Lui qui, dès sa prime jeunesse, s'était habitué à gagner
de l'argent sans rien débourser, ne pouvait pas se contenter d'un gain médiocre, lorsqu'il eut apporté à la
société je ne sais quel capital. **13** Rien d'étonnant si
celui qui avait réussi à trafiquer de sa voix estimait
que ce que sa voix lui avait fait gagner devait être pour
lui le moyen d'un gain considérable. Aussi, par Hercule ! c'est sans y mettre de mesure qu'il détournait
de son côté pour sa maison particulière tout ce qu'il
pouvait distraire des biens communs, et en cela il mettait tant de zèle qu'on eût dit que ce sont ceux qui
gèrent une association avec grande honnêteté que l'on
condamne dans les arbitrages entre associés. Mais je
n'estime pas qu'il soit nécessaire de citer à ce propos
certains actes que P. Quinctius désire m'entendre rappeler. Quoique notre cause le demande, comme elle ne
fait que le demander sans le réclamer instamment, je
passerai outre.

IV 14 La société durait déjà depuis bon nombre d'années ; plus d'une fois Naevius avait été suspect à Quinctius, car il ne pouvait pas rendre des comptes en règle
à propos d'affaires qu'il avait traitées suivant sa fan-
taisie et non suivant des procédés réguliers. Cependant,
Quinctius meurt en Gaule — Naevius était auprès de
lui — et il meurt de mort subite. Par son testament il
laissa comme héritier notre P. Quinctius ; en même
temps qu'une très grande douleur venait à Publius de
sa mort, Caius voulait lui faire parvenir aussi un très
grand témoignage d'estime. **15** Son frère mort, et peu
de temps après, Quinctius part pour la Gaule ; là, il vit
familièrement avec ce Naevius. Pendant près d'une

12 Qua re quidem socium tibi eum uelles adiungere,
nihil erat, nisi ut in tua pecunia condisceret, qui pecuniae
fructus esset ; tamen inductus consuetudine ac familia-
ritate Quinctius fecit, ut dixi, societatem earum rerum,
quae in Gallia comparabantur. Erat ei pecuaria res ampla
et rustica sane bene culta et fructuosa. Tollitur ab
atriis Liciniis atque a praeconum consessu in Galliam
Naeuius et trans Alpes usque transfertur. Fit magna
mutatio loci, non ingeni. Nam qui ab adulescentulo
quaestum sibi instituisset sine impendio, postea quam
nescio quid impendit et in commune contulit, mediocri
quaestu contentus esse non poterat. 13 Nec mirum, si
is, qui uocem uenalem habuerat, ea, quae uoce quae-
siuerat, magno sibi quaestui fore putabat. Itaque hercule
haud mediocriter de communi, quodcumque poterat,
ad se in priuatam domum seuocabat ; qua in re ita
diligens erat, quasi ii, qui magna fide societatem gere-
rent, arbitrium pro socio condemnari solerent. Verum
his de rebus non necesse habeo dicere ea, quae me
P. Quinctius cupit commemorare ; tametsi causa postulat, tamen, quia postulat, non flagitat, praeteribo.

IV 14 Cum annos iam complures societas esset, et
cum saepe suspectus Quinctio Naeuius fuisset neque ita
commode posset rationem reddere earum rerum, quas
libidine, non ratione gesserat, moritur in Gallia Quinctius, cum adesset Naeuius, et moritur repentino. Heredem testamento reliquit hunc P. Quinctium, ut, ad quem

---

12 pecuaria : pecuniaria $b^1\chi^2ck$ ‖ liciniis : -nius Σ ‖ a praeconum
consessu : ad praeconium consensu Σb^1.

13 quodcumque *Baiter* : quod quidque [quisque *b*] *codd.* ‖ ii :
hi Σb ‖ arbitrium : -trio *Hotman* ad arbitrum *Ranconnet* ‖ solerent
b^1c^1k : solent *cet.* ‖ tametsi : nam etsi *Hotman*.

14 complures : quam plures b^1 plures *c*.

année, ils sont ensemble : ils échangeaient de nombreuses communications sur la société, sur tout ce qui avait rapport à ces opérations commerciales et à ces propriétés de la province de Gaule ; au cours de ces entretiens Naevius ne fit jamais intervenir un mot pour alléguer que la société lui fût redevable ou que Quinctius lui eût été personnellement redevable de quelque argent. La succession avait laissé quelques dettes ; comme il fallait se procurer les sommes nécessaires pour régler à Rome ces créances, notre P. Quinctius fait annoncer en Gaule par affiches qu'il vendra aux enchères à Narbonne les biens qui étaient sa propriété personnelle. 16 Alors, Sex. Naevius, ce très honnête homme, n'épargne pas les paroles pour le détourner de cette vente aux enchères : la date que les affiches avaient fixée pour la vente n'était pas favorable ; il possédait lui-même à Rome une assez forte somme en espèces ; cette somme, Quinctius devait, s'il avait le moindre bon sens, la regarder comme un bien commun, étant donné les bonnes relations qu'il avait eues avec son frère et leur propre parenté par alliance — Naevius est, en effet, le mari d'une cousine germaine de P. Quinctius et il a d'elle des enfants. — La conduite qu'un honnête homme devait tenir, Naevius la promettait par ses paroles. Quinctius crut que celui qui parlait comme les honnêtes gens agirait aussi comme eux. Il renonce à son projet de faire une vente aux enchères ; il part pour Rome. Naevius quitte la Gaule en même temps et se rend aussi à Rome. 17 C. Quinctius devait de l'argent à P. Scapula : c'est suivant ta sentence, C. Aquilius, que P. Quinctius transige, qu'il compte aux enfants de Scapula la somme nécessaire pour éteindre la dette. C'est par toi que cette question devait être tranchée ; car, comme il fallait fixer le cours du change de monnaie, un examen du montant de la dette dans les livres de comptes n'était pas suffisant : il te fallait encore t'enquérir au temple de Castor (1) de ce qu'il y avait à payer. Tu tranches la question ; et, en raison de l'amitié qui te lie aux Scapula, tu établis ce qu'il fallait leur payer en deniers romains.

summus maeror morte sua ueniebat, ad eundem summus honos quoque perueniret. 15 Quo mortuo, nec ita
multo post, in Galliam proficiscitur Quinctius, ibi cum
isto Naeuio familiariter uiuit. Annum fere una sunt,
cum et de societate multa inter se communicarent et de
tota illa ratione atque re Gallicana ; neque interea uerbum ullum interposuit Naeuius aut societatem sibi quidpiam debere, aut priuatim Quinctium debuisse. Cum
aeris alieni aliquantum esset relictum, quibus nominibus
pecuniam Romae curari oporteret, auctionem in Gallia
P. hic Quinctius Narbone se facturum esse proscribit
earum rerum, quae ipsius erant priuatae. 16 Ibi tum
uir optimus Sex. Naeuius hominem multis uerbis deter-
ret, ne auctionetur : eum non ita commode posse eo
tempore, quo proscripsisset, uendere ; Romae sibi num-
morum facultatem esse, quam, si saperet, communem
existimaret pro fraterna illa necessitudine et pro ipsius
adfinitate ; nam P. Quincti consobrinam habet in matri-
monio Naeuius et ex ea liberos. Quia, quod uirum bonum
facere oportebat, id loquebatur Naeuius, credidit Quinctius eum, qui orationem bonorum imitaretur, facta
quoque imitaturum ; auctionem uelle facere desistit,
Romam proficiscitur ; decedit ex Gallia Romam simul
Naeuius. 17 Cum pecuniam C. Quinctius P. Scapulae
debuisset, per te, C. Aquili, decidit P. Quinctius, quid
liberis eius dissolueret. Hoc eo per te agebatur, quod
propter aerariam rationem non satis erat in tabulis in-

15 debere : -eret Σ ‖ aliquantum : -tulum *b* ‖ curari oporteret :
curare oportuerit *b*¹.
  16 tum : tamen *b*¹ ‖ eum : cum *b*χ² ‖ posse : posset *b*χ ‖ quo
proscripsisset : quae p. χ ‖ credidit : -debat *b*¹ ‖ desistit : destitit
*b*¹*ck*.
  17 decidit : -ditur Σ *in margine* ‖ quid liberis *Baiter* : quod l.
codd. ‖ agebatur : cog- Σ*b*¹.

V 18 En tout cela, Quinctius agissait à l'instigation et suivant les conseils de Naevius. Et il n'était pas étonnant qu'il se conformât aux avis d'un homme dont il se croyait le secours assuré. En effet, ce n'est pas seulement en Gaule qu'il lui avait promis, c'est à Rome même que chaque jour il répétait qu'au premier signe il lui compterait la somme nécessaire. Or, Quinctius savait que cet homme le pouvait ; il se rendait compte qu'il le devait ; quant à un mensonge de sa part, comme Naevius n'avait aucun motif de mentir, il n'y pensait pas. Comme s'il avait les fonds chez lui, il fait un pacte de constitut avec les Scapulae ; il en informe Naevius et le prie de procurer l'argent conformément à ce qu'il avait dit. **19** Alors ce très honnête homme — je crains que Naevius en m'entendant le nommer ainsi pour la seconde fois ne pense que je le tourne en dérision — ce très honnête homme, dis-je, qui estimait que Quinctius se trouvait réduit aux plus angoissantes difficultés, veut l'astreindre à se soumettre en ce moment précis aux conditions qu'il lui imposerait : il déclare qu'il ne donnera pas un as avant le règlement de toutes les affaires et de tous les comptes de la société, avant de posséder l'assurance qu'il n'y aurait pas de sujet de contestation avec Quinctius. « C'est plus tard, dit Quinctius, que nous aurons à nous occuper de ces questions. Pour l'instant, je voudrais, s'il te plaît, que tu procures l'argent, conformément à ce que tu as dit. » Naevius déclare qu'il n'agira pas autrement qu'il ne l'a décidé ; ce qu'il a pu promettre, cela lui importe aussi peu que ce qu'il aurait pu promettre par l'ordre du propriétaire, quand il procédait à une vente à l'encan. **20** Consterné par ce manque de parole, Quinctius parvient à obtenir des Scapula un délai de quelques jours ; il envoie en Gaule faire la vente des biens qu'il avait affichés ; les enchères ont lieu en son absence à un moment défavorable. Il s'acquitte avec les Scapula à des conditions fort pénibles. Alors il fait un appel spontané à Naevius en le priant, puisqu'il soupçonnait qu'il pourrait y avoir contestation sur quelques points, de voir à en finir pour le tout par

spexisse, quantum deberetur, nisi ad Castoris quaesisses,
quantum solueretur. Decidis statuisque tu propter
necessitudinem, quae tibi cum Scapulis est, quid iis ad
denarium solueretur.

V **18** Haec omnia Quinctius agebat auctore et con-
suasore Naeuio. Nec mirum, si eius utebatur consilio,
cuius auxilium sibi paratum putabat ; non modo enim
pollicitus erat in Gallia, sed Romae cotidie, simul atque
sibi hic adnuisset, numeraturum se dicebat. Quinctius
porro istum posse facere uidebat, debere intellegebat,
mentiri, quia causa, cur mentiretur, non erat, non putabat ; quasi domi nummos haberet, ita constituit Scapulis se daturum ; Naeuium certiorem facit, rogat, ut
curet, quod dixisset. **19** Tum iste uir optimus — uereor,
ne se derideri putet, quod iterum iam dico « optimus » —
qui hunc in summas angustias adductum putaret, ut
eum suis condicionibus in ipso articulo temporis adstrin-
geret, assem sese negat daturum, nisi prius de rebus
rationibusque societatis omnibus decidisset et scisset sibi
cum Quinctio controuersiae nihil futurum. « Posterius, »
inquit, « ista uidebimus, » Quinctius ; « nunc hoc uelim
cures, si tibi uidetur, quod dixisti. » Negat se alia ratione
facturum : quod promisisset, non plus sua referre, quam
si, cum auctionem uenderet, domini iussu quidpiam
promisisset. **20** Destitutione illa perculsus Quinctius a
Scapulis paucos dies aufert, in Galliam mittit, ut ea, quae
proscripserat, uenirent, deteriore tempore absens auc-

---

17 ad **Castoris** Σ : ad Catonis Arusianus a quaestoribus $b\chi$ ad
quaestores *ck* ‖ quaesisses Arusianus : — et *codd.* ‖ quid iis :
quid his Σχ.

18 domi nummos : dominum Σb^1.

19 tum : cum Σ$^1\chi^2$ ‖ putaret : putet $b^2\chi^2$ ‖ auctionem : —one
ck Hotman.

une transaction, le plus tôt et avec le moins d'ennuis qu'il serait possible. 21 Naevius se fait représenter par M. Trebellius, son ami ; et nous, par un homme qui était uni par des liens communs aux deux parties, qui avait été élevé dans la maison de ce Naevius, qui était très lié avec lui, notre proche parent Sex. Alfenus. Aucune conciliation n'était possible : notre client désirait ne subir que des dommages modérés ; son adversaire ne se contentait pas d'un profit modéré. 22 Dès lors on en vint aux promesses de comparution. Après plusieurs remises successives, après un certain temps perdu ainsi sans aucun résultat, Naevius se décide à comparaître.

VI Je t'en conjure, C. Aquilius, par tout ce que tu as de plus sacré ; je vous en conjure, vous qui siégez dans le conseil : prêtez-moi l'attention la plus diligente pour qu'il vous soit possible de connaître d'une affaire où la fraude est d'un genre tout spécial, où les pièges sont tendus suivant des combinaisons toutes nouvelles. 23 D'après ses dires, Naevius a fait en Gaule une vente aux enchères ; il a vendu ce qu'il a jugé à propos de vendre ; il a tout réglé pour que la société ne lui dût rien ; il n'a plus de motif désormais pour exiger ou faire des promesses de comparaître ; si Quinctius veut, sur quelque point, agir en justice avec lui, il y consentira. Comme celui-ci désirait aller de nouveau visiter ses propriétés dans la province de Gaule, il n'exige pas alors que Naevius s'engage à comparaître de nouveau. C'est ainsi que l'on se sépare sans promesse de nouvelle comparution. Quinctius demeure encore à Rome trente jours environ. Il obtient remise de toutes les autres personnes avec lesquelles il avait engagement à comparaître ; il peut ainsi partir pour la Gaule, libre de tout souci ; il part. 24 C'est trois jours avant les calendes de février, sous le consulat de Scipion et de Norbanus (1), que Quinctius sort de Rome. — Je vous prie de confier cette date à votre mémoire. — L. Albius, fils de Sextus, de la tribu Quirina, un honnête homme et des plus honorables, partit en même temps que lui. Arrivés à

tionatur, Scapulis difficiliore condicione dissoluit. Tum
appellat ultro Naeuium, ut, quoniam suspicaretur aliqua de re fore controuersiam, uideret, ut quam primum
et quam minima cum molestia tota res transigeretur.
21 Dat iste amicum M. Trebellium, nos communem
necessarium, qui istius domi erat eductus, et quo utebatur iste plurimum, propinquum nostrum, Sex. Alfenum.
Res conuenire nullo modo poterat, propterea quod hic
mediocrem iacturam facere cupiebat, iste mediocri praeda contentus non erat. **22** Itaque ex eo tempore res esse
in uadimonium coepit. Cum uadimonia saepe dilata
essent, et cum aliquantum temporis in ea re esset con-
sumptum, neque quicquam profectum esset, uenit ad
uadimonium Naeuius.

VI Obsecro, C. Aquili uosque qui adestis in consilio,
ut diligenter attendatis, ut singulare genus fraudis et
nouam rationem insidiarum cognoscere possitis. **23** Ait
se auctionatum esse in Gallia ; quod sibi uideretur, se
uendidisse ; curasse, ne quid sibi societas deberet ; se
iam neque uadari amplius neque uadimonium promit-
tere ; si quid agere secum uelit Quinctius, non recusare.
Hic cum rem Gallicanam cuperet reuisere, hominem in
praesentia non uadatur ; ita sine uadimonio disceditur.
Deinde Romae dies xxx fere Quinctius commoratur ;
cum ceteris quae habebat uadimonia differt, ut expedi-
tus in Galliam proficisci posset ; proficiscitur. **24** Roma
egreditur ante diem iv Kalend. Februarias Quinctius,

20 tota res transigeretur : r. t. tota b^1.
21 nos : nostrum Σ ‖ eductus $b^2\chi$ (*cf.* § 69) : educatus *cet.*
22 in uadimonium : in uadimonio b^2.
23 se auctionatum esse $\Sigma\chi$: a. s. e. *b* e. s. a. *ck* ‖ posset $b^2\chi$:
—sit *cet.*
24 ante diem **IV** : a. d. II *Hotman* (*cf.* § 57 pridie Kalendas).

l'endroit qu'on appelle les Gués de Volaterres (1), ils y
voient un ami intime de Naevius, qui lui amenait de
Gaule des esclaves à vendre, L. Publicius. A son arrivée
à Rome, Publicius raconte à Naevius en quel endroit
il a vu Quinctius. 25 Aussitôt qu'il eut appris de Publi_
cius cette nouvelle... Naevius dépêche des esclaves dans
tout le cercle de ses amis ; il va lui-même solliciter les
gens avec lesquels il s'est lié dans les salles de Licinius
et dans le passage qui conduit au marché ; qu'ils ne
manquent pas de se trouver au comptoir du banquier
Sextius, le lendemain à la deuxième heure. Ils viennent
en nombre ; Naevius atteste que Quinctius n'a pas
comparu et que, lui, il a comparu. Les actes sont abondamment revêtus des sceaux des nobles témoins. On se
sépare. Naevius requiert du préteur Burrienus, en
vertu de son édit, l'envoi en possession dans les biens
du défaillant. Il fit afficher la mise en vente des biens
d'un homme dont il avait été l'ami, dont il était encore
l'associé, dont il ne pouvait cesser d'être le parent par
alliance, tant que ses propres enfants seraient en vie.
26 On peut facilement s'en rendre compte par ce que
je viens d'exposer : il n'est pas de devoir si saint et si
solennel que la cupidité n'ait coutume d'en affaiblir
et d'en violer les obligations. Car, si l'amitié est entre-
tenue par la franchise, la société par la confiance, la
parenté par la piété, l'homme qui s'est efforcé de dépouiller de sa bonne renommée et de sa situation son
ami, son associé, son parent par alliance, cet homme ne
doit-il pas confesser qu'il est perfide, menteur, impie ?
27 Procurateur de P. Quinctius, Sex. Alfenus — c'est
un ami et un proche parent de Sex. Naevius — fait
renverser les tableaux où la vente était affichée, reprend
possession d'un jeune esclave que Naevius avait appréhendé, déclare sa qualité de procurateur, expose que
l'équité commande à Naevius de ménager la bonne
renommée et la situation de P. Quinctius et d'attendre
son arrivée : s'il s'y refuse, s'il est imbu de la prétention
de le réduire par de tels procédés à se soumettre à ses
conditions, Alfenus ne lui adresse aucune prière, et, si

Scipione et Norbano coss. Quaeso, ut eum diem memoriae mandetis. L. Albius Sex. filius, Quirina, uir bonus et cum primis honestus, una profectus est. Cum uenissent ad Vada Volaterrana quae nominantur, uident perfamiliarem Naeui, qui ex Gallia pueros uenales isti adducebat, L. Publicium ; qui, ut Romam uenit, narrat Naeuio, quo in loco uiderit Quinctium. 25 Quod ubi ex Publicio *** pueros circum amicos dimittit, ipse suos necessarios ab atriis Liciniis et a faucibus macelli corrogat, ut ad tabulam Sextiam sibi adsint hora secunda postridie. Veniunt frequentes. Testificatur iste p. qvinctivm non stetisse et stetisse se ; tabulae maxime signis hominum nobilium consignantur, disceditur. Postulat a Burrieno praetore Naeuius, ut ex edicto bona possidere liceat ; iussit bona proscribi eius, quicum familiaritas fuerat, societas erat, adfinitas liberis istius uiuis diuelli nullo modo poterat. 26 Qua ex re intellegi facile potuit nullum esse officium tam sanctum atque sollemne, quod non auaritia comminuere ac uiolare soleat. Etenim si ueritate amicitia, fide societas, pietate propinquitas colitur, necesse est iste, qui amicum, socium, adfinem fama ac fortunis spoliare conatus est, uanum se et perfidiosum et impium esse fateatur. 27 Libellos Sex. Alfenus, procurator P. Quincti, familiaris et propinquus Sex. Naeui, deicit, seruulum unum, quem iste prehenderat,

24 Scipione b^2: spric— (spic—Σ) *cet.* ‖ Quirina *Navagero*: — nas *codd.* ‖ cum primis : in primis b^1ck ‖ uolaterrana : bolaterrana Σb^1 ‖ nominantur : —atur Σb^1 ‖ adducebat : —ebant Σb^1.

25 ubi : nisi b ‖ ex Publicio... pueros : *post* Publicio *est lacuna* (*unius uersus et dimidii* Σ) *in* $\Sigma b^1 \chi^1$ ex Publicio narratum Naeuio esset non tam cito res in contentionem uenisset. Tum Naeuius ipse pueros $b^2\chi^2$ ex Publicio agnouit pueros *ck* ex P. audiuit p. *Rau* ‖ testificatur iste Σ : —cantur isti (i. t. *ck*) *cet.* ‖ stetisse se Σ : se s. *cet.* ‖ maxime Σb : —mae χck.

26 ac fortunis : atque f. *b*.

Naevius désire intenter quelque action, il se portera
défendeur en justice. 28 Pendant que tout cela se passe
à Rome, Quinctius, contrairement au droit, à la coutume,
aux édits des préteurs, est expulsé par la force des pâturages et des terres appartenant à la communauté ; ce
sont les esclaves mêmes de la communauté qui procèdent
à l'expulsion.

VII Sois d'avis, C. Aquilius, que toute la manière
d'agir de Naevius à Rome a été modérée et raisonnable,
si tout ce qui a été exécuté en Gaule en vertu de ses
lettres semble avoir été fait correctement et dans l'ordre.
Expulsé, jeté hors de sa propriété, Quinctius, après avoir
subi cette injustice insigne, a recours au gouverneur
C. Flaccus (1), qui était alors dans la province et que je
nomme avec le respect que son rang exige. Combien,
dans la pensée de Flaccus, un tel acte méritait les rigueurs
de la vindicte publique, vous pourrez l'apprendre par
les arrêts qu'il a rendus. 29 Cependant, à Rome, Alfenus
devait chaque jour combattre avec ce gladiateur vieilli
dans les ruses du métier ; il avait pour lui le public, qui
voyait que ce misérable ne cessait de le viser à la
tête. Naevius demande que le procurateur fournisse la
satisdation d'usage. Il n'est pas juste, déclare Alfenus,
que le procurateur donne une satisdation que le défendeur n'aurait pas à donner, s'il était présent en personne. On fait appel aux tribuns : après leur avoir
demandé formellement d'user de leur droit de secours,
on se sépare sur la promesse de Sex. Alfenus que P. Quinctius comparaîtrait en justice aux ides de septembre.

VIII 30 Quinctius arrive à Rome ; il comparaît conformément à la promesse faite en son nom. L'autre, cet
homme si violent, cet homme qui a obtenu d'être envoyé
en possession des biens de Quinctius, cet homme qui a
expulsé, qui a spolié Quinctius : le voici qui, pendant un
an et six mois, ne fait aucune réclamation devant la
justice ; il se tient en repos ; il amuse, tant qu'il le peut,
son adversaire en lui faisant des propositions ; il requiert
enfin du préteur Cn. Dolabella que Quinctius fournisse
la satisdation *iudicatum solvi* d'après la clause relative

abducit, denuntiat sese procuratorem esse, istum aequum esse famae fortunisque P. Quincti consulere et
aduentum eius exspectare; quod si facere nolit atque
imbiberit eius modi rationibus illum ad suas condi-
ciones perducere, sese nihil precari et, si quid agere uelit,
iudicio defendere. 28 Haec dum Romae geruntur,
Quinctius interea contra ius, consuetudinem, edicta
praetorum de saltu agroque communi a seruis communi-
bus ui detruditur.

VII Existima, C. Aquili, *modo et ratione omnia Romae Naeuium fecisse, si hoc, quod per litteras istius in
Gallia gestum est, recte atque ordine factum uidetur.
Expulsus atque eiectus e praedio Quinctius accepta
insigni iniuria confugit ad C. Flaccum imperatorem, qui
tunc erat in prouincia, quem, ut ipsius dignitas poscit,
honoris gratia nomino. Is eam rem quam uehementer
uindicandam putarit, ex decretis eius poteritis cognoscere. 29 Alfenus interea Romae cum isto gladiatore
uetulo cotidie pugnabat ; utebatur populo sane suo,
propterea quod iste caput petere non desinebat. Iste
postulat, ut procurator iudicatum solui satis daret ;
negat Alfenus aequum esse procuratorem satis dare,
quod reus satis dare non deberet, si ipse adesset. Appel-
lantur tribuni ; a quibus cum esset certum auxilium
petitum, ita tum disceditur, ut Idibus Septembribus
P. Quinctium sisti Sex. Alfenus promitteret.

VIII 30 Venit Romam Quinctius, uadimonium sistit.

---

27 abducit : add← *bχ* ‖ imbiberit Σχ : inhibuerit *bck* instituerit
Hotman.

28 edicta : —to Σ*b¹* ‖ modo *Angeli* : id modo *codd.* ‖ recte :
ratione *b¹c* ‖ factum uidetur : f. esse uideatur χ *ed. Rom.* 1471 ‖
poteritis : poteris *b¹.*

29 postula t : —abat *ed. Rom.* 1471 ‖ tum : tamen *b¹.*

à l'action intentée contre celui dont les biens ont été
possédés trente jours en vertu de l'édit du préteur.
Quinctius ne contestait pas que l'ordre de fournir la
satisdation se serait imposé à lui, si les biens avaient
été possédés conformément à l'édit. Mais le préteur
rend un décret : décret équitable ? Je ne dis rien de
l'équité ; je me borne à constater que c'était une innovation et j'aurais préféré me taire sur ce fait même :
car chacun a pu apprécier ce décret sous l'un et l'autre
rapport. Quoi qu'il en soit, P. Quinctius reçoit l'ordre
d'engager une stipulation avec Naevius sur la question
de savoir si ses biens n'ont pas été possédés trente jours
en vertu de l'édit du préteur Burrienus. Opposition
de la part des amis qui assistaient alors Quinctius ;
leurs arguments démontraient que l'instance devait
d'abord s'engager sur le fond de l'affaire ; que la satisdation devait ou être fournie par les deux parties ou
n'être fournie par aucune des deux ; qu'il n'était pas
nécessaire que la réputation de l'une d'elles fût soumise
à une instance. 31 Quinctius de son côté criait bien
haut qu'il ne voulait pas fournir de satisdation : ne
semblerait-il pas avoir jugé que ses biens avaient été
possédés conformément à l'édit ? Et, s'il faisait la
stipulation qui lui était demandée, il serait forcé —
c'est ce qui arrive aujourd'hui — de parler en premier
lieu dans une affaire où son existence civile est en jeu.
Suivant l'habitude des personnages de la noblesse —
quelque projet bon ou mauvais qu'ils aient conçu, ils
ont dans le bien et dans le mal une telle supériorité
qu'aucun homme né dans notre condition ne saurait
y atteindre — Dolabella persévère le plus bravement
du monde dans ses actes injustes : ou la satisdation
ou la stipulation, tels sont ses ordres ; et cependant,
ceux qui ont été appelés par nous pour nous soutenir
et qui protestent contre ses ordres, il met la plus grande
violence à les faire écarter de son tribunal.

IX 32 C'est vraiment en proie aux plus troublantes
inquiétudes que Quinctius sort de l'audience. Comment
s'en étonner ? On lui proposait une alternative si misé-

Iste, homo acerrimus, bonorum possessor, expulsor,
ereptor, annum et sex menses nihil petit ; quiescit, condicionibus hunc, quoad potest, producit, a Cn. Dolabella denique praetore postulat, ut sibi Quinctius iudicatum solui satis det ex formula : QVOD AB EO PETAT,
QV*0*IVS EX EDICTO PRAETORIS BONA DIES XXX POSSESSA
SINT. Non recusabat Quinctius, quin ita satis dare iuberetur, si bona possessa essent ex edicto. Decernit (quam
aequum, nihil dico, unum hoc dico : nouum ; et hoc
ipsum tacuisse mallem, quoniam utrumque quiuis intellegere potui*t*), se*d* iubet P. Quinctium sponsionem cum
Sex. Naeuio facere : SI BONA SVA EX EDICTO P. BVRRIENI
PRAETORIS DIES XXX POSSESSA NON ESSENT. Recusabant
qui aderant *t*um Quinctio, demonstrabant de re iudicium
fieri oportere, ut aut uterque inter se aut neuter satis
daret ; non necesse esse famam alterius in iudicium
uenire. **31** Clamabat porro ipse Quinctius sese idcirco
nolle satis dare, ne uideretur iudicasse bona sua ex edicto
possessa esse ; sponsionem porro si istius modi faceret,
se, id quod nunc euenit, de capite suo priore loco causam
esse dicturum. Dolabella (quem ad modum solent
homines nobiles ; seu recte seu perperam facere coeperunt, ita in utroque excellunt, ut nemo nostro loco natus
adsequi possit) iniuriam facere fortissime perseuerat ; aut
satis dare aut sponsionem iubet facere, et interea recu-
santes nostros aduocatos acerrime submoueri.

　　IX **32** Conturbatus sane discedit Quinctius ; neque

---

30 possessor : —sorum Σ ‖ quoius　*R. Klotz* (cuius *Manuzio*) :
quoniam eius *codd.* ‖ praetoris Σ*b*[1] : p— ro　*cet.* ‖ sint　Σ*b*[2] : sunt
cet. ‖ iuberetur *ck* : —beret　*cet.* ‖ decernit : —crevit　*b*[1] ‖ potuit
sed　*Mueller* : potuisset *codd.* ‖ cum *om. bck* ‖ tum Q. *ed. Ven.*
1471 : cum Q. *codd.*
　　31 excellunt : —cedunt　*b*[1]*ck* ‖ possit *cod. Lag.* 13 : posset *cet.*
‖ satis dare *b*[2]χ : satis daret *cet.*

rable, si inique : ou se condamner lui-même à perdre
son existence civile, s'il donnait caution ; ou, s'il faisait la stipulation, de plaider en premier lieu dans un
procès où il s'agissait de son existence civile. Dans
le premier cas, rien ne pouvait le dispenser d'être lui-
même son propre juge, ce qui serait extrêmement grave.
Dans le second cas, il lui restait l'espoir de pouvoir
comparaître devant un juge dont il obtiendrait d'autant
plus de secours qu'il serait venu à lui soutenu par moins
de crédit. Il préféra recourir à la stipulation ; il l'a
faite ; il a accepté ta désignation comme juge, C. Aquilius, et il a formé l'action en vertu de la stipulation
qu'il avait faite. Voilà l'essentiel de l'instance ; voilà
en quoi consiste le procès tout entier.

33 L'instance, tu le vois, C. Aquilius, n'a pas pour
objet une question pécuniaire, mais bien la réputation
et la fortune entière de P. Quinctius. Alors que nos
ancêtres ont établi que celui qui plaide pour son existence civile plaiderait en second lieu, tu te rends compte
que nous, sans avoir entendu l'accusation, nous devons
plaider notre cause en premier lieu. De plus, ceux qui
ont eu jusqu'ici l'habitude de défendre, tu les vois
aujourd'hui accuser ; tu vois se tourner vers notre perte
ces talents qui s'occupaient autrefois à sauver et à porter
secours. Il ne leur restait plus — et ils l'ont fait hier —
qu'à t'assigner devant le préteur pour te forcer à fixer
d'avance le temps que devrait durer notre plaidoirie ; et ils
l'auraient facilement obtenu du préteur, si tu ne lui avais
appris quels sont tes droits et tes devoirs et quelle est ta
puissance. **34** Non, jusqu'à présent, excepté toi, nous
n'avons encore trouvé personne qui ait fait prévaloir notre
droit contre eux ; et jamais ils n'ont été satisfaits d'obtenir
un avantage qui pût avoir l'approbation de tout le monde.
Tant il est vrai que, lorsqu'elle ne viole pas le droit, la
puissance leur paraît sans importance et sans force.

Division X Mais, puisque Hortensius te presse d'aller
délibérer avec tes conseillers, puisqu'il me
somme de ne pas perdre de temps en paroles, puisqu'il
se plaint que, lorsque le premier défenseur soutenait la

mirum, cui haec optio tam misera tamque iniqua dare-
tur, ut aut ipse se capitis damnaret, si satis dedisset, aut
causam capitis, si sponsionem fecisset, priore loco diceret. Cum in altera re causae nihil esset, quin secus iudi-
caret ipse de se, quod iudicium grauissimum est, in altera spes esset ad talem tamen uirum iudicem ueniendi,
unde eo plus opis auferret, quo minus attulisset gratiae,
sponsionem facere maluit ; fecit ; te iudicem, C. Aquili,
sumpsit, ex sponso egit. In hoc summa iudici causaque
tota consistit.

33 Iudicium esse, C. Aquili, non de re pecuniaria, sed
de fama fortunisque P. Quincti uides. Cum maiores ita
constituerint, ut, qui pro capite diceret, is posteriore
loco diceret, nos inaudita criminatione accusatorum
priore loco causam dicere intellegis. Eos porro, qui defendere consuerunt, uides accusare, et ea ingenia conuerti
ad perniciem, quae antea uersabantur in salute atque
auxilio ferendo. Illud etiam restiterat, quod hesterno die
fecerunt, ut te in ius educerent, ut nobis tempus, quam
diu diceremus, praestitueres ; quam rem facile a praetore
impetrassent, nisi tu, quod esset tuum ius et officium
potestasque, docuisses. **34** Neque nobis adhuc praeter
te quisquam fuit, ubi nostrum ius contra illos obtinere-
mus, neque illis umquam satis fuit illud obtinere, quod
probari omnibus posset ; ita sine iniuria potentiam leuem atque inopem esse arbitrantur.

X Verum quoniam tibi instat Hortensius, ut eas in

32 de se : de re Σb^1 ‖ talem tamen$\Sigma\chi$: talem tum *bck* ‖ sponso
codd. : sponsu *Hotman* (*cf.* GELL. 4, 4).
33 is... diceret *om.* Σb^1 ‖ intelligis *ck* : —ligitis (Σ^2 *in lac.*)
cet. ‖ educerent $b^2\chi$: add— *cet.* (*sed cf.* GELL. 11, 17, 2) ‖ impetrassent *Navagero* : impetrari (assent *sup. l.*) spero b^2 *om.* (*in lac. VIII
litt.* Σ) *cet.* ‖ potestasque b^2 : testesque *cet.*
34 posset : possit $b^2\chi$.

cause de Quinctius, il n'a jamais été possible de terminer
les plaidoiries, je ne laisserai pas persister ce soupçon
que nous ne voulons pas que l'affaire soit jugée. Je
n'aurai pas l'arrogance de prétendre exposer la cause
avec plus de justesse qu'on ne l'a déjà fait ; et, cependant, je ne ferai pas un discours aussi abondant, parce
que celui qui parlait alors a déjà donné une idée de la
cause, et parce que, incapable moi-même de concevoir
et de prononcer un long discours, je me vois imposer
la brièveté, qui est, d'ailleurs, tout à fait de mon goût.
35 Je vais faire ce que, je l'ai souvent remarqué, tu fais
toi-même, Hortensius ; je diviserai en plusieurs parties
bien déterminées tout ce que j'ai à dire dans cette cause.
Ce que tu fais toujours, parce que tu peux toujours le
faire, je le ferai dans cette cause, parce que, dans cette
cause, il me semble que je peux le faire. Cette possibilité
que la nature te donne dans toutes les occasions, la
cause me permet aujourd'hui d'en profiter. Je me pres-
crirai des limites et des bornes nettement établies, que
je ne pourrai franchir, alors même que j'en aurais le
plus grand désir. Ainsi, je me placerai devant les yeux
le sujet que j'ai à traiter ; Hortensius aura devant les
yeux l'exposé des arguments auxquels il devra répondre ;
et toi, C. Aquilius, tu pourras d'avance prévoir dans
ton esprit les points sur lesquels tu auras à entendre
discuter.

36 Nous affirmons, Sex. Naevius, que tu n'as pas
possédé les biens de P. Quinctius en vertu de l'édit du
préteur. La stipulation a été faite sur cette question.
Je montrerai d'abord que tu n'étais pas fondé à requérir
du préteur l'envoi en possession des biens de P. Quinctius ; ensuite, que tu n'as pas pu les posséder en vertu
de l'édit ; enfin, que tu ne les as pas possédés. Je t'en
prie, C. Aquilius, je vous en prie, vous qui faites partie
du conseil : confiez avec le plus grand soin à votre mémoire la promesse que je viens de faire. Si vous l'avez
présente à l'esprit, il vous sera plus facile de saisir l'ensemble du procès ; et la crainte de perdre votre estime
me ramènera facilement à l'exécution de ma promesse,
si j'essaie de franchir les barrières dont je me suis moi-

consilium, a me postulat, ne dicendo tempus absumam,
queritur priore patrono causam defendente numquam
perorari potuisse, non patiar istam manere suspicionem,
nos rem iudicari nolle ; nec illud mihi arrogabo, me posse
causam commodius demonstrare, quam antea demon-
strata sit, neque tamen tam multa uerba faciam, propterea quod et ab illo, qui tum dixit, iam informata causa
est, et a me, qui neque excogitare neque pronuntiare
multa possum, breuitas postulatur, quae mihimet ipsi
amicissima est. **35** Faciam quod te saepe animaduerti
facere, Hortensi ; totam causae meae dictionem certas
in partes diuidam. Tu id semper facis, quia semper
potes, ego in hac causa faciam, propterea quod in hac
uideor posse facere ; quod tibi natura dat ut semper
possis, id mihi causa concedit ut hodie possim. Certos
mihi fines terminosque constituam, extra quos egredi
non possim, si maxime uelim, ut et mihi sit propositum,
de quo dicam, et Hortensius habeat exposita, ad quae
respondeat, et tu, C. Aquili, iam ante animo prospicere
possis, quibus de rebus auditurus sis.

36 Negamus te bona P. Quincti, Sex. Naeui, possedisse ex edicto praetoris. In eo sponsio facta est. Osten-
dam primum causam non fuisse, cur a praetore postulares, ut bona P. Quincti possideres ; deinde ex edicto te
possidere non potuisse ; postremo non possedisse. Quaeso, C. Aquili, uosque, qui estis in consilio, ut, quid pollicitus sim, diligenter memoriae mandetis ; etenim rem
facilius totam accipietis, si haec memineritis, et me facile
uestra existimatione reuocabitis, si extra hos cancellos

---

34 patiar : —iaris Σb^1 ‖ neque Σ : nec *cet.* ‖ tum : ante $b^2\chi$ ‖
iam informata : i. iam $b^2\chi$ ‖ ipsi : ipsa (*in ras.* Σ) Σb^1.
35 quia : quia id *b* ‖ ut et : ut *bck*.

même entouré. J'affirme que Naevius n'était pas fondé
dans sa requête ; j'affirme qu'il n'a pas pu posséder en
vertu de l'édit ; j'affirme qu'il n'a pas possédé. Quand
j'aurai prouvé ces trois points, j'aurai terminé mon
plaidoyer.

Confirmation XI 37 Naevius n'était pas fondé dans sa
requête. Pourquoi ? On peut facilement
le comprendre : parce que, ni à titre d'associé, ni en
son nom privé, Quinctius n'a rien dû à Sex. Naevius.
Qui l'atteste ? Celui-là même qui est un adversaire
acharné. Pour en déposer, c'est toi, Naevius, c'est toi,
dis-je, que je citerai comme témoin. Après la mort de
C. Quinctius, pendant une année et plus longtemps
encore, Quinctius est en Gaule avec toi, en ta compagnie.
Prouve que tu as réclamé de lui cette prétendue dette,
je ne sais quelle somme que l'on ne peut évaluer ; prouve
que tu en as quelquefois fait mention ; prouve que tu
as dit que cette somme t'était due, et j'accorderai qu'il
te la devait. 38 C. Quinctius meurt ; il te devait, dis-tu,
une forte somme ; tu avais contre lui des créances dont
le montant était certain. Son héritier, P. Quinctius,
vient en Gaule auprès de toi, sur les terres que vous
possédiez en commun, sur les lieux mêmes où se trouvaient non seulement vos biens, mais aussi tous vos
comptes, toutes vos écritures. Aurait-on pu rencontrer
un homme si insouciant, si négligent des intérêts de sa
maison, si différent, Sextus, de ce que tu es, qui, sachant
que les propriétés de celui avec qui il avait contracté
n'avaient plus leur ancien maître et qu'elles avaient
passé à son héritier, ne se serait empressé, dès sa première entrevue avec cet héritier, de le mettre au courant, de lui adresser ses réclamations, de lui présenter
les comptes, et, si quelques questions donnaient lieu
à contestation, d'arranger le différend dans l'intimité
ou de le soumettre à justice par une action de droit
strict ? En est-il ainsi ? Ce que font les meilleurs des
gens de bien, s'ils veulent que leurs parents et leurs
amis soient et passent avec raison pour être dignes
d'affection et d'estime, Sex. Naevius ne le ferait pas,

egredi conabor, quos mihi ipse circumdedi. Nego fuisse
causam, cur postularet ; nego ex edicto possidere potuisse ; nego possedisse. Haec tria cum docuero, peroraro.

XI 37 Non fuit causa, cur postularet. Qui hoc intellegi potest ? Quia Sex. Naeuio neque ex societatis ratione
neque priuatim quicquam debuit Quinctius. Quis huic
rei testis est ? Idem, qui acerrimus aduersarius ; in hac
re te, te, inquam, testem, Naeui, citabo. Annum et eo
diutius post mortem C. Quincti fuit in Gallia tecum simul Quinctius. Doce te petisse ab eo istam nescio quam
innumerabilem pecuniam, doce aliquando mentionem
fecisse, dixisse deberi ; debuisse concedam. 38 Moritur
C. Quinctius, qui tibi, ut ais, certis nominibus grandem
pecuniam debuit. Heres eius P. Quinctius in Galliam ad
te ipsum uenit in agrum communem, eo denique, ubi
non modo res erat, sed ratio quoque omnis et omnes litterae. Quis tam dissolutus in re familiari fuisset, quis
tam neglegens, quis tam tui, Sexte, dissimilis, qui, cum
res ab eo, quicum contraxisset, recessisset et ad heredem
peruenisset, non heredem, cum primum uidisset, certiorem faceret, appellaret, rationem adferret, si quid in controuersiam ueniret, aut intra parietes aut summo iure
experiretur ? Itane est ? quod uiri optimi faciunt, si
qui suos propinquos ac necessarios caros et honestos esse
atque haberi uolunt, id Sex. Naeuius non faceret, qui
usque eo feruet ferturque auaritia, ut de suis commodis
aliquam partem uelit committere, ne quam partem huic

---

36 mihi ipse : mihi ipsi $b^1\chi$ ǁ peroraro k *ed. Ven.* 1471 : —auero
b^1c^1 —abo *cet.*

37 postularet c^1k : —ares *cet.* ǁ priuatim : —atum $b^1\chi$ ǁ hac
re : hanc rem ck ǁ testem... citabo : teste... citato Σ.

38 feruet Σb^1 : — buit *cet.* ǁ uelit $\Sigma\chi$: nolit *cet.* ǁ committere Σ :
obm— b am— $c\chi$ om— k.

lui qui se laisse à tel point entraîner par la cupidité qui
le dévore qu'il consent à exposer quelque chose des
avantages de sa situation pour ne rien laisser à cet
homme, qui est son parent, de ce qui constitue son
honneur ? **39** Et c'est ce Naevius qui, si on lui devait
de l'argent, ne le réclamerait pas, lui qui, parce que ce
qui ne lui a jamais été dû ne lui a pas été donné, s'efforce
d'enlever à un homme, qui est son parent, non seulement son argent, mais son sang et sa vie ? Alors, n'est-
ce pas ? tu n'as pas voulu causer d'ennuis à celui qu'aujourd'hui tu ne laisses pas respirer librement ; celui
que tu as aujourd'hui le désir impie de faire mourir,
alors tu ne voulais pas lui adresser une simple réclamation ! Je veux bien le croire : ce parent qui t'estimait,
cet homme honnête, modeste, ton aîné, tu ne voulais
pas ou tu n'osais pas lui adresser de réclamations. Plus
d'une fois, après t'être donné du courage, comme on fait
d'ordinaire, après t'être décidé à faire mention de
l'argent, quand tu l'abordais après avoir bien préparé,
bien médité ce que tu dirais, subitement, homme timide
à la pudeur virginale, tu te retenais toi-même ; tout à
coup, tu perdais la parole ; tu désirais formuler ta réclamation, tu ne l'osais pas, dans la crainte qu'il ne t'enten-
dît avec peine. C'est ainsi assurément que les choses se
sont passées.

XII **40** Donc, croyons-le : Sex. Naevius, dont les attaques visent aujourd'hui Quinctius à la tête, voulait alors
ménager ses oreilles. Si Quinctius t'avait dû quelque
argent, tu l'aurais demandé, Sextus, et tu l'aurais demandé sur-le-champ ; si tu ne l'avais pas demandé sur-
le-champ, tu l'aurais demandé peu de jours plus tard ;
si tu ne l'avais pas demandé peu de jours plus tard, tu
l'aurais demandé quelque temps après ; assurément,
dans les six mois ; sans conteste, avant la fin de l'année
courante. Mais non : un an et six mois se passent ; alors
que chaque jour tu avais la possibilité de l'avertir qu'il
devait payer, tu ne dis pas un mot. Un espace de deux
ans s'est presque écoulé déjà quand tu réclames le paiement de la dette. A-t-on jamais vu dissipateur assez
achevé, assez **tombé d**ans la profusion — je ne dis pas

propinquo suo ullius ornamenti relinquat ? **39** Et is
pecuniam, si qua deberetur, non peteret, qui, quia, quod
debitum numquam est, id datum non est, non pecuniam
modo, uerum etiam hominis propinqui sanguinem
uitamque eripere conatur ? Huic tum molestus esse uidelicet noluisti, quem nunc respirare libere non sinis ;
quem nunc interficere nefarie cupis, eum tu*m* pudenter
appellare nolebas. Ita credo ; hominem propinquum,
tui obseruantem, uirum bonum, pudentem, maiorem
natu nolebas aut non audebas appellare ; saepe, ut fit,
cum ipse te confirmasses, cum statuisses mentionem de
pecunia facere, cum paratus meditatusque uenisses,
homo timidus uirginali uerecundia subito ipse te retine-
bas ; excidebat repente oratio ; cum cuperes appellare,
non audebas, ne inuitus audiret. Id erat profecto.

XII. **40** Credamus hoc, Sex. Naeuium, cuius caput
oppugnet, eius auribus pepercisse. Si debuisset, Sexte,
petisses, et petisses statim ; si non statim, paulo quidem
post ; si non paulo, at aliquanto ; sex quidem illis mensibus profecto ; anno uertente sine controuersia. Anno et
sex mensibus uero, cum tibi cotidie potestas hominis
fuisset admonendi, uerbum nullum facis ; biennio iam
confecto fere appellas. Quis tam perditus ac profusus
nepos non adesa iam, sed abundanti etiam pecunia, sic
dissolutus fuisset, ut fuit Sex. Naeuius ? Cum hominem
nomino, satis mihi uideor dicere. **41** Debuit tibi C.
Quinctius : numquam petisti ; mortuus est ille, res ad
heredem uenit : cum eum cotidie uideres, post biennium

---

39 tum *Navagero* : tamen Σ tu *cet.* ‖ pudenter Σ*b* : impudenter
(*b in mg.*) χ*ck* ‖ pudentem : prudentem *b*¹*ck*.
  40 et petisses *b*² : si p. Σ*b*¹ *om. cet.* ‖ aliquanto *codd. Dionysii*
Lambin : aliquando *cet.* ‖ adesa iam Σ : a. i. pecunia *cet.*

un dissipateur qui a déjà mangé ses richesses, mais qui
en regorge encore — pour montrer une négligence de
ses intérêts aussi complète que l'a été celle de Naevius ?
Et, nommer Naevius, c'est, il me semble, en dire assez.
41 C. Quinctius a été ton débiteur : tu ne lui as jamais
demandé de payer sa dette. Il est mort, ses biens ont
passé à son héritier : tu voyais tous les jours cet héritier, et tu attends deux ans pour lui faire des réclamations. Elèvera-t-on des doutes sur ce qui doit sembler
le plus probable : ou que Sex. Naevius, si on lui devait
quelque chose, l'eût exigé sur-le-champ, ou qu'il ait
laissé passer deux ans sans même réclamer ? Tu n'as
pas trouvé un moment favorable pour réclamer ? Quinctius a vécu plus d'une année avec toi. En Gaule il t'était
impossible d'intenter une action ? Il y avait une juridiction dans la province et à Rome le cours de la justice
n'était pas suspendu. Il reste donc à admettre que ce
qui a fait obstacle à toute démarche de ta part, c'est,
ou bien une négligence extrême, ou bien une générosité
d'un genre unique. Si tu prétends que c'est de la négligence, tu exciteras notre étonnement ; si tu prétends
que c'est de la bonté, tu nous feras rire. Et je ne vois
pas ce que tu pourrais ajouter à ces dires. La preuve
est suffisante : rien n'était dû à Naevius, puisqu'il est
resté si longtemps sans rien demander.

XIII **42** Que sera-ce si je démontre que, par sa conduite présente, il témoigne que rien ne lui est dû ?
Quelle est, en effet, l'action présentement intentée par
Sex. Naevius ? Quel est le sujet de la contestation ?
Quelle est cette instance où nous sommes engagés depuis
deux ans déjà ? Qu'est-ce que cette affaire où il épuise
de fatigue tant de personnes et de personnes si éminentes ? Il demande de l'argent. Maintenant seulement ?
Mais enfin, laissons-le demander. Ecoutons-le. **43** Il
veut obtenir un jugement sur les comptes et sur les
questions litigieuses de la société. Cela arrive bien tard ;
mais enfin, cela arrive. Faisons-lui cette concession.
« Mais — dit-il — tel n'est pas, C. Aquilius, le but de
l'action que j'intente et ce n'est pas cela qui m'inquiète
présentement. Voici tant d'années que P. Quinctius a

denique appellas. Dubitabitur, utrum sit probabilius,
Sex. Naeuium statim, si quid deberetur, petiturum fuisse
an ne appellaturum quidem biennio ? Appellandi tempus non erat ? At tecum plus annum uixit. In Gallia agi
non potuit ? At et in prouincia ius dicebatur, et Romae
iudicia fiebant. Restat, ut aut summa neglegentia
tibi obstiterit aut unica liberalitas. Si neglegentiam
dices, mirabimur, si bonitatem, ridebimus ; neque praeterea quid possis dicere, inuenio. Satis est argumenti nihil esse debitum Naeuio, quod tam diu nihil petiuit.

XIII **42** Quid, si hoc ipsum, quod nunc facit, ostendo
testimonio esse nihil deberi ? Quid enim nunc agit Sex.
Naeuius ? qua de re controuersia est ? quod est hoc iudicium, in quo iam biennium uersamur ? quid negoti
geritur, in quo ille tot et tales uiros defatigat ? Pecuniam petit. Nunc denique ? Verum tamen petat ; audia-
mus. **43** De rationibus et controuersiis societatis uult
diiudicari. Sero, uerum aliquando tamen ; concedamus.
« Non, » inquit, « id ago, C. Aquili, neque in eo nunc
laboro. Pecunia mea tot annos utitur *P.* Quinctius.
Vtatur sane ; non peto. » Quid igitur pugnas ? an, quod
saepe multis in locis dixisti, ne in ciuitate sit, ne locum
suum, quem adhuc honestissime defendit, obtineat, ne
numeretur inter uiuos, decernat de uita et ornamentis
suis omnibus, apud iudicem causam priore loco dicat et,
eam cum orarit, tum denique uocem accusatoris audiat ?
Quid ? hoc quo pertinet ? ut ocius ad tuum peruenias ?

41 dubitabitur Σb^1 : —tatur *cet.* ‖ annum : anno $b^2\chi^1$ ‖ negligen-
tiam *k ed. Ven.* 1471 : —tia *cet.* ‖ mirabimur b^1ck : —buntur
cet.

42 ostendo testimonio : t. o. *b.*

43 diiudicari : deiudicari Σ iudicari *b* ‖ P. *Navagero* : C. *1odd.* ‖
igitur *om.* Σb^1.

la jouissance de mon argent ! Qu'il la conserve : je le
veux bien, je ne demande rien. » Pourquoi donc batailles-
tu ? Est-ce, comme tu l'as dit en maintes occasions,
pour qu'il perde ses droits de citoyen, pour qu'il soit
déchu de son rang qu'il soutient jusqu'à présent d'une
manière si honorable, pour qu'il soit retranché du nombre
des vivants, pour qu'il doive défendre en combattant
sa vie et tout ce qui en fait l'honneur, pour qu'il ait à
plaider sa cause en premier lieu devant le juge et que,
seulement après avoir terminé sa plaidoirie, il entende
enfin la voix de l'accusateur ? Qu'est-ce donc ? Quel
est ton but ? D'entrer plus rapidement en possession
de ton bien ? Mais, si tu le voulais, il a y bien longtemps
que cela pouvait être fait. 44 Est-ce parce que tu voulais
engager le conflit en exerçant une action plus honorable ? Mais ce n'est pas sans commettre le plus grand
des crimes que tu peux égorger P. Quinctius, ton proche
parent. Est-ce pour faciliter la solution du procès ?
Mais C. Aquilius ne juge pas volontiers les affaires où
l'existence civile de l'un des adversaires est en jeu, et
Q. Hortensius n'a pas appris à plaider pour le demandeur dans ces sortes de causes. Mais, C. Aquilius, à tout
cela, quelle est notre réponse ? Il demande de l'argent :
nous nions la dette. Il veut que l'affaire soit jugée sans
délai : nous ne nous y refusons pas. A-t-il encore quelque autre exigence ? S'il craint qu'à la fin de l'instance
l'affaire ne soit pas réglée, qu'il reçoive la satisdation
de chose jugée, et qu'à son tour il me fournisse pour
ce que je lui demande une satisdation conçue dans les
mêmes termes. Tout cela peut se faire à l'instant, C. Aquilius ; tu peux à l'instant quitter le tribunal, délivré
d'une affaire qui, je le dirais presque, ne t'a pas causé
de moindres ennuis qu'à Quinctius. 45 Eh bien ! Hortensius, que faisons-nous ? Que disons-nous de cette
proposition ? Nous est-il enfin possible de déposer les
armes et, sans péril pour nos biens, de discuter une
question d'argent ? Nous est-il possible de réclamer en
justice ce qui est à nous, sans porter atteinte à l'existence
civile d'un parent proche ? Nous est-il possible de prendre
le rôle de revendiquant et d'abandonner celui d'accusa-

At si id uelles, iam pridem actum esse poterat. **44** Vt
honestiore iudicio conflictere ? At sine summo scelere
P. Quinctium, propinquum tuum, iugulare non potes.
Vt facilius iudicium sit ? At neque C. Aquilius de capite
alterius libenter iudicat, et Q. Hortensius contra caput
non didicit dicere. Quid a nobis autem, C. Aquili, refertur ? Pecuniam petit ; negamus deberi. Iudicium fiat
statim ; non recusamus. Vt quid praeterea ? Si ueretur,
ut res iudicio facto parata sit, iudicatum solui satis
accipiat ; quibus a me uerbis satis acce*per*it, isdem ipse,
quod peto, satis det. Actum iam potest esse, C. Aquili ;
iam tu potes liberatus discedere molestia prope dicam
non minore quam Quinctius. **45** Quid agimus, Hortensi ?
quid de hac condicione dicimus ? Possumus aliquando
depositis armis sine periculo fortunarum de re pecuniaria
disceptare ? possumus ita rem nostram persequi, ut
hominis propinqui caput incolume esse patiamur ? possumus pe*ti*toris personam capere, accusatoris deponere ?
« Immo, » inquit, « abs te satis accipiam ; ego autem tibi
satis non dabo. »

XIV Quis tandem nobis ista iura tam aequa d*i*scri-
bit ? quis hoc statuit, quod aequum sit in Quinctium, id
iniquum esse in Naeuium ? « Quincti bona, » inquit,
« ex edicto praetoris possessa sunt. » Ergo, id ut confitear,
postulas, ut, quod numquam factum esse iudicio defen-
dimus, id, proinde quasi factum sit, nostro iudicio con-
firmemus ? **46** Inueniri ratio, C. Aquili, non potest, ut ad
suum quisque quam primum sine cuiusquam dedecore,

---

44 a nobis Σb^1 : a uobis *cet*. ‖ ut quid : num quid b^1 ‖ acceperit
Kayser : acciperet $\Sigma \chi^2$ accipiet *cet*.
45 dicimus : dicamus b^1 ‖ persequi : prosequi b^1 ‖ satis non dabo
Σb^1 : non satis dabo *cet*. ‖ discribit *Buecheler* : describit *codd*. ‖
in Quinctium : iniquum Σ ‖ proinde : perinde $b^2 \chi^2$.

teur ? « Pas le moins du monde — répond-il — je recevrai
de toi une satisdation, mais moi, je ne t'en donnerai pas. »

XIV Qui donc nous impose des règles de droit d'une
telle équité ? Qui donc a décidé que ce qui est équitable
pour Quinctius est inique pour Naevius ? Les biens de
Quinctius, dit-on, ont été possédés conformément à
l'édit du préteur. Voilà donc l'aveu que tu réclames
de moi : ce que nous soutenons n'avoir jamais existé,
nous devrions par notre propre décision le tenir pour
réalisé ? 46 Ne peut-on pas, C. Aquilius, trouver un
moyen de permettre à chacune des parties de recouvrer
ce qui lui appartient, sans causer le déshonneur, l'infamie et la perte de la partie adverse ? Assurément, si on lui
devait quelque chose, il le demanderait. Il ne préférerait
pas introduire toutes ces instances au lieu de la seule d'où
résultent toutes les autres. Celui qui durant tant d'années
n'a pas fait la moindre réclamation à Quinctius, alors que,
tous les jours, il avait la possibilité d'intenter une action ;
qui, au moment où il a commencé à agir, a perdu tout le
temps en remises successives ; qui, après avoir renoncé
à exiger la comparution, a traîtreusement expulsé par
la force Quinctius de leur domaine commun ; qui, alors
que personne ne s'y opposait, avait le pouvoir d'intenter l'action sur le fond de l'affaire et a préféré engager
un pari sur un fait déshonorant ; qui, enfin, alors qu'il est
ramené à l'instance d'où résultent toutes les autres,
repousse les propositions les plus équitables et avoue
ainsi que ce n'est pas l'argent de Quinctius, mais sa vie
et son sang qu'il demande : cet homme ne dit-il pas ouvertement : « Si l'on me devait quelque chose, je le demande-
rais et il y a longtemps que je m'en serais emparé. 47 Je
n'aurais aucun besoin de susciter une aussi grosse affaire,
d'intenter une action aussi odieuse, d'invoquer pour me
soutenir la présence de tant d'amis, s'il s'était agi d'une
simple demande ; mais il s'agit d'une extorsion, malgré
lui, en dépit de lui. Ce qu'il ne doit pas, il faut le lui arracher, le lui faire suer ; il faut complètement ruiner sa
situation ; il faut appeler, pour nous soutenir, tout ce
qu'il y a d'hommes puissants, diserts, nobles ; il faut faire
violence à la vérité ; il faut lancer avec force des menaces

infamia pernicieque perueniat ? Profecto, si quid deberetur, peteret ; non omnia iudicia fieri mallet quam
unum illud, unde haec omnia iudicia nascuntur. Qui inter tot annos ne appellarit quidem Quinctium, cum
potestas esset agendi cotidie ; qui, quo tempore primum
✱agere coepit, in uadimoniis differendis tempus omne
consumpserit ; qui postea uadimonium quoque missum
fecerit, hunc per insidias ui de agro communi deiecerit ;
qui, cum de re agendi nullo recusante potestas fuisset,
sponsionem de probro facere maluerit ; qui, cum reuoce-
tur ad id iudicium, unde haec nata sunt omnia, condicionem aequissimam repudiet, fateatur se non pecuniam,
sed uitam et sanguinem petere, is non hoc palam dicit :
« Mihi si quid deberetur, peterem atque adeo iam pridem abstulissem. **47** Nihil hoc tanto negotio, nihil tam
inuidioso iudicio, nihil tam copiosa aduocatione uterer,
si petendum esset ; extorquendum est inuito atque ingratiis ; quod non debet, eripiendum atque exprimendum
est ; de fortunis omnibus P. Quinctius deturbandus est ;
potentes, diserti, nobiles omnes aduocandi sunt ; adhi-
benda uis est ueritati, minae iactentur, pericula inten-
dantur, formidines opponantur, ut his rebus aliquando
uictus et perterritus ipse se dedat ? » Quae me hercule
omnia, cum, qui contra pugnent, uideo, et cum illum
consessum considero, adesse atque impendere uidentur,
neque uitari ullo modo posse ; cum autem ad te, C. Aquili,
oculos animumque rettuli, quo maiore conatu studioque

---

46 iudicia fieri : —cio f. Σ ‖ omnia iudicia : iudicia *del. Manuzio*
‖ quo tempore : pro t. Σ ‖ agere *Madvig* : male agere *codd.* ‖
postea uadimonium quoque Σ : p. q. u. b^2 posteaquam u. q. b^1 ‖
ui *om.* Σb^1 ‖ id iudicium Σb^1 : i. id *cet.*
47 copiosa aduocatione : a. c. Σb^1 ‖ ingratiis *Turnèbe* : —tis
χ*ck* —to Σ*b* ‖ iactentur : locentur Σb^1 ‖ se dedat *R. Klotz* : sedeat
codd. ‖ consessum : —sensum Σb^1 ‖ atque : ad Σ *om.* b^1.

à Quinctius, lui tendre des pièges dangereux, lui présenter
des sujets de terreur, pour que, quelque jour, vaincu,
effrayé par toutes ces manœuvres, il se rende à discrétion. »
Par Hercule ! Quand je vois mes adversaires, quand je
considère quels sont les hommes qui sont assis avec eux,
je crois à la réalité des périls suspendus sur notre tête, il
me semble que nous n'avons aucun moyen de les éviter ;
mais j'ai reporté sur toi, C. Aquilius, mes yeux et ma
pensée, et mon opinion s'affirme : plus grands sont leurs
efforts et plus violentes leurs passions, plus vains et plus
faibles en seront les résultats. Donc, Quinctius n'a jamais
rien dû : tu le publies toi-même.

48 Et dans le cas où il aurait dû ? Y aurait-il eu motif
à requérir immédiatement du préteur l'envoi en possession de ses biens ? Mon opinion n'est pas qu'un tel procédé soit conforme au droit ou puisse servir les intérêts
de personne. Quelle explication donne-t-il donc de sa
conduite ? Il soutient que Quinctius lui a manqué de
parole en faisant défaut.

XV Avant de fournir la preuve qu'il n'en a pas été
ainsi, il me plaît, C. Aquilius, d'apprécier, du point de
vue des règles du devoir et de la coutume générale, à la
fois le fait lui-même et la conduite de Sex. Naevius. Il
avait fait défaut, déclares-tu, celui dont tu étais l'allié,
l'associé, avec qui tu avais de longue date tant de rapports d'affaires, de relations d'intimité. Et c'est sans délai
qu'il fut convenable d'aller devant le préteur ? C'est sur-
le-champ qu'il fut régulier de requérir l'autorisation d'entrer en possession des biens d'après l'édit du préteur ?
Tu mettais tant d'ardeur à exercer les droits les plus
rigoureux, les plus hostiles, que tu ne te réservais pour
l'avenir aucune possibilité d'actes plus graves et plus
cruels. **49** Peut-il, en effet, arriver plus grande honte pour
un être humain, plus amère affliction pour un être
vivant ? Peut-il y avoir pareil déshonneur ? Pareille
calamité peut-elle se rencontrer ? Que le sort vous fasse
perdre votre argent ou qu'on vous l'arrache par un acte
contraire au droit, toutefois, tant que votre considération reste entière, l'estime dont vous jouissez vous console

aguntur, eo leuiora infirmioraque existimo. Nihil igitur
debuit, ut tu ipse praedicas.

48 Quid, si debuisset ? continuone causa fuisset, cur
a praetore postulares, ut bona possideres ? Non opinor
id quidem neque ius esse neque cuiquam expedire. Quid
igitur demonstrat ? Vadimonium sibi ait esse desertum.

XV Ante quam doceo id factum non esse, libet mihi,
C. Aquili, ex offici ratione atque ex omnium consuetudine rem ipsam et factum simul Sex. Naeui considerare.
Ad uadimonium non uenerat, ut ais, is, quicum tibi
adfinitas, societas, omnes denique causae et necessi-
tudines ueteres intercedebant. Ilicone ad praetorem
ire conuenit ? continuone uerum fuit postulare, ut ex
edicto bona possidere liceret ? ad haec extrema et
inimicissima iura tam cupide decurrebas, ut tibi nihil
in posterum, quod grauius atque crudelius facere
posses, reseruares ? **49** Nam quid homini potest tur-
pius, quid u*iu*o miserius aut acerbius usu uenire ?
quod tantum euenire dedecus, quae tanta calamitas
inueniri potest ? Pecuniam si cuipiam fortuna ademit
aut si alicuius eripuit iniuria, tamen, dum existimatio
est integra, facile consolatur honestas egestatem. At
non nemo aut ignominia adfectus aut iudicio turpi
conuictus bonis quidem suis utitur, alterius opes, id
quod miserrimum est, non exspectat, hoc tamen in
miseriis adiumento et solacio subleuatur. Cuius uero
bona uenierunt, cuius non modo illae amplissimae
fortunae, sed etiam uictus uestitusque necessarius sub

---

48 neque cuiquam : nec c. Σ ‖ ex offici : ea o. Σ*b*¹ ‖ ex omnium
Σχ : omnium *b* ex omni *ck* ‖ quicum : qui tum Σ ‖ uerum (*in
lac.* Σ) Σχ : uestrum *b*¹*ck* aequum *b*² ‖ atque crudelius : aut c. *b*.
49 uiuo *Delaruelle* : uero *codd.* uiro *Navagero* ‖ tamen : tum
Σ*b* ‖ quidem suis : s. q. Σ*b*¹ ‖ miserrimum : infirmum *b*¹.

facilement de votre pauvreté. D'autre part, nous voyons
plus d'un homme frappé d'ignominie ou condamné dans
un procès qui entraîne le déshonneur conserver la jouissance de ses biens, ne pas en être réduit à attendre l'assistance d'autrui, ce qui est la plus pénible des misères, et
trouver du moins ainsi une aide et une consolation qui le
soutiennent dans ses malheurs. Quant à celui dont les
biens ont été mis en vente, celui qui a vu jeter honteuse-
ment à la merci des enchères du crieur public, je ne dis
pas seulement des propriétés d'une très grande conte-
nance, mais même tout ce qui lui est nécessaire pour se
nourrir et pour se vêtir : celui-là n'est pas seulement banni
du nombre des vivants ; il est même, s'il peut en être
ainsi, relégué plus bas que les morts. En effet, une mort
honorable embellit souvent une vie même honteuse ; une
vie souillée d'une telle honte ne permet même pas une
mort honorable. 50 Donc, par Hercule ! celui dont les
biens sont en vertu de l'édit envoyés en possession d'autrui, toute sa bonne renommée, toute sa réputation sont
elles aussi comprises dans cet envoi en possession ; celui
dont le nom est en vue sur les affiches dans les endroits
les plus fréquentés, celui-là on ne lui concède même pas
le droit de périr dans le silence et dans l'obscurité ; celui
à qui on impose des syndics, à qui on constitue des
maîtres chargés de prononcer suivant quelles règles et
suivant quelles conditions il doit périr ; celui qui entend
la voix du crieur public proclamer la vente de ses biens
et en indiquer le prix, celui-là entend l'annonce officielle
de ses propres funérailles, les plus cruelles qu'on puisse
imaginer, s'il est permis de regarder comme des funérailles cette réunion où ce ne sont pas des amis qui s'as-
semblent pour honorer ses obsèques, mais des acheteurs
de biens — tels des bourreaux — pour déchirer et mettre
en pièces les débris de son existence.

XVI 51 Aussi, nos ancêtres ont-ils voulu qu'un pareil
fait se produisît rarement ; les préteurs ont pourvu à ce
qu'une pareille vente ne fût permise qu'en connaissance
de cause. Alors même qu'ils sont ouvertement victimes
de manœuvres frauduleuses et qu'ils n'ont pas la possi-

praeconem cum dedecore subiectus est, is non modo
ex numero uiuorum exturbatur, sed, si fieri potest,
infra etiam mortuos amandatur. Etenim mors honesta
saepe uitam quoque turpem exornat : uita *ita* turpis
ne morti quidem honestae locum relinquit. 50 Ergo
hercule, cuius bona ex edicto possidentur, huius omnis
fama et existimatio cum bonis simul possidetur ; de
quo libelli in celeberrimis locis proponuntur, huic ne
perire quidem tacite obscureque conceditur ; cui
magistri fiunt et domini constituuntur, qui, qua lege
et qua condicione pereat, pronuntient, de quo homine
praeconis uox praedicat et pretium conficit, huic acer-
bissimum uiuo uidentique funus indicitur, si funus id
habendum *est*, quo non amici conueniunt ad exsequias
cohonestandas, sed bonorum emptores, ut carnifices,
ad reliquias uitae lacerandas et distrahendas.

XVI 51 Itaque maiores nostri raro id accidere uoluerunt, praetores, ut considerate fieret, comparauerunt.
Viri boni, cum palam fraudantur, cum experiendi potestas non est, timide tamen et pedetentim istuc des-
cendunt ui ac necessitate coacti, inuiti, multis uadimoniis desertis, saepe illusi ac destituti ; considerant
enim, quid et quantum sit alterius bona proscribere.
Iugulare ciuem ne iure quidem quisquam bonus uult,
mauult commemorari se, cum posset perdere, pepercisse, quam, cum parcere potuerit, perdidisse. Haec
in homines alienissimos, denique *in* inimicissimos uiri

---

49 praeconem *Wesenberg* : —one *codd.* ‖ exturbatur : —atus
Σ*b*[1] ‖ amandatur *Navagero* : mandatur *codd.* ‖ ita turpis *Turnèbe* : turpis *codd.* tam turpis *Lehmann.*

50 indicitur *b*[2]χ*ck* : dicitur Σ ducitur *b*[1] ‖ habendum est *Halm* :
h. sit *codd.* ‖ ut carnifices : et c. *b*[1]*k.*

51 mauult *P* : m. enim *cet.* ‖ commemorari *Madvig* : —are *codd.*
‖ in inimicissimos *Manuzio* : inimicissimos *codd.*

bilité de recourir à la justice, les gens de bien n'en viennent cependant à cette extrémité qu'avec crainte et précaution, contraints par la force et par la nécessité, à leur
corps défendant ; il faut que la partie adverse ait été
défaillante à plusieurs comparutions ; il faut qu'ils aient
été souvent trompés et joués. Car ils considèrent tout ce
qu'il y a de grave dans l'acte de faire mettre en vente les
biens de l'adversaire. Un honnête homme ne veut pas,
même quand il est dans son droit, égorger un citoyen ; il
préfère que l'on se souvienne qu'il a épargné celui qu'il
pouvait perdre, plutôt que de perdre celui qu'il pouvait
épargner. Telle est à l'égard des gens qui leur sont le plus
étrangers, même le plus hostiles, la conduite que les
honnêtes gens observent à cause de l'estime publique et
des devoirs communs à l'humanité entière : jamais ils ne
font sciemment rien de désagréable à autrui, pour qu'il ne
puisse à bon droit leur arriver à eux-mêmes aucun désagrément.

52 Il a fait défaut... Qui ? Ton proche parent. Cette
faute peut paraître très grave en elle-même ; cependant,
l'excuse de la parenté pourrait en atténuer l'odieux. Il a
fait défaut... Qui ? Ton associé. Tu devrais pardonner
même une faute plus grave à l'homme avec qui tu t'es
associé volontairement ou à qui tu as été uni par le sort.
Il a fait défaut... Qui ? Celui qui a toujours été à ta disposition. Ainsi donc, parce que, une fois, il a été coupable
de ne pas se mettre à ta disposition, tu l'as accablé de
tous les traits dont on s'arme contre ceux qui ont multiplié les manœuvres coupables et les fraudes. **53** S'il s'agissait pour toi, Sex. Naevius, de recouvrer une somme de
deux as, si dans une affaire minime tu appréhendais quelque tromperie, n'aurais-tu pas couru aussitôt chez
C. Aquilius ou chez quelque juriste pour avoir une consultation ? Lorsqu'il s'agissait des droits de l'amitié, de
la société, de l'alliance, lorsqu'il convenait de tenir
compte de tes obligations morales et de l'estime publique,
dans ces circonstances, tu ne t'es pas seulement abstenu
d'en référer à C. Aquilius ou à L. Lucilius, mais tu n'as
même pas pris conseil de toi-même. Tu ne t'es pas dit

boni faciunt et hominum existimationis et communis
humanitatis causa, ut, cum ipsi nihil alteri scientes
incommodarint, nihil ipsis iure incommodi cadere
possit.

52 Ad uadimonium non uenit. Quis ? Propinquus.
Si res ista grauissima sua sponte uideretur, tamen eius
atrocitas necessitudinis nomine leuaretur. Ad uadimonium non uenit. Quis ? Socius. Etiam grauius aliquid ei deberes concedere, quicum te aut uoluntas
congregasset aut fortuna coniunxisset. Ad uadimonium non uenit. Quis ? Is, qui tibi praesto semper
fuit. Ergo in eum, qui semel hoc commisit, ut tibi
praesto non esset, omnia tela coniecisti, quae parata
sunt in eos, qui permulta male agendi causa frau-
dandique fecerunt ? **53** Si dupondius tuus ageretur,
Sex. Naeui, si in paruula re captionis aliquid uererere,
non statim ad C. Aquilium aut ad eorum aliquem,
qui consuluntur, cucurrisses ? Cum ius amicitiae,
societatis, adfinitatis ageretur ; cum offici rationem
atque existimationis duci conucniret, co tcmporc tu
non modo non ad C. Aquilium aut L. Lucilium
rettulisti, sed ne ipse quidem te consuluisti, ne hoc
quidem tecum locutus es : « Horae duae fuerunt ;
Quinctius ad uadimonium non uenit. Quid ago ? » Si
me hercule haec tecum duo uerba fecisses : « Quid ago ? »,

---

52 ipsis : in se b^1.
53 dupondius tuus : de praediis tuis b^1ck ‖ captionis *P* Rufinian. : captuus Σ *defendit Havet in Revue de Philologie* 1922,
p. 155 captiuis χ capitis *b c k* ‖ uererere *P* b^2k Rufinian. : uerere
cet. ‖ non statim : non Rufinian. ‖ aut ad... C. Aquilium *om.* Σb^1 ‖
aut ad : aut b^2ck Rufinian. ‖ cucurrisses *ck* Rufinian. : concurr-
cet. ‖ adfinitatis *om. P* ‖ aut : aut ad *b* ‖ Lucilium *P* : Lucullum
cet. ‖ sed *om.* Σ ‖ te consuluisti *P* : ad te retulisti χ*ck* te consuluisti
sed ne ipse quidem (ne idem ipse b^1) ad te retulisti Σ*b* ‖ hoc *P* :
haec *cet.* ‖ locutus es : locutus *P*.

seulement : « Voilà la deuxième heure passée. Quinctius ne se présente pas. Que faire ? » Par Hercule ! Si tu t'étais dit seulement ces deux mots : « Que faire ? » — ta cupidité, ton avarice se seraient calmées ; tu aurais accordé quelque peu de place à la raison et à la réflexion ; tu te serais recueilli ; tu n'en serais pas venu à la honte de devoir confesser en présence de ces hommes si éminents qu'à l'heure où l'engagement de comparaître n'était pas rempli, à cette même heure, tu formais le projet de consommer la ruine complète d'un homme qui est ton proche parent.

XVII 54 C'est moi qui vais consulter ces hommes, à ta place, après le temps voulu et dans une affaire qui m'est étrangère, puisque, toi, dans une affaire qui t'est personnelle, alors que c'était le temps convenable, tu as oublié de les consulter. Je le demande, à toi, C. Aquilius ; à vous, L. Lucilius, P. Quinctilius, M. Marcellus : « Une promesse de comparaître n'a pas été tenue par un homme qui est mon associé et mon allié ; je suis lié avec lui par une vieille amitié ; une contestation pour affaire d'argent nous divise depuis peu. Vais-je requérir du préteur l'envoi en possession de ses biens, ou, comme il a à Rome son domicile, sa femme et ses enfants, dois-je plutôt lui envoyer une signification à domicile ? Quel peut être, en définitive, votre avis sur cette affaire ? » Certes, si j'ai une connaissance exacte de vos sentiments de bonté et de sagesse, je ne me trompe guère sur la réponse que vous feriez à une consultation de ce genre : d'abord, diriez-vous, il faut attendre ; puis, si l'homme en question semble se cacher et prendre plaisir à vous duper par ses lenteurs, il faut aller trouver ses amis, leur demander quel est son mandataire, lui adresser une signification à domicile. On ne saurait dire tout ce que vous répondriez qu'il faudrait faire avant de devoir nécessairement en venir à ce parti extrême. 55 A cela que dit Naevius ? Sans nul doute, il se rit de notre folie : nous en sommes à vouloir trouver dans sa vie une règle de conduite fondée sur l'observation du devoir strict, à exiger de lui les principes des gens de bien. « Qu'ai-je à faire, dit-il, avec ce rigorisme de vertu et cet excès de zèle ? Que les gens de bien, dit-il,

respirasset cupiditas atque auaritia, paulum aliquid
loci rationi et consilio dedisses, tu te collegisses ; non
in eam turpitudinem uenisses, ut hoc tibi esset apud
tales uiros confitendum, qua tibi uadimonium non sit
obitum, eadem te hora consilium cepisse hominis propinqui fortunas funditus euertere.

XVII 54 Ego pro te nunc hos consulo, post tempus
et in aliena re, quoniam tu in tua re, cum tempus erat,
consulere oblitus es ; quaero abs te, C. Aquili, L. Lucili,
P. Quinctili, M. Marcelle : Vadimonium mihi non obiit
quidam socius et adfinis meus, quicum mihi necessitudo uetus, controuersia de re pecuniaria recens inter
cedit ; postulone a praetore, ut eius bona mihi possidere
liceat, an, cum Romae domus eius, uxor, liberi sint,
domum potius denuntiem ? Quid est, quod hac tandem
de re uobis possit uideri ? Profecto, si recte uestram
bonitatem atque prudentiam cognoui, non multum
me fallit, si consulamini, quid sitis responsuri : primum, exspectare ; deinde, si latitare ac diutius ludi-
ficare uideatur, amicos conuenire, quaerere quis procurator sit, domum denuntiare. Dici uix potest, quam
multa sint, quae respondeatis ante fieri oportere,
quam ad hanc rationem extremam necessario deuenire.
55 Quid ad haec Naeuius ? Ridet scilicet nostram
amentiam, qui in uita sua rationem summi offici desi-
deremus et instituta uirorum bonorum requiramus.
« Quid mihi, » inquit, « cum ista summa sanctimonia

53 paulum *P* : paululum *cet.* ‖ confitendum *ck* : —ficiendum *cet.*
54 pro te nunc *codd.* : nunc pro te Rufinian. ‖ hos consulo
Rufinian. : hoc c. *codd.* ‖ Lucili *Orelli* : Luculli (e *ck*) *codd.* ‖
eius bona : bona *b* ‖ conuenire : —ri Σ*b*¹ ‖ necessario *Gulielmius* :
— ariam *codd.*
55 ad haec *k* Rufinian. : ad hoc *cet.* ‖ uirorum bonorum : b. u.
bck Rufinian. ‖ summa *om.* Σ*b*¹.

voient à observer ces devoirs. Mais, quant à moi, qu'ils
prennent en considération qu'il convient de rechercher
non quelle est ma fortune, mais par quels moyens je l'ai
acquise ; de s'enquérir de ma naissance et de mon éducation. Je m'en souviens, il y a bien longtemps qu'on le dit :
d'un bouffon il est bien plus facile de faire un riche qu'un
père de famille. » 56 Voilà, si ses paroles n'osent le dire,
ce que ses actions disent ouvertement. Et, à la vérité,
voudrait-il vivre suivant les principes des gens de bien,
il lui faudrait beaucoup apprendre et beaucoup désap-
prendre: deux choses également difficiles à son âge.

XVIII « Je n'ai pas hésité, dit-il, du moment que
Quinctius était défaillant, à faire afficher la mise en vente
des biens. » Malhonnête homme ! Mais, puisque tu t'arroges ce droit, puisque tu réclames qu'on te concède d'en
user, faisons la concession que tu demandes. Si, cependant, il n'y a pas eu défaut ? Si toutes tes allégations
ne sont que des mensonges, que tu as mis la plus grande
fourberie et l'habileté la plus méchante à imaginer ? Si,
en réalité, il n'a jamais existé entre Quinctius et toi d'engagement à comparaître en justice ? De quel nom devons-
nous t'appeler ? Un malhonnête homme ? Mais, quand
même il y aurait eu défaut, adresser cette requête au préteur, afficher la vente des biens de Quinctius, c'était faire
reconnaître en toi le plus malhonnête des hommes. Un
homme plein d'habile méchanceté ? Tu ne t'en défends
pas. Un maître en manœuvres frauduleuses ? Voilà un
titre que tu t'arroges et que tu estimes très glorieux. Un
homme audacieux, cupide, odieusement perfide ? Ces
mots sont surannés et vulgaires : or, le fait est nouveau ;
on n'a jamais entendu parler d'un fait semblable.
57 Eh bien ! donc, je crains, par Hercule ! d'employer
des expressions ou plus dures que mon caractère ne le
comporte, ou plus faibles que la cause ne le demande. Tu
soutiens que Quinctius a manqué à son engagement de
comparaître. Dès son retour à Rome, Quinctius t'a
demandé d'indiquer le jour où, selon toi, il avait pris
cet engagement. Tu répondis aussitôt : « Le jour des
nones de février. » En te quittant, Quinctius se remet en

ac diligentia ? uiderint, » inquit, « ista officia uiri **boni,**
de me autem ita considerent : non quid habeam, sed
quibus rebus inuenerim, quaerant, et quem ad modum natus et quo pacto educatus sim. Memini ; uetus
est, de scurra multo facilius diuitem quam patrem
familias fieri posse. » **56** Haec ille, si uerbis non audet,
re quidem uera palam loquitur. Etenim si uult uirorum bonorum instituto uiuere, multa oportet discat
ac dediscat : quorum illi aetati utrumque difficile est.

XVIII « Non dubitaui, » inquit, « cum uadimonium
desertum esset, bona proscribere. » Improbe : uerum,
quoniam tu id tibi arrogas et concedi postulas, concedamus. Quid, si numquam deseruit ? si ista causa abs
te tota per summam fraudem et malitiam ficta est ?
si uadimonium omnino tibi cum P. Quinctio nullum
fuit ? quo te nomine appellemus ? Improbum ? At
etiam si desertum uadimonium esset, tamen in ista
postulatione et proscriptione bonorum improbissimus
reperiebare. Malitiosum ? *Non* negas. Fraudulentum ?
Iam id quidem arrogas tibi et praeclarum putas.
Audacem, cupidum, perfidiosum ? Vulgaria et obso-
leta sunt ; res autem noua atque inaudita. **57** Quid
ergo est ? Vereor me hercule, ne aut grauioribus utar
uerbis, quam natura fert, aut leuioribus, quam causa
postulat. Ais esse uadimonium desertum. Quaesiuit
a te, statim ut Romam rediit, Quinctius, quo die
uadimonium istuc factum esse diceres. Respondisti
statim : Nonis Febr. Discedens in memoriam red*i*t

55 ita Σχ : ista *bck*.
56 ac dediscat : atque d. *b* ‖ uerum *k* : utrum *cet.* ‖ ficta *k* :
facta *cet.* ‖ malitiosum ? non negas *Lambin* : non m. n. Σ*b*¹ num
m. n. *cet.* ‖ iam : nam *b*χ¹.
57 redit *Mueller* : —iit *codd.*

mémoire le jour où il est parti de Rome pour la Gaule ;
il se reporte à ses éphémérides ; il trouve le jour de son
départ : c'est la veille des calendes de février. S'il était à
Rome le jour des nones de février, nous n'avons aucune
excuse à donner : il a bien pris l'engagement de comparaître. 58 Mais ce fait, comment en découvrir l'exactitude ? L. Albius, un homme des plus honorables, est parti
en même temps que lui : il témoignera. Des amis ont
fait la conduite à Albius aussi bien qu'à Quinctius : ils
témoigneront eux aussi. Les écritures de P. Quinctius,
ces témoins si nombreux, qui avaient tous les raisons les
plus fondées de savoir la vérité et qui n'en avaient aucune
de mentir, on les confrontera avec celui qui a stipulé à
côté de toi (1).

59 Et c'est quand sa cause se présente de cette manière
que P. Quinctius aura à se mettre en peine, qu'il conti-
nuera à vivre misérablement au milieu des plus grands
dangers et des plus grandes craintes, qu'il sera plus forte-
ment épouvanté par le crédit de son adversaire que ras-
suré par la droiture de son juge ? Sans doute, sa vie n'a
jamais connu ni les belles manières, ni l'élégance ; il a
toujours été d'un naturel sérieux et réservé ; on ne l'a
jamais vu fréquenter ni les environs du cadran solaire (2),
ni le Champ de Mars, ni les festins ; il s'est uniquement
préoccupé de conserver ses amis par les égards qu'il leur
témoignait et sa fortune par la sage économie qu'il mettait
à l'administrer ; il s'est appliqué à fidèlement observer
les antiques règles du devoir, dont les mœurs d'aujour-
d'hui ont flétri toute la beauté. Si, dans une cause où le
bon droit serait égal de part et d'autre, il paraissait
devoir abandonner la partie, mis en état d'infériorité, ce
serait un juste sujet de violentes lamentations ; mais
maintenant, dans une cause où son droit est supérieur à
celui de son adversaire, il ne demande même pas qu'on
le regarde comme égal ; il souffre qu'il soit considéré

---

(1) L'*adstipulator* est un stipulant accessoire (Gaius, III, 110 ;
215), ce qui prouve que le *uadimonium* se fait par stipulation.
(2) Voisine de la tribune aux harangues, la colonne du cadran
solaire était au Forum un centre de réunion.

Quinctius, quo die Roma in Galliam profectus sit ; ad
ephemeridem reuertitur : inuenitur dies profectionis
pridie Kal. Febr. Nonis Febr. si Romae fuit, causae
nihil dicimus, quin tibi uadimonium promiserit. **58**
Quid ? hoc inueniri qui potest ? Profectus est una
L. Albius, homo cum primis honestus ; dicet testimonium. Prosecuti sunt familiares et Albium et Quinctium ; dicent hi quoque testimonium. Litterae
P. Quincti, testes tot, quibus omnibus causa iustissima
est, cur scire potuerint, nulla, cur mentiantur, cum
adstipulatore tuo comparabuntur.

59 Et in hac eius modi causa P. Quinctius laborabit
et diutius in tanto metu miser periculoque uersabitur ?
et uehementius eum gratia aduersarii perterrebit,
quam fides iudicis consolabitur ? Vixit enim semper
inculte atque horride ; natura tristi ac recondita fuit ;
non ad solarium, non in campo, non in conuiuiis uersatus est ; id egit, ut amicos obseruantia, rem parsi-
monia retineret ; antiquam offici rationem dilexit,
cuius splendor omnis his moribus obsoleuit. At si in
causa pari discedere inferior uideretur, tamen esset
non mediocriter conquerendum ; nunc in causa superiore ne ut par quidem sit postulat, inferiorem se esse
patitur dumtaxat usque eo, ne cum bonis, fama fortunisque omnibus Sex. Naeui cupiditati crudelitatique
dedatur.

---

57 pridie *codd.* : a. d. IV *A. Klotz* (*cf.* § 24) *lineam interci-
disse post* dies *suspicatur Havet Rev. de Philol.* 45 (1921), p. 236.
　　58 dicet χ*c* : —it *cet.* ‖ prosecuti *b*[2] : profecti *cet.* ‖ Albium et
Quintium Σ*b̃*[2] : Albii et Quintii *cet.* ‖ hi *b*χ : hii Σ ii *ck* ‖ nulla cur :
nulla Σ.
　　59 eiusmodi : huiusmodi *b* ‖ laborabit *b*[1]*ck* : —auit *cet.* ‖ obsoleuit : abs —Σ absoluit *b*[1] ‖ inferiorem : —ore *b*[2]χ ‖ se esse *k* :
se *c* esse *cet.* esse se *Lambin.*

comme inférieur, pourvu cependant que ses biens, sa
réputation, sa situation tout entière, sa personne même
ne soient pas livrés à la cupidité et à la cruauté de Sex.
Naevius.

XIX **60** J'ai prouvé, C. Aquilius, ce que je m'étais
engagé à prouver tout d'abord : à savoir que rien absolument n'a motivé la requête de Naevius, puisque aucune
somme d'argent ne lui était due, puisque, dans le cas
même où une somme lui aurait été due, il n'a été commis
aucun acte qui autorisât Naevius à recourir à un tel
procédé. Fais bien attention maintenant à ceci : aux termes
de l'édit du préteur, la possession des biens de Quinctius
n'a pu en aucune façon avoir lieu. Examine l'édit : celui
qui se sera caché dans une intention frauduleuse.
Cela ne s'applique pas à Quinctius, à moins que ce ne soit
se cacher que de partir pour ses affaires en laissant un
procurateur. celui qui n'aura pas d'héritier. Tel n'est
pas, non plus, le cas de Quinctius. celui qui se sera expatrié pour cause d'exil... Quand et comment estimes-
tu, Naevius, qu'il aurait fallu défendre Quinctius absent ?
Au moment où tu requérais l'envoi en possession de ses
biens ? Personne ne s'est présenté, car personne ne pouvait deviner que tu ferais cette requête et il n'appartenait
à personne de s'opposer à un envoi en possession pour
lequel le préteur ordonnait, non qu'il eût lieu, mais qu'il
eût lieu en vertu de son édit. **61** Quand donc le procurateur a-t-il eu pour la première fois l'occasion de défendre
l'absent ? Au moment où tu ordonnais la vente des biens.
Et, certes, alors Sex. Alfenus se présenta ; il ne souffrit
pas que cela se passât ainsi, il fit renverser les tableaux où
la vente était affichée. C'était la première démarche qu'il
eut à faire dans son office de procurateur et il s'en acquitta
avec le plus grand zèle.

Voyons maintenant ce qui s'ensuivit. Tu saisis publiquement un esclave appartenant à P. Quinctius ; tu
t'efforces de l'emmener. Alfenus ne le permet pas ; il
te l'enlève de force et prend soin de le ramener chez
Quinctius. Voilà encore un acte où il s'acquitte parfaitement de l'office d'un procurateur diligent. Tu dis que

XIX **60** Docui, quod primum pollicitus sum, C. Aquili, causam omnino, cur postularet, non fuisse, quod
neque pecunia debebatur, et, si maxime deberetur,
commissum nihil esset, qua re ad istam rationem
perueniretur. Attende nunc ex edicto praetoris bona
P. Quincti possideri nullo modo potuisse. Trac*ta* edictum. QVI FRAVDATIONIS CAVSA LATITARIT. Non est is
Quinctius ; nisi si latitant, qui ad negotium suum
relicto procuratore proficiscuntur. CVI HERES NON
EXSTABIT. Ne is quidem. QVI EXSILI CAVSA SOLVM
VERTERIT. **** Quo tempore existimas oportuisse,
Naeui, absentem Quinctium defendi aut quo modo ?
tum, cum postulabas, ut bona possideres ? Nemo
adfuit ; neque enim quisquam diuinare poterat te
postulaturum, neque quemquam attinebat id recusare,
quod praetor non fieri, sed ex edicto suo fieri iubebat.
61 Qui locus igitur absentis defendendi procuratori
primus datus est ? Cum proscribebas. Ergo adfuit,
non passus est, libellos deiecit Sex. Alfenus ; qui primus
erat offici gradus, seruatus est a procuratore summa
cum diligentia.

Videamus, quae deinde sint consecuta. Hominem
P. Quincti deprehendis in publico ; conaris abducere :
non patitur Alfenus, ui tibi adimit, curat, ut domum
reducatur ad Quinctium. Hic quoque summe constat
procuratoris diligentis officium. Debere tibi dicis

---

60 esset *c* : esse *cet.* erat Ernesti ‖ possideri *ck* : —re *cet.* ‖ tracta
Beroaldo : —at *codd.* recita *Manuzio* ‖ latitarit *Manuzio :* latitat Σ
ons. cet. ‖ uerterit : uerterit. Dici id non potest. Qui absens iudicio
defensus non fuerit. Ne id quidem *Hotman ‹ ex libro ms. peran-
tiquo ›* ‖ neque quemquam : neque ad quemquam *ck* nec quemquam Σ*b* ‖ ex edicto *b* : edicto *cet.*
61 consecuta : conseruata Σ*b*[1] ‖ adimit *k* : ademit *cet.*

Quinctius est ton débiteur : le procurateur dit qu'il ne
l'est pas. Tu veux qu'il promette de comparaître : il
promet. Tu l'appelles en justice : il t'y suit. Tu requiers
l'instance : il ne la refuse pas. Si ce n'est pas là défendre
un absent, je n'y entends plus rien. 62 Mais, dira-t-on,
quel homme était-ce que ce procurateur ? Quinctius,
apparemment, avait fait choix de quelque indigent,
homme processif, sans probité, capable de supporter
chaque jour les outrages en paroles (1) d'un opulent
bouffon. Pas du tout : c'était un chevalier romain, riche
en biens-fonds, très entendu dans la gestion de ses affaires ;
c'était l'homme, enfin, que Naevius, toutes les fois qu'il
est parti pour la Gaule, a laissé à Rome comme mandataire.

XX Et tu oses, Sex. Naevius, tu oses soutenir que
Quinctius en son absence n'était pas défendu, alors que
son défenseur était l'homme même qui avait coutume de
te défendre ? Et, alors que l'instance en justice a été
acceptée au nom de Quinctius par celui auquel, chaque
fois que tu partais, tu avais coutume de confier, de
remettre sans réserve le soin de ta fortune et de ta réputation, tu essaies de prétendre que dans l'instance engagée
il ne se trouvait personne pour défendre Quinctius ?
63 « Je demandais, dit-il, une satisdation. » — Ta demande
était contraire au droit ; elle était tenue pour telle ;
Alfenus s'y opposait. — « Oui, mais le préteur prenait un
décret.» — Aussi appel était-il fait aux tribuns. — « Ici,
dit-il, je t'arrête : ce n'est pas accepter l'instance
ni défendre au procès que de demander secours aux
tribuns. » Cette objection, si je réfléchis à l'habileté
d'Hortensius, je ne pense pas qu'il puisse la faire.
Mais, quand j'apprends qu'il l'a déjà faite, quand je

---

(1) Le mot *conuicium* désigne les propos offensants tenus avec
clameurs *(uociferatio)* contre une personne par une ou plusieurs
autres *(quasi conuocium* : *Dig.* XLVII, 10, 15, 4). C'est l'un des
faits constitutifs du délit d'injures réprimé par l'édit du préteur.
La présence de la victime n'est pas nécessaire ; il suffit que le
conuicium ait lieu devant sa maison ou devant le lieu de sa rési-
dence (*Dig.* XLVII, 10, 15, § 5, 7, 9, 11, 12).

Quinctium, procurator negat ; uadari uis : promittit ;
in ius uocas : sequitur ; iudicium postulas : non recusat.
Quid aliud sit absentem defendi, ego non intellego.
62 At quis erat procurator ? Credo aliquem electum
hominem egentem, litigiosum, improbum, qui posset
scurrae diuitis cotidianum conuicium sustinere. Nihil
minus ; eques Romanus locuples, sui negoti bene ge-
rens, denique is, quem, quotiens Naeuius in Galliam
profectus est, procuratorem Romae reliquit.

XX Et audes, Sex. Naeui, negare absentem defensum esse Quinctium, cum eum defenderit idem, qui te
solebat ? et, cum is iudicium acceperit pro Quinctio,
cui tu et rem et famam tuam commendare proficiscens
et concredere solebas, conaris hoc dicere, neminem
exstitisse, qui Quinctium iudicio defenderet ? 63 « Pos-
tulabam, » inquit, « ut satis dare*t*. » Iniuria postulabas ;
ita uidebare ; recusabat Alfenus. — « Ita, uerum
praetor decernebat. » — Tribuni igitur appellabantur.
— « Hic te, » inquit, « teneo ; non est istud *iudicium*
pati neque iudicio defendere, cum auxilium a tribunis
petas. » — Hoc ego, cum attendo, qua prudentia sit
Hortensius, dicturum esse eum non arbitror. Cum
autem antea dixisse audio et causam ipsam considero,
quid aliud dicere possit, non reperio. Fatetur enim
libellos Alfenum deiecisse, uadimonium promisisse,

61 negat : recusat b^2c ‖ uis promittit : compromitti Σ ‖ uocas :
—at $b\chi$ ‖ postulas : —at $b^2\chi$.
62 electum Σχ : eiec— *cet.* ‖ diuitis $b^2\chi$: deuictis (di— b^1) Σb^1
diutius *ck* ‖ acceperit *ck* : acciperet *cet.* ‖ et rem et *ed. Ven.* 1471
ed. Rom. 1471 : ueterem et Σ rem et *b*.
63 daret *Navagero* : —rent Σ —retur *cet.* ‖ uidebare *codd.* :
iubebare *Hotman* ‖ iudicium pati *Angeli* (*cf.* § 87) : pati *codd.*
iudicio p. *R. Klotz* ‖ a tribunis : tribunis Σ ‖ cum attendo Σ :
tecum a. *cet.* ‖ deiecisse *b* : deicasse Σ dedisse χck.

considère la cause elle-même, je ne vois pas qu'il puisse
dire autre chose. Car il reconnaît qu'Alfenus a fait renverser les tableaux où la vente était affichée, qu'Alfenus a promis de comparaître, qu'il n'a pas refusé d'accepter
l'instance et les termes mêmes de la formule que Naevius
déterminait : à une condition cependant, conforme à la
coutume et à la constitution, l'appel au magistrat qui a
été institué pour porter secours aux citoyens. **64** Il est
donc de toute nécessité, ou que ces faits ne se soient pas
produits, ou qu'un juge aussi honorable que l'est C. Aquilius, après avoir prêté serment, établisse dans la cité cette
règle de droit : Celui dont le procurateur n'aura pas accepté
toutes les instances engagées d'après les formules déterminées par toute partie adverse, celui dont le procurateur
aura osé appeler du préteur aux tribuns, — celui-là, il
convient qu'il ne puisse être défendu, que l'on puisse à
bon droit décider l'envoi en possession de ses biens, que
le malheureux pendant son absence, à son insu, puisse
être violemment dépouillé par l'arrêt le plus déshonorant
et le plus ignominieux de tout ce qui fait sa situation, de
tout ce qui constitue l'honneur de sa vie. **65** S'il n'y a
aucune possibilité que personne admette une telle règle,
il y a toute nécessité que tout le monde admette que
Quinctius absent a été défendu en justice. Du moment
qu'il en est ainsi, ses biens n'ont pas été possédés en vertu
de l'édit. Mais, dit-on, les tribuns de la plèbe n'ont pas
même écouté l'appel qui leur était adressé. J'avoue, s'il
en est ainsi, que le procurateur se trouvait dans l'obligation d'obéir au décret du préteur. Mais quoi ? S'il est
vrai que M. Brutus (1) a déclaré publiquement qu'il
intercéderait, à moins qu'il ne se fît un arrangement
entre Alfenus lui-même et Naevius, ne semble-t-il pas que
l'appel aux tribuns est intervenu, non pour apporter des
retards à l'instance, mais pour obtenir une aide ?

XXI **66** Qu'arrive-t-il ensuite ? Alfenus, pour que tout
le monde puisse comprendre que Quinctius est défendu
en justice, pour qu'il ne puisse pas subsister le moindre
soupçon sur le devoir qu'il remplissait ou sur l'honorabilité de Quinctius, Alfenus convoque un certain nombre

iudicium quin acciperet in ea ipsa uerba, quae Naeuius
edebat, non recusasse, ita tamen : more et instituto,
per eum magistratum, qui auxili causa constitutus
est. **64** Aut haec facta non sint, necesse est, aut C. Aquilius, talis uir, iuratus hoc ius in ciuitate constituat :
cuius procurator non omnia iudicia *acceperit*, quae
quisque in uerba postularit, cuius procurator a praetore tribunos appellare ausus sit, eum non defendi,
eius bona recte possideri posse, ei misero, absenti,
ignaro fortunarum suarum omnia uitae ornamenta
per summum dedecus et ignominiam deripi conuenire.
65 Quod si probari nemini potest, illud certe probari
omnibus necesse est, defensum esse iudicio absentem
Quinctium. Quod cum ita sit, ex edicto bona possessa
non sunt. At enim tribuni plebis ne audierunt quidem.
Fateor, si ita est, procuratorem decreto praetoris
oportuisse parere. Quid ? si M. Brutus intercessurum
se dixit palam, nisi quid inter ipsum Alfenum et
Naeuium conueniret, uideturne intercessisse appellatio
tribunorum non mor*ae*, sed auxili causa ?

XXI **66** Quid deinde fit ? Alfenus, ut omnes intelle-
gcre possent iudicio defendi Quinctium, ne qua subesse
posset aliena aut ipsius officio aut huius existimatione
suspicio, uiros bonos complures aduocat, testatur isto
audiente se pro communi necessitudine id primum petere, ne quid atrocius in P. Quinctium absentem sine
causa facere conetur; sin autem inimicissime atque

---

64 acceperit *suppl. Navagero* ‖ tribunos : —nis Σ ad tribunos
ck ‖ deripi *Ernesti* : di— *codd.*
65 ita sit *Parisinus* 7774 : ita est *cet.* ‖ praetoris *b¹ck* : p.
romani *cet.* ‖ quid ? si : quodsi Σ ‖ morae *Navagero* : morte Σ
more *cet.*
66 testatur : —antur *bχ*.

de gens de bien ; il proteste — Naevius l'entendait —
qu'au nom de l'amitié qui l'unit aux deux parties il
demande tout d'abord à Naevius de ne rien entreprendre
de trop rigoureux, sans en avoir de motif, contre P. Quinctius absent ; que si, au contraire, Naevius continue à
faire preuve dans ses attaques de sentiments si hostiles
et si ennemis, il est prêt, quant à lui, à établir comme
défendeur par tous les moyens réguliers et honnêtes que
ce qui est demandé n'est pas dû, et à accepter la formule
d'action choisie par Naevius. 67 Le procès-verbal de cet
acte et de cette convention fut revêtu de leur sceau par
les nombreux gens de bien qu'Alfenus avait convoqués.
On ne saurait élever de doute sur l'authenticité de cet
acte. Toutes les questions étaient encore entières ; la
vente des biens n'avait pas été affichée, les biens n'avaient
pas été possédés, lorsqu'Alfenus promet à Naevius que
Quinctius comparaîtra en justice. Suivant l'engagement
pris, Quinctius comparaît en justice. L'affaire reste en
suspens pendant deux ans, en raison des difficultés sou-
levées par la chicane de Naevius ; cela dure jusqu'à ce
qu'on trouve le moyen de s'écarter de la coutume et de
renfermer tout le procès dans cette singulière instance.

68 Parmi les devoirs du procurateur, en est-il un seul,
C. Aquilius, peut-on en rappeler un seul qui semble avoir
été négligé par Alfenus ? Quelle preuve apporte-t-on pour
soutenir que P. Quinctius absent n'a pas été défendu ?
Va-t-on donner comme preuve — Hortensius le fera, si
j'en crois sa récente insinuation et les perpétuelles criail-
leries de Naevius — que Naevius ne luttait pas à armes
égales avec Alfenus, en ce temps, sous la domination
de ceux qui étaient alors les maîtres (1) ? Si je veux bien
en convenir, on m'accordera, je pense, que, loin de ne pas
avoir de procurateur, Quinctius avait un procurateur
favorisé d'un grand crédit. Mais il me suffit pour le succès
de la cause que je soutiens qu'il y ait eu un procurateur

---

(1) En 671/83, les maîtres, c'est-à-dire les consuls Scipion et
Norbanus, étaient les ennemis de Sylla. L'accusation insinue
qu'Alfenus, membre important du parti de Marius, avait l'avantage sur Naevius, fidèle partisan de Sylla.

infestissime contendere perseueret, se paratum esse omni recta atque honesta ratione defendere, quod petat, non deberi ; se iudicium id, quod edat, accipere. 67 Eius rei condicionisque tabellas obsignauerunt uiri boni complures. Res in dubium uenire non potest. Fit, rebus omnibus integris, neque proscriptis neque possessis bonis, ut Alfenus promittat Naeuio sisti Quinctium. Venit ad uadimonium Quinctius. Iacet res in controuersiis isto calumniante biennium, usque dum inueniretur, qua ratione res ab usitata consuetudine recederet et in hoc singulare iudicium causa omnis concluderetur.

68 Quod officium, C. Aquili, commemorari procuratoris potest, quod ab Alfeno praeteritum esse uideatur ? Quid adfertur, qua re P. Quinctius negetur absens esse defensus ? An uero id, quod Hortensium, quia nuper iniecit, et quia Naeuius semper id clamitat, dicturum arbitror, non fuisse Naeuio parem certationem cum Alfeno illo tempore, illis dominantibus ? Quod si uelim confiteri, illud, opinor, concedent, non procuratorem P. Quincti neminem fuisse, sed gratiosum fuisse. Mihi autem ad uincendum satis est fuisse procuratorem, quicum experiretur ; qualis is fuerit, si modo absentem defendebat per ius et per magistratum, nihil ad rem arbitror pertinere.

69 « Erat, » inquit, « illarum partium. » Quidni ? qui

66 petat : peto ac Σ ‖ quod edat *b²ck* : quo dedat χ quod dedat (—erat *b¹*) *cet.*

67 fit : fit sic *b²* ‖ iacet *P* : tacet *cet.* ‖ recederet : **recideret** Σ*b¹* ‖ et in : in *P*.

68 C. Aquili *P* : Aquili (—illi Σ) *cet.* ‖ adfertur : off— Σ ‖ negetur absens esse *P* : a. negatur e. *cet.* ‖ concedent *Pk* : —derent *b¹* —dant *cet.* ‖ experiretur *P* : —riri posset *cet.* ‖ et per : et Σ¹*bck*.

69 erat : erat enim *b*.

contre lequel Naevius avait la faculté d'aller en justice. Quelle était la situation de ce procurateur, du moment où il défendait l'absent conformément au droit et par l'intermédiaire du magistrat, j'estime que cela n'a aucun rapport avec la question.

69 « Mais, dit Naevius, Alfenus était de ce parti. » Pourquoi pas ? Tu avais fait son éducation chez toi ; tu l'avais instruit dès sa jeunesse à n'honorer aucun genre de noblesse, fût-ce même la noblesse d'un gladiateur. Si ce qui a toujours été l'objet de tes désirs les plus violents, Alfenus le voulait aussi, en quoi dans cette lutte n'avais-tu pas une force égale à la sienne ? « Alfenus, dit-il, était le familier de Brutus, d'où l'intercession de ce dernier. » Mais toi, tu étais le familier de Burrienus, dont les décrets étaient contraires au droit, de tous ceux enfin à qui la violence et le crime donnaient alors le plus grand pouvoir et qui osaient faire tout ce qu'ils avaient le pouvoir de faire. Voulais-tu alors la victoire de tous ces gens qui maintenant prennent tant de peine à te faire obtenir la victoire dans ce procès ? Ose le dire : je ne demande pas que tu le dises en public, mais simplement à ceux que tu as appelés pour t'assister. 70 Cependant je ne veux pas renouveler en les rappelant les souvenirs d'événements dont j'estime qu'il convient d'abolir complètement et de faire absolument disparaître toute mémoire.

XXII Je n'ai que ceci à dire : si le dévouement à un parti politique rendait Alfenus puissant, ce même dévouement rendait Naevius très puissant ; si Alfenus, fort de son crédit, réclamait quelques privilèges iniques, Naevius en obtenait de bien plus iniques. Car il n'y avait pas — telle est mon opinion — de différence dans votre dévouement au parti : mais toi, grâce à ton génie naturel, grâce à ton expérience de vieux routier, grâce à tes menées artificieuses, il t'a été facile de l'emporter. Pour ne rien dire d'autres faits, il suffit de rappeler qu'Alfenus a succombé avec ceux et à cause de ceux auxquels il s'était attaché ; toi, quand tu as vu que ceux qui étaient tes amis ne pouvaient obtenir la victoire, tu t'es arrangé de manière à faire tes amis de ceux qui étaient les vain-

apud te esset eductus ; quem tu a puero sic instituisses,
ut nobili, ne gladiatori quidem, faueret. Si, quod tu
semper summe cupisti, idem uolebat Alfenus, ea re tibi
cum eo par contentio non erat ? « Bruti, » inquit, « erat
familiaris ; itaque is intercedebat. » Tu contra Burrieni,
qui iniuriam decernebat, omnium denique illorum, qui
tum et poterant per uim et scelus plurimum et, quod
poterant, id audebant. An omnes tu istos uincere uolebas qui nunc, tu ut uincas, tanto opere laborant ? Aude
id dicere non palam, sed ipsis, quos aduocasti. **70**
Tametsi nolo eam rem commemorando renouare, cuius
omnino rei memoriam omnem tolli funditus ac deleri
arbitror oportere.

XXII Vnum illud dico : Si propter partium studium
potens erat Alfenus, potentissimus Naeuius ; si fretus
gratia postulabat aliquid iniquius Alfenus, multo ini-
quiora Naeuius impetrabat. Neque enim inter studium
uestrum quicquam, ut opinor, interfuit ; ingenio, uetus-
tate, artificio, tu facile uicisti. Vt alia omittam, hoc
satis est : Alfenus cum iis et propter eos periit, quos
diligebat, tu, postquam, qui tibi erant amici, non
poterant uincere, ut amici tibi essent, qui uincebant,
effecisti. **71** Quod si tum par tibi ius cum Alfeno fuisse
non putas, quia tamen aliquem contra te aduocare
poterat, quia magistratus aliqui reperiebatur, apud

69 eductus *P* : —eatus *cet.* ‖ faueret *P* : ueret Σχ ueretur *b*
cederet *ck* ‖ si quod *P* : sicut *cet.* ‖ summe *om.* Σ*b*¹ ‖ cupisti *P* :
concupisti *cet.* ‖ non erat *Pk* : erat *cet.* ‖ uolebas *Pb*χ : nolebas Σ
malebas *ck* ‖ laborant aude : —ras tu de Σ*b*¹ ‖ ipsis *P* : his (hiis Σ)
ipsis *cet.* ‖ aduocasti : —astis Σ .

70 tametsi : tamen etsi Σχ ‖ multo : —ta Σ*b*¹χ² ‖ uestrum : nostrum Σ*b*¹ ‖ cum iis *ck* : cum his *cet.*

71 tamen *b*χ : tum Σ*ck* ‖ aliqui Σ : —quis *cet.* ‖ reperiebatur :
— bantur Σ.

queurs. **71** Que si tu penses qu'il y avait inégalité de droit
alors entre Alfenus et toi parce qu'Alfenus, il est vrai,
pouvait invoquer quelque aide contre toi, parce que l'on
pouvait trouver quelque magistrat auprès duquel la cause
d'Alfenus fût soutenue, que penser de la situation faite
aujourd'hui à Quinctius ? Lui, qui n'a pas encore ren-
contré un magistrat équitable ; lui, à qui on n'a pas
délivré la formule d'action usitée ; lui, pour qui n'est
jamais intervenue aucune condition, aucune stipulation,
en un mot aucune demande, je ne dis pas équitable, mais
telle que jusqu'à ce jour on ait même entendu parler de
chose pareille. C'est sur la question pécuniaire que je
désire engager le débat. — « Cela n'est pas permis. » —
Tel est pourtant le sujet de notre controverse. — « Peu
m'importe ; tu dois plaider une cause où ton existence
civile est en jeu. » — Formule donc ton accusation, puisque
c'est nécessaire. — « Non, dit-il, c'est toi qui, suivant une
règle nouvelle, dois parler le premier. » Je suis donc
forcé de prendre la parole. — « Le nombre d'heures que
tu auras pour plaider sera fixé d'avance, suivant notre
bon plaisir, qui enchaînera le juge lui-même. » **72** Est-ce
tout ? — « Tu trouveras quelque défenseur, homme de
devoir, comme on l'était au bon vieux temps, capable
de ne tenir aucun compte de notre éclatante considération et de notre crédit ; pour moi combattra L. Philippus, à qui son éloquence, son autorité, son rang donnent
dans l'Etat une position des plus brillantes ; pour moi
parlera Hortensius, cet orateur éminent par son talent,
par sa noblesse, par sa réputation ; j'aurai pour m'assister
les hommes les plus nobles et les plus puissants : en les
voyant siéger si nombreux, ce n'est pas seulement
P. Quinctius, dont l'existence civile est engagée dans la
lutte, c'est tout homme à l'abri de pareil danger qui se
sentira saisi de la plus horrible terreur. » **73** C'est ici que le
combat est inégal : aussi bien n'as-tu pas laissé à Quinctius
une place où il pût prendre position contre toi. Mais il ne
l'était pas lors de ta chevauchée contre Alfenus. C'est
pourquoi il faut, ou que tu prouves qu'Alfenus a refusé
de se déclarer procurateur, qu'il n'a pas fait renverser les

quem Alfeni causa consisteret, quid hoc tempore
Quinctio statuendum est ? cui neque magistratus
adhuc aequus inuentus est neque iudicium redditum
est usitatum, non condicio, non sponsio, non denique
ulla umquam intercessit postulatio, mitto aequa,
uerum ante hoc tempus ne fando quidem audita. De
re pecuniaria cupio contendere. — « Non licet. » — At
ea controuersia. — « Nihil ad me attinet ; causam
capitis dicas oportet. » — Accusa, ubi ita necesse est.
— « Non, » inquit, « nisi tu ante nouo modo priore loco
dixeris. » — Dicendum necessario est. — « *Prae*stituen-
tur horae ad arbitrium nostrum, iudex ipse *coerc*ebitur. »
72 — Quid tum ? — « Tu aliquem patronum inuenies,
hominem antiqui offici, qui splendorem nostrum et
gratiam neglegat ; pro me pugnabit L. Philippus, eloquentia, grauitate, honore florentissimus ciuitatis ;
dicet Hortensius, excellens ingenio, nobilitate, existimatione ; aderunt autem homines nobilissimi ac
potentissimi, ut eorum frequentiam et consessum non
modo P. Quinctius, qui de capite decernit, sed quiuis,
qui extra periculum sit, perhorrescat. » **73** Haec est iniqua certatio, non illa, qua tu contra Alfenum equita-
bas ; huic ne ubi consisteret quidem contra te locum
reliquisti. Qua re aut doceas oportet Alfenum negasse
se procuratorem esse, non deiecisse libellos, iudicium
accipere noluisse, aut, cum haec ita facta sint, ex

---

71 quem : quos Σ ‖ ne fando : nefandum Σ ‖ at : ad Σ ‖ controuersia Σ*b* : c. est *cet.* ‖ ubi *b*²χ*c*² : ibi Σ tibi *cet.* ‖ praestituen-
tur *Madvig* : restituendum (—us *b*¹) *codd.* ‖ coercebitur *R. Klotz* :
ac archiarbiter (*uel* creabitur *uel* arcebitur *in mg.*) *b* arcebitur
(itur *m.* 2 *in ras.* Σ) *cet.*
    72 pugnabit χ*ck* : —auit Σ*b*¹ —abat *b*² ‖ ut (et *b*¹) eorum Σ*b*¹ :
quorum *cet.* ‖ consessum : —sensum Σ¹*b*¹.
    73 equitabas : uelitabaris *Angeli.*

tableaux où la vente était affichée, qu'il n'a pas voulu
accepter l'instance ; ou, puisque les faits se sont passés
ainsi, que tu accordes que tu n'as pas possédé les biens de
Quinctius en vertu de l'édit.

XXIII Et, en effet, si tu as possédé en vertu de l'édit,
je demande pourquoi les biens n'ont pas été mis en vente,
pourquoi les autres stipulants et créanciers ne se sont
pas réunis. Quinctius ne devait-il donc de l'argent à personne ? Il en devait, et à beaucoup de créanciers, parce
que son frère Caius avait laissé un certain nombre de
dettes. Eh quoi ! Tous, ils lui étaient absolument étrangers ; à tous il était dû ; et, cependant, il ne s'en trouva
pas un seul d'une improbité assez insigne pour oser atten-
ter à la considération de P. Quinctius absent. **74** Il s'en
trouva un : c'était son parent par alliance, son associé, son
ami intime, Sex. Naevius ; qui plus est, Naevius lui
devait de l'argent. Et c'est lui, comme si une récompense extraordinaire lui avait été proposée pour son
crime, qui faisait les efforts les plus passionnés pour parvenir à accabler, à ruiner son proche parent, à le priver
non seulement de biens honnêtement acquis, mais même
de cette lumière du jour dont la jouissance est commune
à tous les hommes. Où étaient alors les autres créanciers ?
Maintenant encore, où sont-ils ? Est-il quelqu'un pour
dire que Quinctius s'est caché dans des intentions frauduleuses, pour affirmer que Quinctius absent n'a pas été
défendu ? On ne trouve personne. **75** Tous ceux, au
contraire, avec qui il est ou a été en relations d'affaires
sont ici pour l'assister, prennent sa défense, s'inquiètent
dans la crainte que la perfidie de Sex. Naevius ne porte
atteinte à sa réputation de loyauté établie en maintes
occasions. Pour une stipulation de cette espèce, il fallait
produire une certaine catégorie de témoins, des témoins
qui vinssent dire : « Quinctius a manqué à sa promesse de
comparaître ; il a usé de fraude à mon égard ; après avoir
nié sa dette, il a réclamé un terme pour la payer : je n'ai
pu agir avec lui en justice, il s'est caché, il n'a laissé aucun
procurateur. » Mais on ne peut rien dire de ce genre. On
se procure des témoins qui parleront en ce sens. Vraiment,

edicto te bona P. Quincti non possedisse concedas.

XXIII Etenim si ex edicto possedisti, quaero, cur bona non uenierint, cur ceteri sponsores et creditores non conuenerint ; nemone fuit, cui deberet Quinctius ? Fuerunt, et complures fuerunt, propterea quod C. frater aliquantum aeris alieni reliquerat. Quid ergo est ? Homines erant ab hoc omnes alienissimi, et iis debebatur, neque tamen quisquam inuentus est tam insignite improbus, qui uiolare P. Quincti existimationem absentis auderet. 74 Vnus fuit, adfinis, socius, necessarius, Sex. Naeuius, qui cum ipse ultro deberet, quasi eximio praemio sceleris exposito cupidissime contenderet, ut per se adflictum atque euersum propinquum suum non modo honeste partis bonis, uerum etiam communi luce priuaret. Vbi erant ceteri creditores ? denique hoc tempore ubi sunt ? Quis est, qui fraudationis causa latuisse dicat, quis, qui absentem defensum neget esse Quinctium ? Nemo inuenitur. 75 At contra omnes, quibuscum ratio huic aut est aut fuit, adsunt, defendunt, fides huius multis locis cognita ne perfidia Sex. Naeui derogetur, laborant. In huius modi sponsionem testes dare oportebat ex eo numero, qui haec dicerent : « Vadimonium mihi deseruit, me fraudauit, a me nominis eius, quod infiliatus esset, diem petiuit , ego experiri non potui, latitauit, procuratorem nullum reliquit. » Horum nihil dicitur. Parantur testes, qui hoc dicant. Verum, opinor, uiderimus, cum dixerint. Vnum tamen hoc cogitent, ita se graues esse,

---

73 bona non : b. nunc *b*[1] ǁ et complures fuerunt *om.* Σ*b*[1] ǁ iis *ck* : his *cet.*

74 ultro : u. defendere *Hotman lacunam post* deberet *statuit A. Klotz* ǁ quasi *c*[1]*k* : qui quasi *cet.*

75 sponsionem : —one *b*[1]*k* ǁ hoc dicant : haec d. *Navagero.*

quand ils auront parlé, nous verrons bien, je pense.
Cependant, qu'ils réfléchissent à ceci : il y a une limite à
leur importance en ce sens que, s'ils respectent la vérité,
ils pourront affirmer leur importance, mais, s'ils négligent
la vérité, tout le monde comprendra que l'autorité d'un
témoin est une aide utile pour établir la vérité, mais non
pour affirmer le mensonge.

XXIV **76** Voici les deux questions que je pose : d'abord,
par suite de quel plan Naevius n'a-t-il pas conduit à sa
fin l'entreprise qu'il avait commencée, c'est-à-dire, pourquoi n'a-t-il pas mis en vente les biens qu'il possédait en
vertu de l'édit ; ensuite, pourquoi, parmi tant de créanciers, aucun autre n'a-t-il adopté le plan de Naevius ? Je
pose ces questions pour te forcer à avouer que pas un des
créanciers n'a été capable d'une telle témérité et que, toi-
même, tu n'as pas pu poursuivre et conduire à sa fin l'entreprise si honteuse que tu avais commencée. Quelle sera
la situation, si, par ta propre conduite, tu as établi la
preuve que les biens de Quinctius n'ont pas été possédés
en vertu de l'édit ? Suivant mon opinion, ton témoignage, qui aurait peu de poids dans une affaire qui te
serait étrangère, doit avoir une grande importance dans
cette affaire qui t'est personnelle, parce que ce témoignage t'est contraire. Tu as acheté les biens de Sex. Alfenus, que le dictateur L. Sylla faisait mettre en vente. Tu
as déclaré que Quinctius était ton associé dans l'achat de
ces biens. Je n'en dis pas davantage. Tu t'es associé
volontairement avec un homme qui t'avait fraudé
dans une société sur laquelle il avait acquis des droits à
titre d'héritier ; tu jugeais digne d'une estime sans
réserve celui que tu considérais comme perdu de réputation et dépouillé de toute sa fortune.

77 Par Hercule ! je manquais de confiance en moi,
C. Aquilius ; je ne me croyais pas capable d'assez de fermeté et d'assurance pour soutenir cette cause. Je réflé-
chissais que, comme j'allais avoir Hortensius pour adversaire et Philippus pour auditeur attentif, il m'arriverait
d'être intimidé et de faire bien des faux pas. Je disais au
célèbre Q. Roscius ici présent et qui a épousé la sœur de

ut, si ueritatem uolent retinere, grauitatem possint
obtinere ; si eam neglexerint, [ita leues sint] ut omnes
intellegant non ad obtinendum mendacium, sed ad
uerum probandum auctoritatem adiuuare.

XXIV 76 Ego haec duo quaero : primum qua ratione
Naeuius susceptum negotium non transegerit, hoc est
cur bona, quae ex edicto possidebat, non uendiderit ;
deinde cur ex tot creditoribus alius ad istam rationem
nemo accesserit, ut necessario confiteare neque tam
temerarium quemquam fuisse, neque te ipsum id,
quod turpissime suscepisses, perseuerare et transigere
potuisse. Quid, si tu ipse, Sex. Naeui, statuisti bona
P. Quincti ex edicto possessa non esse ? Opinor, tuum
testimonium, quod in aliena re leue esset, id in tua,
quoniam contra te est, grauissimum debet esse. Emisti
bona Sex. Alfeni L. Sulla dictatore uendente ; socium
tibi in his bonis edidisti Quinctium. Plura non dico.
Cum eo tu uoluntariam societatem coibas, qui te in
hereditaria societate fraudarat, et eum iudicio tuo
comprobabas, quem spoliatum fama fortunisque omnibus arbitrabare ?

77 Diffidebam me hercule, C. Aquili, satis animo
certo et confirmato me posse in hac causa consistere.
Sic cogitabam, cum contra dicturus esset Hortensius,
et cum me esset attente auditurus Philippus, fore uti
permultis in rebus timore prolaberer. Dicebam huic
Q. Roscio, cuius soror est cum P. Quinctio, cum a me

---

75 uolent Σc¹k : nolent χ nollent bc² ‖ neglexerint b²χk : —
erunt Σ negligendo b¹ ‖ [ita leues sint] *codd. del. Madvig* : i. l. esse
Clark.

76 non uendiderit : non *om.* Σb¹ ‖ alius b²χ : aliis *cet.* ‖ contra
te : te *om.* Σ ‖ his : huius b²χ ‖ edidisti : edisti Σχ.

77 cum me Σb¹ : cum *cet.* ‖ a me : et me Σb¹ ex me *Gulielmius.*

P. Quinctius, alors qu'il me demandait avec les prières les plus pressantes de défendre son proche parent, qu'il me serait très difficile, non seulement de plaider jusqu'à la fin contre de tels orateurs une cause d'une si grande importance, mais même d'essayer de prononcer la moindre parole. Comme ses instances redoublaient d'ardeur, je lui dis — notre amitié me permettait cette familiarité — qu'ils me sembleraient avoir la plus grande impudence ceux qui oseraient, en sa présence, essayer quelque geste de l'action théâtrale, mais que ceux qui prétendraient se mesurer avec lui perdraient aussitôt toute la réputation de correction et de grâce dont ils ont pu jouir auparavant : moi aussi, je redoutais quelque accident de ce genre, si je plaidais contre un tel maître dans l'art de la parole.

XXV 78 Alors Roscius me dit encore bien des paroles encourageantes ; par Hercule ! n'eût-il rien dit, il n'est personne qui n'eût été profondément ému par les bons offices qu'il rendait en silence à son parent et par le zèle qu'il mettait à le défendre. — Car Roscius est à la fois un tel artiste qu'il semble le seul digne d'être vu en scène et un tel homme qu'il semble le seul digne de n'aborder jamais la scène. — Mais il ajouta : « Eh quoi ! Si tu as à plaider une cause où il te suffise de mettre en évidence qu'il n'y a personne qui puisse en deux jours, ou en trois au plus, faire une marche de sept cent mille pas, craindras-tu encore de ne pouvoir soutenir cette cause contre Hortensius ? » — 79 « Pas le moins du monde, répondis-je ; mais quel rapport cela a-t-il avec l'affaire ? » — « Ne t'étonne pas, me dit-il, c'est cela qui constitue toute l'affaire. » — « De quelle manière ? » Il m'apprend, à la fois, les faits et un acte de Naevius tel que seul, s'il était publié, il devrait être suffisant. Cet acte, je t'en prie, C. Aquilius, je vous en prie, vous qui siégez dans le conseil, faites-y la plus diligente attention. Vous vous rendrez compte assurément que, d'un côté, c'est, dès l'origine, la cupidité et l'audace qui ont engagé le combat, que, de l'autre côté, c'est la vérité et l'honnêteté qui ont résisté aussi longtemps qu'elles ont pu. Tu fais une requête pour

peteret et summe contenderet, ut propinquum suum
defenderem, mihi perdifficile esse contra tales oratores
non modo tantam causam perorare, sed omnino uerbum facere conari. Cum cupidius instaret, homini pro
amicitia familiarius dixi, mihi uideri ore durissimo
esse, qui praesente eo gestum agere conarentur ; qui
uero cum ipso contenderent, eos, etiam si quid antea
recti aut uenusti habere uisi sunt, id amittere ; ne
quid mihi eiusdem modi accideret, cum contra talem
artificem dicturus essem, me uereri.

XXV **78** Tum mihi Roscius et alia multa confirmandi
mei causa dixit, ut me hercule, si nihil diceret, tacito
ipso officio et studio, quod habebat erga propinquum
suum, quemuis commoueret (etenim cum artifex eius
modi sit, ut solus dignus uideatur esse, qui in scaena
spectetur, tum uir eius modi est, ut solus dignus uideatur, qui co non accedat) — uerum tamen : « Quid ? si, »
inquit, « habes eius modi causam, ut hoc tibi planum sit
faciendum, neminem esse, qui possit biduo aut summum triduo septingenta milia passuum ambulare,
tamenne uereris, ut possis hoc contra Hortensium contendere ? » **79** « Minime, » inquam. « Sed quid id ad
rem ? » « Nimirum, » inquit, « in eo causa consistit. »
« Quo modo ? » Docet me eius modi rem et factum
simul Sex. Naeui, quod si solum proferretur, satis
esse deberet. Quod abs te, C. Aquili, et a uobis, qui
adestis in consilio, quaeso ut diligenter attendatis ;

77 conarentur *Halm* : —retur *codd.* ‖ uisi sunt : uisi essent
Ernesti ‖ eiusdem Σ : eius *b.*

78 et alia : ut alia Σ ‖ ut mehercule : et m. *k* ‖ dignus uideatur esse
codd. : u. d.e. QUINTIL. 9, 3, 86 ‖ in scaena spectetur *codd.* : scaenam
introeat QUINTIL. 9, 3, 86 ‖ tum uir : tamen uir Σ¹ ‖ aut summum :
ad s. *b¹* ‖ tamenne Σχ : tum ne *cet.* ‖ possis hoc : p. haec *b¹*χ¹.

79 adestis Σ*b¹k* : estis *cet.*

qu'il te soit permis de posséder les biens en vertu de l'édit.
Quel jour ? C'est toi-même, Naevius, que je veux entendre ; je veux que ce crime inouï soit victorieusement
prouvé par les paroles de celui-là même qui l'a commis.
Dis le jour, Naevius ! « Le cinquième jour avant les
calendes du mois intercalaire (1). » Tu dis bien. Quelle
est la distance d'ici à vos pâturages de la province
de Gaule ? Naevius, je te prie de le dire. « Sept cent
mille pas. » Parfaitement. Quinctius est expulsé des
pâturages... quel jour ? Pouvons-nous l'apprendre aussi
de toi ? Pourquoi te taire ? Indique-nous, dis-je, le
jour. Il a honte de l'indiquer ; je le comprends ; mais
cette honte est, à la fois, tardive et inutile. C'est, C. Aquilius, c'est la veille des calendes du mois intercalaire que
Quinctius est expulsé des pâturages : c'est au bout de
deux jours, ou — si l'on admet que le courrier soit parti
sur-le-champ du tribunal du préteur — c'est en moins
de trois jours que ce voyage de sept cent mille pas est
terminé. **80** O merveille incroyable ! O cupidité irré-
fléchie ! O messager ailé ! Les agents et les satellites de
Sex. Naevius viennent de Rome chez les Sebaginniens (2),
de l'autre côté des Alpes, dans l'espace de deux jours.
O heureux homme de posséder de tels messagers, ou
plutôt de tels Pégases !

XXVI Oui, quand même il serait permis à tous les
Crassus de paraître ici avec tous les Antoines, voudrais-
tu toi-même, L. Philippus, dont la gloire florissait à
côté de la leur, voudrais-tu plaider cette cause avec
Hortensius : il est de toute nécessité que j'aie le dessus ;
car tous les éléments de succès ne résident pas, comme
vous le pensez, dans l'éloquence : il est aussi des cas où
la vérité est tellement évidente que rien ne saurait
l'affaiblir. **81** Faut-il croire que, avant même d'avoir
requis l'envoi en possession des biens, tu as dépêché
un agent chargé de faire expulser par la force de son
propre fonds le propriétaire par ses propres esclaves ?
De ces deux actes, choisis celui qu'il te plaira : l'un est
incroyable, l'autre est atroce ; de l'un et de l'autre on
n'a jamais entendu parler avant aujourd'hui. Tu veux

profecto intellegetis illinc ab initio cupiditatem pu-
gnasse et audaciam, hinc ueritatem et pudorem, quoad
potuerit, restitisse. Bona postulas ut ex edicto possidere liceat. Quo die ? Te ipsum, Naeui, uolo audire ;
uolo inaudilum facinus ipsius, qui id commisit, uoce
conuinci. Dic, Naeui, diem. « Ante *diem* v Kalend.
intercalares. » Bene *a*is. Quam longe est hinc in saltum
uestrum Gallicanum ? Naeui, te rogo. « DCC milia
passuum. » Optime. De saltu deicitur Quinctius —
quo die ? possumus hoc quoque ex te audire ? Quid
taces ? dic, inquam, diem. Pudet dicere ; intellego ;
uerum et sero et nequiquam pudet. Deicitur de saltu,
C. Aquili, pridie Kalend. intercalares ; biduo post aut,
ut statim de iure aliquis cucurrerit, non toto triduo
DCC milia passuum conficiuntur. 80 O rem incredibilem ! o cupiditatem inconsideratam ! o nuntium
uolucrem ! Administri et satellites Sex. Naeui Roma
trans Alpes in Sebaginnos biduo ueniunt. O hominem
fortunatum, qui eius modi nuntios seu potius Pegasos
habeat !

XXVI Hic ego, si Crassi omnes cum Antoniis exsis-
tant, si tu, L. Philippe, qui inter illos florebas, hanc
causam uoles cum Hortensio dicere, tamen superior
sim necesse est ; non enim, quem ad modum putatis,
omnia sunt in eloquentia ; est quaedam tamen ita
perspicua ueritas, ut eam infirmare nulla res possit.
81 An, ante quam postulasti, ut bona possideres, mi-

---

79 illinc b^2 : illum $\Sigma\chi$ illam b^1 illim *Mueller* ‖ cupiditatem
Σb^1 : —ate *cet.* ‖ hinc b : huic *cet.* ‖ ante diem *Manuzio* ; ante
codd. ‖ ais *Garatoni* : agis *codd.* ‖ uestrum : nostrum Σb^1.
80 administri *Angeli* : at (ac b^1) ministri *codd.* ‖ Sebaginnos
Jullian : —gninos Σb^1 Sabagnanos b^2 Cebennas *Hirschfeld.*
81 postulasti : —lares $b^2\chi^1$.

qu'un voyage de sept cent mille pas ait été fait en deux
jours. Dis-le. Tu n'oses le dire ? C'est donc avant de
requérir que tu as dépêché ton agent. J'aime mieux
cette réponse : car, dans l'affirmation du premier fait,
on verrait un mensonge peu ordinaire ; par l'aveu du
second, tu accordes que tu as commis un crime que tu
ne pourrais dissimuler même par un mensonge. Cette
entreprise où paraît tant de cupidité, tant d'audace,
tant de folle témérité, aura-t-elle l'approbation d'Aquilius et des hommes éminents qui composent son conseil ? **82** Que signifient cette folie, cette précipitation,
cette hâte d'agir si prématurément ? N'y voit-on pas
la violence, le crime, le brigandage, tout en un mot
plutôt que le droit, le sentiment du devoir et de l'honneur ? Tu dépêches un agent, sans avoir du préteur
l'ordre d'envoi en possession. Dans quel dessein ? Tu
savais que le préteur donnerait cet ordre. Eh quoi ! Ne
pouvais-tu pas attendre qu'il l'eût donné et dépêcher
alors ton agent ? Tu devais adresser ta requête. Quand ?
Après trente jours. A condition qu'il ne survînt aucun
empêchement, que ton intention restât la même, que
tu fusses en bonne santé, enfin que tu fusses encore en
vie. Assurément, le préteur eût donné l'ordre. C'est
mon opinion, si l'on admet toutefois que telle fût sa
volonté, qu'il fût en bonne santé, qu'il exerçât sa juridiction, que personne ne fît opposition en fournissant
la satisdation et en acceptant l'instance, suivant le
décret du préteur. **83** En effet, par les dieux immortels !
Si Alfenus, procurateur de P. Quinctius, te fournissait
alors la satisdation et consentait à accepter l'instance,
à exécuter, en un mot, tout ce que ta requête exigeait,
que ferais-tu ? Rappellerais-tu l'agent dépêché en
Gaule ? Mais déjà Quinctius aurait été expulsé de son
fonds ; il aurait été déjà jeté, précipité loin de ses dieux
pénates ; déjà, pour comble d'indignité, il aurait été
victime, et cela par les mains de ses propres esclaves,
des violences ordonnées en ton nom par ton messager.
Sans doute, tout cela serait réparé plus tard par tes
soins. Et tu oses intenter une action où la vie d'un

sisti, qui curaret, ut dominus de suo fundo a sua familia ui deiceretur ? Vtrumlibet elige ; alterum incredibile est, alterum nefarium, et ante hoc tempus
utrumque inauditum. Septingenta milia passuum uis
esse decursa biduo ? dic. Negas ? ante igitur misisti.
Malo : si enim illud diceres, improbe mentiri uiderere ;
cum hoc confiteris, id te admisisse concedis, quod ne
mendacio quidem tegere possis. Hoc consilium Aquilio
et talibus uiris tam cupidum, tam audax, tam temerarium probabitur ? **82** Quid haec amentia, quid haec
festinatio, quid haec immaturitas tanta significat ?
Non uim, non scelus, non latrocinium, non denique
omnia potius quam ius, quam officium, quam pudorem ? Mittis iniussu praetoris. Quo consilio ? Ius-
surum sciebas. Quid ? cum iussisset, tum mittere nonne
poteras ? Postulaturus eras. Quando ? Post dies xxx.
Nempe si te nihil impediret, si uoluntas eadem mane-
ret, si ualeres, denique si uiueres. Praetor *scilicet* iussisset. Opinor, si uellet, si ualeret, si ius diceret, si
nemo recusaret, qui ex ipsius decreto et satis daret et
iudicium accipere uellet. **83** Nam, per deos immortales ! si Alfenus procurator P. Quincti tibi tum satis
daret et iudicium accipere uellet, denique omnia,
quae postulares, facere uoluisset, quid ageres ? reuo-
cares eum, quem in Galliam miseras ? At hic quidem
iam de fundo expulsus, iam a suis dis penatibus prae-
ceps eiectus, iam, quod indignissimum est, suorum
seruorum manibus nuntio atque imperio tuo uiolatus

---

81 curaret : —rent *b* ‖ a sua : sua $b^2\chi$ ‖ passuum *om.* Σb^1 ‖
tegere : agere Σb^1 ‖ et talibus χck : de t. Σb^1 t. b^2.
82 festinatio *Angeli* : extimatio *codd.* ‖ uim non : nimium Σb^1 ‖
scilicet *R. Klotz* : si *codd.*
83 tibi tum *ck* : tibi cum $b\chi$ tum Σ.

homme est en jeu, toi qui es forcé de reconnaître qu'aveuglé par la passion et par l'avarice tu en es venu, alors que tu ignorais l'avenir qui pouvait amener bien des changements, à confier toutes les espérances de succès du crime que tu commettais en ce moment aux chances incertaines d'un temps qui n'était pas encore arrivé ! Et je parle comme si au moment où l'ordre du préteur t'aurait permis la possession en vertu de l'édit, et à supposer que à ce moment tu eusses envoyé des gens prendre possession de la propriété de Gaule, tu avais eu le droit ou le pouvoir d'en chasser Quinctius par la violence.

XXVII 84 Tous ces faits, C. Aquilius, ont un caractère qui permet à tout le monde de voir nettement que, dans cette cause, la malhonnêteté et le crédit sont aux prises avec la détresse et la vérité. Le préteur a ordonné l'envoi en possession : de quelle manière ? En vertu de son édit, je pense. Dans quels termes la stipulation a-t-elle été faite ? SI LES BIENS DE P. QUINCTIUS N'ONT PAS ÉTÉ POSSÉDÉS EN VERTU DE L'ÉDIT DU PRÉTEUR... Revenons à l'édit. De quelle manière ordonne-t-il la possession ? Si Naevius a possédé tout autrement que l'édit du préteur l'ordonnait, y a-t-il quelque raison, C. Aquilius, pour qu'il ait possédé en vertu de l'édit et pour que, moi, je n'aie pas gagné le pari ? Il n'y a, je pense, aucune raison pour cela. Prenons connaissance de l'édit : CEUX QUI, EN VERTU DE MON ÉDIT, AURONT ÉTÉ ENVOYÉS EN POSSESSION... C'est de toi, Naevius, qu'il s'agit : telle est du moins ta manière de penser. Car tu prétends que c'est en vertu de l'édit que tu es venu en possession ; mais l'édit définit ce que tu as à faire, il t'instruit, il te donne une règle de conduite : SERONT CONSIDÉRÉS COMME ÉTANT EN POSSESSION CEUX QUI POSSÈDERONT COMME IL VA ÊTRE DIT... De quelle manière ? CE QU'ILS POURRONT GARDER, COMME IL CONVIENT, SUR LES LIEUX MÊMES, QU'ILS LE GARDENT SUR LES LIEUX MÊMES ; CE QU'ILS NE POURRONT PAS GARDER, IL LEUR SERA PERMIS DE L'ENLEVER ET DE LE PORTER AILLEURS... Qu'y a-t-il ensuite ? IL NE NOUS

esset. Corrigeres haec scilicet tu postea. De cuiusquam
uita dicere audes, qui hoc concedas necesse est, ita te
caecum cupiditate et auaritia fuisse, ut, cum, postea
quid futurum esset, ignorares, accidere autem multa
possent, spem malefici praesentis in incerto reliqui
temporis euentu collocares ? Atque haec perinde
loquor, quasi ipso illo tempore, cum te praetor iussisset ex edicto possidere, si in possessionem misisses,
debueris aut potueris P. Quinctium de possessione
deturbare.

XXVII **84** Omnia sunt, C. Aquili, eius modi, quiuis
ut perspicere possit in hac causa improbitatem et gratiam cum inopia et ueritate contendere. Praetor te
quem ad modum possidere iussit ? Opinor, ex edicto.
Sponsio quae in uerba facta est ? SI EX EDICTO PRAE-
TORIS BONA P. QVINCTI POSSESSA NON SVNT. Redeamus
ad edictum. Id quidem quem ad modum iubet possidere ? Numquid est causae, C. Aquili, quin, si longe
aliter possedit, quam praetor edixit, iste ex edicto
non possederit, ego sponsione uicerim ? Nihil, opinor.
Cognoscamus edictum. QVI EX EDICTO MEO IN POS-
SESSIONEM VENERINT. De te loquitur, Naeui, quem
ad modum tu putas ; ais enim te ex edicto uenisse ;
tibi, quid facias, definit, te instituit, tibi praecepta
dat. EOS ITA VIDETVR IN POSSESSIONE ESSE OPORTERE.
Quo modo ? QVOD IBIDEM RECTE CVSTODIRE POTERVNT,
ID IBIDEM CVSTODIANT ; QVOD NON POTERVNT, ID
AVFERRE ET ABDVCERE LICEBIT. Quid tum ? DOMI-
NVM, inquit, INVITVM DETRVDERE NON PLACET. Eum

---

84 id quidem : id quid est Σ id quod est *b*[1] ‖ numquid *Navagero* :
nunc quid *codd.* ‖ sponsione : de sp. *b*[1] ‖ uenerint Σ : —rit *cet.* ‖
tu *om. b.*

PLAIT PAS, déclare l'édit, QUE LE PROPRIÉTAIRE SOIT
CHASSÉ MALGRÉ LUI... Celui-là même qui se cache
par fraude, celui-là même que personne n'aura défendu
dans l'instance, celui-là même qui se comporte mal
envers tous ses créanciers, l'édit défend de le chasser
malgré lui de son bien. 85 Au moment où tu pars pour
te mettre en possession des biens de Quinctius, le préteur lui-même te le dit bien clairement, Sex. Naevius :
« Possède de telle manière que Quinctius possède avec
toi et en même temps ; possède de telle manière qu'aucune violence ne soit faite à Quinctius. » Eh quoi ! Comment observes-tu les prescriptions du préteur ? J'omets
de dire ce que tu as fait à l'égard d'un homme qui ne
s'est pas caché, qui avait à Rome son domicile, sa femme,
ses enfants, son procurateur ; à l'égard d'un homme
qui n'avait pas été infidèle à son engagement de comparaître. J'omets tout cela ; mais, ce que je dis, c'est
qu'un propriétaire a été expulsé de son bien, que des
actes de violence ont été commis contre un propriétaire
par les esclaves de sa propre maison en présence des
dieux Lares de sa propre maison. Je dis ceci... (1).

---

(1) Pour suppléer la lacune qui se trouve ici dans tous les mss.,
les éditions récentes donnent le passage suivant des *Praecepta
artis rhetoricae*, § 10 (Halm, *Rhet. Lat. Min.*, 1803, p. 303) de Julius
Severianus, rhéteur du cinquième siècle :

*C'est ainsi que Cicéron, dans son discours pour Quinctius, réfute
la définition de son adversaire fondée sur l'opinion générale* : Si
quelqu'un possède d'une manière quelconque quelque bien-fonds,
mais qu'il permette au propriétaire de conserver lui-même ses
autres propriétés, que celui-ci, *dit-il*, suivant mon opinion, paraisse
posséder une propriété et non les biens de l'autre. *Et il propose sa
définition* : Qu'est-ce, *dit-il*, que posséder ? C'est, évidemment,
être en possession de ce qui, à ce moment, peut être possédé. *Il
prouve que Naevius n'a pas possédé les biens, mais un fonds de
terre* : Alors, *dit-il*, que P. Quinctius avait à Rome son domicile
et ses esclaves, dans la Gaule même, des propriétés privées que tu
n'as jamais osé posséder. *Et il conclut* : Que si tu possédais les
biens de P. Quinctius, tu aurais dû, en vertu de ce droit, les posséder tous.

ipsum, qui fraudandi causa latitet, eum ipsum, quem
iudicio nemo defend*e*rit, eum ipsum, qui cum omnibus creditoribus suis male agat, inuitum de praedio
detrudi uetat. 85 Proficiscenti tibi in possessionem
praetor ipse, Sex. Naeui, palam dicit : « Ita possideto,
ut tecum simul possideat Quinctius, ita possideto, ut
Quinctio uis ne adferatur. » Quid ? tu id quem ad modum obseruas ? Mitto illud dicere, eum, qui non latitarit, cui Romae domus, uxor, liberi, procurator esset,
eum, qui tibi uadimonium non deseruisset ; haec omnia
mitto ; illud dico, dominum expulsum esse de praedio,
domino a familia sua manus allatas esse ante suos
Lares familiares ; hoc dico...

*Sic Cicero pro Quinctio aduersarii definitionem ex opi-
nione hominum reprehendit* : Si qui unum aliquem fundum quauis ratione possideat, ipsum autem dominum
patiatur cetera praedia tenere, is, *inquit,* ut opinor,
praedium, non bona uideatur alterius possidere. *Et
ponit definitionem suam* : Quid est, *inquit,* possidere ?
Nimirum in possessione esse earum rerum, quae possunt eo tempore possideri. *Probat Naeuium non bona,
sed praedium possedisse* : Cum domus erat, *inquit,*
Romae, serui, in ipsa Gallia priuata P. Quincti praedia,

84 defenderit *R. Klotz* : — dit Σ *b* —dat χ*ck* ‖ detrudi :
trudi *b*[1].
　　85 uis ne Σχ[2] : uis non *ck* ius non *b*χ[1] ‖ adferatur : auf— *b*χ[1] ‖
eum qui... esset *om.* Σ ‖ latitarit : —aret *b*[1] ‖ allatas : ill— *b*χ ‖
Lares *b*[2]χ*ck* : labores Σ liberos *b*[1] ‖ hoc dico... Naeuium ne appellasse *Lambin* : hoc dico Naeuium appellasse *b*[2] hoc edam (edicti *b*[2])
unum me appellasset Σ*b*[1]

Récapitulation [1] XXVIII [J'ai démontré que] Naevius n'a pas adressé la moindre réclamation à Quinctius au sujet de ses dettes, alors qu'il vivait avec lui et qu'il pouvait chaque jour recourir à la justice ; ensuite, qu'il préférait voir s'engager toutes les instances les plus pénibles, qui le rendaient lui-même absolument odieux et qui mettaient P. Quinctius dans le plus grand péril, plutôt que de s'en tenir à l'instance sur une question pécuniaire qui pouvait se terminer en un seul jour ; c'est de cette seule instance, il le reconnaît, que toutes les autres ont pris naissance et origine. C'est alors que j'ai proposé, s'il voulait réclamer une somme d'argent, cet arrangement : P. Quinctius lui donnerait la satisdation de chose jugée, pourvu que lui-même, au cas où Quinctius ferait quelque réclamation, se soumît à la même condition.

86 J'ai montré tout ce qu'il aurait été convenable de faire avant de requérir l'envoi en possession des biens d'un proche parent, alors surtout que ce proche parent avait à Rome son domicile, sa femme, ses enfants et un procurateur, ami commun des deux parties. J'ai prouvé que, alors qu'il soutient que l'engagement de comparaître a été violé, en réalité cet engagement n'existait pas le moins du monde ; que, le jour où Naevius dit que cet engagement a été pris, ce jour-là Quinctius n'était même pas à Rome. Cela, j'ai promis de le rendre évident par des témoins qui devaient être bien instruits des faits et qui n'avaient aucun motif pour mentir. D'autre part, j'ai démontré que Naevius n'a pu posséder les biens en vertu de l'édit, parce que Quinctius ne s'était pas caché par fraude et parce qu'il n'était pas dit qu'il se fût expatrié pour cause d'exil. 87 Reste cette allégation que personne ne l'a défendu en justice. En opposition à ce dire, j'ai soutenu qu'il a été défendu de la manière la plus abondante, non par quelque homme

---

1. De même que la *partitio* du § 35, la *collectio* (récapitulation) que nous avons ici est inspirée de l'exemple d'Hortensius ; cf. Brutus, 88, 302 : *attulerat (Hortensius) ... partitiones... et collectiones eorum quae essent dicta contra quaeque ipse dixisset.*

quae numquam ausus es possidere ; *et colligit* : Quod
si bona P. Quincti possideres, possidere omnia eo iure
deberes. (*Iul. Seuerian.*, § 16.)

***

XXVIII... Naeuium ne appellasse quidem Quinctium, cum simul esset *et* experiri posset cotidie ; deinde
quod omnia iudicia difficillima cum summa sua inuidia maximoque periculo P. Quincti fieri mallet quam
illud pecuniarium iudicium, quod uno die transigi
posset ; ex quo uno haec omnia nata et profecta esse
concedit. Quo in loco condicionem tuli, si uellet pecuniam petere, P. Quinctium iudicatum solui satis daturum, dum ipse, si quid peteret, pari condicione ute-
retur.

86 Ostendi, quam multa ante fieri conuenerit, quam
hominis propinqui bona possideri postularentur, praesertim cum Romae domus eius, uxor, liberi essent et
procurator aeque utriusque necessarius. Docui, cum
desertum esse dicat uadimonium, omnino uadimonium
nullum fuisse ; quo die hunc sibi promisisse dicat, eo
die ne Romae quidem eum fuisse ; id testibus me
pollicitus sum planum facturum, qui et scire deberent
et causam, cur mentirentur, non haberent. Ex edicto
autem non potuisse bona possideri demonstraui, quod
neque fraudandi causa latitasset neque exsili causa
solum uertisse diceretur. 87 Reliquum est, ut eum
nemo iudicio defenderit. Quod contra copiosissime

85 et *Baiter* : cum *ck om. cet.* ‖ inuidia : iudicia $\Sigma^1 c^1$ iniuria
Σ *in mg.* ‖ posset b^1 : potest *cet.* ‖ solui satis daturum dum : solui
(soluere b^1) iudicaturum autem Σb^1.
86 conuenerit $\Sigma b^1 \chi^2$: conueniret *cet.*

qui lui fût étranger, par quelque chicaneur malhonnête,
par quelque avocat sans probité, mais par un chevalier
romain, son proche parent et son ami, que Sex. Naevius
avait coutume autrefois de laisser à Rome comme son
procurateur ; j'ai soutenu que, pour avoir fait appel
aux tribuns, ce procurateur n'en était pas moins prêt
à supporter la suite de l'instance et que sa puissance
n'avait porté aucune atteinte au droit de Naevius ; que,
bien au contraire, celle de Naevius, qui n'était alors que
supérieure à la nôtre, aujourd'hui, nous laisse à peine la
faculté de respirer.

XXIX **88** J'ai demandé pourquoi les biens n'avaient
pas été mis en vente, du moment qu'ils étaient possédés
en vertu de l'édit. J'ai ensuite recherché pour quelle raison, parmi tant de créanciers, aucun n'a agi alors comme
Naevius, aucun aujourd'hui ne parle contre P. Quinctius,
pourquoi tous leurs efforts sont en sa faveur, étant donné
surtout qu'en pareille instance on estime que les témoignages des créanciers ont la plus grande importance.
Après cela, j'ai usé du témoignage de l'adversaire, qui
s'est récemment associé avec celui qu'il poursuit aujour-
d'hui comme s'il n'avait pas été alors au nombre des
vivants. Puis, j'ai fait connaître son incroyable célérité,
ou plutôt son audace ; j'ai prouvé qu'il fallait, ou qu'un
espace de sept cent mille pas eût été parcouru en deux
jours, ou que Sex. Naevius eût effectué l'envoi en possession bien des jours avant d'avoir requis l'autorisation
de posséder les biens. **89** Après cela, j'ai lu le texte de
l'édit pour démontrer qu'il défendait clairement d'expulser le propriétaire de son bien-fonds ; d'où il suit que
Naevius n'a pas possédé conformément à l'édit, puisque,
de son propre aveu, Quinctius a été expulsé par la force
de son bien-fonds. J'ai établi, d'autre part, que les biens
n'ont pas été possédés le moins du monde, puisque l'on
considère qu'il y a possession des biens, non pas lorsque
l'on en possède quelque partie, mais lorsque l'on possède
l'universalité des biens qui peuvent être détenus et
possédés. J'ai dit que Quinctius avait à Rome sa maison,
que Naevius n'a pas même aspiré à posséder ; de nom-

defensum esse contendi non ab homine alieno neque
ab aliquo calumniatore atque improbo, sed ab equite
Romano, propinquo ac necessario suo, quem ipse
Sex. Naeuius procuratorem relinquere antea consues-
set ; neque eum, si tribunos appellarit, idcirco minus
iudicium pati paratum fuisse, neque potentia procuratoris Naeuio ius ereptum ; contra istum potentia sua
tum tantum modo superiorem fuisse, nunc nobis uix
respirandi potestatem dare.

XXIX 88 Quaesiui, quae causa fuisset, cur bona non
uenissent, cum ex edicto possiderentur. Deinde illud
quoque requisiui, qua ratione ex tot creditoribus nemo
neque tum idem fecerit neque nunc contra dicat, omnes-
que pro P. Quinctio pugnent, praesertim cum in tali
iudicio testimonia creditorum existimentur ad rem
maxime pertinere. Postea sum usus aduersarii testimonio, qui sibi eum nuper edidit socium, quem, quo
modo nunc intendit, ne in uiuorum quidem numero
tum demonstrat fuisse. Tum illam incredibilem cele-
ritatem seu potius audaciam protuli ; confirmaui
necesse esse aut biduo DCC milia passuum esse decursa
aut Sex. Naeuium diebus compluribus ante in possessionem misisse, quam postularet, uti ei liceret bona
possidere. 89 Postea recitaui edictum, quod aperte
dominum de praedio detrudi uetaret ; in quo constitit
Naeuium ex edicto non possedisse, cum confiteretur
ex praedio ui detrusum esse Quinctium. Omni*no*

---

87 neque : nec b^1 non b^2 ‖ Romano *om.* Σck ‖ ac Σ : atque *ck*
et $b\chi$ ‖ eum : enim Σ ‖ iudicium : —dicem b^1 — dicio Σ.
88 edidit : dedit Σb^1 ‖ necesse esse : n. est Σ ‖ uti ei : uti eius
Σb.
89 constitit ; — stitui b^1 —sistit b^2 ‖ omnino *Hotman* : omnia
codd.

breux esclaves : il n'a possédé aucun d'eux, il n'a même mis la main sur aucun d'eux ; il a essayé de mettre la main sur l'un d'eux ; il a été arrêté dans sa tentative et s'est tenu en repos.

90 Dans la Gaule même, Quinctius a des propriétés privées, dont, vous l'avez appris, Naevius n'est pas entré en possession ; vous avez enfin appris que tous les esclaves appartenant en propre à Quinctius ont été jetés hors des pâturages que Naevius a possédés, après en avoir expulsé par la force son associé. De ce fait, de tout ce que Naevius a encore dit, exécuté ou songé à exécuter, on peut comprendre qu'il n'a agi et qu'il n'agit encore en justice que dans un seul but : arriver par la violence, par l'injustice, par l'iniquité de l'instance, à faire sa propriété personnelle de la totalité d'un domaine qui appartient en commun à Quinctius et à lui.

Péroraison XXX 91 Maintenant que la cause est complètement plaidée, la nature même de l'affaire et la grandeur du péril semblent forcer P. Quinctius à te supplier, C. Aquilius, à supplier ceux qui siègent avec toi dans le conseil, au nom des dieux qu'il prend à témoin, en invoquant sa vieillesse et son isolement : n'obéissez qu'aux sentiments de votre nature et de votre bonté ; puisque la vérité combat pour lui, que sa détresse ait plus de pouvoir pour vous rendre miséricordieux que la puissance de Naevius pour vous rendre cruels. 92 Du jour où nous t'avons eu pour juge, de ce jour même, nous avons commencé à faire moins de cas des menaces de ces gens, qui nous inspiraient auparavant une peur horrible. S'il s'agissait d'une lutte entre deux préten-tions, nous avions la conviction qu'il nous serait très facile de faire la preuve de la nôtre devant n'importe qui ; mais lorsqu'il y a lieu de se prononcer entre la conduite de notre adversaire et la nôtre, nous avons pensé que nous avions besoin davantage encore de t'avoir pour juge. Car, voici ce qui est mis en discussion : la simplicité parcimonieuse d'un paysan peut-elle se dé-fendre contre un luxe insolent qui se permet tout, ou

autem bona possessa non esse constitui, quod bonorum possessio spectetur non in aliqua parte, sed in
uniuersis, quae teneri et possideri possint. Dixi domum
Romae fuisse, quo iste ne adspiraril quidem, seruos
complures, ex quibus iste possederit neminem, ne
attigerit quidem ; unum fuisse, quem attingere conatus sit ; prohibitum * quieuisse.

90 In ipsa Gallia cognostis in praedia priuata Quincti
Sex. Naeuium non uenisse ; denique ex hoc ipso saltu,
quem per uim expulso socio possedit, seruos priuatos
Quincti omnes eiectos esse. Ex quo et ex ceteris
dictis, factis cogitatisque Sex. Naeui quiuis potest
intellegere istum nihil aliud egisse neque nunc agere,
nisi uti per uim, per iniuriam, per iniquitatem
iudici totum agrum, qui communis est, suum facere
possit.

XXX 91 Nunc causa perorata res ipsa et periculi
magnitudo, C. Aquili, cogere uidetur, ut te atque eos,
qui tibi in consilio sunt, obsecret obtesteturque P. Quinctius per senectutem ac solitudinem suam nihil aliud,
nisi ul ueslrae naturae bonitatique obsequamini, ut,
cum ueritas cum hoc faciat, plus huius inopia possit
ad misericordiam quam illius opes ad crudelitatem.
92 Quo die ad te iudicem uenimus, eodem die illorum
minas, quas ante horrebamus, neglegere coepimus. Si
causa cum causa contenderet, nos nostram perfacile

89 possint Σ : possunt cet. ‖ domum Romae : R. d. bχ ‖ complures : quamplures b¹ ‖ prohibitum Madvig : prohibitum fuisse
codd.
90 omnes eiectos esse codd. : non o. e. esse Navagero o. e. non
esse R. Klotz.
91 per senectutem b¹ : ad s. Σ per se ac s. cet. ‖ cum hoc faciat
Navagero : hec f. Σb¹ hoc f. cet.
92 nos nostram... decerneret om. Σb¹.

doit-elle, déshonorée, dépouillée de tout ce qui lui donnait de la considération, être livrée toute nue à la cupidité et à l'impudence effrontée ? **93** P. Quinctius ne
prétend pas aller de pair avec toi, Sex. Naevius, pour
ce qui est du crédit, ni rivaliser avec toi en fortune et
en moyens ; toutes ces habiletés qui font ta grandeur,
il te les abandonne ; il avoue qu'il ne sait pas s'exprimer
de la belle manière et qu'il est incapable d'adapter sa
parole à la volonté d'autrui ; qu'il ne déserte pas une
amitié abattue par le malheur pour voler vers une autre
amitié florissante de bonheur ; qu'il ne vit pas au milieu
de la profusion et de la somptuosité ; qu'il ne sait pas
apprêter un festin avec magnificence et splendeur ;
qu'il n'a pas une maison qui se ferme à la vertu et à la
pureté de mœurs et qui s'ouvre et donne libre accès à
la cupidité et aux plaisirs. Il déclare au contraire qu'il
a chéri le devoir, la loyauté, l'exactitude, qu'il a tenu à
avoir une vie toujours et en tout raide et rude. La manière de vivre de Naevius est bien supérieure ; étant
données les mœurs du temps, elle lui assure une très
grande influence : Quinctius le comprend. **94** Mais
quoi donc ? Cette influence ne doit pas aller jusqu'à
mettre l'existence civile et la fortune des plus honnêtes gens sous la domination de ceux qui ont abandonné les principes des hommes de bien pour imiter
Gallonius (1) dans ses trafics lucratifs et ses dépenses
somptuaires — que dis-je ? — pour adopter comme
règle de vie une audace et une perfidie qu'on ne trouvait pas chez Gallonius. Si l'existence est permise à
celui que Naevius veut en priver ; s'il y a place dans
la cité pour un honnête homme, malgré Naevius ; si les
lois divines laissent P. Quinctius respirer en dépit de
la toute-puissance de Naevius ; si mon client peut,
grâce à ma défense, conserver malgré des attaques

---

(1) Gallonius était un crieur public que sa gourmandise et sa
mollesse avaient rendu légendaire. Le poète satirique Lucilius
l'appelle *un gouffre (gurges)* ; Cicéron *(De Finib.,* II, VIII, 24 ;
XXVII, 91) fait de nombreuses allusions à sa sensualité. Il est encore
mentionné par Horace *(Sat.,* II, II, 47).

cuiuis probaturos statuebamus ; quod uitae ratio cum
ratione uitae decerneret, idcirco nobis etiam te iudice
magis opus esse arbitrati sumus. Ea res nunc enim in
discrimine uersatur, utrum possitne se contra luxu-
riem ac licentiam rusticana illa atque inculta parsi-
monia defendere an, deformata atque ornamentis
omnibus spoliata, nuda cupiditati petulantiaeque addicatur. 93 Non comparat se tecum gratia P. Quinctius,
Sex. Naeui, non opibus, non facultate contendit ;
omnes tuas artes, quibus tu magnus es, tibi concedit ;
fatetur se non belle dicere, non ad uoluntatem loqui
posse, non ab adflicta amicitia transfugere atque ad
florentem aliam deuolare, non profusis sumptibus
uiuere, non ornare magnifice splendideque conui-
uium, non habere domum clausam pudori et sancti-
moniae, patentem atque adeo expositam cupiditati et
uoluptatibus ; contra sibi ait officium, fidem, diligentiam, uitam omnino semper horridam atque aridam
cordi fuisse. Ista superiora esse ac plurimum posse his
moribus sentit. 94 Quid ergo est ? Non usque eo tamen,
ut in capite fortunisque hominum honestissimorum
dominentur ii, qui relicta uirorum bonorum disciplina
et quaestum et sumptum Galloni sequi maluerunt
atque etiam, quod in illo non fuit, cum audacia perfi-
diaque uixerunt. Si licet uiuere eum, quem Sex. Naeuius
non uult, si est homini honesto locus in ciuitate inuito
Naeuio, si fas est respirare P. Quinctium contra nutum

---

92 cuiuis : quotuis *P* quoiuis *Mueller* ‖ magis te iudice : t. i. m.
Σ t. i. *b*[1] (*P non legitur*) ‖ nunc enim *P* : e. n. *cet.* ‖ an deformata : aut d. Σ*b*[1] ‖ addicatur *Pk* : adiciatur *cet.*
93 Sex. *om. P* ‖ belle : uelle Σ[1]*ck* ‖ uoluptatibus : uolunt— *P* ‖
ait *P* : *om. cet. del. Havet* ‖ atque aridam : ac a. Σ*ck* ‖ ista : illa Σ
ita *b*.
94 ii qui *ck* : hi qui *cet.*

impudentes l'honneur qu'il s'est acquis par sa vertu,
on est encore en droit d'espérer que ce misérable, cet
infortuné pourra trouver enfin quelque asile sûr où
s'arrêter. Mais, si Naevius peut faire tout ce qu'il lui
plaît — et il lui plaira de faire ce qui n'est pas permis
— qu'aurons-nous à faire ? A quel dieu en appeler ?
De quel homme implorer la loyale protection ? En un
mot, y aura-t-il désolation et lamentations, y aura-t-il
affliction dignes d'une si grande calamité ?

XXXI 95 Il est malheureux d'être dépossédé de
tous ses biens : il est plus malheureux de l'être contrairement au droit ; il est pénible d'être circonvenu
par quelqu'un : il est plus pénible de l'être par un proche
parent ; c'est une calamité d'être chassé de ses biens ;
c'est une plus grande calamité d'en être chassé avec
déshonneur ; il est funeste d'être égorgé par un
homme d'honneur et de courage : il est plus funeste
d'être égorgé par un homme dont la voix s'est pros-
tituée dans le trafic de crieur public ; c'est une indignité
d'être vaincu par un égal ou par un supérieur : c'est
une plus grande indignité d'être vaincu par un inférieur,
par quelqu'un qui est bien au-dessous de vous ; il est
déplorable d'être livré avec ses biens à autrui : il est
plus déplorable d'être livré à un ennemi ; il est horrible d'avoir à plaider dans une cause où votre existence
civile est en jeu : il est plus horrible d'avoir à plaider en
premier lieu dans une pareille cause.

96 Quinctius a passé en revue tous les moyens de
salut, C. Aquilius ; il les a tous tentés. Non seulement
il n'a pu trouver un préteur pour obtenir justice ni
même pour accueillir une demande formulée suivant
sa volonté, mais il n'a même pas pu obtenir des amis
de Naevius — lui qui s'est si souvent et si longtemps
prosterné à leurs pieds en les suppliant au nom des
dieux — qu'ils consentissent à se mesurer avec lui conformément au droit, ou tout au moins à lui faire tort
sans lui imposer l'ignominie. 97 Enfin, il a dû subir
toute l'insolence des regards de son ennemi lui-même,
il a saisi en pleurant la main de Sex. Naevius lui-même,

dicionemque Naeui, si, quae pudore ornamenta sibi
peperit, ea potest contra petulantiam *me* defendente
obtinere, spes est *etiam* hunc miserum atque infelicem
aliquando tandem posse consistere. Sin et poterit
Naeuius id, quod libet, et ei libebit id, quod non licet,
quid agendum est ? qui deus appellandus est ? cuius
hominis fides imploranda est ? qui denique questus,
qui luctus, qui maeror dignus inueniri in calamitate
tanta potest ?

XXXI 95 Miserum est exturbari fortunis omnibus,
miserius est iniuria ; acerbum est ab aliquo circumueni-
ri, acerbius a propinquo ; calamitosum est bonis euerti,
calamitosius cum dedecore ; funestum est a forti atque
honesto uiro iugulari, funestius ab eo, cuius uox in
praeconio quaestu prostitit ; indignum est a pari uinci
aut a superiore, indignius ab inferiore atque humi-
liore ; luctuosum est tradi alteri cum bonis, luctuosius
inimico ; horribile est causam capitis dicere, horribilius
priore loco dicere.

96 Omnia circumspexit Quinctius, omnia periclita-
tus est, C. Aquili ; non praetorem modo, a quo ius
impetraret, inuenire non potuit, atque adeo ne unde
arbitratu quidem suo postularet, sed ne amicos quidem
Sex. Naeui, quorum saepe et diu ad pedes iacuit stratus,
obsecrans per deos immortales, ut aut secum iure contenderent aut iniuriam sine ignominia sibi imponerent.
97 Denique ipsius inimici uultum superbissimum subiit,

---

94 me defendente *Madvig* : te d. *codd.* ‖ etiam *R. Klotz* : et
(ut *c*) *codd.* ‖ libebit id $\Sigma\chi$: l. et id b^1 l. *cet.* ‖ qui luctus *suppl.*
Clark in lac. codd. (*XV litt.* Σ) ‖ in calamitate : c. *Lambin.*
    95 exturbari : det — $b^2\chi^2ck$ ‖ acerbum est : acerbum Σ^1 ‖ cuius
uox : u. c. Σ ‖ quaestu prostitit Σ : quaestum praestitit *cet.* ‖ aut a
superiore Σ : aut s. χck atque (*om.* b^1) s. *b.*
    96 non potuit *k* : potuit *cet.*

cette main habituée à rédiger l'affiche de la mise en
vente des biens de proches parents ; il l'a supplié, en
invoquant les cendres de son frère mort, le titre de
parenté qui les unit, la femme et les enfants de Naevius
qui n'ont pas de plus proche parent que P. Quinctius ;
il l'a conjuré d'avoir enfin quelque pitié, sinon à cause
de sa parenté, du moins à cause de son âge, d'avoir
quelque considération, sinon d'un homme, du moins
de l'humanité, et de vouloir bien, en laissant entière
sa réputation, transiger à n'importe quelles conditions,
mais à des conditions supportables. **98** Quinctius a été
repoussé par Naevius ; il n'a trouvé aucune aide chez les
amis de Naevius ; tous les magistrats l'ont inquiété et
terrifié. Il ne peut en appeler à personne qu'à toi ; c'est
à toi qu'il se confie, qu'il confie toutes ses ressources,
tous ses biens ; c'est à toi qu'il remet sa réputation et
toutes les espérances des jours qu'il lui reste à vivre.
Accablé de nombreuses vexations outrageantes, tour-
menté par des injustices plus nombreuses encore, ce
n'est pas un homme frappé d'opprobre, c'est un malheureux qui cherche un refuge auprès de toi ; expulsé
d'un domaine magnifique, en butte à toutes les avanies,
alors qu'il voyait cet homme s'établir en maître dans ses
biens héréditaires, et qu'il ne pouvait constituer une dot à
sa fille en âge d'être mariée, il n'a cependant commis
aucun acte qui démentît les traditions de sa vie passée.

99 C'est pourquoi, C. Aquilius, il te supplie au nom
des dieux de lui permettre d'emporter entière en sor-
tant de cette enceinte cette considération, cette réputation honorable qu'il a apportée presqu'à la fin de sa
vie et au terme de sa carrière devant ton tribunal. Que
cet homme, dont personne n'a jamais mis en doute la
fidélité au devoir, ne soit pas, alors qu'il est arrivé à sa
soixantième année, déshonoré, souillé, marqué de la
plus honteuse des flétrissures ; que Naevius ne puisse
commettre l'abus de le dépouiller de tout ce qui faisait
la parure de sa vie ; que ta sentence n'empêche pas la
bonne réputation qui a conduit P. Quinctius jusqu'à la
vieillesse de l'accompagner jusqu'au bûcher funèbre.

ipsius Sex. Naeui lacrimans manum prehendit in pro-
pinquorum bonis proscribendis exercitatam, obse-
crauit per fratris sui mortui cinerem, per nomen propinquitatis, per ipsius coniugem et liberos, quibus
propior P. Quinctio nemo est, ut aliquando misericordiam caperet, aliquam, si non propinquitatis, at
aetatis suae, si non hominis, at humanitatis rationem
haberet, ut secum aliquid integra sua fama qualibet,
dum modo tolerabili, condicione transigeret. **98** Ab
ipso repudiatus, ab amicis eius non subleuatus, ab
omni magistratu agitatus atque perterritus, quem
praeter te appellet, habet neminem ; tibi se, tibi suas
omnes opes fortunasque commendat, tibi committit
existimationem ac spem reliquae uitae. Multis uexatus
contumeliis, plurimis iactatus iniuriis, non turpis ad
te, sed miser confugit ; e fundo ornatissimo eiectus,
ignominiis omnibus appetitus, cum illum in paternis
bonis dominari uideret, ipse filiae nubili dotem conficere
non posset, nihil alienum tamen uita superiore commisit.

99 Itaque hoc te obsecrat, C. Aquili, ut, quam existimationem, quam honestatem in iudicium tuum prope
acta iam aetate decursaque attulit, eam liceat ei secum
ex hoc loco efferre, ne is, de cuius officio nemo umquam
dubitauit, sexagesimo denique anno, dedecore, macula,
turpissimaque ignominia notetur, ne ornamentis eius omnibus Sex. Naeuius pro spoliis abutatur, ne per te fiat, quo
minus, quae existimatio P. Quinctium usque ad senectutem produxit, eadem usque ad rogum prosequatur.

---

97 at aetatis : et aetatis Σ.
98 eiectus $b\chi^1$: deiectus *cet.* ‖ in paternis Σb : in suis p. *cet.* ‖
nubili : nobili Σ ‖ posset *ck* : possit *cet.*
99 de cuius : cuius Σb^1 ‖ sexagesimo : LX Σb^2 hoc b^1 ‖ fiat
Passerat : ferat *codd.* ‖ produxit $\Sigma\chi^2$: per— *cet.*

M. TVLLI CICERONIS

PRO SEX. ROSCIO AMERINO

ORATIO

PRO SEX. ROSCIO AMERINO

D'après Cornelius Nepos, Cicéron n'avait que 23 ans lorsqu'il plaida pour la première fois une affaire criminelle (*primam causam iudicii publici*) en défendant Sex. Roscius, accusé de parricide. Mais Aulu-Gelle fait remarquer que le biographe a commis ici une erreur (1).

(1) *Nuits Attiques*, XV, xxviii, 2. — Les dates (81 et 80) admises généralement pour les deux premiers discours de Cicéron que nous possédons devraient être reportées à 80 et 79 d'après J. Carcopino, *Sylla ou la monarchie manquée*, 2ᵉ éd. Paris, 1931, p. 156, n. 4. J. Carcopino néglige le texte de Quintilien (XII, 6, 4), qui donne 26 ans à Cicéron à la date du *Pro Sex. Roscio*, et s'appuie sur le texte, plus explicite, d'Aulu-Gelle (XV, 28). Les données de ce témoignage (1º Cicéron avait alors 27 ans ; 2º Sylla et Metellus étaient alors consuls) seraient contradictoires, et la première devrait être préférée, comme « ayant servi à construire » la seconde. Mais le contexte montre : 1º qu'Aulu-Gelle ne fixe pas la date du *Pro Sex. Roscio* d'après l'âge de Cicéron, mais fait précisément l'inverse ; 2º qu'il n'y a nulle contradiction dans ses données : dinumeratis quippe annis a Q. Caepione et Q. Serrano, quibus consulibus ante diem tertium Nonas Ianuarias M. Cicero natus est, ad M. Tullium et Cn. Dolabellam, quibus consulibus causam priuatam pro Quinctio apud Aquilium Gallum iudicem dixit, sex et uiginti anni reperiuntur. Neque dubium est quin post annum quam pro Quinctio dixerat Sex. Roscium reum parricidii defenderit annos iam septem atque uiginti natus L. Sulla Felice II Q. Metello Pio coss. Demosthenes et Cicero pari aetate illustrissimas orationes in causis dixerunt, alter... septem et uiginti annos natus, alter anno minor pro P. Quinctio, septimoque et uicesimo pro Sex Roscio. Il est visible en effet qu'Aulu-Gelle fait entrer en compte les deux dates extrêmes, ce qui donne, non pas 27 ans révolus, mais la 27ᵉ année. — On peut d'ailleurs considérer comme très vraisemblable que le *Pro Sex. Roscio* a été prononcé vers la

Cicéron étant né le 3 janvier 106 av. J.-C., sous le consulat de Q. Caepio et de Q. Serranus, il s'est écoulé
26 ans jusqu'au consulat de M. Tullius et de Cn. Dolabella, date de son premier plaidoyer civil (*causa priuata*)
pour P. Quinctius. Or c'est l'année suivante qu'il plaida
pour Sex. Roscius, sous le consulat de L. Cornelius
Sylla Felix et de Metellus Pius, 80 av. J.-C. En rajeunissant Cicéron de quatre ans, Cornelius Nepos a voulu
sans doute accroître l'admiration pour un orateur de
ses amis, qui aurait été, au même âge que Démosthène,
aussi éloquent que lui.

La fixation de la date du *pro Sex. Roscio Amerino* est
importante pour expliquer les détails donnés par Cicéron sur le tribunal chargé de statuer et sur la procédure.
L'organisation des tribunaux et la procédure en matière
criminelle ont varié au cours du VII⁰ siècle de Rome ;
elles sont très différentes de celles qui étaient de règle
pour les causes civiles. Dans celles-ci, dont le *pro P. Quinctio* nous a offert un exemple, la procédure se divise en

fin de l'année 80, à une date très voisine du *terminus post quem*
(janvier 79) admis par J. Carcopino. En effet le meurtre de
Roscius père est postérieur de plusieurs mois au 1ᵉʳ juin 81, date
fixée pour la clôture des listes de proscription (44, 128) ; les événements qui ont suivi, achat des biens, délibération (9, 24-25) et
démarche auprès de Sylla des décurions d'Amérie (38, 109-110),
etc., ont dû prendre aussi un temps appréciable ; de plus, l'affaire
a déjà donné lieu à nombre de tractations avant le moment où
Cicéron prend la parole : « à plusieurs reprises », dit l'avocat,
Roscius a prié ses adversaires de vouloir bien soumettre à la
question deux des anciens esclaves de son père » (28, 77). Enfin le
débat a dû être long. Sous l'unité apparente du plaidoyer, on distingue aisément plusieurs tours de parole, séparés par des répliques,
des explications complémentaires de l'accusateur. Par exemple,
d'après c. 22 § 60, Erucius n'aurait soufflé mot ni de Chrysogonus,
ni de l'achat des biens par Chrysogonus ; or, d'après c. 45 § 132,
il a déclaré « s'être porté accusateur en l'honneur de Chrysogonus »
et a fourni des explications sur le réemploi par Chrysogonus du
mobilier enlevé dans les propriétés de Roscius. Visiblement, le
débat s'est élargi et a pris une ampleur à laquelle l'accusation ne
s'attendait pas (cf. 21, 58 ; 22, 60). Sur cette question et la rédaction
du discours, cf. J. Humbert, *Les plaidoyers écrits et les plaidoiries
réelles de Cicéron*, Paris, 1925, p. 100-111.

deux phases, l'une devant le magistrat (*in iure*), l'autre devant le juge. Le magistrat, préteur urbain ou pérégrin, dit le droit : il accueille ou rejette la demande tendant à organiser une instance ; c'est lui qui décide si elle est recevable et, en cas d'affirmative, précise les clauses de la formule que le juge devra vérifier. Ce juge est un simple citoyen choisi par les parties ou tiré au sort parmi les personnes aptes à en remplir les fonctions ; dans tous les cas il reçoit du magistrat l'investiture avec le pouvoir de condamner ou d'absoudre. C'est lui qui prononce la sentence, à moins qu'il ne déclare que l'affaire ne lui paraît pas claire (*sibi non liquere*). Ce juge est en règle générale un juge unique ; exceptionnellement ce sont des récupérateurs (au nombre de trois ou cinq) ou le collège des centumvirs. Le magistrat, homme politique élu par le peuple pour un an, le juge appelé accidentellement à statuer sur un litige, sont souvent peu au courant des questions de droit, ou n'ont pas l'expérience des affaires, mais, dans l'usage, ils se font assister par quelques juristes dont ils prennent l'avis, tout en restant libres de ne pas le suivre.

En matière criminelle, c'est un magistrat investi de l'*imperium* qui eut, à l'origine, le devoir de rechercher les délits publics et de statuer ; mais sa sentence pouvait être déférée aux comices qui avaient le droit de l'annuler. L'inconvénient de ce système était de laisser la répression des crimes à l'arbitraire des magistrats : il dépendait d'eux d'exercer ou non des poursuites. Il n'y avait pas à Rome, comme de nos jours, un ministère public chargé d'agir au nom de l'Etat. Au début du VIIe siècle de Rome, les crimes de concussion, commis par les gouverneurs de province, restèrent plus d'une fois impunis. En 149 av. J.-C., le tribun de la plèbe, L. Calpurnius Piso, fit voter une loi qui enleva aux magistrats la recherche de ces crimes (1) : le droit d'accusa-

---

(1) *Brutus*, XXVII, 106 : « Quaestiones perpetuae constitutae sunt quae antea nullae fuerunt. Lucius enim Piso, tribunus plebis legem primus de pecuniis repetundis, Censorino et Manilio consulibus, tulit. »

tion fut accordé à tout citoyen qui voudrait agir dans l'intérêt public, sous sa responsabilité (1). C'était ordinairement la partie lésée qui en faisait usage ; souvent aussi, c'étaient des jeunes gens, candidats aux magistratures et qui trouvaient là un moyen de se faire connaître (2). Désormais un coupable ne resta impuni que si personne n'osait se porter accusateur (3). Mais parfois, comme dans notre plaidoyer, un accusateur audacieux risquait de faire condamner un innocent.

La loi du tribun C. Piso introduisit une autre innovation : le jugement du crime fut confié, non pas à un juge unique comme en matière civile, mais à des jurés présidés par un préteur (*consilium publicum*, LII, 151). Ces jurés, choisis dans l'ordre sénatorial, étaient tirés au sort sur une liste générale établie par le préteur urbain. L'accusateur et l'accusé pouvaient alternativement les récuser jusqu'à ce qu'on eût atteint le nombre exigé par la loi (4).

L'institution du jury fut étendue, avec quelques différences de détail, à des crimes autres que celui de concussion. Ces jurys devinrent peu à peu permanents : on les appela *quaestiones perpetuae*. Ils étaient présidés soit par un préteur spécial, soit par un des jurés (*quaesitor et iudex*) investi d'un pouvoir analogue. Le jury institué par la loi sur le meurtre fut, en raison de la fréquence de ce crime, divisé en plusieurs sections, affectées chacune à l'une des façons dont le meurtre avait été commis (*de sicariis, de ueneficis*, etc.). Au milieu

---

(1) L'accusation faite sciemment *(calumniari sciens)* à tort fut réprimée par la loi Remmia (XIX, 55). Elle entraînait la perte de l'honorabilité civique, l'exclusion de la représentation judiciaire, de la brigue des magistratures. La lettre K *(alumnia)* était imprimée au fer rouge sur le front du calomniateur (XX, 57).

(2) *De officiis*, II, XIV : « Multi... in nostra republica adulescentes.. apud iudices... dicendo laudem assecuti sunt. »

(3) XX, 56 : « Nocens, nisi accusatus fuerit, condemnari non potest. »

(4) D'après la loi Acilia *repetundarum,* la liste générale comprenait 450 noms ; le nombre des jurés était de cent.

du VIIe siècle de Rome (1) on créa une nouvelle section pour juger les crimes commis contre un proche parent (*de parricidio*) : c'est devant cette section que Cicéron plaida pour Sex. Roscius.

La composition des jurys criminels a été plusieurs fois modifiée : les sénateurs, exclus par C. Gracchus, furent rétablis par Sylla en 81. Dix ans après, en vertu de la loi Aurelia de l'an 70, la liste générale des jurés ne comprend qu'un tiers de sénateurs ; les deux autres tiers sont réservés aux chevaliers et aux *tribuni aerarii* (2). D'autres modifications ont été faites ultérieurement.

Lors du procès *pro Sex. Roscio Amerino*, en 80, le jury comprenait uniquement des membres de l'ordre sénatorial (3). Il était présidé par le préteur M. Fannius (4), qui avait antérieurement présidé une des sections du même jury en qualité de *quaesitor et iudex* (5). C'est lui qui reçut la *nominis delatio* (6) par laquelle s'ouvre tout procès au criminel (III, 8 ; XLV, 132). L'accusateur notifie au président du jury, ou de la section compétente, le nom de l'accusé. Il en requiert (II, 7 : *postulatio*) l'inscription sur la liste des affaires à soumettre au jury. Le rôle du Président consistait à contrôler l'instruction faite par l'accusateur, à tirer au sort les jurés, à leur faire prêter le serment de remplir leur devoir (7), à fixer

---

(1) La compétence des comices en cas de parricide était encore admise entre 105 et 102 av. J.-C. (Orose, V, 16, 8). Celle des *quaestiones perpetuae* fut introduite peu d'années avant le procès de Sex. Roscius Amerinus, XXIII, 64 : « non ita multis ante annis ».

(2) Ascon. in Pison. 94 : « Legem iudiciariam... tulit L. Aurelius Cotta praetor... qua communicata sunt iudicia senatui et equitibus Romanis et tribunis aerariis. »

(3) Cicéron fait plusieurs fois allusion à leur qualité, III. 8 : qui ex ciuitate in senatum propter dignitatem, ex senatu in hoc consilium delecti estis propter seueritatem. — LIII, 154 : homines sapientes et ista auctoritate et potestate praeditos qua uos estis ex quibus rebus maxime respublica laborat, iis maxime mederi convenit.

(4) IV, 11 : te praetore.

(5) IV, 11 : cum huic eidem quaestioni iudex praeesses ; cf. XXX, 85.

(6) Sur la *nominis delatio*, cf. la loi *repetundarum* de l'an 120, c. 19.

(7) *De inventione*, II, 43, 126.

la date de l'audience. Le jour venu, il dirigeait les débats, et après avoir entendu l'avocat (*causae patronus*, ii, 5) et les témoins, il délibérait avec les jurés et recueillait leurs votes, après leur avoir fait prêter un second serment, attestant que ce vote était conforme à leur conviction personnelle (1). La décision était prise à la majorité des suffrages exprimés.

Voici les faits qui ont amené Cicéron à prendre la défense d'un accusé devant le jury *de parricidio*. L'un des principaux citoyens du municipe rural d'Amérie (2), Sex. Roscius, avait été assassiné un soir à Rome dans le quartier de Pallacine (xlv, 132), en revenant de souper (xxxiv, 97 ; xliii, 126), quelques mois après les kalendes de juin 81. La guerre civile avait pris fin ; les proscrits rentraient à Rome (viii, 21) ; le calme était revenu dans les esprits. Mais Sex. Roscius, partisan de Sylla, s'était attiré l'inimitié de deux membres de sa famille, T. Roscius Magnus et T. Roscius Capito : ils le firent tuer ; puis ils voulurent s'approprier sa fortune qui était considérable ; il possédait notamment treize domaines de grand rapport, situés presque tous sur les bords du Tibre (vii, 20). Pour réaliser leur projet, ils allèrent, quatre jours après le crime, au camp de Sylla à Volaterres, où résidait un jeune homme très puissant, de leurs amis (xxxvii, 106), un affranchi de Sylla, L. Cornelius Chrysogonus (3). Ils lui proposèrent de s'associer (4) à eux pour s'emparer des biens de leur victime et pour se les partager. Chrysogonus se chargea de faire

(1) III, 8 : uos idoneos habitos per quorum sententias iusque iurandum adsequantur... ; LII, 152 : eius rei initium in uestro iurerando quaeri.

(2) Amérie est située dans l'Ombrie, à environ 82 kilomètres de Rome.

(3) Pline (*H. n.*, XXXV, 18) le cite comme un exemple de ces esclaves qui sont devenus très puissants, alors qu'à leur arrivée à Rome ils ont été vendus *ex catasta*, c'est-à-dire exposés nus sur un tréteau, *ne qua uitia corporis lateant* (Senec., ep. LXXX, 9).

(4) « Societatem coire », XXXI, 87 ; XL, 117. « Societas sceleris atque praemii », XXXIV, 96. Ces associations de malfaiteurs étaient nulles d'après le droit romain (*Dig.*, XVII, 2, 57).

passer Sex. Roscius pour un proscrit, quoique les listes
de proscriptions fussent closes depuis plusieurs mois
(xlv, 130) ; puis de faire procéder à la vente publique
de tous ses biens (*bonorum sectio*). Il s'en rendit lui-
même adjudicataire (*manceps*, viii, 21) (1), à vil prix.
La fortune de Sex. Roscius était estimée six millions
de sesterces ; il l'obtint pour deux mille (ii, 6). Aussitôt
après, Chrysogonus fit donation à Capito de trois des
domaines qu'il venait d'acquérir. Le reste demeura
indivis entre T. Magnus et lui. Magnus alla immédiatement en prendre possession en son nom personnel et
comme procurateur de Chrysogonus (viii, 23). Le fils
de Sex. Roscius fut expulsé de la maison paternelle,
sans égard à son deuil.

Mais Chrysogonus avait des inquiétudes sur le sort
des actes accomplis par Sylla (ii, 6 ; l, 146). Il craignait
qu'un jour ou l'autre une loi n'obligeât les acheteurs
de biens à les restituer aux enfants des proscrits (l,
145). L'un des fils de Sex. Roscius était mort (xvi, 45),
mais l'autre pourrait comme héritier *ab intestat* réclamer le patrimoine de son père. Chrysogonus et ses complices résolurent de le tuer à son tour. Ce n'était pas
facile : prévoyant le danger qui le menaçait, ses amis
faisaient bonne garde ; ils l'emmenèrent à Rome où il
trouva un asile sûr chez une femme de la plus haute
distinction, Caecilia (2) (x, 27 ; l, 147).

C'est alors que les *sectores* imaginèrent un autre moyen
de s'en débarrasser : ils s'entendirent avec un accusateur de profession (3), un certain C. Erucius, qui se char-

---

(1) Le mot *manceps* désigne l'adjudicataire de biens affermés
ou vendus par l'Etat. On l'appelle ainsi, dit Festus, « quia manu
sublata significat se auctorem emptionis esse. » Le *manceps* devait
fournir des sûretés personnelles *(praedes)* ou réelles *(praedia sub-
signare)* pour garantir le paiement du prix (Varro, *De lingua latina*,
V, 48).

(2) C'était la fille de Q. Caecilius Metellus, le vainqueur des
pirates aux îles Baléares, la sœur de Metellus Nepos et de la femme
du consul Appius Claudius Pulcher. Il ne faut pas la confondre
avec la troisième femme de Sylla, répudiée en 81.

(3) C'est compromettre sa personne et sa réputation, a dit plus

gea d'accuser Sex. Roscius d'avoir tué son père. Ils
espéraient que personne n'oserait prendre sa défense
devant la section compétente du jury institué par la
loi sur le meurtre (1), et qu'il serait condamné à la peine
du parricide : submersion du corps enfermé dans un sac
de cuir (xxv, 70 ; xxvi, 71) (2).

Le procès avait en apparence pour objet de faire
condamner comme parricide le fils de Sex. Roscius.
Mais le but véritable, but que l'accusateur s'était bien
gardé de révéler, c'était le maintien de la *bonorum
sectio* que Chrysogonus prétendait avoir obtenue de
Sylla (ii, 6). Certes le *sector* est un acheteur comme
le *bonorum emptor* (3) ; il acquiert même la propriété qui-
ritaire (4) en vertu de l'*addictio* faite *sub hasta* par le
magistrat, tandis que le *bonorum emptor* n'a que l'*in
bonis* (5). Le *sector* n'a pas, il est vrai, la possession, mais
il peut l'acquérir grâce à l'interdit *sectorium* que lui
accordera le préteur urbain (6). Le nom qu'on lui donne
vient de ce qu'il a le droit de *bona secare* (7), de diviser

tard Cicéron (*de off.*, II, xiv, 51), que de s'exposer à être appelé
accusateur. « Duri enim hominis, uel potius uix hominis uidetur
periculum capitis inferre multis. Id cum periculosum ipsi est,
tum etiam sordidum ad famam committere ut accusator nomi-
nere. » Puis, citant son propre exemple, il montre qu'on acquiert
gloire et sympathie lorsqu'on prend la défense d'un accusé « qui
potentis alicuius circumuueniri urgerique uideatur, ut nos et saepe
alias, et adolescentes, contra L. Sullae dominantis opes pro Sex.
Roscio Amerino fecimus, quae, ut scis, exstat oratio. »

(1) L'ancienne forme de procéder était encore suivie au milieu
du viiᵉ siècle (Orose, V, 16, 8). La nouvelle fut appliquée au parricide quelques années avant le plaidoyer de Cicéron : Non ita
multis ante annis (XXIII, 64).

(2) Cette loi est postérieure à la loi Cornelia *de sicariis* (Pom.,
Dig., *de Or. iur.*, I, 2, § 2, 32 : Deinde Cornelius Sulla quaestiones
publicas constituit ueluti de falso, de parricidio, de sicariis et
praetores quatuor adjecit. Peinc confirmée dans Mod. XII *Pand.*
XLVIII, 9, 9 pr.)

(3) Cicéron lui donne plusieurs fois ce nom : XXIX, 80 ;
XXXVIII, 110 ; XLIII, 125 ; LII, 151.

(4) Varro, *de re rust.*, II, 10, 4 : « dominium legitimum ».

(5) Gaius, III, 80 ; IV, 35.

(6) Gaius, IV, 146.

(7) Festus, h. vᵒ : « Sectores et qui secant dicuntur, et qui
empta sua persequuntur. »

les biens achetés en bloc pour les revendre en détail (1).
C'est un spéculateur qui cherche à réaliser un bénéfice
en profitant de ce qu'une personne est dépouillée de
ses biens pour des raisons politiques ou par l'effet d'une
condamnation pénale. La *bonorum sectio* a lieu ordinairement dans des conditions défavorables et à vil
prix. Le *sector* fait une offre, d'après son estimation
personnelle (2), sans égard à la valeur réelle des biens. Il
n'a pas, comme le *bonorum emptor*, à redouter que les
créanciers qui font vendre les biens de leur débiteur
insolvable ne lui suscitent un concurrent. En fait il
est mal vu dans la cité : on l'identifie avec un sicaire
(LII, 151) ou un bourreau (*carnifex*) (3) parce que c'est
souvent celui qui convoite les biens d'autrui qui en fait
proscrire le propriétaire.

Le procès de Sex. Roscius attira au forum une grande
affluence (IV, 11). Il y avait longtemps que des sicaires
n'avaient pas comparu en justice : les meurtres qu'ils
avaient commis en si grand nombre étaient restés impunis (XXIX, 80). L'opinion publique était surexcitée :
d'un côté, on était indigné par la conduite de Chrysogonus, par l'impudence des parents de la victime ; de
l'autre on se demandait si le jury saurait résister à la
volonté du tout puissant affranchi de Sylla (4).

---

(1) Ps. Ascon. in Verr., II, I, 61 : « Sectores dicti sunt, qui
spem lucri sui secuti bona condemnatorum semel auctionabantur,
proque his pecunias pensitabant, singulis postea pro compendio suo
singulas quasque res pecunia vendituri. » Gaius (IV, 146) dit plus
simplement : « sectores vocantur, qui publice bona mercantur ».

(2) Ps. Ascon. in Verr., II, I, 52 : « Sectorem... dicit aestimatorem
redemptoremque bonorum damnati atque proscripti, qui spem
spectans lucri sui, id est secutus spem aestimationis suae, bona
omnia re[dempta?] auctione uendit, et semel infert pecuniam uel
aerario uel sociis. »

(3) *Pro P. Quinctio*, XV, 50.

(4) Sur l'intérêt politique du procès et son rôle dans l'histoire
générale, nous ne saurions mieux faire que de citer les principales
conclusions de M. Carcopino, dont le *Sylla ou la monarchie manquée*
a complètement renouvelé la question. Dans cet ouvrage, M. Carcopino s'est attaqué à l'énigme historique de l'abdication de Sylla ;
il expose comment Sylla a conçu, avec autant de netteté et de

ANALYSE DU DISCOURS.

EXORDE (I-V). Cicéron explique pourquoi, parmi tant d'orateurs éminents qui sont à ses côtés, aucun ne se lève en faveur d'un homme accusé injustement. Tous pensent qu'il est de leur devoir de l'assister par leur présence, mais à cause du malheur des temps ils ne veulent pas s'exposer à prononcer une parole imprudente qui serait mal interprétée. Cicéron qui, en raison de son jeune âge, n'est pas encore entré dans la vie politique, peut plaider avec le moindre risque (I, 4). Il a d'ailleurs auprès de lui pour le conseiller (*aduocati*) P. Scipio, Q. Metellus, M. Messalla (XXVIII, 77 ; LI, 149). Cédant aux instances de ses amis, il n'hésitera pas à attaquer l'homme qui seul a tout machiné dans ce procès (II, 6), celui au nom duquel C. Erucius a porté contre Sex. Roscius l'accusa-

décision que César et Auguste plus tard, le dessein d'établir à Rome la monarchie ; comment l'aristocratie, plus puissante et plus nombreuse qu'elle ne le sera à la fin de la République, a réussi à faire échouer cette tentative ; comment enfin Sylla, placé dans l'alternative de livrer à l'aristocratie une lutte terrible ou de renoncer à son ambition, a pris ce dernier parti. Dans le mouvement politique de cette époque, l'affaire Roscius est un de ces procès retentissants — telle l'affaire Delescluze sous notre second Empire — qui, à un moment de crise, ont alerté l'opinion publique, annoncé et préparé la chute d'un régime. (Cf. Cicéron, *De officiis*, II, 14, 51 ; Sénèque, *Suasoires*, 7, 2 ; Plutarque, *Cicéron*, 3, 4). Les chapitres IX (Les alliés de Sylla) et X (La noblesse récalcitrante : le *pro Roscio*), sont consacrés à l'étude des « dessous politiques » du procès; M. Carcopino montre comment Sylla a su se concilier la puissante famille des Metelli, qui, par ses chefs et plus encore grâce à ses alliances, domine toute l'aristocratie : Q. Metellus Pius est consul en 80 ; P. Servilius Vatia, fils d'une Metella, Appius Pulcher, époux d'une Metella, sont consuls en 79 ; la femme de Sylla même est une Metella et a eu d'un premier mariage Aemilia, que Pompée épouse en 82. Mais « dans le fond, l'entente de Sylla avec les Metelli n'était qu'un malentendu. Les Metelli s'appuyaient sur Sylla pour reconquérir, avec les magistratures, leur influence dans une oligarchie renforcée, et Sylla s'appuyait sur les magistratures des Metelli pour donner le change et désarmer silencieuse-

tion de parricide (xlv, 132), l'affranchi de Sylla, L. Cornelius Chrysogonus.

Cicéron avertit les jurés que les accusateurs vont leur demander de les soustraire aux supplices qu'ils ont encourus par leurs forfaits. Ils ont cru les jurés capables de sanctionner par leur sentence (iii, 8) les actes de brigandage qu'ils ont commis (1). Il espère que le président, le préteur M. Fannius, qui dans un procès récent a montré tant d'énergie (v, 11 ; xxx, 85), fera preuve de fermeté dans l'affaire bien autrement grave qui va être soumise au jury. Il lui demande ainsi qu'aux jurés d'être très sévères ; sans quoi, c'est en plein tribunal qu'on tuera les innocents. Les sicaires sont venus ici, le fer et les armes à la main (xi, 32) ; l'accusé n'a pu se présenter que protégé par une escorte (v, 13).

Narration (vi-xii). Exposé des faits. Le meurtre a été commis par les ennemis de la victime, deux de ses parents qui se sont associés avec Chrysogonus pour s'emparer par la violence des biens de Sex. Roscius (vi, 15).

ment les aristocrates (*Sylla*, p. 147). » Dans le chapitre XI (Le rôle de Caecilia), M. Carcopino identifie les personnages qui ont joué un rôle dans le procès. Au premier plan apparaît Caecilia Metella, fille de Q. Metellus Balearicus (consul en 123), sœur de Q. Metellus Nepos (consul en 98) et de la Caecilia Metella qui est mariée à Appius Pulcher. C'est elle qui prend en mains la cause de Sex. Roscius le fils, dont la famille est unie à la sienne par les liens de l'hospitalité. Les défenseurs qui assistent Cicéron seraient M. Messalla (consul en 53), P. Scipio (qui passera par adoption dans la famille des Metelli et sera consul en 52 sous le nom de Q. Metellus Pius Scipio), et Q. Metellus Nepos (consul en 57). Ce sont de tout jeunes gens, mais derrière eux se dissimulent les chefs de la noblesse. « Pour la postérité, le procès de Sex. Roscius est l'œuvre de Cicéron. Pour Sylla lui-même, dont la clairvoyance ne pouvait confondre l'auteur avec les acteurs du drame, il fut celle du groupe le plus influent du Sénat, au premier rang duquel se distinguaient les Metelli. Les nobles ont poussé sur le devant de la scène le jeune chevalier d'Arpinum, mais ils étaient réunis dans la coulisse, masqués par cet inconnu, prêts à le désavouer en cas d'échec ou à élargir son succès ; et lui-même n'a élevé si haut la voix que parce qu'il se sentait porté et protégé par tout ce qui subsistait encore de forces vives dans l'aristocratie ». (*Sylla*, p. 161).

(1) « Latrocinium, non iudicium futurum. » (XXII, 61).

Division (XIII). Le plaidoyer est divisé en trois parties
consacrées : 1º à réfuter l'accusation formulée par C. Erucius (1) 2º à dévoiler l'audace de T. Roscius Magnus et
de T. Roscius Capito, les *cognati* de Sex. Roscius ; 3º à
dénoncer les illégalités commises par Chrysogonus, qui a
abusé de sa puissance pour satisfaire sa cupidité.

Mon devoir, dit Cicéron, est de discuter et de réduire
à néant les raisons invoquées par l'accusateur. Le vôtre,
dit-il aux jurés, est de remplir la mission que le peuple
Romain vous a imposée : résister à l'audace des scélérats, à la puissance dont certains abusent pour faire
le mal ; soulager le malheur des innocents, écarter un
danger qui menace tous les citoyens (III, 7 ; XIII, 36 ;
XLIV, 129).

Confirmation (XIV-XLVIII). 1º L'accusateur est un
mercenaire dont les *sectores* ont loué les services (XIX, 55 ;
XXVIII, 80) : ce n'est qu'un prête-nom. On l'aurait cru
plus habile dans son métier (XVI, 49). Les raisons qu'il a
imaginées pour démontrer que l'accusé est un parricide
sont bien étranges. On ne peut croire à un crime aussi
atroce sans des preuves décisives : Erucius n'en a produit
aucune (XIII, 38) ; ses allégations ne sont pas même vrai-
semblables. L'accusé aurait tué son père parce que celui-ci
le détestait (XIV, 40) et voulait l'exhéréder. Mais, loin de
lui manifester sa haine, son père lui avait donné un
témoignage de confiance en le chargeant d'administrer
treize domaines ruraux, une preuve de sa bienveillance
en lui concédant la jouissance de plusieurs d'entre eux
(XV, 44). Quant à son intention de l'exhéréder, à qui en
a-t-il parlé ? Pour quel motif aurait-il fait cette injure
au fils unique qui lui restait (XIV, 41 ; XXI, 58) ? Tout
cela, c'est de la pure chicane (XX, 55).

2º T. Roscius Magnus avait eu avec Sex. Roscius

(1) Cicéron aurait pu soulever une question préjudicielle : « In
publicis quaestionibus cauetur legibus, ut ante, si reo commodum
sit, iudicium de accusatore fiat, utrum illi liceat accusare necne »
(*ad Heren.* I, 22). Il a préféré en finir en une seule fois, d'autant
plus que T. Magnus ayant pris place sur le banc de l'accusateur
paraissait faire cause commune avec lui.

de graves différends pour des intérêts de famille ; il existait entre eux des causes d'inimitié (xxx, 88). Gladiateur et sicaire (vi, 17), il est l'auteur ou tout au moins l'instigateur du crime. Avec son client Mallius Glaucia, il était à Rome à l'heure et à l'endroit où le crime a été commis (vii, 19), sans quoi comment l'aurait-il connu si vite (xxxiv, 97) ? C'est lui qui a donné l'ordre à Glaucia de partir de suite, et d'aller à Amérie annoncer la mort de Sex. Roscius, non pas à sa famille, mais à son ennemi, T. Capito. L'ordre était si urgent que Glaucia put, en dix heures de nuit, franchir en cabriolet (*cisiis*) la distance de 56.000 pas (plus de 82 kilomètres) qui sépare Rome d'Amérie.

3º Quant à T. Roscius Capito, sa complicité n'est pas douteuse. C'est lui, il ne le nie pas, qui a sollicité Chrysogonus de s'emparer des biens de Sex. Roscius (xxxvii, 107). Il en a reçu, comme récompense, trois fonds de terre de grande valeur (xxxvii, 108). C'est lui qui fut délégué avec les *decem primi* par les décurions d'Amérie pour faire part à Sylla de l'émotion causée dans le municipe par le meurtre de leur concitoyen, de l'indignation provoquée par l'invasion de ses propriétés et par l'expulsion de son fils de la maison paternelle. Ils réclament une enquête pour sauver la réputation du père et conserver sa fortune à son fils (ix, 25). Mais Capito a manqué à tous ses devoirs : il a trahi son mandat en empêchant sous divers prétextes ses neuf collègues de remplir leur mission. Il ne voulait pas que Sylla fut informé de ce qui s'était passé (xxxviii, 110). Il s'est porté garant que Chrysogonus leur donnerait satisfaction (xl, 116). C'est lui enfin qui a refusé de livrer les deux esclaves qui accompagnaient Sex. Roscius lorsqu'il a été tué (xli, 120). On ne peut, a-t-il dit, mettre des esclaves à la question pour témoigner contre leur maître. Mais ce n'est pas l'accusé qui est leur maître, puisqu'on l'a dépouillé de tous ses biens. La véritable raison du refus, c'est la crainte que les esclaves ne révèlent le nom de l'assassin (xlii, 123).

4º Après avoir démasqué ce trio de malfaiteurs qui

se cache sous le nom de son chef Chrysogonus, Cicéron attaque directement l'affranchi de Sylla. Il signale les irrégularités de la *bonorum sectio* dont il est le bénéficiaire (XLIII, 125). Cette vente n'a aucune valeur juridique, quelle que soit la loi qu'on invoque pour la justifier. Cicéron ignore si c'est la loi spéciale Cornelia *de proscriptione* de 81, ou la loi générale Valeria de 82 qui a conféré à Sylla le pouvoir constituant (XLIII, 125) sans doute parce que les accusateurs s'étaient abstenus, et pour cause, de l'indiquer. Ce ne peut pas être la loi Cornelia qui n'autorise la vente que dans deux cas : lorsque le propriétaire a été proscrit ou tué dans les rangs des adversaires de Sylla (XLIII, 126). Chrysogonus a menti en affirmant que Sex. Roscius était un mauvais citoyen : Sex. Roscius n'a jamais été proscrit ; il a été tué plusieurs mois après le 1er juin 673, date de la clôture des listes de proscription dressées en vertu de cette loi (XLV, 130). On ne peut pas non plus invoquer la loi Valeria : Sylla n'a rien su des agissements de Chrysogonus (XLV, 131). D'ailleurs il n'est pas certain que l'adjudication ait eu lieu : elle n'est pas mentionnée sur les registres publics. En tout cas elle n'a rien produit : le prix payé ne figure pas sur les livres du Trésor (XLIV, 127, 128), s'ils n'ont pas été altérés.

PÉRORAISON (LII-LIII). Les jurés n'ont pas à craindre de déplaire à Sylla en se prononçant contre l'accusation formée au nom de Chrysogonus. Il ne faut pas qu'on puisse leur reprocher d'être la sauvegarde des *sectores* (LII, 151), sans quoi les sénateurs ne seraient pas dignes de conserver le privilège de judicature qu'on leur a rendu (XLVIII, 140). Ce n'est pas nuire à la noblesse, c'est contribuer à sa gloire, que de résister à des hommes qui veulent s'enrichir aux dépens d'autrui en accaparant la fortune de leurs concitoyens (XLIX, 142).

L'accusé ne demande pas qu'on lui rende les biens de son père (1). Lui qui n'a commis aucune faute, ni donné

---

(1) Il n'y avait pas encore à cette époque de voie de droit générale pour recouvrer la possession de biens dont un tiers s'était

prise au moindre soupçon, il vous conjure de lui laisser la vie et l'honneur (xvii, 49 ; xlix, 143).

Cicéron gagna son procès (1). Il eut tant de succès qu'on le considéra dès lors comme capable de se charger de toute affaire, quelle qu'en fût l'importance (2). Il a cependant fait lui-même, plus tard, la critique de son discours ; il reconnaît que certains passages ne sont pas exempts de déclamation (3), par exemple celui qui a trait au supplice des parricides (xxvi,71-72) (4).

emparé par la violence. L'interdit *unde ui* qui, d'après Cicéron, existait *apud maiores* (*pro Tullio*, XIX, 44), ne s'appliquait qu'aux immeubles. La loi Plautia *de ui* a été promulguée après la révolte de Lépidus au début de 77. Elle fut proposée vraisemblablement à la demande de Q. Catulus, consul en 78, proconsul en 77, par l'intermédiaire d'un tribun de la plèbe (*pro Caelio*, XXIX, 70). L'action *damni in turba coactisue hominibus dati* a été insérée dans l'édit de M. Lucullus (*pro Tullio*, IV, 9), préteur pérégrin en 77 ou 76. Elle a été généralisée plus tard sous le nom d'action *bonorum ui raptorum*.

(1) Plutarque, *Cicéron*, II, 3.

(2) *Brutus*, XC, 312 : « Prima causa publica pro Sex. Roscio dicta tantum commendationis habuit, ut non ulla esset quae non digna nostro patrocinio uideretur ».

(3) *Orator*, XXX, 107 : « Quantis illis clamoribus adulescentuli diximus de supplicio parricidarum ! Quae nequaquam satis deferuisse post aliquanto sentire coepimus ». Mais il ajoute : « Ipsa enim illa pro Roscio iuuenilis redundantia multa habet attenuata. »

(4) Sur la sanction et la peine du parricide à Rome : Marc. 14 Instit., *Dig.* XLVIII, 9, 3 : Sed sciendum est lege Pompeia de consobrino comprehendi, sed non etiam eos pariter complecti qui pari propioreue gradu sunt. Sed et nouercæ et sponsæ personæ omissæ sunt, sententia tamen legis continentur. Cf. sur la formule « parricidas esto » et les origines de la juridiction criminelle à Rome : F. de Visscher, *Etudes de droit romain*, 1931, p. 437 ; Ph. Meylan, l'*Etymologie du mot Paricidas*, Lausanne, 1929 ; Otto Lenel, *Studi in onore di Bonfante*, 1932, t. II, p. 1-13 ; Wackernagel, *Gnomon*, VI, 449 ; Duquesne, *Revue historique de droit*, 1928, p. 469 ; Iuncker, *Savigny Zeitschrift*, XLIX, 1929, p. 593-613 ; Marouzeau, *Revue des Etudes latines*, 1928, p. 109 et p. 358 ; Ernout, *Revue de Philologie*, 1929, p. 239.

SIGLA

V = Palimpsestus Vaticanus (1-5): *credo ego.. possim*).
Σ = ms. Paris. 14749, olim S. Victoris 91.
B = excerpta Bartolomaei de Montepolitiano, quae
    in ms. Laur. LIV. 5 inueniuntur.
A = ms. Laur. XLVIII. 10 (Lag. 10).
π = ms. Perusinus E. 71.
σ = ms. Pistoriensis A. 32.
φ = ms. Laur. LII. 1 (Lag. 65).
χ = ms. Laur. XLVIII. 25 (Lag. 25).
ψ = ms. Laur. (Gadd.) XC sup. 69.
ω = ms. Laur. XLVIII. 26 (Lag. 26).
s = ms. Monacensis 15734.
w = ms. Guelferbytanus 205.
Schol. = Scholiasta Gronouianus.

Omnes codices praeter V saeculo XV scripti sunt.

PLAIDOYER POUR SEX. ROSCIUS D'AMÉRIE

Exorde   **I 1** Juges, vous vous demandez, je le pense, avec étonnement pourquoi, alors que tant d'orateurs éminents et de personnages de la plus haute noblesse restent assis, c'est moi entre tous qui me suis levé, moi qui, pour l'âge, le talent naturel, l'autorité, ne peux en rien aller de pair avec ceux qui restent assis. Tous ces hommes que vous voyez soutenir cette cause de leur présence estiment qu'il faut se défendre contre l'injustice d'une accusation qui est l'œuvre d'une scélératesse d'un genre nouveau ; ils n'osent pas assumer eux-mêmes cette défense à cause du malheur des temps. De là vient qu'ils assistent l'accusé, car ils obéissent à leur devoir ; mais ils se taisent, parce qu'ils évitent le danger.

2 Qu'est-ce à dire ? Serais-je parmi tous le plus audacieux ? Pas le moins du monde. Serais-je tellement plus empressé que tout autre à rendre service ? Cette gloire même je n'en suis pas si jaloux que je veuille la ravir à d'autres. Quel est donc le motif qui m'a poussé à accepter plus que tout autre de me charger de la cause de Sex. Roscius ? C'est que, si quelqu'un de ces hommes que vous voyez assister l'accusé, quelqu'un de ces hommes à qui leur situation donne une autorité et une dignité souveraines avait pris la parole, au moindre mot se rapportant aux affaires publiques — et nécessairement, dans cette cause, il sera parlé des affaires publiques — on imputerait à cet homme beaucoup plus qu'il n'aurait dit. **3** Mais moi, aurai-je dit librement tout ce qu'il y a à dire, il ne pourra arriver à mon dis-

PRO SEX. ROSCIO AMERINO ORATIO

I 1 Credo ego uos, iudices, mirari quid sit quod, cum
tot summi oratores hominesque nobilissimi sedeant,
ego potissimum surrexerim, qui neque aetate neque
ingenio neque auctoritate sim cum his qui sedeant
comparandus. Omnes hi quos uidetis adesse in hac
causa iniuriam nouo scelere conflatam putant oportere defendi, defendere ipsi propter iniquitatem tem-
porum non audent. Ita fit ut adsint propterea quod
officium sequuntur, taceant autem idcirco quia periculum uitant.

2 Quid ergo ? audacissimus ego ex omnibus ? Minime.
An tanto officiosior quam ceteri ? Ne istius quidem lau-
dis ita sum cupidus ut aliis eam praereptam uelim.
Quae me igitur res praeter ceteros impulit ut causam
Sex. Rosci reciperem ? Quia, si qui istorum dixisset
quos uidetis adesse, in quibus summa auctoritas est
atque amplitudo, si uerbum de re publica fecisset, id
quod in hac causa fieri necesse est, multo plura dixisse
quam dixisset putaretur. **3** Ego autem si omnia quae

---

1 surrexerim : —erim is Σ ‖ omnes *V Schol.* : omnes enim Σ*B* ‖
ipsi : ipsi autem *V* ‖ uitant *V Schemata dianoeas* : metuunt *cet.*
2 An *Schol.* : ac *V*ω at *cet.* ‖ ita sum : ita sim *V*ω.
3 ego autem *V* : ego etiam *cet.*

cours, comme il arriverait à celui d'un de ces hommes, de sortir de cette enceinte et de se répandre dans le public. Ensuite, leur noblesse et leur dignité ne permettent à aucune de leurs paroles de rester ignorée ; leur âge et leur prudente sagesse ne permettent d'excuser de leur part aucune parole téméraire : moi, si je parle avec trop de liberté, ce que j'aurai dit pourra passer inaperçu, parce que je ne suis pas encore entré dans la vie politique (1), ou pourra être pardonné à ma jeunesse — quoique, à vrai dire, non seulement la notion de pardon, mais même la coutume de s'informer avant de condamner soit désormais abolie à Rome.

4 A ces motifs il se joint celui-ci : peut-être les autres orateurs à qui on a demandé de prendre la parole ont-ils jugé qu'ils pouvaient, sans manquer à leur devoir, accepter ou refuser. Mais moi, j'ai été sollicité avec insistance par des hommes qui, par leur amitié, par leurs bienfaits, par leur dignité, ont sur moi le plus grand pouvoir ; je ne devais ni méconnaître leur bienveillance à mon égard, ni dédaigner leur autorité, ni me montrer indifférent à leur désir.

II 5 C'est pour ces causes que me voici défenseur dans cette cause ; je n'ai pas été choisi entre tous comme ayant le plus grand talent ; mais, de tous, je restais celui qui pouvait parler avec le moins de danger ; on m'a pris, non pour que Sex. Roscius fût défendu par un soutien d'une force suffisante, mais pour qu'il ne fût pas absolument abandonné.

Peut-être demanderez-vous quelle est cette terreur, quel est cet effroi si grand qui empêchent tant d'hommes aussi éminents de consentir à défendre selon leur coutume la cause où la vie et les biens d'un accusé sont en jeu. Il n'est pas étonnant que vous l'ignoriez encore : c'est à dessein que les accusateurs n'ont rien dit de la question qui a soulevé cette action en justice.

(1) Cicéron n'a pas encore débuté dans la carrière des honneurs par la questure qu'il obtiendra en 76.

dicenda sunt libere dixero, nequaquam tamen similiter
oratio mea exire atque in uulgus emanare poterit.
Deinde quod ceterorum neque dictum obscurum potest
esse propter nobilitatem et amplitudinem neque temere
dicto concedi propter aetatem et prudentiam. Ego si
quid liberius dixero, uel occultum esse propterea quod
nondum ad rem publicam accessi, uel ignosci adulescentiae meae poterit ; tametsi non modo ignoscendi
ratio uerum etiam cognoscendi consuetudo iam de
ciuitate sublata est.

4 Accedit illa quoque causa quod a ceteris forsitan
ita petitum sit ut dicerent, ut utrumuis saluo officio
se facere posse arbitrarentur ; a me autem ii contende-
runt, qui apud me et amicitia et beneficiis et dignitate
plurimum possunt, quorum ego nec beneuolentiam erga
me ignorare nec auctoritatem aspernari nec uoluntatem neglegere debebam.

II **5** His de causis ego huic causae patronus exstiti,
non electus unus qui maximo ingenio sed relictus ex
omnibus qui minimo periculo possem dicere, neque uti
satis firmo praesidio defensus Sex. Roscius uerum uti
ne omnino desertus esset.

Forsitan quaeratis qui iste terror sit et quae tanta
formido, quae tot ac tales uiros impediat quo minus
pro capite et fortunis alterius quem ad modum consuerunt causam uelint dicere. Quod adhuc uos ignorare
non mirum est, propterea quod consulto ab accusatoribus eius rei quae conflauit hoc iudicium mentio
facta non est.

3 adulescentiae meae : adulescentiae *V*.
4 se facere : fa.... e *V* facere se *ed. Ven.* 1471 ‖ ego nec *V* : ego
neque *cet.* ‖ debebam *Ernesti* : debeam *codd.*
5 possem : possim *V* (*qui ab hoc uerbo deficit*).

6 Quelle est cette question ? Les biens du père de Sex. Roscius, notre client, sont estimés six millions de sesterces ; et c'est d'un citoyen très courageux et très illustre, L. Sylla — dont je prononce le nom avec respect — qu'un jeune homme, qui est aujourd'hui tout à fait puissant dans notre ville, L. Cornelius Chrysogonus, prétend les avoir achetés deux mille sesterces. Voici, juges, la requête que ce jeune homme vous adresse : attendu que, sans aucun droit, il a envahi un patrimoine étranger, si riche, si beau ; attendu qu'il voit dans l'existence de Sex. Roscius une gêne et un obstacle à la jouissance de ce patrimoine, il vous demande de faire disparaître de son esprit tout soupçon d'inquiétude, de lui enlever tout sujet de crainte ; du moment que Sextus est sain et sauf, il estime qu'il ne peut considérer comme sa propriété les biens de famille si vastes, si abondants, de cet homme, qui n'a commis aucun crime. Que Sextus soit condamné, jeté hors de son pays, il espère pouvoir, ce qu'il a obtenu par le crime, le dissiper et le dévorer par de luxueuses prodigalités. Il vous requiert de lui arracher de l'esprit cette épine qui, nuit et jour, le pique et le point ; il requiert de vous que vous vous déclariez ses aides pour que cette proie qu'il a faite sienne d'une manière si criminelle lui soit assurée. **7** Si cette requête vous paraît équitable et honnête, juges, de mon côté je vous présente une autre requête brève, et, comme j'en ai la persuasion, un peu plus équitable.

III D'abord, je demande à Chrysogonus de se contenter de nos biens et de notre fortune et de ne pas demander notre sang et notre vie ; ensuite, juges, je vous demande de résister à la scélératesse des audacieux, de soulager le malheur des innocents et de repousser dans l'affaire de Sex. Roscius un péril qui est suspendu sur toutes les têtes.

8 Que si l'on découvre soit un sujet d'accusation, soit quelque action suspecte, soit, en un mot, n'importe quel fait, si peu important soit-il, qui paraisse leur avoir donné quelque raison de déférer le nom de Sex. Roscius au magistrat, enfin, si, excepté cette proie dont j'ai

6 Quae res ea est ? Bona patris huiusce Sex. Rosci
quae sunt sexagiens, quae de uiro. fortissimo et clarissimo L. Sulla, quem honoris causa nomino, duobus
milibus nummum sese dicit emisse adulescens uel
potentissimus hoc tempore nostrae ciuitatis, L. Cornelius Chrysogonus. Is a uobis, iudices, hoc postulat
ut, quoniam in alienam pecuniam tam plenam atque
praeclaram nullo iure inuaserit, quoniamque ei pecuniae uita Sex. Rosci obstare atque officere uideatur,
deleatis ex animo suo suspicionem omnem metumque
tollatis ; sese, hoc incolumi, non arbitratur huius innocentis patrimonium tam amplum et copiosum posse
obtinere, damnato et eiecto sperat se posse quod
adeptus est per scelus, id per luxuriam effundere atque
consumere. Hunc sibi ex animo scrupulum qui se dies
noctesque stimulat ac pungit ut euellatis postulat,
ut ad hanc suam praedam tam nefariam adiutores
uos profiteamini. **7** Si uobis aequa et honesta postulatio uidetur, iudices, ego contra breuem postula-
tionem adfero et, quo modo mihi persuadeo, aliquanto
aequiorem.

III Primum a Chrysogono peto ut pecunia fortunisque nostris contentus sit, sanguinem et uitam ne
petat ; deinde a uobis, iudices, ut audacium sceleri
resistatis, innocentium calamitatem leuetis et in causa
Sex. Rosci periculum quod in omnes intenditur pro-
pulsetis.

8 Quod si aut causa criminis aut facti suspicio aut
quaelibet denique uel minima res reperietur, quam ob

---

6 fortissimo et clarissimo : clarissimo *A* clarissimo et fortissimo
ψ Arusianus ‖ alienam *om. B* ‖ omnem metumque : omnemque
metum ω ‖ sperat σχ : speret *cet.*
7 Si uobis : nisi uobis *w Halm.*

parlé, vous trouvez quelque autre motif, nous consentons que sa vie soit abandonnée à la fureur de leur passion. Mais, s'il s'agit seulement de permettre que rien ne manque à ces hommes à qui rien ne suffit, si toute la bataille qu'ils livrent aujourd'hui n'a d'autre but que de mettre comme le comble à leur victoire en ajoutant à ces belles dépouilles opimes la condamnation de Sex. Roscius, n'est-ce pas entre tant d'actions indignes la plus grande indignité que de vous avoir crus capables de leur faire obtenir par vos sentences rendues sous la foi du serment ce qu'ils ont eu coutume auparavant d'obtenir par le crime et par le fer ? Simples citoyens, votre dignité vous a fait choisir pour le Sénat ; dans le Sénat, la sévérité de vos mœurs vous a fait choisir pour composer ce conseil (1) : et c'est de vous que ces hommes, ces sicaires et ces gladiateurs, requièrent, je ne dis pas de leur épargner les supplices qu'ils doivent en raison de leurs méfaits redouter de votre part, dont ils doivent avoir une peur horrible, mais même de les faire sortir de cette instance judiciaire pourvus et enrichis de dépouilles.

IV 9 En présence de faits si graves, si atroces, je me rends compte que je ne puis mettre assez de mesure dans mes paroles, assez de véhémence dans mes plaintes, assez de liberté dans mes cris d'indignation. La faiblesse de mon talent, mon âge, le temps où nous vivons sont autant d'obstacles pour cette mesure, cette véhémence, cette liberté. A ces obstacles s'ajoute encore la très grande crainte qui m'est imposée par ma timidité naturelle (2) et par ma modestie, par votre dignité, par la force de mes adversaires, par les périls de Sex. Roscius. C'est pourquoi je vous prie et je vous supplie, juges, au nom des dieux, d'écouter mes paroles avec attention et avec une bienveillante indulgence.

10 Soutenu par votre loyauté et par votre sagesse, je me suis chargé d'un fardeau trop lourd, je m'en rends compte, pour qu'il me soit possible de le porter. Ce fardeau, si vous l'allégez en en prenant une part, je le porterai comme je pourrai, juges, à force de zèle et d'activité.

rem uideantur illi non nihil tamen in deferendo nomine
secuti, postremo si praeter eam praedam, quam dixi,
quicquam aliud causae inueneritis, non recusamus quin
illorum libidini Sex. Rosci uita dedatur. Sin aliud agitur
nihil nisi ut iis ne quid desit quibus satis nihil est, si hoc
solum hoc tempore pugnatur ut ad illam opimam prae-
claramque praedam damnatio Sex. Rosci uelut cumu-
lus accedat, nonne cum multa indigna tum uel hoc
indignissimum est, uos idoneos habitos per quorum
sententias iusque iurandum id adsequantur, quod
antea ipsi scelere et ferro adsequi consuerunt ? qui ex
ciuitate in senatum propter dignitatem, ex senatu in
hoc consilium delecti estis propter seueritatcm, ab his
hoc postulare homines sicarios atque gladiatores, non
modo ut supplicia uitent quae a uobis pro maleficiis
suis metuere atque horrere debent, uerum etiam ut
spoliis ex hoc iudicio ornati auctique discedant ?

IV 9 His de rebus tantis tamque atrocibus, neque
satis me commode dicere, neque satis grauiter con-
queri, neque satis libere uociferari posse intellego. Nam
commoditati ingenium, grauitati actas, libertati tempora sunt impedimento. Huc accedit summus timor,
quem mihi natura pudorque meus attribuit, et uestra
dignitas et uis aduersariorum et Sex. Rosci pericula.
Quapropter uos oro atque obsecro, iudices, ut attente
bonaque cum uenia uerba mea audiatis.

10 Fide sapientiaque uestra fretus plus oneris sus-
tuli quam ferre me posse intellego. Hoc onus si uos
aliqua ex parte alleuabitis, feram ut potero studio et

---

8 spoliis ex *w* : spoliis sex Σπ spoliis Sex. Aφψω spoliis Sex.
Roscii σχ.
9 pericula : peric. *B* periculum *Bake.*

Si, ce que je ne crains pas, vous m'abandonnez à moi-même, le courage ne me fera cependant pas défaut et je poursuivrai, tant que je pourrai, l'œuvre que j'ai entreprise. Si je ne peux la poursuivre, j'aime mieux succomber sous le fardeau du devoir, du moment qu'on me l'a imposé en ayant confiance en moi, que de le rejeter par perfidie ou de le déposer par faiblesse d'âme.

11 Toi aussi, je t'en prie instamment, M. Fannius, ces éminentes qualités que tu as déjà montrées précédemment au peuple romain, quand tu présidais la même commission, ne nous les ménage pas aujourd'hui, ne les ménage pas au peuple romain.

V Quelle multitude s'est assemblée pour assister à ce procès, tu le vois ; quelle est l'attente de tout le monde, le désir général de voir rendre une justice énergique et sévère, tu t'en rends compte. C'est après un long intervalle de temps la première action contre des meurtriers qui s'engage devant la justice : et, pendant cet intervalle, les massacres ont été nombreux et abominables. Tout le monde espère que ce tribunal qui siège sous ta présidence saura punir comme il convient les forfaits manifestes qui ont chaque jour répandu le sang.

12 Ces clameurs, que les accusateurs font entendre dans les autres procès, c'est de notre côté, du côté de la défense, qu'elles s'élèvent aujourd'hui. Nous te demandons, M. Fannius, nous vous demandons, juges, que toute la violence de votre vindicte accable les forfaits, que tout votre courage s'emploie à résister aux plus audacieux des hommes. Pensez-y bien : si, dans cette cause, vous ne montrez pas quel esprit vous anime, la passion cupide de ces hommes, leur scélératesse et leur audace se donneront si libre carrière que ce ne sera plus en secret, mais ici, au Forum, devant ton tribunal, M. Fannius, à vos pieds, juges, au milieu même des bancs où vous siégez, que l'on massacrera.

13 A quoi tend, en effet, cette action judiciaire, sinon à obtenir la liberté des massacres ? Ils accusent, ceux qui se sont jetés sur les biens de mon client : il se défend, celui à qui ils n'ont rien laissé que la ruine ; ils accusent,

industria, iudices ; sin a uobis, id quod non spero,
deserar, tamen animo non deficiam et id quod suscepi
quoad potero perferam. Quod si perferre non potero,
opprimi me onere offici malo quam id, quod mihi cum
fide semel impositum est, aut propter perfidiam abi-
cere aut propter infirmitatem animi deponere.

11 Te quoque magno opere, M. Fanni, quaeso ut,
qualem te iam antea populo Romano praebuisti, cum
huic eidem quaestioni iudex praeesses, talem te et nobis
et populo Romano hoc tempore impertias.

V Quanta multitudo hominum conuenerit ad hoc
iudicium, uides ; quae sit omnium mortalium exspec-
tatio, quae cupiditas ut acria ac seuera iudicia fiant,
intellegis. Longo interuallo iudicium inter sicarios hoc
primum committitur, cum interea caedes indignissi-
mae maximaeque factae sunt ; omnes hanc quaestionem te praetore manifestis maleficiis cotidianoque
sanguine di*gnissimam* sperant futuram.

12 Qua uociferatione in ceteris iudiciis accusatores
uti consuerunt, ea nos hoc tempore utimur qui causam
dicimus. Petimus abs te, M. Fanni, a uobisque, iudices,
ut quam acerrime maleficia uindicetis, ut quam fortissime hominibus audacissimis resistatis, ut hoc cogitetis,
nisi in hac causa qui uester animus sit ostendetis,
eo prorumpere hominum cupiditatem et scelus et
audaciam ut non modo clam, uerum etiam hic in
foro ante tribunal tuum, M. Fanni, ante pedes uestros,

11 eidem ω Mart. Cap. : idem *cet.* ‖ populo Romano *codd.* Mart.
Cap. : rei publicae Arusianus ‖ acria ψ² : acra *cet.* ‖ factae sunt : f.
sint φ² *ed. Rom.* 1471 ‖ dignissimam *Madvig* : dimissui (*quam uocem
ex nota* dimissum *lacunam significante ortam suspicatur Clark*) Σ
dimissus ω dimissius (dem— ψ) *cet.* sanguini inimicissimam *Sternkopf.*
12 ostendetis : —deritis *Ernesti* —datis *Matthaei.*

ceux à qui a profité le meurtre du père de Sex. Roscius :
il se défend, celui pour qui la mort de son père a été
une cause non seulement de deuil, mais d'indigence ;
ils accusent, ceux dont le plus ardent désir a été d'égorger mon client : il se défend, celui qui doit se présenter
à ce jugement même sous la protection d'une escorte
d'amis, pour ne pas être tué ici, devant vos yeux ; enfin,
ils accusent, ceux dont le peuple réclame la mise en
accusation : il se défend, celui qui reste seul, qui seul a
échappé à leurs massacres impies.

14 Pour que vous puissiez vous rendre compte plus
facilement, juges, que les faits surpassent en indignité
ce que nos paroles disent, nous vous exposerons comment l'affaire a été menée dès le commencement ; il
vous sera plus facile ainsi de connaître et les malheurs
du plus innocent des hommes et les audaces de ces
gens et l'état déplorable de la République.

Narration   VI 15 Sex. Roscius, le père de mon client,
était citoyen du municipe d'Amérie ; sa
naissance, sa noblesse et sa fortune faisaient de lui facilement le premier, non seulement de sa ville, mais aussi
de tous les environs ; d'autre part, il se distinguait par
son crédit et par ses relations d'hospitalité avec les
hommes les plus nobles. Et ce n'est pas seulement des
relations d'hospitalité qu'il avait avec les Métellus, les
Servilius, les Scipions, mais un commerce d'amitié et
une liaison de famille : je prononce, comme il convient,
le nom de ces illustres maisons avec le respect que je
dois à leur honorabilité et à leur grandeur. Ainsi donc,
de tous les avantages dont il jouissait, c'est le seul qu'il
a laissé à son fils ; car son patrimoine, arraché par la
violence, est en possession d'hommes de proie, gens de
sa famille ; l'honneur et la vie du fils innocent sont
défendus par les hôtes et par les amis du père.

16 Celui-ci avait toujours soutenu le parti de la noblesse ; mais, pendant les troubles de ces dernières
années, alors que la haute situation, que la vie même
des nobles était mise en danger, plus que tout autre,

iudices, inter ipsa subsellia caedes futurae sint.

13 Etenim quid aliud hoc iudicio tentatur nisi ut id
fieri liceat ? Accusant ii qui in fortunas huius inuaserunt,
causam dicit is cui praeter calamitatem nihil reliquerunt ; accusant ii quibus occidi patrem Sex. Rosci bono
fuit, causam dicit is cui non modo luctum mors patris
attulit uerum etiam egestatem ; accusant ii qui hunc
ipsum iugulare summe cupierunt, causam dicit is qui
etiam ad hoc ipsum iudicium cum praesidio uenit ne
hic ibidem ante oculos uestros trucidetur ; denique
accusant ii quos populus poscit, causam dicit is qui unus
relictus ex illorum nefaria caede restat.

14 Atque ut facilius intellegere possitis, iudices, ea
quae facta sunt indigniora esse quam haec sunt quae
dicimus, ab initio res quem ad modum gesta sit uobis
exponemus, quo facilius et huius hominis innocentissimi
miserias et illorum audacias cognoscere possitis et rei
publicae calamitatem.

VI 15 Sex. Roscius, pater huiusce, municeps Amerinus fuit, cum genere et nobilitate et pecunia non modo
sui municipi uerum etiam eius uicinitatis facile primus,
tum gratia atque hospitiis florens hominum nobilissimo-
rum. Nam cum Metellis, Seruiliis, Scipionibus erat ei
non modo hospitium, uerum etiam domesticus usus et
consuetudo ; quas, ut aequum est, familias honestatis
amplitudinisque gratia nomino. Itaque ex suis omnibus
commodis hoc solum filio reliquit ; nam patrimonium
domestici praedones ui ereptum possident, fama et uita
innocentis ab hospitibus amicisque paternis defenditur.

16 Hic cum omni tempore nobilitatis fautor fuisset,

---

14 audacias Σ (*cf. In Verr.* 3, 89, 208) : —ciam *cet.*
15 ex suis omnibus : ex monibus suis ω.

dans son municipe et dans les environs, il employa ses
soins, son zèle et son autorité à la défense de leur parti
et de leur cause. Il estimait, en effet, qu'il convenait
à sa droiture de combattre pour l'honneur de ceux qui
lui avaient valu à lui-même d'être considéré comme le
plus honorable parmi ses concitoyens. Après que la
victoire eut été définitivement remportée et que nous
eûmes déposé les armes, alors que l'on proscrivait et
que de toutes parts on arrêtait ceux qui étaient réputés
avoir appartenu au parti adverse, il était fréquemment
à Rome, il allait et il venait chaque jour dans le Forum,
où tout le monde le voyait ; son attitude était telle qu'il
paraissait étaler la joie que lui donnait la victoire de la
noblesse, bien loin de manifester la crainte que cette
victoire pût lui être funeste.

17 Il y avait de vieilles inimitiés entre lui et deux
autres Roscius, également d'Amérie : je vois l'un d'eux
siéger sur les bancs des accusateurs ; j'entends dire que
l'autre possède trois des biens de campagne qui lui
appartenaient. Ces inimitiés, s'il avait pu prendre contre
elles autant de précautions qu'elles lui inspiraient de
craintes continuelles, il serait encore vivant. Ce n'est
pas, en effet, sans raison, juges, qu'il avait des craintes.
Car voici à quelle sorte de gens ces deux T. Roscius
appartiennent. — L'un a pour surnom Capito ; l'autre,
celui qui est ici présent, s'appelle Magnus. — Le premier a la réputation d'être un célèbre gladiateur, vieilli
dans le métier où il a remporté plus d'une palme ; celui
que vous voyez ici est allé depuis peu fréquenter l'école
de ce gladiateur ; avant ce dernier combat, il n'était,
à ma connaissance, qu'un novice : aujourd'hui, il a
facilement surpassé son maître lui-même en scélératesse
et en audace.

VII 18 En effet, Sex. Roscius, mon client, était à
Amérie ; mais ce T. Roscius était à Rome. Mon client,
Roscius le fils, ne quittait pas les biens de campagne
où, conformément à la volonté de son père, il s'était
adonné au soin des affaires domestiques et à la vie des
champs ; ce T. Roscius, au contraire, était à chaque

tum hoc tumultu proximo, cum omnium nobilium dignitas et salus in discrimen ueniret, praeter ceteros in ea
uicinitate eam partem causamque opera, studio, auctoritate defendit. Etenim rectum putabat pro eorum
honestate se pugnare propter quos ipse honestissimus
inter suos numerabatur. Postea quam uictoria constituta est ab armisque recessimus, cum proscriberentur
homines atque ex omni regione caperentur ii qui aduersarii fuisse putabantur, erat ille Romae frequens atque
in foro et in ore omnium cotidie uersabatur, magis ut
exsultare uictoria nobilitatis uideretur quam timere ne
quid ex ea calamitatis sibi accideret.

17 Erant ei ueteres inimicitiae cum duobus Rosciis
Amerinis, quorum alterum sedere in accusatorum subselliis uideo, alterum tria huiusce praedia possidere
audio ; quas inimicitias si tam cauere potuisset quam
metuere solebat, uiueret. Neque enim, iudices, iniuria
metuebat. Nam duo isti sunt T. Roscii (quorum alteri
Capitoni cognomen est, iste qui adest Magnus uocatur),
homines eius modi : alter plurimarum palmarum uetus
ac nobilis gladiator habetur, hic autem nuper se ad eum
lanistam contulit, qui*que* ante hanc pugnam tiro esset
quod sciam, facile ipsum magistrum scelere audaciaque
superauit.

VII **18** Nam cum hic Sex. Roscius esset Ameriae,
T. autem iste Roscius Romae, cum hic filius adsiduus in
praediis esset cumque se uoluntate patris rei familiari
uitaeque rusticae dedisset, iste autem frequens Romae
esset, occiditur ad balneas Pallacinas rediens a cena

---

17 quique *Halm* : qui *codd.*
18 iste autem *codd.* : ipse autem *Eberhard* ‖ Pallacinas Σ*Aπσψ*
Prisc. : Palatinas φχ Paluatinas ω Pallicias Serv.

instant à Rome. Voilà que Sex. Roscius le père est
tué près des bains de Pallacine (1), au retour d'un souper.
Ce que je viens de dire montre, je l'espère, assez clairement de quel côté doit se diriger le soupçon d'avoir
commis le crime. Mais, si l'exposition des faits ne change
pas en évidence ce qui n'est encore qu'un soupçon,
votre jugement pourra décider que mon client n'est
pas étranger à ce meurtre.

19 Quand Sex. Roscius a été tué, le premier qui va
en porter la nouvelle à Amérie, c'est un certain Mallius
Glaucia, un homme de basse classe, un affranchi,
client et familier de ce T. Roscius ; ce n'est pas chez le
fils de Roscius, c'est chez son ennemi, chez T. Capito,
que la nouvelle est portée. Le meurtre avait été commis
après la première heure de la nuit et c'est dès le point
du jour que le messager arrive à Amérie. En dix heures
de nuit, sa légère voiture a parcouru, comme en volant,
cinquante-six mille pas, pour lui permettre non seulement d'être le premier à porter à l'ennemi de la victime
une nouvelle ardemment souhaitée, mais de lui montrer au plus tôt le sang tout frais de son ennemi et le
fer à peine retiré du corps.

20 Le quatrième jour après ces événements, un rapport en est transmis à Chrysogonus, au camp de L. Sylla,
devant Volaterres (2). On y expose l'importance de la
fortune, la bonne qualité des terres (il a laissé treize
biens qui, presque tous, sont contigus au Tibre) ; on
rappelle la détresse et l'isolement du fils. Ils exposent
que, puisque son père, Sex. Roscius, un homme qui
jouissait d'une si brillante considération et d'un si
grand crédit, a été tué sans peine, il n'y aura aucune
difficulté à faire disparaître un homme qui n'est pas sur
ses gardes, qui vit à la campagne, que l'on ne connaît
pas à Rome. A cet effet, ils promettent leurs services.
Je n'insiste pas davantage, juges : l'association se forme.

VIII 21 Alors qu'on ne parlait déjà plus de proscriptions, alors que même ceux que la peur avait éloignés
revenaient et jugeaient que désormais ils en avaient fini
avec les dangers, voici que sur le tableau des proscrits on

Sex. Roscius. Spero ex hoc ipso non esse obscurum ad
quem suspicio malefici pertineat ; uerum id quod adhuc
est suspiciosum nisi perspicuum res ipsa fecerit, hunc
adfinem culpae iudicatote.

19 Occiso Sex. Roscio primus Ameriam nuntiat Mallius Glaucia quidam, homo tenuis, libertinus, cliens et
familiaris istius T. Rosci ; et nuntiat domum non fili
sed T. Capitonis inimici ; et, cum post horam primam
noctis occisus esset, primo diluculo nuntius hic Ameriam
uenit ; decem horis nocturnis sex et quinquaginta milia
passuum cisiis peruolauit, non modo ut exoptatum
inimico nuntium primus adferret, sed etiam cruorem
inimici quam recentissimum telumque paulo ante c
corpore extractum ostenderet.

20 Quadriduo quo haec gesta sunt, res ad Chrysogonum in castra L. Sullae Volaterras defertur ; magnitudo pecuniae demonstratur ; bonitas praediorum (nam
fundos decem et tres reliquit qui Tiberim fere omnes
tangunt), huius inopia et solitudo commemoratur ;
demonstrant, cum pater huiusce Sex. Roscius, homo tam
splendidus et gratiosus, nullo negotio sit occisus, perfacile hunc hominem incautum et rus*ticum* et Romac
ignotum de medio tolli posse ; ad eam rem operam suam
pollicentur. Ne diutius teneam, iudices, societas coitur.

VIII **21** Cum nulla iam proscriptionis mentio fieret,
cum etiam qui antea metuerant redirent ac iam defunc-
tos sese periculis arbitrarentur, *nomen refertur in tabulas Sex. Rosci*, hominis studiosissimi nobilitatis ; manceps fit Chrysogonus ; tria praedia uel nobilissima

---

19 cisiis *uulgo* : cissis *codd. Schol.*

20 rusticum *ed. Bresc.* 1473 : rus (ruri ψ²) *codd.*

21 Cum nulla i. p. mentio Diom. : cum i. p. mentio nulla *codd.* ‖
nomen... Rosci Char. Diom. : *om. codd.* ‖ uel nobilissima *om. B.*

porte le nom de Sex. Roscius, ce très zélé partisan de la
noblesse. Chrysogonus se fait adjuger les biens. Trois
terres, et des mieux réputées, sont remises en toute
propriété à Capito, qui les possède aujourd'hui. Pour
tout le reste, ce T. Roscius, au nom de Chrysogonus,
il le dit lui-même, se jette dessus. Ces biens sont achetés
deux mille sesterces. Tout cela, juges, s'est fait à l'insu
de L. Sylla ; je le sais avec certitude. 22 Alors qu'il
répare les dommages du passé et qu'il prépare ce qui
sera l'avenir, alors que seul il possède les moyens d'établir la paix et de diriger la guerre, que les yeux de tous
sont fixés sur lui seul, que seul il gouverne tout, alors
que, l'esprit sollicité de tous côtés par des affaires si
nombreuses et si importantes, il ne peut même pas
respirer librement, on ne doit pas s'étonner si quelque
chose échappe à son attention, surtout quand il y a
tant de gens à épier le moment où il est le plus occupé,
à guetter un instant de distraction, pour mettre en
train quelque machination dans le genre de celle qui
nous occupe. Ajoutez à cela que, quoiqu'il soit heureux
comme il l'est (1), il n'existe pas cependant de bonheur
assez complet pour que, dans une grande maison, il ne
se trouve aucun esclave, aucun affranchi sans honnêteté.

23 Cependant, ce T. Roscius, l'homme très vertueux,
le mandataire de Chrysogonus, vient à Amérie, il fait
invasion dans les domaines de mon client ; ce malheureux, abîmé dans sa douleur, n'avait pas encore achevé
de rendre tous les honneurs funèbres qu'il devait à son
père : il le jette nu hors de sa maison ; il l'expulse, il le
chasse, juges, loin des foyers de ses ancêtres, loin de ses
dieux pénates ; quant à lui, il devient maître d'une très
grosse fortune. Comme il avait vécu dans l'indigence,
quand il ne possédait que ce qui lui appartenait, il ne
connaissait plus de mesure — c'est l'ordinaire — du

(1) Cicéron fait allusion, peut-être avec quelque ironie, à ce
surnom de *Felix* auquel le dictateur tenait tellement. Pline
(*N. H.*, VII, xliii, 137) dira : « Le seul homme qui se soit jusqu'à
présent attribué le surnom d'*Heureux (Felix)* est Sylla : sans
doute, pour avoir versé le sang des citoyens et opprimé la patrie. »

Capitoni propria traduntur, quae hodie possidet; in
reliquas omnes fortunas iste T. Roscius nomine Chrysogoni, quem ad modum ipse dicit, impetum facit. Haec
bona emuntur sestertiorum duobus milibus nummum.
Haec omnia, iudices, imprudente L. Sulla facta esse
certo scio. 22 Neque enim mirum, cum eodem tempore
et ea quae praeterita sunt *reparet* et ea quae uidentur
instare praeparet, cum et pacis constituendae rationem
et belli gerendi potestatem solus habeat, cum omnes
in unum spectent, unus omnia gubernet, cum tot tantisque negotiis distentus sit, ut respirare libere non
possit, si aliquid non animaduertat, cum praesertim tam
multi occupationem eius obseruent tempusque aucu-
pentur, ut, simul atque ille despexerit, aliquid huiusce
modi moliantur. Huc accedit quod, quamuis ille felix
sit, sicut est, tamen in tanta felicitate nemo potest
esse in magna familia qui neminem neque seruum neque
libertum improbum habeat.

23 Interea iste T. Roscius, uir optimus, procurator
Chrysogoni, Ameriam uenit, in praedia huius inuadit,
hunc miserum, luctu perditum, qui nondum etiam omnia paterno funeri iusta soluisset, nudum e*i*cit domo
atque focis patriis disque penatibus praecipitem, iudices, exturbat, ipse amplissimae pecuniae fit dominus. Qui
in sua re fuisset egentissimus, erat, ut fit, insolens in
alien*a*; multa palam domum suam auferebat, plura
clam de medio remouebat, non pauca suis adiutoribus

21 Haec bona... nummum *del. Kayser* (*cf.* § 6) ‖ certo *s* : certe
cet.

22 reparet *cod. Dionysii Lambin* : om. *cet.* sanet *Rinkes* reparet
post tempore et *add. Sternkopf* ‖ in tanta : tanta *Lambin.*

23 perditum *w* : praeditum (pro— π) *cet.* ‖ eicit *ed. Ven.* 1471 :
eiecit *codd.* ‖ atque focis : focis *B* ‖ aliena Arusianus : —nam
codd.

moment qu'il était en possession du bien d'autrui. Il
emportait ouvertement beaucoup de choses chez lui ;
il en faisait disparaître encore plus ; il en distribuait
bon nombre avec largesse et profusion à ceux qui l'avaient
secondé ; pour le reste, il le mettait aux enchères et il le
vendait.

IX **24** Ces procédés parurent d'une telle indignité aux
habitants d'Amérie que, dans la ville entière, ce n'étaient
que pleurs et gémissements. En effet, que de tableaux se
présentaient à la fois devant leurs yeux ! La mort si
cruelle de Sex. Roscius, cet homme si puissant ; la
misère, si indigne, de son fils, à qui, dans son impiété,
cet homme de proie n'avait pas même laissé, d'un si
riche patrimoine, un droit de passage pour aller au tom-
beau de son père ; le scandale de la vente, de l'envoi
en possession des biens ; les vols, les rapines, les dona-
tions. Il n'était personne qui n'eût préféré tout oser
plutôt que de voir T. Roscius promener sa jactance
de seigneur et maître dans les domaines de Sex. Roscius, le meilleur et le plus honnête des hommes.

25 C'est pourquoi les décurions (1) s'empressent de
rendre un décret aux termes duquel les dix premiers de
leur ordre doivent aller auprès de Sylla et lui faire connaître quel homme était Sex. Roscius, porter plainte au
sujet du crime et des injustices de ces hommes, le prier
de vouloir bien faire respecter la réputation du père mort
et la fortune du fils innocent. Ce décret lui-même, veuil-
lez, je vous prie, en prendre connaissance. DÉCRET DES
DÉCURIONS. La délégation arrive au camp. On peut se
rendre compte, juges, que, comme je l'ai déjà dit auparavant, tous ces crimes, toutes ces infamies se commet-
taient à l'insu de Sylla : en effet, Chrysogonus vient
aussitôt en personne trouver les délégués et il leur
dépêche des hommes de la noblesse, chargés de les prier
de ne point s'adresser à Sylla et de leur promettre que
Chrysogonus fera tout ce qu'ils pouvaient désirer.

26 Car il était saisi d'une crainte si violente qu'il
aurait préféré mourir plutôt que de voir Sylla instruit
de ce qui s'était passé. Ces hommes d'une vertu antique

large effuseque donabat, reliqua constituta auctione
uendebat.

IX 24 Quod Amerinis usque eo uisum est indignum
ut urbe tota fletus gemitusque fieret. Etenim multa
simul ante oculos uersabantur, mors hominis florentis-
simi, Sex. Rosci, crudelissima, fili autem eius egestas
indignissima, cui de tanto patrimonio praedo iste nefarius ne iter quidem ad sepulcrum patrium reliquisset,
bonorum emptio flagitiosa, possessio, furta, rapinae,
donationes. Nemo erat qui non audere omnia mallet
quam uidere in Sex. Rosci, uiri optimi atque honestissimi,
bonis iactantem se ac dominantem T. Roscium.

25 Itaque decurionum decretum statim fit ut decem
primi proficiscantur ad L. Sullam doceantque eum qui
uir Sex. Roscius fuerit, conquerantur de istorum scelere
et iniuriis, orent ut et illius mortui famam et fili innocentis fortunas conseruatas uelit. Atque ipsum decretum, quaeso, cognoscite. DECRETVM DECVRIONVM. Legati
in castra ueniunt. Intellegitur, iudices, *id* quod iam ante
dixi, imprudente L. Sulla scelera haec et flagitia fieri.
Nam statim Chrysogonus et ipse ad eos accedit et homines nobiles allegat qui peterent ne ad Sullam adirent,
et omnia Chrysogonum quae uellent esse facturum
pollicerentur.

26 Vsque adeo autem ille pertimuerat ut mori mallet
quam de his rebus Sullam doceri. Homines antiqui, qui
ex sua natura ceteros fingerent, cum ille confirmaret
sese nomen Sex. Rosci de tabulis exempturum, praedia

---

24 emptio flagitiosa possessio : emptio flagitiosa flagitiosa possessio *cod. Memmianus* ‖ audere *Scheller* : ardere *codd.* ardere
illa RUFINIAN.
25 id quod *Navagero* : ut quod *codd.* ‖ allegat *Ernesti* : allegatus
Σ allegat iis (hi φ) *cet.* allegat ab iis *Lambin.*

s'imaginaient que le caractère des autres était pareil
au leur : Chrysogonus donnait l'assurance qu'il ferait
disparaître le nom de Sex. Roscius des tables de proscription et qu'il mettrait le fils en possession de la totalité des domaines (1), T. Roscius Capito, qui se trouvait
au nombre des dix délégués, se rendait garant de l'exécution de cette promesse. Ils crurent tout ce qui leur était
dit ; et, sans avoir présenté leur réclamation, ils retour-
nèrent à Amérie. Alors ces gens-là commencent à diffé-
rer : chaque jour, ils renvoient au lendemain ; puis ils
mettent encore plus de lenteur à n'agir en rien, à faire
des promesses illusoires ; enfin, comme il a été facile
de s'en rendre compte, ils préparent des pièges pour
faire périr ce Sex. Roscius que je défends ; car ils estiment
qu'il leur est impossible de posséder plus longtemps
des biens qui ne leur appartiennent pas, si le propriétaire
demeure sain et sauf.

X **27** Dès qu'il eut pénétré leur dessein, Roscius,
conformément à l'avis de ses amis et des membres de
sa famille, se réfugia à Rome et se rendit auprès de
Caecilia, la sœur de Nepos, la fille du Baléarique, dont
je prononce le nom avec le respect qui lui est dû ; son
père avait eu avec elle de nombreuses relations d'amitié ;
en elle, juges, on voit persister encore de notre temps,
comme pour servir d'exemple, — telle fut toujours
l'opinion générale — la conception antique du devoir (2).
Sex. Roscius était sans ressources ; on l'avait jeté hors
de sa maison et expulsé de ses propriétés ; il fuyait
les armes et les menaces des bandits : elle le reçut dans
sa maison et vint en aide à cet hôte que le malheur acca-
blait et dont la situation était regardée par tous comme
désespérée. C'est à son courage, à la fidélité et au zèle
de son assistance que Roscius doit d'avoir été mis vivant
au nombre des accusés, au lieu d'avoir été tué pour être
mis au nombre des proscrits.

28 En effet, quand ces gens eurent compris que l'on
veillait avec les soins les plus attentifs sur la vie de Sex.
Roscius et qu'ils n'avaient aucune possibilité de le
mettre à mort, ils formèrent un dessein plein de scélé-

uacua filio traditurum, cumque id ita futurum T. Roscius Capito qui in decem legatis erat appromitteret, crediderunt ; Ameriam re inorata reuerterunt. Ac primo rem
differre cotidie ac procrastinare isti coeperunt, deinde
aliquanto lentius nihil agere atque deludere ; postremo,
id quod facile intellectum est, insidias uitae huiusce
Sex. Rosci parare neque sese arbitrari posse diutius
alienam pecuniam domino incolumi obtinere.

X 27 Quod hic simul atque sensit, de amicorum cogna-
torumque sententia Romam confugit et sese ad Caeciliam, Nepotis *sororem, Balearici* filiam, quam honoris
causa nomino, contulit, qua pater usus erat plurimum ;
in qua muliere, iudices, etiam nunc, id quod omnes
semper existimauerunt, quasi exempli causa, uestigia
antiqui offici remanent. Ea Sex. Roscium inopem,
eiectum domo atque expulsum ex suis bonis, fugientem
latronum tela et minas recepit domum hospitique
oppresso iam desperatoque ab omnibus opitulata est.
Eius uirtute, fide, diligentia factum est ut hic potius
uiuus in reos quam occisus in proscriptos referretur.

28 Nam postquam isti intellexerunt summa diligentia uitam Sex. Rosci custodiri neque sibi ullam caedis
faciendae potestatem dari, consilium ceperunt plenum
sceleris et audaciae ut nomen huius de parricidio defer-
rent, ut ad eam rem aliquem accusatorem ueterem com-
pararent qui de ea re posset dicere aliquid, in qua re
nulla subesset suspicio, denique ut, quoniam crimine non
poterant, tempore ipso pugnarent. Ita loqui homines :

---

26 re inorata *Bπψ* : re morata *cet.*
27 Caeciliam Nepotis sororem Balearici filiam *Garatoni* (*cf.*
§ 147) : Caeciliam Nepotis filiam *codd.* ‖ qua χ¹ψ²ω *:* quam
cet. ‖ etiam nunc : etiamnum Σ.
28 posset dicere *ed. Mediol.* 1498 : possit dicere *codd.*

ratesse et d'audace : c'était de le dénoncer pour crime
de parricide ; c'était de se procurer à cet effet quelque
accusateur vieilli dans le métier, qui pût trouver quelques mots à dire dans une affaire où il n'y avait même
pas matière à soupçon ; c'était enfin, puisqu'ils ne pouvaient appuyer leur attaque sur une accusation sérieuse,
de lui trouver un appui dans les circonstances politiques.
Ces hommes disaient : « Puisque le cours de la justice
a été interrompu pendant si longtemps, il convient que
le premier accusé qui aura été traduit devant les juges
soit condamné ; celui-ci, à cause du crédit de Chrysogonus, ne trouvera pas de défenseurs ; pour ce qui
est de la vente des biens et de cette association, personne n'osera en dire un mot ; le nom même de parricide et l'odieux d'une pareille accusation permettront
de faire disparaître sans aucune difficulté cet accusé
qui n'aura pas eu de défenseurs. » **29** Voilà le dessein
qu'ils ont formé ; voilà l'état de folie où ils en sont
arrivés et qui les a poussés à vous livrer pour l'égorger
celui que, malgré leur désir passionné, ils n'ont pas pu
mettre à mort.

XI De quoi me plaindrai-je d'abord ? Par où, juges,
commencerai-je ? Quel secours demanderai-je et à qui ?
Est-ce l'aide loyale des dieux immortels que j'implo-
rerai ou celle du peuple romain, ou la vôtre, vous qui
possédez en ce moment le pouvoir souverain ? **30** Le
père tué d'une manière impie, sa maison investie par
ses ennemis, ses biens usurpés, possédés, pillés ; la
vie du fils en danger, plus d'une fois attaquée par le
fer et par des embûches : semble-t-il que, parmi tant
de forfaits, il manque un seul genre de crimes ? Cependant, ils y ajoutent, ils y mettent le comble par d'autres
actions impies ; ils imaginent une accusation incroyable.
Avec son propre argent ils se procurent contre lui des
témoins et des accusateurs ; ils réduisent ce malheureux
à une telle situation qu'il doit choisir s'il préfère présenter sa tête au fer de T. Roscius ou mourir de la manière la plus déshonorante, cousu dans le sac de cuir
des parricides (1). Ils ont pensé que les défenseurs lui

« Quod iudicia tam diu facta non essent, condemnari
eum oportere qui primus in iudicium adductus esset ;
huic autem patronos propter Chrysogoni gratiam defuturos ; de bonorum uenditione et de ista societate uerbum
esse facturum neminem ; ipso nomine parricidi et atro-
citate criminis fore ut hic nullo negotio tolleretur, cum
ab nullo defensus esset. » **29** Hoc consilio atque adeo
hac amentia impulsi quem ipsi, cum cuperent, non
potuerunt occidere, eum iugulandum uobis tradiderunt.

XI Quid primum querar aut unde potissimum, iudices, ordiar, aut quod aut a quibus auxilium petam ?
deorumne immortalium, populine Romani, uestramne,
qui summam potestatem habetis hoc tempore fidem
implorem ? **30** Pater occisus nefarie, domus obsessa ab
inimicis, bona adempta, possessa, direpta, fili uita
infesta, saepe ferro atque insidiis appetita. Quid ab his
tot maleficiis sceleris abesse uidetur ? Tamen haec aliis
nefariis cumulant atque adaugent, crimen incredibile
confingunt, testes in hunc et accusatores huiusce pecunia comparant ; hanc condicionem misero ferunt ut
optet utrum malit ceruices *T.* Roscio dare an insutus
in culleum * per summum dedecus uitam amittere.
Patronos huic defuturos putauerunt : desunt ; qui libere
dicat, qui cum fide defendat, id quod in hac causa satis
est, quoniam quidem suscepi, non deest profecto, iudices. **31** Et forsitan in suscipienda causa temere impulsus
adulescentia fecerim ; quoniam quidem semel suscepi,
licet hercules undique omnes in me terrores periculaque

---

30 optet *Beroaldo* : optetur *codd.* ‖ T. Roscio *Ernesti* : Roscio
codd. ‖ culleum *Hotman* : culleum supplicium (—cio ψ) parricidarum *codd.* ‖ satis est *ed. Mediol.* 1498 : satis *codd.* ‖ quoniam quidem suscepi *del. Heusinger.*
31 in me σχψ : minae *cet.*

feront défaut : oui, ils lui font défaut. Mais un homme
qui parle en toute liberté, qui mette toute sa loyauté
à le défendre — et cela suffit dans cette cause — cet
homme, juges, ne fait certainement pas défaut, puisque
j'ai accepté de plaider. 31 Peut-être, en acceptant, ai-je
agi avec témérité ; peut-être ai-je cédé à une impul-
sion de jeunesse. Mais, du moment que j'ai accepté,
tous les sujets de terreur, tous les dangers, par Hercule ! peuvent de tous côtés être suspendus sur ma
tête : j'irai au secours de mon client et je me tiendrai
près de lui. C'est une décision prise, une résolution
arrêtée. Tout ce qui, à mon avis, intéresse la cause, je
le dirai ; et je le dirai avec plaisir, avec audace, avec
liberté. Aucune considération ne sera d'une telle importance que la crainte puisse avoir sur moi plus de pouvoir que la loyauté. 32 Est-il, en effet, un homme d'une
âme assez lâche pour garder le silence et rester indifférent à la vue de telles infamies ? Vous avez égorgé
mon père, alors qu'il n'était pas proscrit ; après l'avoir
tué, vous l'avez mis au nombre des proscrits ; moi,
vous m'avez expulsé par la force de ma maison ; mon
patrimoine, vous le possédez. Que voulez-vous de plus ?
Etes-vous encore venus jusqu'à ces bancs, le fer, les
armes à la main, pour égorger ici ou pour faire condamner Sex. Roscius ?

XII 33 Nous avons eu naguère dans la République un
homme qui était de beaucoup le plus audacieux de tous
les hommes, C. Fimbria (1) ; suivant l'avis de tout le
monde, excepté des gens qui sont eux-mêmes des insen-
sés, il était aussi le plus insensé de tous. Ce Fimbria
prit ses mesures pour faire blesser aux funérailles de
C. Marius l'homme le plus respectable et le plus dis-
tingué de notre cité, Q. Scaevola : ce n'est pas maintenant le moment de faire longuement son éloge, et
d'ailleurs on ne peut en dire plus à sa louange que le
peuple romain n'en conserve dans sa mémoire. Quand
il eut la certitude que Scaevola pourrait survivre à sa
blessure, il l'assigna en justice. On lui demandait de
quoi enfin il allait accuser un homme d'un si grand mérite

impendeant omnia, succurram ac subibo. Certum est
deliberatumque quae ad causam pertinere arbitror,
omnia non modo dicere uerum etiam libenter, audacter
libereque dicere ; nulla res tanta exsistet, iudices, ut
possit uim mihi maiorem adhibere metus quam fides.
32 Etenim quis tam dissoluto animo est qui, haec cum
uideat, tacere ac neglegere possit ? Patrem meum, cum
proscriptus non esset, iugulastis, occisum in proscriptorum numerum rettulistis, me domo mea per uim
expulistis, patrimonium meum possidetis. Quid uultis
amplius ? etiamne ad subsellia cum ferro atque telis
uenistis ut hic aut iuguletis aut condemnetis Sex. Roscium ?

XII 33 Hominem longe audacissimum nuper habui-
mus in ciuitate C. Fimbriam et, quod inter omnes constat, nisi inter eos qui ipsi quoque insaniunt, insanissi-
mum. Is cum curasset in funere C. Mari ut Q. Scaeuola
uulneraretur, uir sanctissimus atque ornatissimus
nostrae ciuitatis, de cuius laude neque hic locus est ut
multa dicantur neque plura tamen dici possunt quam
populus Romanus memoria retinet, diem Scaeuolae
dixit, postea quam comperit eum posse uiuere. Cum ab
eo quaereretur quid tandem accusaturus esset eum
quem pro dignitate ne laudare quidem quisquam satis
commode posset, aiunt hominem, ut erat furiosus, res-
pondisse : « quod non totum telum corpore recepisset. »
Quo populus Romanus nihil uidit indignius nisi eiusdem uiri mortem, quae tantum potuit ut omnes occisus

---

31 impendeant *ed. Rom.* 1471 : impediant Σσχ impendant *cet.*
‖ ac subibo : atque s. σχψ ‖ exsistet ω : exsistat (—it ψ) *cet.*
32 Sex. Roscium *del. Lambin.*
33 occisus Σ : ciuis suos *Aπφ* ciuis σχψ.

qu'on ne pouvait même le louer comme il convenait. On affirme que Fimbria — il était en proie à une folie furieuse — répondit qu'il l'accusait de ne pas avoir reçu le poignard tout entier dans son corps. Jamais le peuple romain ne vit plus grande indignité, si ce n'est la mort de ce même Scaevola, mort qui eut une telle influence qu'elle entraîna la perte et la ruine de tous les Romains ; il voulait les sauver par la réconciliation des partis : et lui-même ils le firent mourir.

34 Dans notre affaire, ne parle-t-on pas et n'agit-on pas exactement comme Fimbria parlait et agissait ? Vous accusez Sex. Roscius. Pourquoi ? Parce qu'il s'est échappé de vos mains, parce qu'il ne s'est pas laissé tuer. Le crime de Fimbria, parce que Scaevola en a été la victime, paraît plus infâme ; le crime dont Roscius est la victime ne peut être toléré, parce que Chrysogonus en est l'auteur. Car, par les dieux immortels ! y a-t-il rien dans cette cause qui ait besoin d'une défense ? Y a-t-il un point qui réclame le talent d'un défenseur ou qui exige instamment l'éloquence d'un orateur ? Développons, juges, la cause tout entière ; examinons-la, quand elle sera exposée devant nos yeux. C'est ainsi que vous aurez les plus grandes facilités pour comprendre quelle est la question d'où dépend toute l'affaire que vous devez juger, sur quelles questions il convient que je parle et quelle ligne de conduite vous devez suivre.

Division XIII 35 Il y a trois genres d'obstacles, autant que j'en puis juger, qui s'opposent aujourd'hui à Sex. Roscius : l'accusation intentée par ses adversaires, leur audace et leur puissance. C'est l'accusateur Erucius (1) qui s'est chargé d'imaginer le motif de l'accusation ; l'audace, voilà le rôle que les Roscius ont réclamé, comme étant le leur ; quant à Chrysogonus, lui qui peut le plus, c'est par sa puissance qu'il combat. Je comprends bien que j'ai à parler de toutes ces questions. 36 Qu'est-ce à dire ? Je ne les traiterai pas toutes de la même manière, parce que la première

perdiderit et adflixerit ; quos quia seruare per compositionem uolebat, ipse ab iis interemptus est.

34 Estne hoc illi dicto atque facto Fimbria*no* similli-
mum ? Accusatis Sex. Roscium. Quid ita ? Quia de
manibus uestris effugit, quia se occidi passus non est.
Illud, quia in Scaeuola factum est, magis indignum
uidetur ; hoc, quia fit a Chrysogono, non est ferendum.
Nam per deos immortales ! quid est in hac causa quod
defensionis indigeat ? qui locus ingenium patroni
requirit aut oratoris eloquentiam magno opere desiderat ? Totam causam, iudices, explicemus atque
ante oculos expositam consideremus ; ita facillime
quae res totum iudicium contineat et quibus de rebus
nos dicere oporteat et quid uos sequi conueniat intellegetis.

XIII **35** Tres sunt res, quantum ego existimare possum, quae obstent hoc tempore Sex. Roscio, crimen aduersariorum et audacia et potentia. Criminis confictio-
nem accusator Erucius suscepit, audaciae partes Roscii
sibi poposcerunt, Chrysogonus autem, is qui plurimum
potest, potentia pugnat. De hisce omnibus rebus me dicere oportere intellego. **36** Quid igitur est ? Non eodem
modo de omnibus, ideo quod prima illa res ad meum
officium pertinet, duas autem reliquas uobis populus
Romanus imposuit ; ego crimen oportet diluam, uos et
audaciae resistere et hominum eius modi perniciosam

---

33 seruare per compositionem *ed. Rom.* 1471 : seruare per
conseruare posicionem σχ seruare per cos. repositionem *A*πφ
conseruare per positionem (compositionem ψ) σχ²ψ .
34 Fimbriano Rufinian. : Fimbria non Σ Fimbriae non *cet.* ‖
non est ferendum : non est feferendum Σ non esset ferendum χ²
num est ferendum *Hotman* magis *ante* ferendum *transp. Eberhard* ‖
de rebus ψ² : rebus *cet.*
35 poposcerunt : depoposcerunt Victorinus (*cf.* § 95).

a rapport à mon devoir et les deux autres sont dans les attributions que le peuple romain vous a imposées. Moi, je dois réfuter l'accusation ; vous, votre devoir est de résister à l'audace et d'anéantir, d'écraser au plus tôt la puissance pernicieuse et intolérable des gens de cette espèce.

Confirmation

37 Sex. Roscius est accusé d'avoir tué son père : acte criminel, dieux immortels ! acte impie, acte tel que ce forfait semble à lui seul renfermer tous les crimes à la fois. En effet, si, comme les sages le disent si bien, l'expression du visage d'un fils est souvent un outrage à la piété qu'il doit à son père, quel supplice assez rigoureux trouvera-t-on à infliger à celui qui aura donné la mort au père pour lequel, si les circonstances l'exigeaient, les lois divines et humaines l'obligeaient à mourir lui-même ?

38 Alors qu'il s'agit d'un crime si grave, si atroce, si peu ordinaire, qui a été commis si rarement que lorsqu'il en a été question on l'a mis au nombre des faits monstrueux et prodigieux auxquels on l'assimilait, quelles preuves enfin estimes-tu, C. Erucius, qu'il te faut apporter en qualité d'accusateur ? Ne dois-tu pas montrer, dans celui que tu appelles devant les juges en l'accusant de ce crime, une audace singulière, des mœurs féroces, une nature barbare, une vie abandonnée à tous les vices et à toutes les infamies, enfin l'ensemble des dépravations et des perversités qui entraînent un homme à sa perte ? De tout cela, tu n'as rien produit contre Sex. Roscius, pas même de banales critiques.

XIV 39 Sex. Roscius a tué son père. Quel homme est-ce donc ? Un adolescent, corrompu, induit à mal faire par des vauriens ? Il a plus de quarante ans. C'est donc apparemment un vieux sicaire, un de ces hommes audacieux qui ont l'habitude de vivre dans le meurtre ? Rien de tel, vous l'avez entendu, n'a été même avancé par l'accusateur. Ce sont donc apparemment ses luxueuses débauches, l'énormité de ses dettes, les passions indomptées de son cœur qui l'ont poussé à ce crime ? Pour ce qui est de ses débauches, Erucius l'en a disculpée n

atque intolerandam potentiam primo quoque tempore
exstinguere atque opprimere debetis.

37 Occidisse patrem Sex. Roscius arguitur. Scelestum,
di immortales ! ac nefarium facinus atque eius modi quo
uno maleficio scelera omnia complexa esse uideantur !
Etenim si, id quod praeclare a sapientibus dicitur, uultu
saepe laeditur pietas, quod supplicium satis acre reperietur in eum qui mortem obtulerit parenti ? pro quo mori
ipsum, si res postularet, iura diuina atque humana coge-
bant.

38 In hoc tanto, tam atroci, tam singulari maleficio,
quod ita raro exstitit ut, si quando auditum sit, portenti
ac prodigi simile numeretur, quibus tandem t*u*, C. Eruci,
argumentis accusatorem censes uti oportere ? nonne et
audaciam eius qui in crimen uocetur singularem ostendere et mores feros immanemque na*t*uram et uitam
uitiis flagitiisque omnibus deditam, *denique omnia ad
perniciem profligata atque perdita ? Quorum tu nihil in
Sex. Roscium ne obiciendi quidem causa contulisti.

XIV 39 Patrem occidit Sex. Roscius. Qui homo ?
adulescentulus corruptus et ab hominibus nequam inductus ? Annos natus maior quadraginta. Vetus uidelicet sicarius, homo audax et saepe in caede uersatus. At
hoc ab accusatore ne dici quidem audistis. Luxuries
igitur hominem nimirum et aeris alieni magnitudo et
indomitae animi cupiditates ad hoc scelus impulerunt.
De luxuria purgauit Erucius, cum dixit hunc ne in
conuiuio quidem ullo fere interfuisse. Nihil autem
umquam debuit. Cupiditates porro quae possunt esse in

---

38 tu C. *R. Klotz* : te C. (G. Σ Gn. πχ¹) *codd.* ‖ denique *Madvig* :
et denique *codd.*
39 natus maior *codd.* ARUSIANUS : natu maior *Gulielmius.*

disant qu'il n'a presque jamais pris part à un festin. Quant aux dettes, il n'en a jamais eu. Pour les passions, quelles peuvent être celles d'un homme qui — l'accusateur lui-même lui en a fait un crime — a toujours habité à la campagne, toujours occupé sa vie à la culture des champs ? Une telle vie n'a aucune espèce de rapports avec la passion ; elle en a d'intimes avec le devoir.

40 Quel est donc le motif qui a jeté Sex. Roscius dans une telle folie furieuse ? « Son père, dit l'accusateur, ne l'aimait pas. » Son père ne l'aimait pas ? Et pour quelle raison ? Car il faut qu'il y ait aussi une raison juste, grave, manifeste. En effet, s'il est incroyable qu'un fils ait donné la mort à son père sans des raisons très nombreuses et très graves, il est invraisemblable qu'un fils ait été l'objet de la haine de son père sans des raisons nombreuses, fortes, absolues.

41 Revenons donc à ce même point d'où nous sommes partis et cherchons quels vices si énormes ce fils, qui était fils unique, a pu avoir pour ne pas être aimé de son père. Mais il est manifeste qu'il n'avait aucun vice. Le père était donc un insensé, lui qui aurait haï sans raison le fils qu'il avait engendré ? Mais c'était, certes, l'esprit le plus solide du monde. Voici donc qu'il est de toute évidence que, si le père n'était pas un insensé et le fils un homme perdu de vices, le père n'avait aucun motif de haïr son fils, le fils aucun motif de commettre le crime.

XV **42** « J'ignore, dit l'accusateur, quel est le motif de haine ; mais je me rends compte que la haine existait, puisque, autrefois, quand Roscius avait deux fils, il voulait que l'autre, celui qui est mort, fût de tout temps avec lui ; au contraire, celui que j'accuse, il l'avait relégué dans ses propriétés rurales (1). » Le même embarras qu'Erucius éprouvait dans une accusation malveillante et peu sérieuse, je l'éprouve dans la défense d'une cause excellente. Il ne trouvait pas de preuves pour appuyer une imputation imaginaire ; moi, je ne peux découvrir le moyen d'infirmer et de réfuter des allégations aussi peu solides.

eo qui, ut ipse accusator obiecit, ruri semper habitarit
et in agro colendo uixerit ? quae uita maxime disiuncta
a cupiditate et cum officio coniuncta est.

40 Quae res igitur tantum istum furorem Sex. Roscio
obiecit ? « Patri, » inquit, « non placebat. » Patri non placebat ? quam ob causam ? necesse est enim eam quoque
iustam et magnam et perspicuam fuisse. Nam ut illud
incredibile est, mortem oblatam esse patri a filio sine
plurimis et maximis causis, sic hoc ueri simile non est,
odio fuisse parenti filium sine causis multis et magnis et
necessariis.

41 Rursus igitur eodem reuertamur et quaeramus
quae tanta uitia fuerint in unico filio, qua re is patri dis-
pliceret. At perspicuum est nullum fuisse. Pater igitur
amens, qui odisset eum sine causa quem procrearat ?
At is quidem fuit omnium constantissimus. Ergo illud
iam perspicuum profecto est, si neque amens pater neque
perditus filius fuerit, neque odi causam patri neque sceleris filio fuisse.

XV **42** « Nescio, » inquit, « quae causa odi fuerit ; fuisse
odium intellego, quia antea, cum duos filios haberet,
illum alterum qui mortuus est secum omni tempore uolebat esse, hunc in praedia rustica relegarat. » Quod
Erucio accidebat in mala nugatoriaque accusatione, idem
mihi usu uenit in causa optima. Ille quo modo crimen
commenticium confirmaret non inueniebat, ego res tam
leues qua ratione infirmem ac diluam reperire non
possum.

39 a cupiditate *ed. Bresc.* 1473 : cupiditate *codd.* ‖ coniuncta
est *s* : coniuncta σχ²ψ *om.* ΣΑπχ¹.
    40 Patri non placebat *habet* Σ *in mg. om. w del. Madvig.* ‖ eam
quoque : causam eamque *Richter.*
    42 relegarat : −auit Σ.

43 Que prétends-tu, Erucius? Tant de propriétés, si belles et d'un si bon rapport, Sex. Roscius n'en avait confié la culture et l'administration à son fils que pour le reléguer et pour le châtier ? Eh quoi ! Les chefs de famille qui ont des fils, ceux surtout de cette classe, ceux des municipes de la campagne, n'estiment-ils pas qu'ils n'ont rien de mieux à souhaiter que de voir leurs fils servir les intérêts domestiques et mettre tous leurs soins et tout leur zèle à cultiver les propriétés ?

44 L'avait-il éloigné ainsi pour le faire rester aux champs, pour ne lui donner dans la propriété que sa nourriture et le priver de toutes les commodités de la vie ? Eh quoi ! S'il est constant que non seulement Roscius était à la tête des exploitations agricoles, mais que certains domaines avaient été déterminés, dont il avait la jouissance (1) du vivant même de son père, appelleras-tu cette vie qu'il menait à la campagne une relégation, un exil ? Tu vois, Erucius, combien ton argumentation est en désaccord avec les faits et avec la vérité. Ce que les pères font, conformément à la coutume, tu le réprouves comme une nouveauté ; ce qui est un acte de bienveillance, tu l'incrimines comme étant une preuve de haine ; la concession dont un père honore son fils, tu prétends que ce père l'a faite pour châtier ce fils. **45** Toi-même, tu n'es pas sans te rendre compte de la fausseté de tout ce que tu dis ; mais tu te trouves tellement à court d'arguments que tu te juges forcé d'aller à l'encontre non seulement de ce que nous disons, mais même de la nature des faits, de la coutume des hommes, des opinions reçues par tout le monde.

XVI Mais, dis-tu, alors que Roscius avait deux fils, il ne se séparait pas de l'un et il laissait l'autre demeurer à la campagne. Je te prie, Erucius, de prendre en bonne part ce que je vais te dire : je n'ai pas l'intention de te faire un reproche, mais bien de te donner un avis. **46** Si

---

(1) Du vivant de son père, le fils non émancipé ne peut avoir aucun droit sur les biens de famille, ni la propriété, ni l'usufruit. Il ne peut avoir qu'une jouissance de fait.

43 Quid ais, Eruci ? tot praedia, tam pulchra, tam
fructuosa Sex. Roscius filio suo relegationis ac supplici
gratia colenda ac tuenda tradiderat ? Quid ? hoc patres
familiae qui liberos habent, praesertim homines illius
ordinis ex municipiis rusticanis, nonne optatissimum sibi
putant esse filios suos rei familiari maxime seruire et in
praediis colendis operae plurimum studique consumere ?
44 An amandarat hunc sic ut esset in agro ac tantum
modo aleretur ad uillam, ut commodis omnibus careret ?
Quid ? si constat hunc non modo colendis praediis prae-
fuisse sed certis fundis patre uiuo frui solitum esse,
tamenne haec a te uita *eius* rusticana relegatio atque
amandatio appellabitur ? Vides, Eruci, quantum dis-
tet argumentatio tua ab re ipsa atque a ueritate. Quod
consuetudine patres faciunt, id quasi nouum reprehen-
dis ; quod beneuolentia fit, id odio factum criminaris ;
quod honoris causa pater filio suo concessit, id eum supplici causa fecisse dicis. **45** Neque haec tu non intellegis,
sed usque eo quid arguas non habes, ut non modo tibi
contra nos dicendum putes, uerum etiam contra rerum
naturam contraque consuetudinem hominum contraque
opiniones omnium.

XVI At enim, cum duos filios haberet, alterum a se
non dimittebat, alterum ruri esse patiebatur. Quaeso,
Eruci, ut hoc in bonam partem accipias ; non enim ex-
probrandi causa sed commonendi gratia dicam. **46** Si
tibi fortuna non dedit ut patre certo nascerere ex quo

---

44 amandarat $\Sigma B\pi\chi^2\psi^1$: emendarat ψ^2 mandarat *cet.* ‖ Quid ?
si : Quodsi *Schol.* ‖ a te uita eius *Vahlen* : a te uita et ψ^2 attente
uita et *cet.* attenta uita et *Navagero* ‖ a ueritate ψ : ueritate *cet.* ‖
factum : factum.. Σ *unde* factum tu *coni. Clark.*
    45 quid arguas : quod arguas *Lambin.*
    46 fortuna *codd.* : natura *Schol. Schem. dian.*

ta mauvaise fortune t'a fait naître de père incertain (1), si
tu n'as eu personne qui ait pu te faire comprendre ce
que sont les sentiments paternels à l'égard des enfants,
du moins la nature t'a-t-elle donné, non sans largesse,
des sentiments humains ; le goût de l'instruction s'y
étant joint, il se trouve que tu n'es pas étranger aux
lettres. Te semble-t-il donc, pour parler théâtre, que le
vieillard bien connu de Caecilius fait moins cas d'Eutychus, son fils, le campagnard, que de l'autre, Chaeres-
trate (2) — c'est ainsi, je crois, qu'il se nomme — qu'il
garde l'un, pour lui faire honneur, en ville, à ses côtés,
qu'il a relégué l'autre à la campagne, pour le châtier ?
47 « Pourquoi, diras-tu, faire dévier la discussion vers
des histoires qui n'ont avec elle aucun rapport ? » Comme
s'il m'était difficile, sans aller chercher plus loin, de
citer par leurs noms en aussi grand nombre que tu
pourrais le désirer des hommes de ma tribu ou de mon
voisinage, qui tiennent à voir ceux de leurs fils dont ils
font le plus de cas s'occuper assidûment d'agriculture.
Mais c'est une inconvenance de prendre pour exemples
des hommes connus, quand on ignore s'ils veulent être
nommés ; d'ailleurs, aucun d'eux ne vous serait plus
connu que cet Eutychus, et peu importe, assurément,
que je cite le nom de ce jeune homme de comédie ou
celui de quelque habitant de la campagne de Véies. Je
crois, en effet, que toutes ces fictions des poètes n'ont
d'autre but que de nous faire voir l'image de nos mœurs
chez des personnages qui nous sont étrangers et le tableau de notre vie de chaque jour. **48** Eh bien ! donc,
puisque tu le désires, reporte ton esprit vers la réalité, et
considère non seulement dans l'Ombrie et dans les ré-
gions qui en sont voisines, mais dans nos vieux municipes, quelles sont les occupations dont le goût est le
plus estimé par les pères de famille ; et tu ne tarderas
pas à te rendre compte que, dans ta pénurie de griefs,
tu as fait à Sex. Roscius une tare et un crime de ce qui
est pour lui le plus grand titre d'éloge.

XVII Et ce n'est pas seulement pour obéir à la volonté
de leurs pères que les fils font de l'agriculture. Mais j'en

intellegere posses qui animus patrius in liberos esset, at
natura certe dedit ut humanitatis non parum haberes ;
eo accessit studium doctrinae ut ne a litteris quidem alie-
nus esses. *E*cquid tandem tibi uidetur, ut ad fabulas ue-
niamus, senex ille Caecilianus minoris facere Eutychum,
filium rusticum, quam illum alterum, Chaerestratum ?
— nam, ut opinor, hoc nomine est — alterum in urbe
secum honoris causa habere, alterum rus supplici causa
relegasse ? **47** « Quid ad istas ineptias abis ? » inquies.
Quasi uero mihi difficile sit quamuis multos nominatim
proferre, ne longius abeam, uel tribules, uel uicinos meos,
qui suos liberos quos plurimi faciunt agricolas adsiduos
esse cupiunt. Verum homines notos sumere odiosum est,
cum et illud incertum sit uelintne ii sese nominari, et
nemo uobis magis notus futurus sit quam est hic Eutychus, et certe ad rem nihil intersit utrum hunc ego comi-
cum adulescentem an aliquem ex agro Veient*i* nominem.
Etenim haec conficta arbitror esse a poetis ut effictos
nostros mores in alienis personis expressamque imaginem
nostram uitae cotidianae uideremus. **48** Age nunc, refer
animum sis ad ueritatem et considera, non modo in
Vmbria atque in ea uicinitate, sed in his ueteribus municipiis quae studia a patribus famili*a*s maxime lauden-
tur ; iam profecto te intelleges inopia criminum summam laudem Sex. Roscio uitio et culpae dedisse.

XVII Ac non modo hoc patrum uoluntate liberi
faciunt, sed permultos et ego noui et, nisi me fallit

---

46 esses. Ecquid *ed. Ch. Estienne* 1555 : esset quid Σ esses
quid *cet.*
47 agricolas ψ² : —culos (—cos ψ¹) *cet.* ‖ ii sese σχ : hi sese *cet.* ‖
Veienti *Fleckeisen* : —te ψ² —tem Σ*A* uenientem *cet.* ‖ nostram :
nostrae *Hotman del. Madvig* ‖ uideremus *A* : —rimus *cet.*
48 familias *ed. Bresc.* 1473 : —liis *codd.* ‖ Ac non modo : At non
modo φψ.

connais bon nombre, et, si je ne me trompe, chacun de
vous en connaît aussi, que leur goût entraîne d'eux-mêmes
vers tout ce qui se rapporte à la culture des champs,
et qui voient dans cette vie de la campagne, dont tu
penses devoir faire un sujet de honte et d'accusation, la
vie la plus honorable et la plus agréable.

49 Quant à Sex. Roscius lui-même, te fais-tu une idée
du goût qu'il a pour les occupations de la campagne, de
l'intelligence dont il y fait preuve ? D'après ce que j'entends dire à ses proches, hommes des plus honorables,
ici présents, tu ne peux te vanter d'être plus habile
dans ton métier d'accusateur qu'il ne l'est lui-même
dans son propre métier. Mais, je crois, puisque tel est
le bon plaisir de Chrysogonus, qui ne lui a pas laissé
une seule terre, il pourra oublier son métier et renoncer
à ses goûts. Ce malheur et cette indignité, il les supportera cependant avec égalité d'âme, si vous lui permettez,
juges, de conserver la vie et l'honneur. Mais, ce qui ne
peut être supporté, c'est que sa ruine n'ayant d'autre
motif que le nombre et l'excellente qualité de ses terres,
l'application qu'il a mise à les cultiver doive lui causer
le plus sensible des préjudices, comme s'il n'était pas
assez malheureux de les avoir cultivées pour autrui
et non pour lui, sans qu'on lui fasse un crime même de
les avoir cultivées.

XVIII **50** Certes, Erucius, tu aurais été un bien plai-
sant accusateur si tu étais né au temps où l'on allait
chercher à leur charrue ceux dont on faisait des consuls.
En effet, toi qui estimes que c'est un crime déshonorant
que d'être à la tête d'une exploitation agricole, tu aurais
sans doute jugé très ignoble et très méprisable cet Atilius (1), que ceux qui lui avaient été envoyés trouvèrent
occupé à ensemencer son champ de sa propre main.
Mais, par Hercule ! nos ancêtres avaient une idée bien
différente et d'Atilius et des autres hommes qui lui
ressemblaient (2). Aussi, d'un Etat si petit et si faible ils
ont fait l'Etat si grand et si florissant qu'ils nous ont
laissé. Car ils cultivaient avec ardeur leurs propres terres,
au lieu de convoiter avec passion celles d'autrui : et c'est

animus, unus quisque uestrum, qui et ipsi incensi sunt
studio quod ad agrum colendum attinet, uitamque hanc
rusticam, quam tu probro et crimini putas esse oportere,
et honestissimam et suauissimam esse arbitrantur.

49 Quid censes hunc ipsum Sex. Roscium quo studio
et qua intellegentia esse in rusticis rebus ? Vt ex his pro-
pinquis eius, hominibus honestissimis, audio, non tu in
isto artificio accusatorio callidior es quam hic in suo.
Verum, ut opinor, quoniam ita Chrysogono uidetur qui
huic nullum praedium reliquit, et artificium obliuiscatur
et studium deponat licebit. Quod tametsi miserum et
indignum est, feret tamen aequo animo, iudices, si per
uos uitam et famam potest obtinere ; hoc uero est quod
ferri non potest, si et in hanc calamitatem uenit propter
praediorum bonitatem et multitudinem et quod ea studiose colui, id erit ei maxime fraudi, ut parum miseriae
sit quod aliis coluit non sibi, nisi etiam quod omnino
coluit crimini fuerit.

XVIII **50** Ne tu, Eruci, accusator esses ridiculus, si
illis temporibus natus esses cum ab aratro arcessebantur
qui consules fierent. Etenim qui praeesse agro colendo
flagitium putes, profecto illum Atilium, quem sua manu
spargentem semen qui missi erant conuenerunt, hominem turpissimum atque inhonestissimum iudicares. At
hercule maiores nostri longe aliter et de illo et de ceteris
talibus uiris existimabant : itaque ex minima tenuissi-
maque re publica maximam et florentissimam nobis
reliquerunt. Suos enim agros studiose colebant, non
alienos cupide appetebant ; quibus rebus et agris et

48 quod ad ω : quod Σφ quo ad *cet.*
49 feret χ¹ : ferret (—re σφ) *cet.* ‖ non potest : nullo modo potest
Schol. ‖ maxime : —imae Σ.
50 natus esses : natus.. esses Σ.

pourquoi ils ont conquis des territoires et des villes et des nations, agrandissant la République, notre empire et le nom du peuple romain.

51 Et je ne publie pas ces faits pour établir une comparaison avec ceux qui sont en ce moment l'objet de notre enquête. Mais je veux faire comprendre que, si chez nos ancêtres les citoyens les plus éminents, les hommes les plus illustres, qui devaient constamment se tenir au gouvernail de la République, ont consacré cependant une partie de leurs soins et de leur temps à la culture des champs, on doit pardonner à cet homme d'avouer qu'il est un campagnard, puisqu'il a toujours vécu à la campagne, où il demeurait assidûment, puisque surtout il n'était rien qui fût plus agréable à son père et plus conforme à ses propres goûts, puisqu'il ne pouvait mener, en effet, une vie plus honorable.

52 Ainsi donc, cette haine si violente du père contre le fils, on en donne la preuve, je pense, Erucius, par ce fait que le père laissait le fils vivre à la campagne. Y a-t-il quelque autre preuve ? « Mais, assurément, dit-il, il y en a ; car il avait dans l'esprit l'intention de le déshériter. » — J'écoute avec plaisir ; ce que tu dis maintenant a quelque rapport avec la cause ; car, dans tout le reste, tu l'accordes, je pense, il n'y a qu'affirmations à la légère et sans intérêt. « Il n'accompagnait pas son père dans les festins. » — C'est qu'il ne venait même en ville que très rarement. « On ne l'invitait dans presque aucune maison. » — Rien d'étonnant : il ne vivait point en ville et il ne devait pas rendre l'invitation.

XIX 53 Vraiment, tu comprends toi aussi combien tout cela est peu sérieux. Mais examinons la preuve dont nous avons commencé à nous occuper : on ne peut, en effet, découvrir une preuve de haine plus précise. « Le père agitait dans son esprit la pensée de déshériter son fils. » — Je néglige de demander pour quel motif ; je demande comment tu le sais. Toutefois, tu aurais bien fait d'énoncer et d'énumérer tous les motifs ; c'était le devoir d'un accusateur sérieux ; quand on veut convaincre d'un tel crime, on doit faire l'exposé de tous les

urbibus et nationibus rem publicam atque hoc imperium
et populi Romani nomen auxerunt. **51** Neque ego haec
eo profero quo conferenda sint cum hisce de quibus nunc
quaerimus, sed ut illud intellegatur, cum apud maiores
nostros summi uiri clarissimique homines, qui omni
tempore ad gubernacula rei publicae sedere debebant,
tamen in agris quoque colendis aliquantum operae tem-
porisque consumpser*int*, ignosci oportere ei homini qui
se fateatur esse rusticum, cum ruri adsiduus semper
uixerit, cum praesertim nihil esset quod aut patri gratius
aut sibi iucundius aut re uera honestius facere posset.

52 Odium igitur acerrimum patris in filium ex hoc,
opinor, ostenditur, Eruci, quod hunc ruri esse patiebatur. Numquid est aliud ? « Immo uero, » inquit, « est ;
nam istum exheredare in animo habebat. » Audio ; nunc
dicis aliquid quod ad rem pertineat ; nam illa, opinor,
tu quoque concedis leuia esse atque inepta : « Conuiuia
cum patre non inibat. » Quippe, qui ne in oppidum quidem, nisi perraro, ueniret. « Domum suam istum non
fere quisquam uocabat. » Nec mirum, qui neque in urbe
uiueret neque reuocaturus esset.

XIX **53** Verum haec tu quoque intellegis esse nuga-
toria ; illud quod coepimus uideamus, quo certius argumentum odi reperiri nullo modo potest. « Exheredare
pater filium cogitabat. » Mitto quaerere qua de causa ;
quaero qui scias ; tametsi te dicere atque enumerare
causas omnes oportebat, et id erat certi accusatoris
officium, qui tanti sceleris argueret, explicare omnia
uitia ac peccata fili, quibus incensus parens potuerit

---

51 intellegatur : —legant *A* —legas σχ² ‖ consumpserint *Bero-*
aldo : —erunt *codd.* ‖ adsiduus : assiduos Σ*A* assiduo *Gulielmius.*
52 perraro : errario Σ raro σχψ².

vices, de toutes les actions coupables du fils qui ont pu
enflammer la colère du père, l'amener à vaincre les sentiments mêmes de la nature, à arracher de son cœur cet
amour si profondément enraciné, enfin à oublier qu'il
était père : ce qui n'aurait pu arriver, je pense, sans les
actions les plus coupables de la part du fils.

54 Mais, je te l'accorde, laisse de côté ces fautes ; en te
taisant, tu accordes toi-même qu'elles n'existent pas.
Mais cette affirmation que le père a voulu déshériter son
fils, tu dois assurément la prouver avec évidence. Quels
arguments apportes-tu qui nous permettent de penser
que telle a été son intention ? Tu ne peux rien dire qui
soit conforme à la vérité. Imagine au moins quelque
raison acceptable pour qu'il n'apparaisse pas en toute
évidence que tu fais ce que tu fais ouvertement, que tu
insultes à la mauvaise fortune de Roscius et à la dignité
de juges si éminents. Le père a voulu déshériter son fils.
Pour quel motif ? « Je ne le sais pas. » — L'a-t-il déshérité ? « Non. » — Qui l'en a empêché ? « Il en agitait la
pensée dans son esprit. » — Il en agitait la pensée dans
son esprit ? A qui l'a-t-il dit ? « A personne. » N'est-ce
pas abuser d'une instruction judiciaire, des lois, de votre
majesté, pour servir l'amour du gain et la passion, que
d'employer un pareil procédé d'accusation, que d'ob-
jecter des faits dont tu ne peux pas, dont tu n'essayes
même pas de faire la preuve ?

55 Il n'est personne de nous, Erucius, qui ne le sache :
aucune inimitié n'existe entre Sex. Roscius et toi ; tout le
monde voit pour quel motif tu te présentes ici en ennemi ;
on sait que tu y as été amené par l'argent de T. Roscius.
Qu'est-ce à dire ? Quel que soit ton amour du gain, tu
devrais cependant estimer que l'opinion des juges et la
loi Remmia (1) doivent avoir quelque valeur.

XX. Il est utile que les accusateurs soient nombreux
dans l'Etat pour que la crainte puisse contenir l'audace ;
mais l'utilité des accusateurs ne leur permet pas de nous

---

(1) La loi Remmia châtiait les accusateurs de mauvaise foi ;
cf. p. 64, note 1.

animum inducere ut naturam ipsam uinceret, ut amo-
rem illum penitus insitum eiceret ex animo, ut denique
patrem esse sese obliuisceretur ; quae sine magnis
huiusce peccatis accidere potuisse non arbitror.

54 Verum concedo tibi ut ea praetereas quae, cum
taces, nulla esse concedis ; illu*d* quidem, uoluisse exheredare, certe tu planum facere debes. Quid ergo adfers qua
re id factum putemus ? Vere nihil potes dicere ; finge
aliquid saltem commode ut ne plane uidearis id facere
quod aperte facis, huius miseri fortunis et horum uirorum talium dignitati illudere. Exheredare filium uoluit.
Quam ob causam ? « Nescio. » Exheredauitne ? « Non. »
Quis prohibuit ? « Cogitabat. » Cogitabat ? cui dixit ?
« Nemini. » Quid est aliud iudicio ac legibus ac maiestate
uestra abuti ad quaestum atque ad libidinem nisi hoc
modo accusare atque id obicere quod planum facere non
modo non possis uerum ne coneris quidem ?

55 Nemo nostrum est, Eruci, quin sciat tibi inimicitias cum Sex. Roscio nullas esse ; uident omnes qua de
causa huc inimicus uenias ; sciunt huiusce pecunia te
adductum esse. Quid ergo est ? Ita tamen quaestus te
cupidum esse oportebat ut horum existimationem et
legem Remmiam putares aliquid ualere oportere.

XX. Accusatores multos esse in ciuitate utile est ut
metu contineatur audacia ; uerum tamen hoc ita est
utile ut ne plane illudamur ab accusatoribus. Innocens
est quispiam uerum tamen, quanquam abest a culpa,
suspicione tamen non caret ; tametsi miserum est,

---

53 huiusce : huiusce... Σ.
54 illud *Gulielmius* : illum *codd.* ‖ dicere : se dicere Σ edicere
Gulielmius scilicet dicere *coni. Mueller* ‖ atque ad : atque Aχ¹.
55 huc *codd.* : huic *Beroaldo.*

outrager ouvertement. Un homme est innocent ; et,
cependant, quoiqu'il se tienne éloigné de toute faute, il
n'est pas à l'abri du soupçon. Quoique ce soit pour lui un
malheur d'être accusé, je pourrais jusqu'à un certain
point pardonner à celui qui l'accuse. Car, si l'accusateur
dispose de quelque fait dont il puisse parler de manière à
charger l'accusé et à le rendre suspect, il ne semblera pas
insulter ouvertement et calomnier sciemment.

56 C'est pourquoi nous souffrons tous sans peine qu'il
y ait un très grand nombre d'accusateurs, parce que
l'innocent, s'il est accusé, peut être absous, et le coupable,
s'il n'est pas accusé, ne peut pas être condamné. Or, que
l'innocent soit absous, c'est plus utile que de voir le
coupable ne pas être obligé à se défendre. Une adjudication publique fournit leur nourriture aux oies du Capitole,
et des chiens sont entretenus au Capitole pour donner
l'éveil si des voleurs s'y introduisent (1). Ces animaux
ne peuvent discerner si ce sont des voleurs ; mais, au
cas où des gens s'introduisent de nuit dans le Capitole,
ils le font connaître ; et, comme la chose peut donner lieu
à des soupçons, quoique ce ne soient que des animaux,
s'ils se trompent, c'est plutôt dans le sens de la précaution
exagérée. Que si les chiens aboient en plein jour contre
ceux qui viennent saluer les dieux (2), on leur brisera, je
pense, les jambes pour s'être montrés trop vifs à un
moment où il n'y avait rien à soupçonner.

57 Il en est exactement de même des accusateurs. Parmi
vous, les uns sont les oies qui crient seulement sans pouvoir faire de mal ; les autres sont les chiens qui peuvent
à la fois aboyer et mordre. Nous voyons qu'on vous
fournit des aliments ; quant à vous, votre devoir est
principalement de vous jeter sur ceux qui le méritent.
Cela est très agréable au peuple. Ensuite, si vous le voulez,
quand il y a quelque vraisemblance que quelqu'un a
commis un crime, quand vous avez des soupçons, vous
pouvez aboyer ; cela aussi, on vous l'accorde. Mais si vous
agissez de telle sorte que vous accusiez un fils d'avoir tué
son père, sans pouvoir dire ni pourquoi, ni comment, si
vous aboyez sans avoir de soupçons, personne assurément

tamen ei qui hunc accuset possim aliquo modo ignoscere.
Cum enim aliquid habeat quod possi*t* criminose ac suspiciose dicere, aperte ludificari et calumniari sciens non
uideatur.

56 Qua re facile omnes patimur esse quam plurimos
accusatores, quod innocens, si accusatus sit, absolui
potest, nocens, nisi accusatus fuerit, condemnari non
potest ; utilius est autem absolui innocentem quam
nocentem causam non dicere. Anseribus cibaria publice
locantur et canes aluntur in Capitolio, ut significent
si fures uenerint. At fures internoscere non possunt,
significant tamen si qui noctu in Capitolium uenerint, et, quia id est suspiciosum, tametsi bestiae sunt,
tamen in eam partem potius peccant, quae est cautior.
Quod si luce quoque canes latrent, cum deos salutatum
aliqui uenerint, opinor, iis crura suffringantur, quod acres
sint etiam tum cum suspicio nulla sit. **57** Simillima est
accusatorum ratio. Alii uestrum anseres sunt, qui tantum modo clamant, nocere non possunt ; alii canes, qui
et latrare et mordere possunt. Cibaria uobis praeberi
uidemus ; uos autem maxime debetis in eos impetum
facere qui merentur. Hoc populo gratissimum est. Deinde, si uoletis, etiam tum cum ueri simile erit aliquem
commisisse, in suspicione latratote ; id quoque concedi
potest. Sin autem sic agetis ut arguatis aliquem patrem
occidisse, neque dicere possitis, aut qua re aut quo modo,
ac tantum modo sine suspicione latrabitis, crura quidem
uobis nemo suffringet, sed, si ego hos bene noui, litteram

---

55 possim : possum *w* ‖ quod possit *Angeli* : quod possim
codd.
56 uenerint : uenerunt *Madvig* ‖ deos σχψ¹ : deo (eo ψ²) *cet.*
57 aliquem commisisse : aliquem aliquid c. *Hotman.*

ne vous brisera les jambes ; mais, si je connais bien les
juges, cette lettre dont vous êtes tellement ennemis que
vous allez jusqu'à haïr toutes les calendes (1), ils la feront
si violemment imprimer sur votre front que, dans votre
métier d'accusateurs, vous ne pourrez désormais accuser
que votre mauvaise fortune.

XXI 58 Quelle imputation m'as-tu donné à réfuter,
excellent accusateur ? Sur quels faits as-tu attiré les
soupçons des juges ? « Il a craint d'être déshérité. » J'entends bien ; mais, pourquoi devait-il avoir cette crainte,
personne ne le dit. « Son père avait cette intention. »
Démontre-le. Mais il n'y a rien dans ce que tu avances :
ni le nom de celui avec qui il aurait délibéré de son projet
ou de celui à qui il l'aurait communiqué, ni les raisons
qui vous auraient fait soupçonner l'existence de ce projet.
Quand tu accuses de la sorte, Erucius, ne proclames-tu
pas ouvertement : « Ce que j'ai reçu, je le sais ; ce que j'ai
à dire, je ne le sais pas. Je ne me suis occupé que de ceci :
Chrysogonus déclarait que personne ne prendrait la
défense de cet homme, que, dans le temps où nous sommes, il n'y aurait personne pour oser dire un mot de
l'achat des biens et de l'association qui a été formée. »
Telle est l'opinion fausse qui t'a mis dans ce mauvais
cas. Non, par Hercule ! tu n'aurais pas dit un mot, si tu
avais pensé que quelqu'un te répondrait.

59 Juges, il valait la peine, si vous y avez pris garde,
de considérer avec quelle insouciance il a accusé. Je crois
qu'après avoir vu quels étaient les hommes assis sur ces
bancs, il a demandé si tel ou tel d'entre eux défendrait
l'accusé ; il n'a rien soupçonné de ma part, puisque, avant
aujourd'hui, je n'ai jamais plaidé de cause publique.
Quand il eut découvert que personne ne prendrait la
parole parmi ceux qui en sont capables et qui en ont
l'habitude, il a commencé à afficher une insouciance
extraordinaire ; il s'asseyait, quand l'idée de s'asseoir lui
venait ; puis, il allait de côté et d'autre ; parfois même
il appelait son esclave, apparemment pour lui commander

(1) La lettre *K (Kalendae, Kalumnia)* imprimée au fer rouge
sur le front de l'accusateur convaincu d'accusation calomnieuse.

illam cui uos usque eo inimici estis ut etiam Kal. omnes
oderitis ita uehementer ad caput adfigent ut postea
neminem alium nisi fortunas uestras accusare possitis.

XXI 58 Quid mihi ad defendendum dedisti, bone
accusator ? quid hisce autem ad suspicandum ? « Ne
exheredaretur ueritus est. » Audio, sed, qua de causa
uereri debuerit, nemo dicit. « Habebat pater in animo. »
Planum fac. Nihil est ; non quicum deliberarit, quem
certiorem fecerit, unde istud uobis suspicari in mentem
uenerit. Cum hoc modo accusas, Eruci, nonne hoc palam dicis : « Ego quid acceperim scio, quid dicam nescio ;
unum illud spectaui quod Chrysogonus aiebat neminem
isti patronum futurum ; de bonorum emptione deque ea
societate neminem esse qui uerbum facere auderet hoc
tempore » ? Haec te opinio falsa in istam fraudem impulit ; non me hercules uerbum fecisses, si tibi quemquam
responsurum putasses.

59 Operae pretium erat, si animaduertistis, iudices,
neglegentiam eius in accusando considerare. Credo, cum
uidisset qui homines in hisce subselliis sederent, quaesisse num ille aut ille defensurus esset ; de me ne suspica-
tum quidem esse, quod antea causam publicam nullam
dixerim. Postea quam inuenit neminem eorum, qui possunt et solent, ita neglegens esse coepit ut, cum in mentem ueniret ei, resideret, deinde spatiaretur, non numquam etiam puerum uocaret, credo, cui cenam imperaret,

57 Kal. omnes *Wynants* : calomnis ΣΑπφχ —lonis σ —lomniis
ψ —lumpniis ω ‖ adfigent ψ² *ed. Rom.* 1471 : adfingent (—entur
ω) *cet.*

58 Ne : Neque Σ ‖ deliberarit *ed. Ven.* 1471 : —auit (—auerit
σχ) *codd.* ‖ unum illud σχψ : unum illum *cet.*

59 quaesisse *ed. Rom.* 1471 : quaesisset *codd.*

le souper. Bref, devant vous, juges, qui siégez, devant le public qui s'est réuni ici, il en usait comme s'il se fût trouvé absolument seul.

XXII 60 A la fin, il a conclu ; il s'est assis ; je me suis levé. Il a paru respirer en voyant que ce n'était pas un autre que moi qui prît la parole. J'ai commencé à parler. J'ai remarqué, juges, qu'il plaisantait, qu'il s'occupait de tout autre chose que de ma plaidoirie jusqu'au moment où j'ai prononcé le nom de Chrysogonus. A la première mention de ce nom, notre homme dresse aussitôt la tête ; il semble étonné. Je comprends ce qui l'a piqué ; je nomme Chrysogonus une seconde, puis une troisième fois. Dès lors, ce ne sont dans tous les sens qu'allées et venues précipitées de gens chargés, je le pense, d'annoncer à Chrysogonus qu'il y a dans l'Etat un homme assez audacieux pour parler contrairement à sa volonté, que la cause est menée tout autrement qu'il ne le pensait, que la vente des biens est dévoilée, que l'association est fort maltraitée, que l'on ne tient aucun compte de son crédit et de sa puissance, que les juges sont très attentifs, que toute l'affaire semble au public une pure indignité.

61 Puisque l'événement t'a déçu, puisque tu vois, Erucius, que tout est bien changé, que la cause de Sex. Roscius est plaidée, sinon comme il convient, du moins en toute liberté, que tu te rends compte que celui que tu croyais abandonné est défendu, que tu vois des juges alors que tu espérais trouver des traîtres, fais donc reparaître un moment à nos yeux ton habileté, ta prudence de vieux routier ; avoue que tu es venu devant ce tribunal dans la pensée qu'on y commettrait des actes de bandits et qu'on n'y rendrait pas la justice.

C'est sur une question de parricide que l'on plaide ; l'accusateur n'a pas rendu compte des motifs qui auraient poussé le fils à tuer son père. 62 Dans les délits de minime importance, dans ces fautes légères qui sont si fréquentes et que l'on a presque chaque jour à juger, ce qui fait l'objet de la première enquête et de la plus minutieuse, c'est de rechercher quel a été le motif du méfait. Cette enquête, Erucius ne la juge pas utile dans une affaire de

prorsus ut uestro consessu et hoc conuentu pro summa
solitudine abuteretur.

XXII 60 Perorauit aliquando, adsedit ; surrexi ego.
Respirare uisus est quod non alius potius diceret. Coepi
dicere. Vsque eo animaduerti, iudices, eum iocari atque
alias res agere ante quam Chrysogonum nominaui ;
quem simul atque attigi, statim homo se erexit, mirari
uisus est. Intellexi quid eum pepugisset. Iterum ac
tertio nominaui. Postea homines cursare ultro et citro
non destiterunt, credo, qui Chrysogono nuntiarent esse
aliquem in ciuitate qui contra uoluntatem eius dicere
auderet ; aliter causam agi atque ille existimaret, aperiri
bonorum emptionem, uexari pessime societatem, gratiam potentiamque eius neglegi, iudices diligenter
attendere, populo rem indignam uideri. 61 Quae quoniam
te fefellerunt, Eruci, quoniamque uides uersa esse omnia,
causam pro Sex. Roscio, si non commode, at libere dici,
quem dedi putabas defendi intellegis, quos tradituros
sperabas uides iudicare, restitue nobis aliquando ueterem tuam illam calliditatem atque prudentiam, confitere
huc ea spe uenisse quod putares hic latrocinium, non
iudicium futurum.

De parricidio causa dicitur ; ratio ab accusatore reddi-
ta non est quam ob causam patrem filius occiderit.
62 Quod in minimis noxiis et in his leuioribus peccatis
quae magis crebra et iam prope cotidiana sunt *uel*
maxime et primum quaeritur, quae causa malefici fuerit,
id Erucius in parricidio quaeri non putat oportere. In
quo scelere, iudices, etiam cum multae causae conue-

60 ciuitate : ciuitatem Σσχ.
61 fefellerunt *ed. Ven.* 1471 : fefellerint *codd.* ‖ confitere huc :
aut confitere te huc *Hotman.*
62 uel maxime *Eberhard* : id maxime *codd.* et maxime *R. Klotz.*

parricide. Quand il s'agit d'un tel crime, juges, alors
même que plusieurs charges semblent se réunir pour une
même preuve et s'accorder, ce n'est pas cependant sans de
fortes raisons que l'opinion se fonde, ce n'est pas sur de
vaines conjectures qu'on examine le fait ; on n'écoute
pas un témoin peu sûr ; ce n'est pas le talent de l'accusateur qui détermine le jugement. En même temps qu'un
passé abondant en crimes et qu'une vie de dépravation,
il faut montrer chez celui qu'on accuse une audace extraordinaire et non seulement de l'audace, mais le dernier
degré de la folie furieuse et de la démence. Tout cela est-il
établi, il faut encore qu'il existe des traces évidentes du
crime : en quel lieu, de quelle manière, par le moyen de qui,
en quel temps la mauvaise action a-t-elle été commise ?
Si pour toutes ces questions il n'y a pas de preuves nombreuses et manifestes, on ne peut croire à la réalité d'un
fait aussi criminel, aussi atroce, aussi impie. **63** Bien puissante, en effet, est la force des sentiments humains ; les
liens du sang ont un grand pouvoir ; la nature elle-même
se récrie contre de tels soupçons ; c'est le plus certain des
monstres et des prodiges qu'un être qui a la forme et le
visage d'un homme puisse surpasser ainsi les animaux en
cruauté et soit capable de ravir d'une manière si infâme
la lumière du jour à ceux à qui il doit de voir cette si
douce lumière, tandis que les bêtes féroces elles mêmes
sont unies entre elles par les liens de la naissance, de l'éducation et de la nature.

XXIII **64** On rapporte qu'il n'y a pas si longtemps, un
certain T. Caelius, habitant de Terracine où il avait quelque illustration (1), ayant été, après avoir soupé, se cou-
cher dans un même appartement (2) avec ses fils, deux
jeunes gens, le lendemain matin fut trouvé égorgé. Comme
on ne découvrait personne, ni esclave, ni homme libre,
vers qui pût se diriger le soupçon d'avoir commis ce

(1) On ne possède pas d'autres renseignements sur ce personnage dont le nom lui-même n'est pas connu avec certitude. Valère
Maxime (VIII, 1, 13) reproduit le récit de Cicéron.

(2) Le *conclave* est un appartement fermant sous une seule clef :
Dig., XXI, 1, 17, 15.

nisse unum in locum atque inter se congruere uidentur,
tamen non temere creditur, neque leui coniectura res
penditur, neque testis incertus auditur, neque accusatoris
ingenio res iudicatur. Cum multa antea commissa maleficia, cum uita hominis perditissima, tum singularis
audacia ostendatur necesse est, neque audacia solum
sed summus furor atque amentia. Haec cum sint omnia,
tamen exstent oportet expressa sceleris uestigia, ubi, qua
ratione, per quos, quo tempore maleficium sit admissum.
Quae nisi multa et manifesta sunt, profecto res tam sce-
lesta, tam atrox, tam nefaria credi non potest. 63 Magna
est enim uis humanitatis ; multum ualet communio
sanguinis ; reclamitat istius modi suspicionibus ipsa
natura ; portentum atque monstrum certissimum est
esse aliquem humana specie et figura qui tantum immanitate bestias uicerit ut, propter quos hanc suauissimam
lucem adspexerit, eos indignissime luce priuarit, cum
etiam feras inter sese partus atque educatio et natura
ipsa conciliet.

XXIII 64 Non ita multis ante annis aiunt T. *Cae*-
lium quendam Terracinensem, hominem non obscurum,
cum cenatus cubitum in idem conclaue cum duobus
adulescentibus filiis isset, inuentum esse mane iugulatum.
Cum neque seruus quisquam reperiretur neque liber ad
quem ea suspicio pertineret, id aetatis autem duo filii
propter cubantes ne sensisse quidem se dicerent, nomina
filiorum de parricidio delata sunt. Quid poterat *tam esse*
suspiciosum* ? neutrumne sensisse ? ausum autem esse

---

64 Caelium VAL. MAX. : Clodium φψ Cloelium *cet.* Caecilium
Schol. ∥ Terracinensem Σπω *Schol.* : Tarr— *cet.* VAL. MAX. ∥
reperiretur *Angeli* : —riebatur *codd.* ∥ tam esse *Gruter* : sa est Σ
sane Απφω satis est σχψ *lacunam statuit A. Klotz* ∥ suspiciosum
Madvig : suspiciosum autem *codd.* suspiciosum ? suspiciosum
autem ? *coni. Halm* s. intrantem *Gustafsson.*

meurtre, comme, d'autre part, les deux fils de l'âge que
j'ai dit, qui couchaient auprès de leur père, déclaraient ne
s'être aperçus de rien, les noms des fils furent déférés à la
justice sous l'inculpation de parricide. Pouvait-on trouver
rien d'aussi suspect ? que ni l'un ni l'autre des deux jeunes
gens ne se fût aperçu du crime ? que, d'autre part, quelqu'un eût osé s'aventurer dans cette chambre, surtout au
moment où s'y trouvaient les deux jeunes fils, qui pouvaient facilement s'apercevoir du crime et l'empêcher ? Or,
il n'y avait personne sur qui pût tomber le soupçon de ce
crime. **65** Cependant, les juges ayant acquis la certitude
qu'à l'ouverture de la porte on les avait trouvés endormis,
les jeunes gens furent déclarés absous par le jugement et
déchargés de tout soupçon. Personne, en effet, ne pensait qu'il existât un homme capable de se livrer au sommeil aussitôt après avoir souillé toutes les lois divines et
humaines par un crime abominable, parce que ceux qui
ont commis un tel forfait, loin de pouvoir goûter un repos
paisible, ne peuvent pas même respirer sans crainte.

XXIV **66** Ne voyez-vous pas ces fils qui, d'après les
traditions que les poètes nous ont transmises, pour venger
leur père, ont fait subir le dernier supplice à leur mère ?
C'est pourtant, nous dit-on, d'après les ordres et les oracles
des dieux immortels qu'ils agissaient ; et, cependant, les
Furies les tourmentent et ne leur permettent pas un
moment de repos, parce qu'ils n'ont pu sans commettre un
crime faire preuve de piété filiale. Car il en est ainsi, juges :
telle est la puissance, tel est le caractère intime et reli-
gieux des liens du sang qui unissent le fils à son père et à
sa mère ; que ce sang répandu produise une tache, rien ne
peut laver cette tache, mais elle pénètre jusqu'à l'âme où
elle développe jusqu'au dernier degré la folie furieuse et la
démence. **67** N'allez pas, en effet, penser que, comme vous
le voyez si souvent dans les pièces de théâtre, ceux qui
ont commis une action impie et scélérate sont tourmentés
et effrayés par les torches ardentes des Furies. C'est sa
propre déloyauté, c'est sa propre terreur qui est le plus
grand tourment du coupable ; c'est son crime qui l'inquiète et qui provoque en lui la démence ; c'est la pensée,

quemquam se in id conclaue committere, eo potissimum
tempore cum ibidem essent duo adulescentes filii, qui
et sentire et defendere facile possent ? Erat porro nemo
in quem ea suspicio conueniret. 65 Tamen, cum planum
iudicibus esset factum, aperto ostio, dormientes eos
repertos esse, iudicio absoluti adulescentes et suspicione
omni liberati sunt. Nemo enim putabat quemquam esse
qui, cum omnia diuina atque humana iura scelere nefario
polluisset, somnum statim capere potuisse*t*, propterea
quod qui tantum facinus commiserunt, non modo sine
cura quiescere, sed ne spirare quidem sine metu possunt.

XXIV 66 Videtisne quos nobis poetae tradiderunt,
patris ulciscendi causa supplicium de matre sumpsisse,
cum praesertim deorum immortalium iussis atque ora-
culis id fecisse dicantur, tamen ut eos agitent Furiae
neque consistere umquam patiantur, quod ne pii quidem
sine scelere esse potuerunt ? Sic se res habet, iudices :
magnam uim, magnam necessitatem, magnam possidet
religionem paternus maternusque sanguis ; ex quo si qua
macula concepta est, non modo *e*lui non potest uerum
usque eo permanat ad animum ut summus furor atque
amentia consequatur. 67 Nolite enim putare, quem ad
modum in fabulis saepe numero uidetis, eos qui aliquid
impie scelerateque commiserunt agitari et perterreri Fu-
riarum taedis ardentibus. Sua quemque fraus et suus
terror maxime uexat, suum quemque scelus agitat
amentiaque adficit, suae malae cogitationes conscien-

---

65 potuisse*t* *ed. Rom.* 1471 *ed. Ven.* 1471 : potuisse (—isse. Σ)
codd. posset *Ernesti.*

66 Videtisne quos *codd.* : Videtisne eos quos Schol. ‖
umquam : usquam *A* ‖ elui *Vettori* : leui ΣAπφ leni χψ lui ω *om.*
σ *in lac.*

67 commiserunt *codd.* : —rint *ed. Rom.* 1471.

la conscience du mal qu'il a fait qui l'épouvante : telles
sont pour les impies les Furies qui habitent chez eux, qui
se tiennent auprès d'eux, qui, nuit et jour, vengent les
parents sur les fils souillés du crime le plus affreux (1).
68 C'est à cause de l'énormité du même forfait que, si le
parricide ne se révèle pas avec une évidence manifeste,
on ne peut croire qu'il ait été commis, à moins que celui
qui est accusé n'ait eu une jeunesse infâme, que sa vie
ne se soit souillée de toutes les actions honteuses, que sa
fortune n'ait été dissipée au milieu de l'opprobre et du
déshonneur, que son audace ne connaisse pas de frein et
que son aveugle témérité soit voisine de la folie. Il faut
encore qu'à tout cela se joignent la haine du père, la
crainte des rigueurs paternelles, des amis pervers, des
esclaves complices, des circonstances favorables, un
endroit convenablement choisi pour ce crime. Je dirai
presque qu'il faut que les juges voient le sang paternel
répandu sur les mains du fils pour croire à un crime si
grand, si atroce, si affreux. 69 C'est pourquoi, moins le
parricide est croyable si l'on n'en montre l'évidence, plus
il mérite la vindicte publique, si la conviction qu'il a été
commis est établie.

XXV. Aussi, parmi tant de preuves qui nous permettent de comprendre que nos ancêtres l'ont emporté sur les
autres nations, non seulement par les armes, mais encore
par leur circonspection et par leur sagesse, on en voit une
très remarquable dans ce fait qu'ils ont trouvé un châtiment particulier pour les coupables de ce crime impie.
En cela, combien leur prudence s'est montrée supérieure à
celle des hommes réputés les plus sages dans les autres
nations, examinez-le soigneusement.

70 Athènes, dit la tradition, a été, au temps de sa puissance, la plus éclairée des cités ; or, le plus sage de ses
citoyens fut, dit-on, Solon, celui à qui est due la rédaction
des lois qui sont encore aujourd'hui observées à Athènes.
On lui demandait un jour pourquoi il n'avait pas établi de
peine contre celui qui aurait tué son père ; il répondit
qu'il pensait que personne ne se rendrait coupable d'un
tel crime. On dit qu'il a sagement agi de n'avoir constitué

tiaeque animi terrent ; hae sunt impiis adsiduae domes-
ticaeque Furiae, quae dies noctesque parentium poenas
a consceleratissimis filiis repetant. **68** Haec magnitudo
malefici facit ut, nisi paene manifestum parricidium
proferatur, credibile non sit, nisi turpis adulescentia,
nisi omnibus flagitiis uita inquinata, nisi sumptus
effusi cum probro atque dedecore, nisi prorupta audacia,
nisi tanta temeritas ut non procul abhorreat ab insania.
Accedat huc oportet odium parentis, animaduersionis
paternae metus, amici improbi, serui conscii, tempus
idoneum, locus opportune captus ad eam rem ; paene
dicam, respersas manus sanguine paterno iudices uideant
oportet, si tantum facinus, tam immane, tam acerbum
credituri sunt. **69** Qua re hoc quo minus est credibile,
nisi ostenditur, eo magis est, si conuincitur, uindicandum.

XXV Itaque, cum multis ex rebus intellegi potest
maiores nostros non modo armis plus quam ceteras
nationes uerum etiam consilio sapientiaque potuisse,
tum ex hac re uel maxime quod in impios singulare supplicium inuenerunt. Qua in re, quantum prudentia
praestiterint iis qui apud ceteros sapientissimi fuisse
dicuntur, considerate.

70 Prudentissima ciuitas Atheniensium, dum ea rerum potita est, fuisse traditur ; eius porro ciuitatis
sapientissimum Solonem dicunt fuisse, eum qui leges
quibus hodie quoque utuntur scripserit. Is cum interro-
garetur, cur nullum supplicium constituisset in eum
qui parentem necasset, respondit se id neminem facturum putasse. Sapienter fecisse dicitur, cum de eo nihil

67 hae : haec *w* Schol. Lucani.
68 prorupta : prae — ω.
69 praestiterint χψ *Schol.* : —erit σ —erunt *cet.*

aucune sanction pour un crime dont il n'y avait pas encore d'exemple, dans la crainte de paraître plutôt en donner l'idée qu'empêcher qu'il se produisît. Combien plus sages furent nos ancêtres ! Comme ils se rendaient compte qu'il n'est rien de si sacré que l'audace ne puisse un jour violer, ils imaginèrent contre les parricides un supplice d'un caractère spécial, capable d'éloigner du crime par l'énormité du châtiment ceux que la nature elle-même n'aurait pu retenir dans le devoir : ils voulurent que les parricides fussent cousus vivants dans un sac de cuir et jetés ainsi dans le fleuve.

XXVI **71** Quel unique exemple de sagesse, juges ! Ne semblent-ils pas avoir exclu et arraché de la nature entière cet homme à qui subitement ils enlèvent à la fois le ciel, le soleil, l'eau et la terre, de telle sorte que celui qui aurait donné la mort à celui dont il avait reçu la naissance se trouverait privé de tous les éléments dont tout ce qui existe a, dit-on, reçu la naissance ? Ils n'ont pas voulu jeter le corps aux bêtes sauvages, dans la crainte que le fait d'avoir touché à un corps souillé par un tel crime ne rendît ces bêtes mêmes encore plus féroces ; ils n'ont pas voulu les précipiter tout nus dans le fleuve, de crainte que, portés à la mer, leur corps ne polluât la mer elle-même, qui a la réputation de purifier tout ce qui est souillé ; il n'est rien enfin de si peu de valeur ni de si usuel dont on leur ait laissé la moindre partie. **72** Qu'y a-t-il, en effet, d'un usage plus commun que l'air pour les vivants, la terre pour les morts, la mer pour les cadavres qui flottent, le rivage pour ceux qu'elle rejette ? Eux, ils vivent tant qu'ils ont la faculté de vivre, ils vivent sans pouvoir aspirer l'air céleste ; ils meurent sans que la terre soit en contact avec leurs os ; ils sont ballottés sur la mer sans que les flots viennent jamais les baigner ; enfin, ils sont rejetés au rivage sans pouvoir, après leur mort, trouver le repos, même dans les rochers (1).

C'est de ce si grand crime que tu accuses Roscius, de ce crime contre lequel on a établi un supplice si insigne ; et tu penses, Erucius, que tu pourras faire admettre cette accusation par de tels juges, si tu ne fais même pas con-

sanxerit quod antea commissum non erat, ne non tam
prohibere quam admonere uideretur. Quanto nostri
maiores sapientius ! Qui, cum intellegerent nihil esse
tam sanctum quod non aliquando uiolaret audacia,
supplicium in parricidas singulare excogitauerunt ut,
quos natura ipsa retinere in officio non potuisset, ii
magnitudine poenae a maleficio submouerentur. Insui
uoluerunt in culleum uiuos atque ita in flumen deici.

XXVI 71 O singularem sapientiam, iudices ! Nonne
uidentur hunc hominem ex rerum natura sustulisse et
eripuisse, cui repente caelum, solem, aquam terramque
ademerint ; ut, qui eum necasset unde ipse natus esset,
careret iis rebus omnibus ex quibus omnia nata esse dicuntur ? Noluerunt feris corpus obicere, ne bestiis quoque quae tantum scelus attigissent immanioribus utere-
mur ; non sic nudos in flumen deicere, ne, cum delati
essent in mare, ipsum polluerent quo cetera quae uiolata
sunt expiari putantur ; denique nihil tam uile neque tam
uulgare est cuius partem ullam reliquerint. 72 Etenim
quid tam est commune quam spiritus uiuis, terra mor-
tuis, mare fluctuantibus, litus eiectis ? Ita uiuunt, dum
possunt, ut ducere animam de caelo non queant ; ita
moriuntur ut eorum ossa terra non tangat ; ita iactantur
fluctibus ut numquam alluantur ; ita postremo eiciun-
tur ut ne ad saxa quidem mortui conquiescant.

Tanti malefici crimen, cui maleficio tam insigne supplicium est constitutum, probare te, Eruci, censes posse

---

70 ii *Navagero* : in Σ *om. cet.* ‖ a maleficio *s* : maleficio *cet.*
71 natus esset *Angeli* : natus est (esset σχψ) et *codd.*
72 Etenim quid tam est (est tam χ) *codd.* : Quid enim tam commune Cic. *Orator*, 30, 107. Quint. 12, 6, 4. Quid est enim tam
commune Arusianus ‖ animam Σχψ Cic. : —mum *cet.* ‖ terra
non tangat *codd.* : terram non tangant Cic.

naître les motifs du crime ? Tu l'accuserais devant les
acquéreurs eux-mêmes de ses biens, Chrysogonus lui-
même présiderait au jugement, tu aurais dû cependant
préparer ton accusation plus soigneusement avant de te
présenter au tribunal. 73 Car ne vois-tu donc pas quelle
est la nature de l'action que tu intentes et le caractère
des juges devant lesquels tu l'intentes ? L'objet de l'action est un parricide, crime qu'on ne peut entreprendre
de commettre sans de nombreux motifs ; et l'action vient
devant des hommes d'une profonde sagesse qui savent
bien que personne ne commet un méfait, même minime,
sans motif.

XXVII. Eh bien ! soit : tu ne peux faire connaître aucun motif de ce parricide. Par cela même, je devrais, sans
tarder, me déclarer vainqueur ; mais je renonce à mon
droit et, cette concession que je ne ferais pas dans une
autre cause, je la fais dans celle-ci, tant je suis fort de
l'innocence de celui que je défends. Je ne te requiers plus
de dire pourquoi Sex. Roscius a tué son père ; je te requiers
de dire comment il l'a tué. Oui, Erucius, c'est la requête
que je te fais : comment l'a-t-il tué ? Et voici comme j'agis
avec toi : c'est maintenant mon tour de parole et, cependant, je t'autorise soit à me répondre, soit à m'inter-
rompre, soit même, si tu en as quelque désir, à m'inter-
roger.

74 Comment l'a-t-il tué ? L'a-t-il frappé lui-même ou
l'a-t-il fait tuer par d'autres ? Si tu prétends qu'il l'a
tué lui-même, il n'était pas à Rome ; si tu dis qu'il l'a fait
tuer par d'autres, je m'enquiers auprès de toi : par qui ?
Par des esclaves ou par des hommes libres ? Si ce sont des
hommes libres, qui sont ces hommes ? Des gens de cette
même ville d'Amérie ou quelques-uns de nos sicaires de
Rome ? D'Amérie ; qui sont-ils, pourquoi ne les nomme-
t-on pas ? De Rome : comment Roscius avait-il pu faire
leur connaissance, lui qui, depuis de nombreuses années,
n'est pas venu à Rome et n'y a jamais séjourné plus de
trois jours ? Où est-il allé les trouver ? Comment s'est-il
abouché avec eux ? Comment les a-t-il persuadés ? « Il
a payé. » A qui a-t-il payé ? Par l'intermédiaire de qui

talibus uiris, si ne causam quidem malefici protuleris ?
Si hunc apud bonorum emptores ipsos accusares eique
iudicio Chrysogonus praeesset, tamen diligentius para-
tiusque uenisses. **73** Vtrum quid agatur non uides, an
apud quod agatur ? Agitur de parricidio, quod sine
multis causis suscipi non potest ; apud homines autem
prudentissimos agitur, qui intellegunt neminem ne
minimum quidem maleficium sine causa admittere.

XXVII Esto : causam proferre non potes. Tametsi
statim uicisse debeo, tamen de meo iure decedam ; et
tibi quod in alia causa non concederem in hac concedam
fretus huius innocentia. Non quaero abs te qua re
patrem Sex. Roscius occiderit, quaero quo modo occiderit. Ita quaero abs te, C. Eruci : quo modo, et sic tecum
agam ut *m*eo loco uel respondendi, uel interpellandi tibi
potestatem faciam, uel etiam, si quid uoles, interro-
gandi.

74 Quo modo occidit ? ipse percussit an aliis occidendum dedit ? Si ipsum arguis, Romae non fuit ; si per
alios fecisse dicis, quaero quos ? Seruosne an liberos ?
Si liberos, quos homines ? indidemne Ameria an hosce
ex urbe sicarios ? Si Ameria, qui sunt hi ? cur non nominantur ? si Rom*a*, unde eos nouerat Roscius, qui Romam
multis annis non uenit neque umquam plus triduo fuit ?
ubi eos conuenit ? qui *col*locutus est ? quo modo per-
suasit ? « Pretium dedit ; » cui dedit ? per quem dedit ?
unde aut quantum dedit ? Nonne his uestigiis ad caput
malefici perueniri solet ? Et simul tibi in mentem ueniat

---

73 meo loco *Madvig* (*cf. Pro Cluentio* § 65) : in eo loco *codd.*

74 quaero quos Σ : quaero *cet.* ‖ si liberos *add. Madvig* ‖ si
Ameria σχψ : si Ameriae *cet.* ‖ hi : ii ω ‖ Roma *ed. R. Estienne*
1538 : Romae *codd.* ‖ qui collocutus *Krueger* : quicum locutus
codd.

a-t-il payé ? D'où a-t-il tiré la somme et quelle est la
somme qu'il a payée ? N'est-ce pas en suivant toutes ces
traces du crime qu'on a coutume de remonter à la source ?
Veuille bien, en même temps, faire en sorte de rappeler à
ton souvenir la description que tu as donnée de la vie de
Roscius. C'était, disais-tu, un sauvage, un rustre ; il
n'avait jamais parlé à personne, il n'avait jamais demeuré
en ville. **75** Dans cette description, je laisse de côté un
trait qui pouvait me fournir un argument très fort en
faveur de son innocence : ce ne sont pas, d'ordinaire, des
mœurs rustiques, une table sobre, une vie étrangère à
l'élégance et aux belles façons qui produisent des crimes
de cet ordre. On ne saurait trouver dans tous les terrains
toutes les espèces de plantes et d'arbres : de même, tous
les genres de vie n'engendrent pas tous les genres de
crimes. La ville crée le luxe ; du luxe procède fatalement
l'avidité ; et, de l'avidité, sort l'audace, d'où naissent tous
les crimes et tous les forfaits. Mais cette vie rustique, que
tu appelles sauvage, enseigne l'économie, l'activité, la
justice.

XXVIII **76** Mais je laisse tout cela de côté. Je fais cette
question : cet homme qui, comme tu le dis toi-même, n'a
jamais vécu au milieu des hommes, par le moyen de
quels hommes a-t-il pu commettre, alors surtout qu'il
était absent de Rome, un si grand crime, un crime dont le
secret a été si bien gardé ? Souvent l'accusation est fausse,
juges, mais elle se fonde sur des faits qui donnent lieu à
des soupçons ; si l'on trouve ici un sujet de soupçon, j'accorde que l'accusé est coupable. Sex. Roscius est tué à
Rome, alors que son fils était sur le territoire d'Amérie.
Il a envoyé, je veux le croire, une lettre à quelque sicaire,
lui qui ne connaissait personne à Rome. Il a mandé quelqu'un : qui a -t-il mandé, et quand ? Il a envoyé un messager : quel messager ? à qui ? Est-ce par le prix qu'il a
payé, par son crédit, par ce qu'il faisait espérer, par ce
qu'il promettait, qu'il a déterminé quelqu'un au crime ?
Aucune de ces suppositions ne peut même être imaginée ;
et c'est cependant contre une accusation de parricide
que nous plaidons.

facito quem ad modum uitam huiusce depinxeris ; hunc
hominem ferum atque agrestem fuisse, numquam cum
homine quoquam collocutum esse, numquam in oppido
constitisse. 75 Qua in re praetereo illud quod mihi
maximo argumento ad huius innocentiam poterat esse,
in rusticis moribus, in uictu arido, in hac horrida incul-
taque uita, istius modi maleficia gigni non solere. Vt
non omnem frugem neque arborem in omni agro reperire
possis, sic non omne facinus in omni uita nascitur. In
urbe luxuries creatur, ex luxurie exsistat auaritia
necesse est, ex auaritia erumpat audacia, inde omnia
scelera ac maleficia gignuntur ; uita autem haec rustica,
quam tu agrestem uocas, parsimoniae, diligentiae, ius-
titiae magistra est.

XXVIII 76 Verum haec missa facio ; illud quaero,
is homo qui, ut tute dicis, numquam inter homines
fuerit, per quos homines hoc tantum facinus, tam occultum, absens praesertim, conficere potuerit. Multa sunt
falsa, iudices, quae tamen argui suspiciose possunt ; in
his rebus si suspicio reperta erit, culpam inesse concedam. Romae Sex. Roscius occiditur, cum in agro Amerino esset filius. Litteras, credo, misit alicui sicario qui
Romae nouerat neminem. Arcessiuit aliquem. *Quem*
aut quando ? Nuntium misit. Quem aut ad quem ? Pretio, gratia, spe, promissis induxit aliquem. Nihil horum
ne confingi quidem potest ; et tamen causa de parricidio dicitur.

77 Reliquum est ut per seruos id admiserit. O, di

<hr>

75 ac maleficia : atque m. σχ et m. *A.*
76 homo qui ψ² : homo *cet.* ‖ fuerit : fuit *A* ‖ arcessiuit : arcessi
uita Σ arcessunt *A*φ ‖ Quem Prisc. : *om. codd.* ‖ aut quando Σ
Prisc. : at (ac ω) quando *cet.*

77 Il reste à admettre qu'il a employé des esclaves pour commettre le crime. O dieux immortels ! Quelle misère ! Quelle calamité ! Eh quoi ! ce qui, d'ordinaire, dans une accusation de cette nature, est le salut de l'innocent, l'offre de faire mettre ses esclaves à la torture, cela n'est même pas permis à Sex. Roscius ! Vous qui l'accusez, vous avez en votre possession tous ses esclaves. D'une si grande maison, il n'a pas même été laissé à Sex. Roscius un seul esclave pour lui préparer sa nourriture de chaque jour. J'en appelle à toi, P. Scipio, à toi, Q. Metellus : au moment où votre concours a été demandé et où vous avez agi en faveur de Roscius, il a plusieurs fois réclamé de ses adversaires deux des esclaves de son père pour les faire mettre à la torture. Ne vous souvenez-vous pas que T. Roscius s'y est alors refusé ? Mais quoi ! ces esclaves, où sont-ils ? Juges, ils accompagnent Chrysogonus ; ils sont en grand honneur auprès de lui ; il les estime à un très haut prix. Maintenant encore, c'est moi qui réclame qu'on les mette à la question. Roscius vous en prie, vous en supplie au nom des dieux. **78** Que faites-vous ? Pourquoi refusez-vous ? Hésitez encore, juges, si vous le pouvez, à décider par qui Sex. Roscius a été tué ; par celui qui, à cause de la mort de son père, se trouve dans l'indigence, exposé à toutes les embûches, par celui à qui on ne laisse même pas le pouvoir de faire une enquête sur la mort de son père, ou par ceux qui se dérobent à toute enquête, qui possèdent les biens du mort, qui vivent dans le meurtre et du meurtre. Juges, dans toute cette cause, il n'y a que misères et indignités ; on ne peut cependant y rien montrer de plus cruel et de plus inique que ce fait : un fils qui ne peut pas faire mettre à la question les esclaves de son père, quand il s'agit du meurtre de son père ! Ce fils n'aura pas pu exercer ses droits de maître sur ses esclaves jusqu'au moment où ils auraient subi la question au sujet du meurtre de son père ! Je ne tarderai pas à aborder ce point de la cause ; car ceci concerne entièrement les deux Roscius et je me suis engagé à parler de leur audace aussitôt que j'aurai réfuté les accusations d'Erucius.

immortales, rem miseram et calamitosam ! Quid ? In tali
crimine quod innocenti saluti solet esse ut seruos in quaestionem polliceatur, id Sex. Roscio facere non licet ?
Vos, qui hunc accusatis, omnes eius seruos habetis ;
unus puer uictus cotidiani administer ex tanta familia
Sex. Roscio relictus non est. Te nunc appello, P. Scipio,
te, Q. Metelle ; uobis aduocatis, uobis agentibus, aliquotiens duos seruos paternos in quaestionem ab aduersariis Sex. Roscius postulauit ; meministisne T. Roscium
recusare ? Quid ? ii serui ubi sunt ? Chrysogonum, iudices, sectantur ; apud eum sunt in honore et in pretio.
Etiam nunc ut ex iis quaeratur ego postulo, hic orat
atque obsecrat. 78 Quid facitis ? cur recusatis ? Dubi-
tate etiam nunc, iudices, si potestis, a quo sit Sex. Roscius occisus, ab eone qui propter illius mortem in
egestate et in insidiis uersatur, cui ne quaerendi quidem de morte patris potestas permittitur, an ab iis
qui quaestionem fugitant, bona possident, in caede
atque ex caede uiuunt. Omnia, iudices, in hac causa
sunt misera atque indigna ; tamen hoc nihil neque
acerbius neque iniquius proferri potest : mortis paternae
de seruis paternis quaestionem habere filio non licet !
Ne tam diu quidem dominus erit in suos dum ex iis
de patris morte quaeratur ? Veniam, neque ita multo
postea, ad hunc locum ; nam hoc totum ad Roscios
pertinet, de quorum audacia tum me dicturum pollicitus
sum, cum Eruci crimina diluissem.

    77 Quid ? *Clark :* quod *codd.* ‖ quod innocenti *cet.* : innocenti *w*
‖ polliceatur *Fr. Dubois* : —ceantur *codd.* ‖ administer : minister
ω ‖ Q. Metelle χ : Metelle *cet.* ‖ meministisne T. Roscium *ed. R.
Estienne* 1538 ; meministine T. Roscium *s* meministine T. Rosci
cet. ‖ ex iis Σχ : ex his *cet.*
    78 et in insidiis χω : et insidiis *cet.* ‖ postea *Clark* : post.. Σ
post *cet.*

XXIX **79** Maintenant, Erucius, je viens à toi. Il faut que tu en conviennes avec moi : si Roscius est coupable de ce forfait, ou il l'a commis lui-même de sa propre main, ce que tu nies, ou il l'a fait commettre par quelques hommes, libres ou esclaves. Des hommes libres ? Comment il a pu aller les trouver, par quels moyens il a pu les déterminer au crime, en quel endroit, par quels intermédiaires, ce qu'il leur a fait espérer, le prix qu'il leur a payé : tu ne peux rien démontrer. Moi, au contraire, je démontre que non seulement Sex. Roscius n'a rien fait, mais même qu'il n'a rien pu faire de tout cela, parce que, depuis plusieurs années, il ne s'est pas trouvé à Rome et parce que jamais, sans de bonnes raisons, il n'est sorti de ses maisons de campagne. Il te restait, semble-t-il, à nommer les esclaves : c'était là comme un port où, repoussé loin de tout ce que tu voulais faire soupçonner, tu aurais pu te réfugier ; mais tu te heurtes à un écueil qui, tu dois le voir, fait rejaillir l'accusation loin de Roscius, qui, tu dois le comprendre, fait de plus retomber tous les soupçons sur vous-mêmes.

80 Où donc cependant, en cette indigence de preuves, l'accusateur cherche-t-il un refuge ? » C'était, dit-il, un temps où l'on tuait en masse et impunément. Aussi, à cause de la multitude des sicaires, tu n'as eu aucune difficulté pour ce crime. » Il y a des moments, Erucius, où tu me parais, n'ayant reçu qu'un seul salaire, vouloir atteindre un double but : nous noyer dans une accusation où il n'y a rien de précis et accuser en même temps ceux de qui tu as reçu ton salaire. Que dis-tu ? On tuait en masse ? Mais qui tuait et par qui faisait-on tuer ? Mais, n'y songes-tu pas ? Ceux qui t'ont fait venir ici, ce sont les dépeceurs de biens confisqués. Eh bien ! après ? Ne savons-nous pas qu'au temps dont tu parlais c'étaient d'ordinaire les mêmes hommes qui coupaient le cou aux proscrits et qui dépeçaient leurs biens (1). **81** Ces hommes enfin, qui alors, nuit et jour, couraient en armes de tous côtés, qui ne sortaient pas de Rome, qui vivaient constamment dans le pillage et dans le sang, vont-ils faire un crime à Sex. Roscius des malheurs et des iniquités de ce temps, de cette multitude de sicaires dont ils étaient eux-

XXIX 79 Nunc, Eruci, ad te uenio. Conueniat mihi
tecum necesse est, si ad hunc maleficium istud pertinet,
aut ipsum sua manu fecisse, id quod negas, aut per ali-
quos liberos aut seruos. Liberosne ? quos, neque ut
conuenir*e* potuerit, neque qua ratione inducere, neque
ubi, neque per quos, neque qua spe aut quo pretio, potes
ostendere. Ego contra ostendo, non modo nihil eorum
fecisse Sex. Roscium, sed ne potuisse quidem facere,
quod neque Romae multis annis fuerit, neque de praediis
umquam temere discesserit. Restare tibi uidebatur
seruorum nomen, quo quasi in portum reiectus a ceteris
suspicionibus confugere posses ; ubi scopulum offendis
eius modi ut non modo ab hoc crimen resilire uideas
uerum omnem suspicionem in uosmet ipsos recidere
intellegas.

80 Quid ergo est quo tamen accusator inopia argu-
mentorum confugerit ? « Eius modi tempus erat, »
inquit, « ut homines uulgo impune occiderentur ; qua
re hoc tu propter multitudinem sicariorum nullo negotio facere potuisti. » Inter*d*um mihi uideris, Eruci, una
mercede duas res adsequi uelle, nos iudicio perfundere,
accusare autem eos ipsos a quibus m*ercedem* acc*e*pisti.
Quid ais ? uulgo occidebantur ? Per quos et a quibus ?
Nonne cogitas te a sectoribus huc adductum esse ?
Quid postea ? Nescimus per ista tempora eosdem fere
sectores fuisse collorum et bonorum ? 81 Ii denique
qui tum armati dies noctesque concursabant, qui
Romae erant adsidui, qui omni tempore in praeda et

79 conuenire *ed. Bresc.* 1473 : —ret (—rem ω) *codd.*
80 ergo est : est ergo ψ ‖ tamen Σ : tandem *cet.* ‖ interdum
Orsini : interim *codd.* ‖ perfundere *codd.* : pertundere *Gustafsson*
pessumdare *Trojel* peruertere *Halm* perdere *Sternkopf* ‖ ɑuid ais :
quid ais Eruci *Schol.* ‖ nonne : non *Ernesti*.

mêmes les chefs et les principaux ? Non seulement Roscius n'était pas à Rome ; mais il a ignoré absolument ce qui se passait à Rome, puisque, comme tu l'avoues toi-même, il est toujours resté à la campagne.

82 Je craindrais, juges, ou de vous ennuyer, ou de paraître me défier de votre intelligence, si je discutais plus longtemps sur des questions aussi évidentes. Le système d'accusation d'Erucius est, je le pense, renversé tout entier, à moins que vous ne vous attendiez par hasard à ce que je réfute toutes les incriminations de péculat (1) et d'autres faits imaginaires du même ordre, incriminations dont nous n'avions pas entendu parler avant aujourd'hui et qui sont une nouveauté pour nous. Ce sont des déclamations qu'Erucius me fait l'effet d'avoir empruntées à un autre discours qu'il préparait contre un autre accusé, tant elles s'appliquent peu à l'accusation de parricide et à la personne du défendeur. Puisque ces arguments ne sont que des mots, il suffit de répondre en un mot, par une dénégation. S'il en réserve d'autres pour le moment où les témoins seront appelés, alors aussi il nous trouvera, comme pour la cause elle-même, mieux préparés qu'il ne le pense.

XXX 83 J'arrive maintenant à une discussion où je suis amené, non par mes propres désirs, mais par le sentiment de mes devoirs. Car si c'était par plaisir que j'accusais, j'accuserais plutôt d'autres personnages, aux dépens desquels je pourrais croître en importance ; mon parti est bien pris : je n'agirai point ainsi, tant qu'il me sera permis ou d'accuser ou de ne pas accuser. Car j'estime le plus digne de considération l'homme qui par son mérite est arrivé à une situation plus haute et non pas celui qui a trouvé dans la ruine et dans le désastre d'autrui un moyen de s'élever. Cessons enfin de faire des investigations dans le vide ; cherchons le crime là où il est et là où on peut le découvrir. Tu vas comprendre, Erucius,

(1) Le péculat est le vol au détriment de la propriété publique ; les biens de Sex. Roscius le père, une fois confisqués, étaient devenus propriété publique : on accusait, sans doute, le fils d'en avoir détourné quelque partie.

in sanguine uersabantur, Sex. Roscio temporis illius
acerbitatem iniquitatemque obicient, et illam sicariorum multitudinem in qua ipsi duces ac principes
erant huic crimini putabunt fore ? qui, non modo
Romae non fuit, sed omnino quid Romae ageretur
nesciuit, propterea quod ruri adsiduus, quem ad
modum tute confiteris, fuit.

82 Vereor ne aut molestus sim uobis, iudices, aut
ne ingeniis uestris uidear diffidere, si de tam perspicuis rebus diutius disseram. Eruci criminatio tota, ut
arbitror, dissoluta est ; nisi forte exspectatis ut illa
diluam quae de peculatu ac de eius modi rebus commen-
ticiis inaudita nobis ante hoc tempus ac noua obiecit ;
quae mihi iste uisus est ex alia oratione declamare
quam in alium reum commentaretur ; ita, neque ad
crimen parricidi, neque ad eum qui causam dicit pertinebant ; de quibus quoniam uerbo arguit, uerbo
satis est negare. Si quid est quod ad testes reseruet,
ibi quoque nos, ut in ipsa causa, paratiores reperiet
quam putabat.

XXX 83 Venio nunc eo quo me non cupiditas ducit
sed fides. Nam si mihi liberet accusare, accusarem alios
potius ex quibus possem crescere ; quod certum est non
facere, dum utrumuis licebit. Is enim mihi uidetur am-
plissimus qui sua uirtute in altiorem locum peruenit,
non qui ascendit per alterius incommodum et calamitatem. Desinamus aliquando ea scrutari quae sunt
inania ; quaeramus ibi maleficium ubi et est et inueniri

81 in sanguine ω : sanguine *cet.* ‖ nesciuit *Madvig* : nesciret
codd.
82 pertinebant *Navagero* : —nebat *codd.* ‖ quoniam Σσχ : cum
Aω quomodo πψ uno φ ‖ quoque nos Σσχ : nos quoque *cet.*
83 quaeramus ibi σ² : quaeramus ubi *cet.*

combien une accusation fondée offre de présomptions
propres à la justifier ; et, cependant, je ne dirai pas tout,
je n'insisterai sur rien. Je me dispenserais même d'agir
ainsi, si ce n'était nécessaire ; et ce qui prouvera que
j'agis ainsi malgré moi, c'est que je n'irai pas plus loin
que ne le réclament le salut de mon client et le sentiment
de mon devoir de défenseur.

84 Chez Sex. Roscius, tu ne trouvais aucun motif ;
mais, moi, j'en trouve chez T. Roscius : car c'est à toi que
j'ai affaire, T. Roscius, puisque tu es assis au banc des
accusateurs, puisque tu te déclares ouvertement notre
adversaire. Pour Capito, nous aurons plus tard à nous
occuper de lui, s'il se présente comme témoin, ainsi que
j'entends dire qu'il se dispose à le faire ; alors, il verra
mettre en évidence d'autres palmes qu'il a également
remportées et dont il ne se doute pas que j'aie même
entendu parler. Le fameux L. Cassius (1), que le peuple
romain regardait comme le plus véridique et le plus sage
des juges, avait coutume dans toutes les causes de faire
une seule et même enquête : à qui le crime avait profité.
Ainsi va le monde : on n'entreprend pas de commettre un
crime, si l'on n'en a conçu quelque espérance, si on ne
compte en retirer quelque profit. 85 Les enquêtes et les
jugements de Cassius étaient évités et redoutés par tous
ceux qui étaient sous le coup de poursuites ; c'est que,
malgré son amour pour la vérité, il paraissait moins enclin
naturellement à la miséricorde que disposé à la sévérité.
Pour moi, quoique je voie l'instruction de notre affaire
présidée par un juge qui montre autant de courage contre
l'audace criminelle que de clémence pour l'innocence dont
il prend le parti, cependant, je consentirais sans peine à
plaider pour Sex. Roscius, alors même que l'enquête
serait dirigée par ce juge si pénétrant, alors même que
l'affaire serait jugée par des hommes de l'école de ce

(1) Ce juge, dont Cicéron rappelle souvent la sévérité prover-
biale, est le consul de l'an 627/127, L. Cassius Longinus, ou,
d'après Valère Maxime (III, vii, 9), le préteur de l'an 641/113,
« L. Cassius praetor, cuius tribunal propter nimiam seueritatem
scopulus reorum dicebatur. »

potest ; iam intelleges, Eruci, certum crimen quam
multis suspicionibus coarguatur, tametsi neque omnia
dicam et leuiter unum quidque tangam. Neque enim
id facerem, nisi necesse esset, et id erit signi me inuitum
facere, quod non persequar longius quam salus huius
et mea fides postulabit.

84 Causam tu nullam reperiebas in Sex. Roscio ; at
ego in T. Roscio reperio. Tecum enim mihi res est,
T. Rosci, quoniam istic sedes ac te palam aduersarium
esse profiteris. De Capitone post uiderimus, si, quem
ad modum paratum esse audio, testis prodierit ; tum
alias quoque suas palmas cognoscet de quibus me ne
audisse quidem suspicatur. L. Cassius ille quem populus
Romanus uerissimum et sapientissimum iudicem putabat identidem in causis quaerere solebat « cui bono »
fuisset. Sic uita hominum est ut ad maleficium nemo
conetur sine spe atque emolumento accedere. 85 Hunc
quaesitorem ac iudicem fugiebant atque horrebant ii
quibus periculum creabatur ideo quod, tametsi ueritatis erat amicus, tamen natura non tam propensus
ad misericordiam quam *ap*plicatus ad seueritatem
uidebatur. Ego, quamquam praeest huic quaestioni
uir et contra audaciam fortissimus et ab innocentia
clementissimus, tamen facile me paterer, uel illo ipso
acerrimo iudice quaerente, uel apud Cassianos iudices,
quorum etiam nunc ii quibus causa dicenda est nomen
ipsum reformidant, pro Sex. Roscio dicere.

83 quidque *Wesenberg* : quodque *codd.* ‖ persequar *Lambin* :
pros— *codd.*
84 aduersarium esse.. Σ ‖ profiteris *ed. Rom.* 1471 *ed. Ven.*
1471 : —tearis *codd.* ‖ uerissimum : seuerissimum *Lambin.*
85 applicatus *Novak* : implicatus *codd.* implacatus *Graevius*
ịnclinatus *Manuzio* ‖ nunc ii *Navagero* : nuncii Σπω nuntii *cet.*

Cassius, dont le nom seul frappe de terreur encore aujourd'hui les accusés.

XXXI **86** Dans cette cause, en effet, quand ces juges verraient les accusateurs en possession d'une immense fortune et mon client réduit à la mendicité, il ne leur faudrait certainement pas d'enquête pour savoir à qui le crime a profité ; mais, devant l'évidence du fait, ils dirigeraient plutôt l'accusation et les soupçons du côté de la richesse acquise par la déprédation que du côté de l'indigence. Quelle serait leur opinion en constatant ces circonstances aggravantes ? Avant le crime, tu étais dans une position médiocre ; tu es cupide, tu es audacieux ; celui qui a été tué n'avait pas de pire ennemi que toi. Y a-t-il à rechercher le motif qui t'a fait commettre un si abominable attentat ? Y a-t-il un seul de ces faits que l'on puisse nier ? La médiocrité de la position de cet homme est telle qu'elle ne peut se dissimuler et qu'elle apparaît d'autant plus manifeste qu'on fait plus d'efforts pour la cacher. **87** Ta cupidité, tu l'étales, toi qui as formé avec un homme qui t'était absolument étranger une association pour t'emparer de la fortune d'un homme du même municipe, de la même famille que toi. Quelle est ton audace, je n'en cite pas d'autre preuve, car tout le monde a pu l'apprécier : de toute l'association dont tu fais partie, je veux dire de cette association de sicaires, il ne s'est trouvé que toi pour siéger avec les accusateurs, pour laisser voir ton impudence, pour l'offrir même à tous les regards. Il existait des inimitiés entre Sex. Roscius et toi ; tu as eu avec lui de graves contestations pour des intérêts de famille : tu es forcé d'en convenir.

88 Il reste, juges, à discuter cette question : lequel des deux est plutôt le meurtrier de Sex. Roscius, celui à qui ce meurtre a procuré des richesses, ou celui qu'il a réduit à la mendicité ? celui qui, avant ce meurtre, était dans une position médiocre, ou celui qui, depuis ce meurtre, est dans la plus extrême indigence ? celui que la cupidité qui l'enflamme précipite comme un ennemi contre ses parents, ou celui qui a toujours vécu ignorant du lucre et ne connaissant que le fruit de son travail ? celui qui est le

XXXI 86 In hac enim causa cum uiderent illos
amplissimam pecuniam possidere, hunc in summa
mendicitate esse, illud quidem non quaererent, cui
bono fuisset, sed eo perspicuo crimen et suspicionem
potius ad praedam adiungerent quam ad egestatem.
Quid si accedit eodem, ut tenuis antea fueris ? quid si,
ut auarus ? quid si, ut audax ? quid si, ut illius, qui
occisus est, inimicissimus ? Num quaerenda causa
quae te ad tantum facinus adduxerit ? Quid ergo
horum negari potest ? Tenuitas hominis eius modi
est ut dissimulari non queat atque eo magis eluceat
quo magis occultatur. 87 Auaritiam praefers qui societatem coieris de municipis cognatique fortunis cum
alienissimo. Quam sis audax, ut alia obliuiscar, hinc
omnes intellegere potuerunt quod ex tota societate,
hoc est ex tot sicariis, solus tu inuentus es qui cum
accusatoribus sederes atque os tuum non modo osten-
deres, sed etiam offerres. Inimicitias tibi fuisse cum
Sex. Roscio et magnas rei familiaris controuersias
concedas necesse est.

88 Restat, iudices, ut hoc dubitemus, uter potius
Sex. Roscium occiderit, is ad quem morte eius diuitiae
uenerint, an is ad quem mendicitas ? is qui antea tenuis
fuerit, an is qui postea factus sit egentissimus ? is qui
ardens auaritia feratur infestus in suos, an is qui semper ita uixerit ut quaestum nosset nullum, fructum
autem eum solum quem labore peperisset ? is qui
omnium sectorum audacissimus sit, an is qui, propter
fori iudiciorumque insolentiam, non modo subsellia

86 perspicuo *Dupuy* : —cuum *codd.* ‖ causa ωως : *om. cet.* ‖
adduxerit : adduxerunt χψ eduxerunt σ.
87 praefers : prae te fers *Lambin.*
88 mendicitas is ψ : mendicitatis Σπφω mendicitas Aσχ.

plus audacieux des dépeceurs de biens, ou celui qui, dans son inexpérience du Forum et des débats judiciaires, redoute non seulement l'aspect de ces bancs, mais le séjour même de cette ville ? Enfin, juges — et c'est, à mon avis, ce qui a le plus d'importance dans l'affaire — celui qui était l'ennemi ou celui qui était le fils de Roscius ?

XXXII 89 Si tu avais pu réunir des faits aussi nombreux et aussi importants au sujet de l'accusé, Erucius, quelle ne serait pas la longueur de ton discours, quelle ne serait pas ta jactance ! Le temps, par Hercule ! te manquerait plus tôt que les paroles. En effet, sur chacun des points il y aurait tant à dire que tu pourrais parler toute une journée sur chacun d'eux. Il ne me serait pas impossible d'en faire autant. Car je ne rabaisse pas assez mon talent, que je ne prétends certes pas surfaire, pour te croire capable de parler plus abondamment que moi. Mais peut-être, étant donné la multitude des défenseurs, fais-je simplement nombre dans le troupeau. Quant à toi, la bataille de Cannes a fait de toi un assez bon accusateur. Nous en avons vu massacrer beaucoup, je ne dis pas auprès du lac Trasimène, mais auprès du lac Servilius :

Qui ne fut blessé là par le fer phrygien ?

90 Il n'est pas besoin de les rappeler tous, les Curtius, les Marius, enfin les Memmius que leur âge éloignait déjà des combats, en dernier lieu « le vieillard Priam lui-même », cet Antistius (1), à qui non seulement son âge, mais les lois elles-mêmes interdisaient les batailles. Ils sont mille dont personne ne prononce plus le nom à cause de leur défaut de renommée, qui portaient leurs accusations devant les tribunaux chargés des affaires de meurtre et d'empoisonnement. Eux tous, pour ce qui me concerne, je désirerais qu'ils fussent vivants. Il n'y a pas de mal, en effet, à ce que les chiens soient nombreux, là où il faut surveiller bien des gens et veiller sur bien des choses. 91 Mais, c'est l'ordinaire, au milieu du désordre et de la violence de la guerre, bien des mouvements se produisent à l'insu des chefs. Alors que celui qui dirigeait souverainement l'administration de l'Etat se trouvait occupé à

uerum etiam urbem ipsam reformidet ? Postremo,
iudices, id quod ad rem mea sententia maxime pertinet, utrum inimicus potius an filius ?

XXXII 89 Haec tu, Eruci, tot et tanta si nactus
esses in reo, quam diu diceres ! quo te modo iactares !
tempus hercule te citius quam oratio deficeret. Etenim
in singulis rebus eius modi materies est ut dies singu-
los possis consumere. Neque ego non possum ; non
enim tantum mihi derogo, tametsi nihil arrogo, ut te
copiosius quam me putem posse dicere. Verum ego
forsitan propter multitudinem patronorum in grege
adnumerer, te pugna Cannensis accusatorem sat
bonum fecit. Multos caesos, non ad Trasimenum
lacum, sed ad Seruilium uidimus.

Quis ibi non est uulneratus ferro Phrygio ?

90 Non necesse est omnes commemorare Curtios,
Marios, denique Memmios, quos iam aetas a proeliis
auocabat, postremo Priamum ipsum senem, Antistium
quem non modo aetas sed etiam leges pugnare prohi-
bebant. Iam quos nemo propter ignobilitatem nominat,
sescenti sunt qui inter sicarios et de ueneficiis accusa-
bant ; qui omnes, quod ad me attinet, uellem uiuerent.
Nihil enim mali est canes ibi quam plurimos esse ubi
permulti obseruandi multaque seruanda sunt. 91 Verum, ut fit, multa saepe imprudentibus imperatoribus
uis belli ac turba molitur. Dum is in aliis rebus erat
occupatus qui summam rerum administrabat, erant
interea qui suis uulneribus mederentur ; qui, tanquam

88 reformidet *Lambin* : —midat *codd.*

89 grege ψ : gregem *cet.* ‖ accusatorem *codd. Schol.* : —torum
Buttman.

90 Memmios *Orsini* (*cf. Brutus* § 136) : Mammeos *codd.*

d'autres soins, il y avait des gens qui soignaient leurs
blessures ; ces gens-là, comme si une nuit éternelle se fût
répandue sur la République, se ruaient dans les ténèbres
et travaillaient à tout bouleverser ; je m'étonne que, pour
qu'il ne restât pas trace des jugements, ils n'aient pas aussi
brûlé les bancs du tribunal, car ils ont fait disparaître et les
accusateurs et les juges. Mais, heureusement, ils ont mené
une telle vie qu'il leur serait impossible, quand ils le dési-
reraient, d'en faire périr tous les témoins : tant que le
genre humain existera, il ne manquera pas d'accusateurs
contre eux ; tant que Rome existera, il y aura des jugements. Mais, comme j'ai commencé à l'expliquer, si
Erucius avait pour soutenir sa cause tous les faits que j'ai
rappelés, il pourrait parler aussi longtemps qu'il lui plai-
rait. Moi aussi, juges, je le peux. Mais, je l'ai déjà dit, mon
intention est de passer légèrement, d'effleurer simplement
chaque question, pour que tout le monde comprenne que
je ne prononce pas une accusation parce que c'est mon
plaisir, mais que je présente une défense parce que c'est
mon devoir.

XXXIII 92 Je le vois donc : il y avait beaucoup de
motifs qui pouvaient pousser cet homme au crime. Voyons
maintenant quelles facilités il a pu avoir pour le commettre. Où Sex. Roscius a-t-il été tué ? — A Rome. —
Eh ! quoi, T. Roscius, où étais-tu alors ? — A Rome.
Mais quel rapport cela a-t-il avec le crime ? Bien d'autres
étaient aussi à Rome. — Comme s'il s'agissait maintenant de savoir quel est dans la multitude de gens qui
étaient à Rome l'homme qui a commis le meurtre, comme
si nous ne recherchions pas simplement laquelle de ces
deux choses est la plus vraisemblable : celui qui a été tué
à Rome a-t-il été tué par quelqu'un qui en ce temps-là
se trouvait constamment à Rome, ou par quelqu'un qui,
depuis de nombreuses années, n'avait pas mis le pied à
Rome ?

93 Eh bien ! donc, examinons maintenant quelles
étaient les autres facilités pour commettre le crime.
Erucius l'a rappelé : il y avait alors une multitude de
sicaires et l'on tuait impunément. Eh ! quoi : de qui se

si offusa rei publicae sempiterna nox esset, ita ruebant
in tenebris omniaque miscebant ; a quibus miror, ne
quod iudiciorum esset uestigium, non subsellia quoque
esse combusta : nam et accusatores et iudices sustu-
lerunt. Hoc commodi est quod ita uixerunt ut testes
omnes, si cuperent, interficere non possent ; nam, dum
hominum genus erit, qui accuset eos non deerit ; dum
ciuitas erit, iudicia fient. Verum, ut coepi dicere, et
Erucius, haec si haberet in causa quae commemoraui,
posset ea quamuis diu dicere, et ego, iudices, possum ;
sed in animo est, quem ad modum ante dixi, leuiter
transire ac tantum modo perstringere unam quamque
rem, ut omnes intellegant me non studio accusare sed
officio defendere.

XXXIII 92 Video igitur causas esse permultas quae
istum impellerent ; uideamus nunc ecquae facultas sus-
cipiendi malefici fuerit. Vbi occisus est Sex. Roscius ?
— Romae. — Quid ? tu, T. Rosci, ubi tunc eras ? —
Romae. Verum quid ad rem ? et alii multi. — Quasi
nunc id agatur quis ex tanta multitudine occiderit, ac
non hoc quaeratur, eum qui Romae sit occisus, utrum
ueri similius sit ab eo esse occisum qui adsiduus eo
tempore Romae fuerit, an ab eo qui multis annis Romam omnino non accesserit.

93 Age nunc, ceteras quoque facultates consideremus. Erat tum multitudo sicariorum, id quod comme-
morauit Erucius, et homines impune occidebantur.
Quid ? ea multitudo quae erat ? Opinor, aut eorum

91 rei publicae Arusianus : re publica *codd.*
92 ecquae *Navagero* : et quae *codd.* ‖ tu T. Rosci *w* : ut Rosci Σ
tu Rosci *cet.* ‖ nunc id : non id Σψ⁵.
93 quoque facultates *ed.* Rom. 1471 *ed.* Ven. 1471 : facultates
quoque *codd.*

composait cette multitude ? De ceux, il me semble, qui
étaient occupés à se procurer les propriétés, ou de ceux qui
étaient embauchés par eux pour tuer. Si tu penses à ceux
qui convoitaient le bien d'autrui, tu es de ce nombre, toi
qui es riche de notre fortune. Si tu penses à ceux que l'on
appelle, quand on leur donne un nom moins odieux, « les
gens chargés de frapper », cherche sous la protection de qui,
dans la clientèle de qui ils se trouvent : veuille me croire,
tu découvriras quelqu'un de tes associés. Et tout ce que
tu pourras trouver à dire contre mes affirmations, oppose-
le à notre système de défense : c'est ainsi que l'on pourra le
plus aisément du monde établir une comparaison entre la
cause de Sex. Roscius et la tienne. **94** Tu diras : « Eh bien !
après ? J'étais fréquemment à Rome. » Je répondrai :
« Mais, moi, je n'y ai pas été du tout. » — J'avoue que je
suis un dépeceur de biens ; mais beaucoup d'autres le sont
aussi. — Mais, moi, je suis, comme tu m'en accuses toi-
même, un cultivateur, un homme de la campagne. —
Pour m'être mis dans la troupe des sicaires, il ne s'ensuit
pas que je sois un sicaire. — Mais moi, assurément, moi
qui n'ai pas même connu de sicaire, je suis bien loin d'une
accusation de ce genre. Nombreuses encore sont les
preuves que l'on pourrait donner, qui feraient comprendre
que tu as eu les plus grandes facilités pour entreprendre
ce crime ; je laisse tout cela de côté, non seulement parce
que ce n'est pas de mon plein gré que je t'accuse toi-
même, mais surtout parce que, si je voulais parler de tous
les meurtres qui ont été commis alors de la même manière
que celui de Sex. Roscius, je craindrais que mon discours
ne parût viser trop de gens.

XXXIV **95** Voyons, maintenant, sans y insister plus
que nous ne l'avons fait pour tes autres actions, quelle a
été ta conduite, T. Roscius, après la mort de Sex. Roscius.
Tu t'es si peu caché, tu as si bien agi au grand jour que —
le dieu de la bonne foi me vienne en aide ! — c'est malgré
moi, juges, que je parle de tout cela. Car, quelque criminel
que tu sois, T. Roscius, je crains de paraître avoir voulu
sauver mon client en ne gardant aucun ménagement à
ton égard. Mais, quand j'éprouve cette crainte, quand

qui in bonis erant occupati, aut eorum qui ab iis con-
ducebantur ut aliquem occiderent. Si eos putas qui
alienum appetebant, tu es in eo numero qui nostra
pecunia diues es ; sin eos quos, qui leuiore nomine
appellant, percussores uocant, quaere in cuius fide
sint et clientela ; mihi crede, aliquem de societate tua
reperies ; et, quicquid tu contra dixeris, id cum defen-
sione nostra contendito ; ita facillime causa Sex.
Rosci cum tua conferetur. **94** Dices : « Quid postea,
si Romae adsiduus fui ? » Respondebo : « At ego omnino
non fui. » — Fateor me sectorem esse, uerum et alii
multi. — At ego, ut tute arguis, agricola et rusticus. —
Non continuo, si me in gregem sicariorum contuli,
sum sicarius. — At ego profecto, qui ne noui quidem
quemquam sicarium, longe absum ab eius modi crimine. Permulta sunt quae dici possunt, qua re intellegatur summam tibi facultatem fuisse malefici susci-
piendi ; quae non modo idcirco praetereo quod te ipsum
non libenter accuso, uerum eo magis etiam quod, si
de illis caedibus uelim commemorare quae tum factae
sunt ista eadem ratione qua Sex. Roscius occisus est,
uereor ne ad plures oratio mea pertinere uideatur.

XXXIV **95** Videamus nunc strictim, sicut cetera,
quae post mortem Sex. Rosci abs te, T. Rosci, facta
sunt ; quae ita aperta et manifesta sunt ut me dius
fidius, iudices, inuitus ea dicam. Vereor enim, cuicuimodi es, T. Rosci, ne ita hunc uidear uoluisse seruare
ut tibi omnino non pepercerim. Cum hoc uereor et
cupio tibi aliqua ex parte, quod salua fide possim,
parcere, rursus immuto uoluntatem meam : uenit

---

95 cuicuimodi Prisc. : quiquimodi *codd.*

j'ai le désir de garder quelques ménagements, autant
que je le pourrai sans manquer à mon devoir de défenseur, voilà que mes sentiments changent de nouveau :
c'est que je songe à ton effronterie. Comment ! alors que
tes associés étaient tous en fuite et se tenaient tous
cachés dans l'espoir que ce procès semblât avoir pour objet
non la proie dont ils se sont emparés, mais le crime dont
on accuse mon client, toi, tu as tenu à réclamer le rôle que
tu joues ici en prenant part au procès, en t'asseyant à côté
de l'accusateur ! A cela que gagneras-tu, sinon de faire
connaître à tout le monde ton audace et ton impudence ?
96 Sex. Roscius est tué : qui est le premier à en porter la
nouvelle à Amérie ? Mallius Glaucia, que j'ai déjà nommé,
ton client et ton familier. Pourquoi lui, plutôt que tout
autre ? Pourquoi, si tu n'avais d'avance imaginé quelque
dessein au sujet de la mort et des biens de celui qu'on
venait de tuer, si tu n'avais formé aucune association
avec aucun complice pour le crime et le butin qui en
résulterait, pourquoi aurait-il porté une nouvelle qui
te regardait moins que personne ? — « C'est de son propre
mouvement que Mallius porte la nouvelle. » — Mais, dis-
moi, je te prie, en quoi cela l'intéressait-il ? Dira-t-on
qu'il n'était pas venu à Amérie pour porter cette nouvelle,
que c'est par hasard qu'il fut le premier à annoncer ce
qu'il avait appris à Rome ? Pour quel motif était-il venu
à Amérie ? — « Je ne peux pas deviner », dit T. Roscius.
Je vais conduire la discussion de manière qu'il n'y ait
besoin de rien deviner. Pourquoi la nouvelle a-t-elle
d'abord été portée à T. Roscius Capito ? Alors que Sex.
Roscius avait à Amérie son domicile, sa femme, ses
enfants, tellement de proches parents et d'alliés avec qui
il vivait en parfaite intelligence, comment se fait-il que cet
homme, ton client, messager de ton crime, ait choisi de
préférence T. Roscius Capito pour lui en porter la nouvelle ?

97 Il a été tué au retour d'un souper : il ne faisait pas
encore jour quand on l'a su à Amérie. Que signifient cette
course incroyable, cette rapidité, cette hâte extraordinaire ? Je ne fais pas d'enquête pour savoir qui a porté le

enim mihi in mentem oris tui. Tene, cum ceteri socii
tui fugerent ac se occultarent, ut hoc iudicium non de
illorum praeda sed de huius maleficio fieri uideretur,
potissimum tibi partes istas depoposcisse ut in iudicio
uersarere et sederes cum accusatore ? Qua in re nihil
aliud adsequeris nisi ut ab omnibus mortalibus audacia tua cognoscatur et impudentia. 96 Occiso Sex.
Roscio, quis primus Ameriam nuntiat ? Mallius Glaucia, quem iam antea nominaui, tuus cliens et familiaris. Quid attinuit eum potissimum nuntiare quod, si
nullum iam ante consilium de morte ac de bonis eius
inieras nullamque societatem neque sceleris neque
praemi cum homine ullo coieras, ad te minime omnium
pertinebat ? — Sua sponte Mallius nuntiat. — Quid,
quaeso, eius intererat ? An, cum Ameriam non huiusce
rei causa uenisset, casu accidit ut id quod Romae
audierat primus nuntiaret ? Cuius rei causa uenerat
Ameriam ? « Non possum, » inquit, « diuinare. » Eo
rem iam adducam ut nihil diuinatione opus sit. Qua
ratione *T.* Roscio Capitoni primo nuntiauit ? Cum
Ameriae Sex. Rosci domus, uxor liberique essent,
cum tot propinqui cognatique optime conuenientes,
qua ratione factum est ut iste tuus cliens, sceleris tui
nuntius, T. Roscio Capitoni potissimum nuntiaret ?

97 Occisus est a cena rediens ; nondum lucebat cum
Ameriae scitum est. Quid hic incredibilis cursus, quid
haec tanta celeritas festinatioque significat ? Non
quaero quis percusserit : nihil est, Glaucia, quod me-
tuas ; non excutio te, si quid forte ferri habuisti, non

95 Tene cum *A* : tenescum ψ^2 tene quin Σ tenes quin *cet.* ‖
impudentia *A*χψ : imprud— *cet.*
96 quaeso *Angeli* : quasi *codd.* ‖ T. Roscio *Richter* : ..Roscio Σ
Roscio *cet.* ‖ primo *Büchner* : primum *codd.*

coup : tu n'as rien à craindre, Glaucia ; je ne secoue pas
tes vêtements pour m'assurer si tu avais quelque poignard ; je ne te fouille pas. Je ne pense pas que ce soin me
regarde en rien : puisque je découvre celui qui a décidé
le meurtre, je ne me mets pas en peine de celui dont la
main a frappé. Je ne retiens que ce qui me montre ton
crime au grand jour, que ce qui m'est fourni par l'évidence
des faits : où et de qui Glaucia a-t-il appris le meurtre ?
comment l'a-t-il su si vite ? Admettons qu'il l'ait appris
à l'instant même. Qu'est-ce qui le forçait à s'empresser
de faire tant de chemin en une seule nuit ? Quelle nécessité si pressante l'obligeait, s'il allait de son propre mouvement à Amérie, de partir de Rome à cette heure et de
ne pas se reposer un seul moment de toute la nuit ?

XXXV **98** Faut-il encore, quand les faits sont d'une
telle évidence, chercher des arguments ou tirer des conjectures ? Ne vous semble-t-il pas, juges, voir de vos
propres yeux ce que vous venez d'entendre ? Ne voyez-
vous pas ce malheureux, revenant de souper dans l'igno-
rance du sort qui l'attend ? Ne voyez-vous pas l'embus-
cade dressée, l'attaque brusque et soudaine ? N'avez-
vous pas sous les yeux la scène du meurtre, accompli par
Glaucia ? N'assiste-t-il pas au crime, ce T. Roscius ?
Ne place-t-il pas de ses propres mains sur le char cet Auto-
médon qui va porter la nouvelle de son cruel forfait,
de sa victoire impie ? Ne le conjure-t-il pas de passer
toute la nuit sans sommeil, de peiner en son honneur,
d'annoncer au plus tôt le crime à Capito ?

99 Quel était son motif pour avoir voulu que Capito fût
le premier à en être instruit ? Je l'ignore : mais je vois que
Capito est associé au partage des biens de Roscius ; je
vois que de ses treize fonds de terre il en possède trois des
mieux réputés. **100** De plus, j'entends dire que ce n'est pas
la première fois que des soupçons de ce genre se portent
sur Capito ; ce gladiateur possède déjà nombre de palmes
qui attestent son infamie ; mais celle-ci est la première
qu'on lui apporte de Rome, décorée du ruban (1) ; il n'est
pas de manière de tuer dont il n'ait fait usage pour tuer
un certain nombre d'hommes ; il a souvent employé le

scrutor ; nihil ad me arbitror pertinere ; quoniam cuius
consilio occisus sit inuenio, cuius manu sit percussus
non laboro. Vnum hoc sumo quod mihi apertum tuum
scelus resque manifesta dat : Vbi aut unde audiuit
Glaucia ? qui tam cito sciuit ? Fac audisse statim :
quae res eum nocte una tantum itineris contendere
coegit ? quae necessitas eum tanta premebat ut, si
sua sponte iter Ameriam faceret, id temporis Roma
proficisceretur, nullam partem noctis requiesceret ?

XXXV 98 Etiamne in tam perspicuis rebus argumentatio quaerenda aut coniectura capienda *est* ?
Nonne uobis haec quae audistis cernere oculis uide-
mini, iudices ? Non illum miserum, ignarum casus sui,
redeuntem a cena uidetis, non positas insidias, non
impetum repentinum ? Non uersatur ante oculos uobis
in caede Glaucia ? Non adest iste T. Roscius ? Non
suis manibus in curru collocat Automedontem illum,
sui sceleris acerbissimi nefariaeque uictoriae nuntium ? Non orat ut eam noctem peruigilet, ut honoris
sui causa laboret, ut Capitoni quam primum nuntiet ?

99 Quid erat quod Capitonem primum scire uoluerit ? Nescio, nisi hoc uideo, Capitonem in his bonis
esse socium ; de tribus et decem fundis tres nobilissimos
fundos eum uideo possidere. 100 Audio praeterea non
hanc suspicionem nunc primum in Capitonem con-
ferri ; multas esse infames *eius* palmas, hanc primam
esse tamen lemniscatam quae Roma e*i* deferatur ;
nullum modum esse hominis occidendi quo ille non

97 audisse *Απψω* : audisset *cet.*
98 capienda est *Madvig* : capienda sit *codd.*
99 uoluerit : uellet *Ernesti* uoluit *Mueller.*
100 infames eius *Gruter* : infamius [—mis ψ] *codd.* ‖ Roma ei
Ernesti : Romae *codd.*

poignard et souvent le poison. Je puis même citer un
électeur, que contrairement à la coutume de nos ancêtres
— cet électeur avait moins de soixante ans — il a précipité du pont dans le Tibre (1). Tous ses exploits, s'il se
présente comme témoin, ou, pour mieux dire, quand il
se présentera — car je sais qu'il se présentera — il
m'entendra les lui rappeler.

101 Qu'il vienne seulement, qu'il déploie tout son
rouleau de manuscrits où, je puis lui en donner la preuve
évidente, Erucius lui a rédigé en entier le texte de sa
déposition. Ce rouleau, on dit qu'il l'a dirigé comme une
arme contre Sex. Roscius, en le menaçant de dire à titre
de témoignage tout ce qui y est écrit. Quel admirable
témoin, juges ! quelle autorité, digne de ce que vous devez
attendre ! quelle vie honorable ! comme elle mérite que
vous vous empressiez de fonder d'après son témoignage
la sentence que vous rendrez sous la foi du serment !
Assurément, nous ne verrions pas si clair dans toutes leurs
mauvaises actions, s'ils n'avaient pas été eux-mêmes
frappés d'aveuglement par leur passion, leur avidité et
leur audace.

XXXVI **102** L'un, aussitôt après le meurtre, envoie un
messager ailé à Amérie, à son associé, pour mieux dire, à
son maître ; c'est en vain que tout le monde essaierait de
dissimuler que l'on sait quel est l'auteur du meurtre ; lui,
il tient à exposer son crime à découvert aux yeux de tout
le monde. L'autre, s'il plaît aux dieux immortels, va même
témoigner contre Sex. Roscius : comme si nous en étions
à nous demander s'il faut croire à ses paroles ou châtier
ses actes. Au reste, il a été établi par la coutume de nos
ancêtres que, dans les affaires de la plus petite importance, les hommes les plus considérables ne porteraient
pas témoignage, s'il s'agissait de leur propre cause.

(1) A une date incertaine de l'histoire de Rome, les citoyens de
plus de soixante ans, privés de leurs droits électoraux, étaient
écartés des passages *(pontes)* qui donnaient accès aux enclos
(singula consaepta) où l'on recueillait les votes de chaque tribu.
Roscius Capito avait précipité d'un des ponts du Tibre dans le
fleuve un citoyen de moins de soixante ans.

aliquot occiderit, multos ferro, multos ueneno. Habeo
etiam dicere quem, contra morem maiorum, minorem
annis LX, de ponte in Tiberim deiecerit. Qu*ae*, si prodierit atque adeo cum prodierit (scio enim proditurum
esse), audiet.

101 Veniat modo, explicet suum uolumen illud,
quod ei planum facere possum Erucium conscripsisse ;
quod aiunt illum Sex. Roscio intentasse et minitatum
esse se omnia illa pro testimonio esse dicturum. O praeclarum testem, iudices ! O grauitatem dignam exspectatione ! O uitam honestam atque eius modi ut liben-
tibus animis ad eius testimonium uestrum ius iurandum accommodetis ! Profecto non tam perspicue nos
istorum maleficia uideremus, nisi ipsos caecos redderet
cupiditas et auaritia et audacia.

XXXVI 102 Alter ex ipsa caede uolucrem nuntium
Ameriam ad socium atque ad*eo* magistrum suum misit
ut, si dissimulare omnes cuperent se scire ad quem
maleficium pertineret, tamen ipse apertum suum
scelus ante omnium oculos poneret. Alter, si dis immortalibus placet, testimonium etiam in Sex. Roscium
dicturus est ; quasi uero id nunc agatur, utrum is
quod dixerit credendum, an quod fecerit uindicandum
sit. Itaque more maiorum comparatum est ut in minimis rebus homines amplissimi testimonium de sua re
non dicerent. 103 Africanus, qui suo coghomine decla-
rat tertiam partem orbis terrarum se subegisse, tamen,
si sua res ageretur, testimonium non diceret ; nam

---

100 quae si *Navagero* : qui si *codd.*
101 minitatum *Hotman* ; mentatum Σ meditatum *cet.* ‖ nos
istorum ψ² : non istorum Σ istorum *cet.*
102 atque adeo *Eberhard* : atque ad *codd.* ‖ an quod : aut quod ψ
ac non quod *Jeep* ‖ Itaque *codd.* : ita *Schol.*

103 Scipion l'Africain, dont le surnom proclame qu'il a
conquis la troisième partie du monde, n'aurait pas cependant témoigné dans une affaire où ses intérêts auraient été
en question ; car, j'ose à peine le dire à propos d'un si
grand homme, s'il avait parlé, on n'aurait pas ajouté foi
à sa parole. Voyez aujourd'hui comme tout a changé et
empiré ! Alors qu'il s'agit d'une affaire de biens et de
meurtre, il va témoigner, celui qui est à la fois un dépeceur de biens et un coupeur de têtes ; je veux dire, celui
qui est l'acheteur et le possesseur de ces biens eux-mêmes
dont il s'agit, celui qui a fait tuer l'homme dont la mort
est l'objet de l'enquête.

104 Eh bien ! et toi, l'homme excellent, est-ce que tu as
aussi quelque chose à dire ? Ecoute-moi, fais attention
à ne pas te trahir toi-même. C'est aussi d'une affaire qui
t'est personnelle et qui est fort importante qu'il s'agit.
Tu as commis beaucoup de scélératesses, beaucoup d'im-
prudences, beaucoup d'improbités ; mais tu as commis
aussi une très grande sottise ; et c'est certainement de
toi-même, ce n'est pas d'après les avis d'Erucius : tu
n'avais aucun besoin de venir t'asseoir ici. Car personne
n'emploie ni un accusateur muet, ni un témoin qui se
lève du banc de l'accusateur. Ajoutez à cela que cette
passion qui vous anime se serait cependant un peu mieux
cachée et dissimulée. Maintenant, qu'y a-t-il qu'on
puisse désirer entendre de vous, puisque, en tout ce que
vous faites, vous agissez de telle sorte que vous semblez
mettre tous vos soins à agir pour nous contre vous-
mêmes ? **105** Eh bien ! donc, voyons maintenant, juges,
ce qui s'est passé immédiatement après le meurtre.

XXXVII. Le quatrième jour après que Sex. Roscius
avait été tué, la nouvelle de sa mort est apportée à Volaterres, dans le camp de L. Sylla, à Chrysogonus. Cher-
che-t-on encore qui a envoyé le messager ? N'est-il pas
évident que c'est le même homme qui avait envoyé un
messager à Amérie ? Chrysogonus s'occupe de faire mettre
en vente aussitôt les biens de Roscius ; or, il ne savait ni
qui était Roscius, ni ce que valaient ses biens. Mais comment l'idée lui est-elle venue de convoiter les propriétés

illud in talem uirum non audeo dicere : Si diceret, non
crederetur. Videte nunc quam uersa et mutata in peio-
rem partem sint omnia. Cum de bonis et de caede
agatur, testimonium dicturus est is qui et sector est
et sicarius, hoc est qui et illorum ipsorum bonorum
de quibus agitur emptor atque possessor est et eum
hominem occidendum curauit de cuius morte quaeritur.

104 Quid ? tu, uir optime, ecquid habes quod dicas ?
mihi ausculta : uide ne tibi desis ; tua quoque res per-
magna agitur. Multa scelerate, multa audac*i*ter, multa
improbe fecisti, unum stultissime, profecto tua sponte
non de Eruci sententia : nihil opus fuit te isti*c* *s*edere.
Neque enim accusatore muto, neque teste quisquam
utitur eo qui de accusatoris subsellio surgit. Huc accedit quod paulo tamen occultior atque tectior uestra
ista cupiditas esset. Nunc quid est quod quisquam
ex uobis audire desideret, cum quae facitis eius modi
sint ut ea dedita opera a nobis contra uosmet ipsos
facere uideamini ? **105** Age nunc, illa uideamus, iudices,
quae statim consecuta sunt.

XXXVII Ad Volaterras in castra L. Sullae mors Sex.
Rosci quadriduo quo is occisus est Chrysogono nuntia-
tur. Quaeritur etiam nunc quis eum nuntium miserit ?
Nonne perspicuum est eundem, qui Ameriam ? Curat
Chrysogonus ut eius bona ueneant statim ; qui non
norat hominem aut rem. At qui ei uenit in mentem
praedia concupiscere hominis ignoti, quem omnino

---

103 hominem *om. B.*
104 audaciter PRISC. : audacter *codd.* ‖ istic sedere *Hotman* :
isti credere *codd.* ‖ eiusmodi sint : eiusmodi sunt *B* ‖ a nobis ΣB :
a uobis *cet.* uobis *Gulielmius.*
105 ueneant χψ : ueniant *cet.*

d'un inconnu, d'un homme qu'il n'avait jamais vu en
aucune occasion ? Généralement, juges, quand vous
entendez raconter un fait de ce genre, vous dites tout de
suite : « Il faut que quelque habitant du municipe ou des
environs ait parlé ; ce sont eux qui, le plus souvent,
donnent des indications ; c'est par eux que, le plus souvent, on est trahi. » **106** Ici, juges, vous n'avez rien à
fonder sur des soupçons. Car je ne vais pas discuter ainsi :
« Ce sont vraisemblablement les Roscius qui ont dénoncé
à Chrysogonus l'existence de ces propriétés ; car ils avaient
avec lui depuis longtemps des liens d'amitié ; en effet,
alors qu'ils avaient hérité de leurs ancêtres beaucoup de
vieilles relations de patronage et d'hospitalité, ils ont cessé
toutes de les cultiver et de les respecter et ils sont allés se
placer sous la protection et dans la clientèle de Chrysogonus. »

107 Tout cela, je peux le dire sans m'écarter de la
vérité ; mais, dans la cause que je soutiens, je n'ai en rien
besoin de faire des conjectures. Ils ne nient pas eux-
mêmes, je le sais avec certitude, que c'est à leur instigation que Chrysogonus a acheté ces biens aux enchères.
Quand vous verrez de vos yeux celui qui a reçu la part
du dénonciateur, pourra-t-il, juges, vous rester des
doutes sur l'auteur de la dénonciation ? Quels sont donc
les gens à qui, dans ces biens, Chrysogonus a donné une
part ? Les deux Roscius. Et qui encore ? Personne, juges.
Peut-il donc être douteux que cette proie n'ait été offerte
à Chrysogonus par ceux qui en ont obtenu de lui une
partie ?

108 Eh bien ! donc, considérons maintenant la conduite
des Roscius d'après ce qu'en a jugé Chrysogonus lui-
même. Si, dans ce combat, les Roscius n'avaient pris
aucune peine qui méritât un salaire, pourquoi Chrysogonus les gratifiait-il de si grandes récompenses ? S'ils
n'ont accompli d'autre acte que leur dénonciation, ne
suffisait-il pas de les remercier ? Tout au plus, pour agir
avec la plus grande libéralité, de leur faire quelque présent à titre d'honoraire ? Pourquoi trois domaines d'un
si grand prix sont-ils donnés immédiatement à Capito ?

numquam uiderat ? Soletis, cum aliquid huiusce modi
audistis, iudices, continuo dicere : « Necesse est aliquem dixisse municipem aut uicinum ; ii plerumque
indicant, per eos plerique produntur. » 106 Hic nihil
est quod suspicione occupetis. Non enim ego ita dis-
putabo : « Veri simile est Roscios istam rem ad Chrysogonum detulisse ; erat enim iis cum Chrysogono
iam antea amicitia ; nam cum multos ueteres a maio-
ribus Roscii patronos hospitesque haberent, omnes eos
colere atque obseruare destiterunt ac se in Chrysogoni
fidem et clientelam contulerunt. »

107 Haec possum omnia uere dicere, sed in hac causa
coniectura nihil opus est ; ipsos certo scio non negare
ad haec bona Chrysogonum accessisse impulsu suo.
Si eum qui indici partem acceperit oculis cernetis,
poteritisne dubitare, iudices, qui indicarit ? Qui sunt
igitur in istis bonis quibus partem Chrysogonus dede-
rit ? Duo Roscii. Num quisnam praeterea ? Nemo est,
iudices. Num ergo dubium est quin ii obtulerint hanc
praedam Chrysogono, qui ab eo partem praedae tulerunt ?

108 Age nunc, ex ipsius Chrysogoni iudicio Rosciorum factum consideremus. Si nihil in ista pugna
Roscii quod operae pretium esset fecerant, quam ob
causam *a* Chrysogono tantis praemiis donabantur ?
Si nihil aliud fecerunt nisi rem detulerunt, nonne satis
fuit iis gratias agi, denique, ut perliberaliter ageretur,

105 audistis Σ : auditis *cet.*

106 suspicione occupetis *Madvig* : suspicionem hoc putetis
codd. suspicionem habere putetis *Rinkes* ‖ Roscios Σ : Roscium *cet.*

107 indici : iudiciuae Σ indiciue *A* iudicine φ iudici ut ω indici
causa *Clark* ‖ cernetis : —nentes Σ —nitis *A*ψ.

108 a Chrysogono *ed. Asc.* 1511 : Chrysogono *codd.*

Pourquoi ce T. Roscius possède-t-il tout le reste en commun avec Chrysogonus ? N'est-il pas évident, juges, que c'est en connaissance de cause que Chrysogonus a concédé aux Roscius ces dépouilles conquises sur l'ennemi ?

XXXVIII **109** Capito vient au camp ; il est au nombre des dix premiers de l'ordre des décurions qui sont délégués. La vie entière, le caractère, la moralité de cet homme, connaissez-les par la conduite même qu'il a tenue dans cette délégation. Si vous ne vous rendez pas compte qu'il n'est aucun devoir, aucun droit si sacré, si pur, que sa scélératesse et sa perfidie n'aient violé et détruit, jugez donc alors que c'est un très honnête homme. **110** Il fait obstacle à ce que Sylla soit instruit dans cette affaire ; il révèle à Chrysogonus les desseins et les intentions des autres délégués ; il l'avertit de prendre ses mesures pour que l'affaire ne se traite pas publiquement ; il lui fait voir que, si la vente des biens est annulée, il perdra de grandes richesses et qu'il courra lui-même risque de la vie ; il stimule Chrysogonus, il trompe les citoyens d'Amérie qui ont été envoyés en délégation avec lui ; celui-ci, il lui répète sans cesse l'avertissement de se tenir sur ses gardes ; ceux-là, il leur met insidieusement devant les yeux des espérances trompeuses ; avec celui-ci il forme des projets contre ceux-là ; les projets de ceux-là, il les révèle à celui-ci ; il traite avec celui-ci de la part qui lui reviendra dans les biens ; quant à ceux-là, en se fondant toujours sur le prétexte de quelque retard, il leur ferme tout accès auprès de Sylla. En définitive, par ses conseils, par son influence, par son opposition (1), il empêche les délégués de s'adresser à Sylla ; déçus dans leur confiance ou plutôt trompés par sa perfidie — vous pourrez l'apprendre d'eux-mêmes, si l'accusateur veut les appeler en témoignage — au lieu d'un résultat certain, ils ne rapportent chez eux qu'une espérance trompeuse. **111** Dans les affaires privées, celui qui s'était acquitté

---

(1) Le mot *intercessor*, appliqué à Roscius Capito, exprime une idée analogue à celle qu'on attache à l'*intercessio* d'un tribun de la plèbe ; cette *intercessio* paralyse le décret du magistrat.

honoris aliquid haberi ? Cur tria praedia tantae pecuniae statim Capitoni dantur ? Cur quae reliqua sunt
iste *T*. Roscius omnia cum Chrysogono communiter
possidet ? Nonne perspicuum est, iudices, has manu-
bias Rosciis Chrysogonum, re cognita, concessisse ?

XXXVIII 109 Venit in decem primis legatus in castra Capito. Totam uitam, naturam moresque hominis
ex ipsa legatione cognoscite. Nisi intellexeritis, iudices,
nullum esse officium, nullum ius tam sanctum atque
integrum quod non eius sce*lus* atque perfidia uiolarit
et imminuerit, uirum oplimum esse eum iudicatote.
110 Impedimento est quo minus de his rebus Sulla
doceatur ; ceterorum legatorum consilia et uoluntatem
Chrysogono enuntiat ; monet ut prouideat ne palam
res agatur ; ostendit, si sublata sit uenditio bonorum,
illum pecuniam grandem amissurum, sese capitis periculum aditurum ; illum acuere, hos qui simul erant
missi fallere, illum identidem monere ut caueret, hisce
insidiose spem falsam ostendere, cum illo contra hos
inire consilia, horum consilia illi enuntiare, cum illo
partem suam depecisci, hisce aliqua fretus mora semper omnes aditus ad Sullam intercludere. Postremo,
isto hortatore, auctore, intercessore, ad Sullam legati
non adierunt ; istius fide ac potius perfidia decepti,
id quod ex ipsis cognoscere poteritis, si accusator
uoluerit testimonium iis denuntiare, pro re certa spem
falsam domum rettulerunt. 111 In priuatis rebus, si
qui rem mandatam non modo malitiosius gessisset, sui

108 T. *add. Richter.*
109 Capito : Capito.. Σ Capito. Vos *Clark* ‖ eius scelus *ed. R.
Estienne* 1538 : eiusce uis *codd.*
110 fretus mora *w* : fretumora Σ fretum ora (hora π²σχ) *œet.*
facta mora *Manuzio* ficta mora *Gronow.*

d'un mandat, je ne dis pas avec mauvaise foi dans un
but de gain ou d'intérêt personnel, mais simplement avec
trop de négligence, celui-là, nos ancêtres estimaient qu'il
s'était conduit de la manière la plus déshonorante. Aussi
a-t-on institué l'action de mandat, dont l'effet n'est pas
moins infamant que celui de l'action intentée contre le
vol. Si l'on a institué cette action, c'est, je crois, parce que,
lorsque nous ne pouvons être personnellement présents
dans une affaire, nous avons recours à la fidélité de nos
amis pour nous suppléer ; celui qui viole cette fidélité
s'attaque à ce qui est le soutien commun de tous les
citoyens et met, autant qu'il est en son pouvoir, le désordre
dans la vie sociale. Car nous ne pouvons tout faire par
nous-mêmes ; et chacun dans sa partie peut se rendre plus
utile que d'autres. Si l'on se procure des amis, c'est bien
pour qu'un échange de bons offices serve l'intérêt commun. **112** Pourquoi accepter un mandat, si tu dois le
négliger ou en détourner l'exécution pour le remplir à
ton profit ? Pourquoi t'offres-tu à me servir, moi et mes
intérêts, et pourquoi, en feignant de me prêter tes bons
offices, m'apportes-tu une gêne et un obstacle ? Ote-toi
de mon chemin ; j'aurai recours à un autre que toi pour
mes transactions. Tu te charges du fardeau d'un devoir
que tu te crois capable de supporter et qui semble très
lourd aux hommes mêmes qui n'ont pas la moindre
légèreté de caractère.

XXXIX Voilà pourquoi celui qui n'a pas rempli son
mandat commet une faute infamante : il viole, en effet,
deux choses très sacrées, l'amitié et la bonne foi ; car on
ne donne guère mandat qu'à un ami et on ne se fie qu'à
celui que l'on croit de bonne foi. C'est donc le fait d'un
homme absolument perdu d'honneur que de détruire
l'amitié et de tromper en même temps celui qui n'aurait
subi aucun dommage s'il n'avait pas eu confiance.
113 Peut-on l'admettre ? Alors que celui qui aura négligé
de remplir son mandat dans des affaires de minime importance doit être nécessairement condamné à la suite d'une
procédure des plus infamantes, celui qui, dans une affaire
aussi grave, où la réputation du père mort et la fortune

quaestus aut commodi causa, uerum etiam neglegen-
tius, eum maiores summum admisisse dedecus existimabant. Itaque mandati constitutum est iudicium
non minus turpe quam furti, credo, propterea quod
quibus in rebus ipsi interesse non possumus, in iis
operae nostrae uicaria fides amicorum supponitur;
quam qui laedit, oppugnat omnium commune praesidium et, quantum in ipso est, disturbat uitae societatem. Non enim possumus omnia per nos agere ; alius
in alia est re magis utilis. Idcirco amicitiae compa-
rantur, ut commune commodum mutuis officiis guber-
netur. **112** Quid recipis mandatum, si aut neglecturus
aut ad tuum commodum conuersurus es ? Cur mihi te
offers ac meis commodis officio simulato officis et
obstas ? Recede de medio ; per alium transigam. Sus-
cipis onus offici quod te putas sustinere posse ; quod
maxime uidetur graue iis qui minime ipsi leues sunt.

XXXIX Ergo idcirco turpis haec culpa est, quod
duas res sanctissimas uiolat, amicitiam et fidem. Nam
neque mandat quisquam fere, nisi amico ; neque cre-
dit, nisi ei quem fidelem putat. Perditissimi est igitur
hominis simul et amicitiam dissoluere et fallere eum
qui laesus non esset, nisi credidisset. **113** Itane est ?
in minimis rebus qui mandatum neglexerit, turpissimo
iudicio condemnetur necesse est, in re tanta cum is
cui fama mortui, fortunae uiui commendatae sunt
atque concreditae, ignominia mortuum, *inopia uiuum*
adfecerit, is inter honestos homines atque adeo inter
uiuos numerabitur ? In minimis priuatisque rebus

111 in iis : in his *Aφψ om. B* ‖ in alia est re *codd.* : in alia re
Schol.
112 posse : non posse *Kayser* ‖ maxime *Dobree* : minime *codd.*
113 inopia uiuum *add. Halm*

du fils vivant lui étaient confiées et remises sans réserve,
a frappé le mort d'ignominie et réduit le vivant à la
misère, celui-là sera compté au nombre des honnêtes
gens, ou même au nombre des vivants ? Dans les affaires
d'importance minime et dans les affaires privées, le fait
même d'avoir été négligent dans l'accomplissement d'un
mandat expose à une accusation et à un procès infamants,
parce que, si tout se fait dans les règles, c'est le mandant
qui doit se désintéresser de l'affaire et non celui qui a
accepté le mandat. Celui qui, chargé de s'acquitter d'une
importante mission publique, a, non pas porté tort par
sa négligence à quelque intérêt privé, mais profané par
sa perfidie le caractère sacré de la délégation elle-même
et l'a flétri d'une tache d'infamie, de quel châtiment
enfin subira-t-il la peine, à la suite de quelle instance
sera-t-il condamné ?

114 Si Sex. Roscius lui avait donné à titre privé mandat de traiter et de s'arranger avec Chrysogonus et, au
cas où il le jugerait à propos, d'engager sa parole pour
cette transaction ; si, après avoir accepté cette mission,
Capito avait, à la suite de cette négociation, détourné à son
profit la plus petite somme, n'aurait-il pas été condamné
à la restitution par l'arbitre qui statue sur le mandat (1)
et n'aurait-il pas perdu toute considération ?

115 Or, dans la question présente, ce n'est pas Sex.
Roscius qui lui a donné mandat ; mais — le fait est beaucoup plus grave — c'est une décision publique des décurions qui a donné mandat à T. Roscius de s'occuper de
Sex. Roscius, de sa réputation, de sa vie, de tous ses biens.
Et de tout ce qui a été confié à la garde de ce T. Roscius,
ce n'est pas quelque petite partie insignifiante qu'il a
détournée à son profit : non, il a dépouillé complètement
Sex. Roscius. Pour sa part, il s'est fait attribuer à lui-
même trois domaines. Il a tenu aussi peu de compte des
intentions des décurions et de tous les citoyens de son
municipe que de ses propres engagements d'honneur.

XL **116** Mais, juges, continuez à examiner ses autres
actes : vous vous rendrez compte qu'il est impossible
d'imaginer une mauvaise action dont cet homme ne se

etiam neglegentia mandati in crimen iudiciumque
infamiae *uocatur*, propterea quod, si recte fiat, illum
neglegere oporteat qui mandarit, non illum qui mandatum receperit ; in re tanta quae publice gesta atque
commissa sit, qui non neglegentia priuatum aliquod
commodum laeserit, sed perfidia legationis ipsius
caerimoniam polluerit maculaque adfecerit, qua is
tandem poena adficietur aut quo iudicio damnabitur ?

114 Si hanc ei rem priuatim Sex. Roscius mandauisset
ut cum Chrysogono transigeret atque decideret, inque
eam rem fidem suam, si quid opus esse putaret, inter-
poneret, ille qui sese facturum recepisset, nonne, si ex
eo negotio tantulum in rem suam conuertisset, damna-
tus per arbitrum et rem restitueret et honestatem
omnem amitteret ?

115 Nunc non hanc ei rem Sex. Roscius mandauit,
sed, id quod multo grauius est, ipse Sex. Roscius cum
fama, uita bonisque omnibus a decurionibus publice
T. Roscio mandatus est ; et ex eo T. Roscius non
paululum nescio quid in rem suam conuertit, sed hunc
funditus euertit bonis, ipse tria praedia sibi depectus
est, uoluntatem decurionum ac municipum omnium
tantidem quanti fidem suam fecit.

XL **116** Videte iam porro cetera, iudices, ut intelle-
gatis fingi maleficium nullum posse quo iste sese non
contaminarit. In rebus minoribus socium fallere turpissimum est aequeque turpe atque illud de quo ante

---

113 mandati in crimen *s* : in crimen mandati *cet.* ‖ infamiae
Dupuy : in fama Σ*s* infamia *cet.* infame *Lambin* ‖ uocatur
Lambin : reuocatur *codd.*
114 esse putaret : esset *B* ‖ ille qui : illeque *Madvig.*
115 T. Roscio *Schütz* : Roscio *codd. del. Hotman* ‖ paululum :
paulum σχψ.

soit pas souillé. C'est une très grande honte que de tromper
un associé dans des affaires de médiocre importance ; c'est
une aussi grande honte que de se rendre coupable de la
déloyauté dont je viens de parler. Et c'est justice ; car
on pense s'adjoindre une aide, quand on fait cause commune avec quelqu'un. En qui aura-t-on confiance, si
l'on est lésé par celui à qui on a donné sa foi ? Il faut
punir avec la plus grande rigueur les délits contre lesquels
il est le plus difficile de prendre des précautions. Nous
pouvons être discrets avec les étrangers ; mais il est de
toute nécessité que nos intimes voient plus clairement
dans beaucoup de nos actions. Comment pouvons-nous
prendre des précautions avec un associé, puisque l'inquiétude même qu'il nous inspire est une offense aux lois du
devoir ? C'est donc avec raison que nos ancêtres ont
estimé que celui qui aurait trompé son associé ne devait
pas être compté au nombre des gens de bien.

117 Mais, certes, ce n'est pas seulement un associé que
T. Roscius a trompé dans une affaire d'argent : délit
grave, assurément, mais qui peut cependant paraître en
quelque sorte supportable. Ce sont neuf hommes, très
honorables, qui lui étaient associés pour la même mission, pour la même délégation, pour l'accomplissement du
même devoir et des mêmes mandats, qu'il a induits en
erreur, qu'il a déçus, à qui il a manqué de parole, qu'il a
livrés à leurs adversaires, qu'il a trompés par tous les
genres de fraude et de perfidie. Ces hommes n'ont pu avoir
le moindre soupçon de sa scélératesse ; ils n'ont dû concevoir aucune crainte du côté de celui qui leur était associé
dans le même devoir ; ils n'ont pas vu sa méchanceté ; ils
ont ajouté foi à son langage trompeur. Et voilà pourquoi,
par le fait des menées insidieuses de ce T. Roscius, on
estime maintenant que ces hommes si honorables ont
manqué de précautions et de prévoyance. Et lui, qui a
commencé par être un traître avant de devenir un transs-
fuge, lui qui d'abord a dénoncé les intentions de ses
associés à leurs adversaires et a formé ensuite une association avec ces adversaires eux-mêmes, le voici encore qui
nous effraie, qui nous menace, lui qui est pourvu de trois

dixi ; neque iniuria, propterea quod auxilium sibi se
putat adiunxisse qui cum altero rem communicauit.
Ad cuius igitur fidem confugiet, cum per eius fidem
laeditur cui se commiserit ? Atque ea sunt animad-
uertenda peccata maxime, quae difficillime prae-
cauentur. Tecti esse ad alienos possumus, intimi multa
apertiora uideant necesse est ; socium cauere qui possumus ? quem etiam si metuimus, ius offici laedimus.
Recte igitur maiores eum qui socium fefellisset in
uirorum bonorum numero non putarunt haberi oportere.

117 At uero T. Roscius non unum rei pecuniariae
socium fefellit, quod, tametsi graue est, tamen aliquo
modo posse ferri uidetur ; uerum nouem homines
honestissimos, eiusdem muneris, legationis, offici man-
datorumque socios, induxit, decepit, destituit, aduersariis tradidit, omni fraude et perfidia fefellit ; qui de
eius scelere suspicari nihil potuerunt, socium offici
metuere non debuerunt, eius malitiam non uiderunt,
orationi uanae crediderunt. Itaque nunc illi homines
honestissimi propter istius insidias parum putantur
cauti prouidique fuisse ; iste, qui initio proditor fuit,
deinde perfuga, qui primo sociorum consilia aduersariis enuntiauit, deinde societatem cum ipsis aduersariis coiit, terret etiam nos ac minatur tribus praediis,
hoc est praemiis sceleris, ornatus. In eius modi uita,
iudices, in his tot tantisque flagitiis hoc quoque maleficium de quo iudicium est reperietis.

118 Etenim quaerere ita debetis : ubi multa auare,

116 atque ea : atqui ea σχψ.
117 de eius (eius *exp.* π) scelere suspicari *cet.* : de eius scelere
suspicari eius Σ de scelere suspicari eius *Clark* ‖ coiit σχω : coit
cet. ‖ minatur ; .. minatur Σ *unde Clark coni.* dominatur,

propriétés qui sont le prix de son crime. Dans une telle vie, juges, dans un si grand nombre de si honteuses infamies, vous trouverez aussi le crime qui fait l'objet de cette instance.

118 Et voici, en vérité, comment vous devez procéder dans votre enquête : partout où vous verrez abonder les faits d'avidité, d'audace, d'improbité, de perfidie, c'est là aussi, réfléchissez-y bien, que le crime se cache au milieu de toutes ces infamies. Que dis-je ? Il ne se cache pas le moins du monde, il se produit si bien au grand jour, il s'expose si nettement à tous les yeux, qu'il n'est pas besoin des autres mauvaises actions dont on a la certitude que cet homme est coupable pour en établir la réalité ; mais que, si l'on pouvait douter de quelqu'une de ces mauvaises actions, ce crime même suffirait à le convaincre de tous les autres. Quelle est enfin votre opinion, juges, je vous le demande ? Ce maître gladiateur vous paraît-il avoir déposé son glaive ? L'élève que voici vous paraît-il le céder le moins du monde au maître dans l'exercice de leur art ? Leur avidité est pareille ; leur improbité semblable ; c'est la même impudence ; leurs audaces sont jumelles.

XLI 119 Et maintenant, puisque vous avez appris quelle est la bonne foi du maître, apprenez quelle est l'équité de l'élève. J'ai déjà dit auparavant qu'on leur a plusieurs fois réclamé deux esclaves pour les mettre à la question. Toi, T. Roscius, tu as toujours refusé. Je te le demande : « Ceux qui faisaient cette réclamation étaient-ils indignes d'obenir ce qu'ils sollicitaient ? Celui en faveur de qui ils réclamaient n'excitait-il pas ton émotion ? Leur réclamation elle-même te paraissait-elle injuste ? » Ceux qui faisaient cette réclamation étaient les hommes les plus nobles et les plus intègres de notre cité ; j'ai déjà dit leurs noms. Leur vie a toujours été telle et l'estime en laquelle le peuple romain les tient est telle que, quelque chose qu'ils puissent dire, il n'y aurait eu personne pour penser que ce qu'ils disaient n'était pas conforme à l'équité. Celui en faveur de qui ils réclamaient était le plus misérable et le plus malheureux des

multa audacter, multa improbe, multa perfidiose facta
uidebitis, ibi scelus quoque latere inter illa tot flagitia
putatote. Tametsi hoc quidem minime latet, quod ita
promptum et propositum est, ut non ex illis maleficiis
quae in illo constat esse, hoc intellegatur, uerum ex
hoc etiam si quo de illorum forte dubitabitur, conuin-
catur. Quid tandem, quaeso, iudices ? num aut ille
lanista omnino iam a gladio recessisse uidetur aut hic
discipulus magistro tantulum de arte concedere ? Par
est auaritia, similis improbitas, eadem impudentia,
gemina audacia.

XLI **119** Etenim, quoniam fidem magistri cognostis, cognoscite nunc discipuli aequitatem. Dixi iam
antea saepe numero postulatos esse ab istis duos seruos
in quaestionem. Tu semper, T. Rosci, recusasti. Quaero
abs te : « Iine, qui postulabant, indigni erant qui impe-
trarent, an is te non commouebat pro quo postulabant,
an res ipsa tibi iniqua uidebatur ? » Postulabant homines nobilissimi atque integerrimi nostrae ciuitatis,
quos iam antea nominaui ; qui ita uixerunt talesque
a populo Romano putantur ut, quicquid dicerent,
nemo esset qui non aequum putaret. Postulabant
autem pro homine miserrimo atque infelicissimo, qui
uel ipse sese in cruciatum dari cuperet, dum de patris
morte quaereretur. **120** Res porro abs te eius modi
postulabatur ut nihil interesset, utrum eam rem recu-
sares an de maleficio confiterere. Quae cum ita sint,

---

118 constat *ed. Ven.* 1471 : constant *codd.* ‖ si quo de *Guliel-*
mius : si quod de *codd.* si quod *ed. Asc.* 1522 ‖ dubitabitur : —tatur
Aℑχψ[1] ‖ gladio recessisse *Madvig :* gladiatore cessisse *codd.*
gladiatura cessisse *Manuzio* ‖ hic discipulus *Schol.* : his discipulis
Aφ is discipulis Σπ[2] is discipulus *cet.*
119 cognostis : cognoscitis Aπσφ ‖ is te *Heusinger :* iste *codd.*

hommes ; il aurait été jusqu'à souhaiter d'être lui-même
livré à la torture, pourvu qu'on fît une enquête sur la
mort de son père. **120** Quant à la réclamation qu'on
t'adressait, elle était de telle nature qu'un refus de ta part
équivalait à l'aveu de ton crime. Puisqu'il en est ainsi,
je te demande quelle est la cause de ton refus. Au moment
du meurtre de Sex. Roscius, ils étaient sur les lieux. Ces
esclaves eux-mêmes, en ce qui me concerne, je ne les
accuse pas, je ne les disculpe pas non plus. Mais, quand
je vous vois opposer cette résistance à leur mise à la
question, cela me semble suspect. Et quant au fait que
vous les gardez auprès de vous et les tenez en telle considération, il prouve assurément qu'ils connaissent des
faits dont la révélation, s'ils parlaient, causerait votre
perte. « Il est contraire à la justice de mettre des esclaves
à la question pour obtenir d'eux un témoignage contre
leurs maîtres. » — Mais il ne s'agit pas de cela ; car c'est
Sex. Roscius qui est accusé ; si on met à son sujet les
esclaves à la question, ce n'est pas pour avoir un témoignage contre leurs maîtres, puisque vous dites que vous
êtes leurs maîtres. « Ils sont avec Chrysogonus. » Je le
crois volontiers : leur culture littéraire, leur urbanité
semble si séduisante à Chrysogonus que, parmi ses jeunes
esclaves, qui sont formés à tous les raffinements et à
tous les arts, qui ont été choisis dans tellement de maisons
des plus élégantes, il tienne à voir autour de lui ces hommes, qui ne sont guère que des manœuvres dressés à
Amérie par un père de famille campagnard.

121 Non, juges, il n'en est certainement pas ainsi ; il
n'est pas vraisemblable que Chrysogonus se soit épris
d'un amour passionné pour leur culture littéraire et la
distinction de leurs manières, qu'il ait pu reconnaître
leur diligence et leur fidélité dans l'administration de ses
affaires domestiques. Il existe quelque secret que l'on nous
cache ; ce secret, plus ils mettent eux-mêmes d'ardeur à le
tenir dans l'obscurité et à le soustraire à nos regards, plus
il devient apparent, plus il se manifeste au grand jour.

XLII **122** Qu'est-ce à dire ? Chrysogonus, pour tenir
sa mauvaise action cachée, ne veut pas que ces esclaves

quaero abs te quam ob causam recusaris. Cum occiditur Sex. Roscius, ibidem fuerunt. Seruos ipsos, quod ad me attinet, neque arguo neque purgo ; quod a uobis oppugnari uideo, ne in quaestionem dentur, suspiciosum est ; quod uero apud uos ipsos in honore tanto sunt, profecto necesse est sciant aliquid, quod si dixerint perniciosum uobis futurum sit. — In dominos quaeri de seruis iniquum est. — At *non* quaeritur ; Sex. enim Roscius reus est ; neque enim, cum de hoc quaeritur, *in dominos quaeritur* ; uos enim dominos esse dicitis. — Cum Chrysogono sunt. — Ita credo ; litteris eorum et urbanitate Chrysogonus ducitur, ut inter suos omnium deliciarum atque omnium artium puerulos ex tot elegantissimis familiis lectos uelit hos uersari, homines paene operarios, ex Amerina disciplina patris familiae rusticani.

121 Non ita est profecto, iudices ; non est ueri simile ut Chrysogonus horum litteras adamarit aut humanitatem, non ut rei familiaris negotio diligentiam cognorit eorum et fidem. Est quiddam, quod occultatur ; quod quo studiosius ab *istis* opprimitur et absconditur, eo magis eminet et apparet.

XLII 122 Quid igitur ? Chrysogonus suine malefici occultandi causa quaestionem de iis haberi non uult ? Minime, iudices ; non in omnes arbitror omnia conuenire. Ego in Chrysogono, quod ad me attinet, nihil eius modi suspicor ; neque hoc mihi nunc primum in mentem

---

120 oppugnari : repugnari *Dupuy* ‖ at non quaeritur *Büchner* : at ne quaeritur *codd.* anne quaeritur *ed Asc.* 1522 at ne quaeritur quidem in dominos *A. Klotz* ‖ in dominos quaeritur *add. Halm.*
121 istis *Halm* : ipsis *codd.*
122 suine *cod. Paris.* 6369 : tuine Σψ² tui *cet.* ‖ iis *Halm* : his *codd.* ‖ mihi nunc : mihi nunc mihi Σ.

soient mis à la question ? Pas le moins du monde, juges :
je n'estime pas que toutes les accusations doivent
s'adresser à tous. Pour moi, en ce qui me concerne, je n'ai
à l'égard de Chrysogonus aucun soupçon de ce genre ;
et ce n'est pas maintenant pour la première fois qu'il
me vient à l'esprit de le déclarer. Vous vous en souvenez,
au commencement de cette plaidoirie, j'ai ainsi divisé
la cause : d'abord l'accusation — toute la charge d'argu-
menter a été confiée à Erucius —, ensuite, le rôle de
l'audace, qui a été imposé aux Roscius. Tout ce qu'il y
aura de crime, de scélératesse, de meurtre, devra appar-
tenir en propre aux Roscius. Quant au crédit et au
pouvoir excessifs, qui, nous le déclarons, nous font obstacle en la personne de Chrysogonus, vous ne devez en
aucune manière les supporter ; et, puisque vous en
avez la puissance, il faut non seulement que vous leur
enleviez toute leur force, mais que vous les frappiez de
la vindicte des lois.

123 Voici quelle est mon opinion : celui qui veut que
l'on interroge les témoins qui, on le sait positivement,
étaient présents quand le meurtre a été commis, celui-là
désire que la vérité soit découverte. Celui qui s'y oppose
avoue certainement son crime par sa conduite, s'il n'ose
par ses paroles en faire la confession. J'ai dit en commen-
çant, juges, que je ne voulais pas insister sur la scélératesse de ces gens-là plus que la cause ne le réclamerait et
que la nécessité elle-même ne m'y forcerait. Car de nombreux griefs peuvent être apportés et chacun d'eux peut
être exposé avec de nombreux arguments. Mais, ce que
je fais malgré moi et contraint par la nécessité, je ne
peux mettre à le faire beaucoup de temps et beaucoup
de soin. Ce qui ne pouvait absolument être passé sous
silence, je l'ai indiqué, juges, sans insister. Ce qui repose
sur des soupçons — si je commençais à en parler, il me
faudrait bien des mots pour discuter cette question,
— je le remets à votre pénétration et à vos conjectures.

XLIII **124** J'arrive maintenant à ce nom de Chrysogonus, un nom d'or (1) : c'est sous ce nom que toute l'association s'est cachée. Ce nom, juges, comment le pro-

uenit dicere. Meministis me ita distribuisse initio causam : in crimen cuius tota argumentatio permissa Erucio est, et in audaciam cuius partes Rosciis impositae
sunt. Quicquid malefici, sceleris, caedis erit, proprium
id Rosciorum esse debebit. Nimiam gratiam potentiamque Chrysogoni dicimus et nobis obstare et perferri
nullo modo posse et a uobis, quoniam potestas data
est, non modo infirmari uerum etiam uindicari oportere.

123 Ego sic existimo, qui quaeri uelit ex iis, quos
constat, cum caedes facta sit, adfuisse, eum cupere
uerum inueniri ; qui *id* recuset, eum profecto, tametsi
uerbo non audeat, tamen re ipsa de maleficio suo confiteri. Dixi initio, iudices, nolle me plura de istorum
scelere dicere quam causa postularet ac necessitas ipsa
cogeret. Nam et multae res adferri possunt, et una
quaeque earum multis cum argumentis dici potest.
Verum ego, quod inuitus ac necessario facio, neque
diu neque diligenter facere possum. Quae prateriri
nullo modo poterant, ea leuiter, iudices, attigi, quae
posita sunt in suspicionibus, de quibus, si coepero
dicere, pluribus uerbis sit disserendum, ea uestris
ingeniis coniecturaeque committo.

XLIII **124** Venio nunc ad illud nomen aureum Chrysogoni, sub quo nomine tota societas *latuit* ; de quo,
iudices, neque quo modo dicam neque quo modo
taceam, reperire possum. Si enim taceo, uel maximam
partem relinquo ; sin autem dico, uereor ne non ille
solus, id quod ad me nihil attinet, sed alii quoque plures

---

122 causam : in causam Σ.
123 inueniri *Pluygers* : inuenire *codd.* ‖ qui id *Clark* : quid Σ
qui *cet.*
124 latuit *Madvig* : statuit *codd.*

noncer, comment le taire, je n'en trouve pas le moyen.
Si je me tais, je laisse de côté ce qui est de beaucoup
le plus important ; si je parle, je crains, non pas que
Chrysogonus seul, car cela ne m'intéresse en rien, mais
bien que beaucoup d'autres personnages aussi se jugent
offensés. Et, cependant, l'affaire est de telle nature
qu'il ne me semble pas avoir beaucoup à parler contre
la cause commune des dépeceurs de biens. Car notre
cause est assurément d'un caractère nouveau et spécial.
125 Chrysogonus est l'acheteur des biens de Sex. Roscius. Premier point à étudier : pourquoi les biens de
Sex. Roscius ont-ils été vendus ? comment même ont-ils
pu être vendus ? En posant la question, juges, je n'entends pas dire que la mise en vente des biens d'un innocent a été une indignité — si pareilles plaintes peuvent
se faire entendre et s'exprimer librement, Sex. Roscius
ne tenait pas dans l'Etat une place si considérable
qu'il y ait lieu de se plaindre spécialement à son sujet
— mais voici ce que je demande : comment, en vertu
de cette loi elle-même sur la proscription — loi Valeria
ou loi Cornelia, je l'ignore, je n'en sais rien (1), — en vertu,
quoi qu'il en soit, de cette loi elle-même, comment les
biens de Sex. Roscius ont-ils pu être mis en vente ?
126 Il est écrit, dit-on, dans cette loi : QUE L'ON METTE
EN VENTE LES BIENS OU DE CEUX QUI ONT ÉTÉ PROS-
CRITS — Sex. Roscius n'est pas de ce nombre — OU DE
CEUX QUI ONT ÉTÉ TUÉS DANS LES FORCES ARMÉES DE
NOS ADVERSAIRES. Tant qu'il y a eu des forces armées,
Roscius a fait partie des forces armées de Sylla. C'est
après que l'on eut déposé les armes que, en pleine paix
et à Rome, alors qu'il revenait de souper, il a été tué.
S'il a été tué en vertu de la loi, c'est aussi, je le confesse, en vertu de la loi que ses biens ont été mis en vente.
Mais, s'il est établi qu'il a été tué contrairement à toutes
les lois, non seulement les anciennes (2), mais même les
nouvelles, je demande de quel droit, comment, en vertu
de quelle loi ses biens ont été mis en vente.

XLIV 127 Contre qui ces paroles sont-elles dirigées ?
Tu veux le savoir, Erucius : ce n'est pas contre celui

laesos se esse putent. Tametsi ita se res habet ut mihi
in communem causam sectorum dicendum nihil magno
opere uideatur ; haec enim causa noua profecto et singularis est. **125** Bonorum Sex. Rosci emptor est Chrysogonus. Primum hoc uideamus ; eius hominis bona
qua ratione uenierunt, aut quo modo uenire potuerunt ? Atque hoc non ita quaeram, iudices, ut id dicam
esse indignum, hominis innocentis bona uenisse — si
enim haec audientur ac libere dicentur, non fuit tan-
tus homo Sex. Roscius in ciuitate ut de eo potissimum
conqueramur — uerum ego hoc quaero : Qui potuerunt
ista ipsa lege quae de proscriptione est, siue Valeria
est siue Cornelia — non enim noui nec scio — uerum
ista ipsa lege bona Sex. Rosci uenire qui potuerunt ?
126 Scriptum enim ita dicunt esse : VT AVT EORVM
BONA VENEANT QVI PROSCRIPTI SVNT ; quo in numero
Sex. Roscius non est : AVT EORVM QVI IN ADVERSA-
RIORVM PRAESIDIIS OCCISI SVNT. Dum praesidia ulla
fuerunt, in Sullae praesidiis fuit ; postea quam ab
armis recesserunt, in summo otio rediens a cena Romae
occisus est. Si lege, bona quoque lege uenisse fateor.
Sin autem constat contra omnes non modo ueteres
leges, uerum etiam nouas occisum esse, bona quo iure
aut quo modo aut qua lege uenierint, quaero.

XLIV **127** In quem hoc dicam quaeris, Eruci ? Non
in eum quem uis et putas ; nam Sullam et oratio mea
ab initio et ipsius eximia uirtus omni tempore pur-

---

125 emptor est *w :* emptorem *cet.* ‖ Chysogonus Σ : —gonum *cet.*
‖ ac libere : ac.. libere Σ aut libere σχψ ‖ ego hoc : ego A hoc *w* ‖
potuerunt ista : —rint ista Σ.

126 ut aut *Clark :* ut ut Σ ut *cet.* ‖ ueneant σ : ueniant *cet.* ‖
recesserunt : discesserunt ψ discepserunt σχ recessum est *ed.*
Ch. Estienne 1555 recessimus *Richter* ‖ si lege ψ² : lege *cet.* ‖
quo modo : quo more *Ernesti.*

que tu désires et que tu penses. Dès le commencement,
mon discours a disculpé Sylla, et son éminente vertu l'a
elle-même toujours disculpé. Je dis que Chrysogonus est
l'auteur de tout le mal qui a été fait ; je dis qu'il ne cessait de mentir, qu'il représentait faussement Sex. Roscius comme un mauvais citoyen, qu'il prétendait qu'il a
été tué dans les rangs ennemis, qu'il n'a pas permis que
L. Sylla fût instruit de ce qui en était par les délégués
des habitants d'Amérie. Enfin, je soupçonne même autre
chose, à savoir que les biens de Roscius n'ont pas été le
moins du monde vendus. Si vous voulez bien le permettre,
juges, cela sera démontré dans la suite de ce discours.

128 Je crois, en effet, que la loi fixe le jour où doivent
prendre fin les proscriptions et les ventes, à savoir, le
jour des calendes de juin. C'est quelques mois après que
Roscius a été tué et que les biens de Roscius auraient
été mis en vente. Assurément, ou les dits biens n'ont
produit aucune somme qui ait été inscrite sur les registres
de l'Etat et ce vaurien nous joue d'une manière plus
facétieuse que nous ne le pensons, ou, si ces biens ont
produit quelque chose, on a trouvé moyen de falsifier
les registres publics. Car il est évident que l'on n'a
certes pas pu vendre ces biens en vertu de la loi. Je me
rends compte, juges, que j'entreprends ces investigations avant le temps voulu, que je fais en quelque sorte
fausse route, moi qui vais panser une simple envie,
quand j'ai à sauver la tête de Sex Roscius (1). Car ce
n'est pas de son argent qu'il s'inquiète ; il ne tient aucun
compte de son intérêt ; il estime qu'il supportera facilement son indigence, s'il est libéré de cet indigne soupçon et de cette accusation mensongère. **129** Mais, je vous
en prie, juges, le peu qui me reste à vous dire, écoutez-
le avec la pensée que je plaide en partie pour moi-même,
en partie pour Sex. Roscius. Car, tout ce que je vois
moi-même de faits indignes et intolérables, de faits

_____

(1) Jeu de mots d'un goût douteux : un médecin ne perd pas son
temps à panser une simple envie à l'ongle d'un malade qu'une
blessure à la tête met en danger de mort. Cicéron doit sauver la
vie de Roscius, engagée dans un procès capital.

gauit. Ego haec omnia Chrysogonum fecisse dico, ut
ementiretur, ut malum ciuem *Sex.* Roscium fuisse
fingeret, ut eum apud aduersarios occisum esse diceret, ut hisce *de* rebus a legatis Amerinorum doceri
L. Sullam passus non sit. Denique etiam illud suspicor,
omnino haec bona non uenisse ; id quod postea, si per
uos, iudices, licitum erit, aperietur.

128 Opinor enim esse in lege quam ad diem pros-
criptiones uenditionesque fiant, nimirum Kalendas
Iunias. Aliquot post menses et homo occisus est et
bona uenisse dicuntur. Profecto aut haec bona in
tabulas publicas nulla redierunt, nosque ab isto nebu-
lone facetius eludimur quam putamus, aut, si redierunt, tabulae publicae corruptae aliqua ratione sunt ;
nam lege quidem bona uenire non potuisse constat.
Intellego me ante tempus, iudices, haec scrutari et
prope modum errare qui, cum capiti Sex. Rosci mederi
debeam, reduuiam curem. Non enim laborat de pecunia, non ullius rationem sui commodi ducit ; facile
egestatem suam se laturum putat, si hac indigna
suspicione et ficto crimine liberatus sit. **129** Verum
quaeso a uobis, iudices, ut haec pauca quae restant
ita audiatis ut partim me dicere pro me ipso putetis,
partim *pro* Sex. Roscio. Quae enim mihi ipsi indigna
et intolerabilia uidentur, quaeque ad omnes, nisi
prouidemus, arbitror pertinere, ea pro me ipso *ex*
animi mei sensu ac dolore pronuntio ; quae ad huius

127 Sex. *add. Ernesti* ‖ hisce de *ed. Asc.* 1522 : hisce *codd.* his
de *ed. R. Estienne* 1538.
128 reduuiam : redii uiam Σ ‖ curem *s Schol.* : cure (−ae *A*)
cet.
129 pro Sex. *ed. Rom.* 1471 *ed. Ven.* 1471 : Sex. *codd.* ‖ ex animi
Navagero : et animi *codd.*

qui, à mon avis, si nous n'y pourvoyons, peuvent compromettre l'intérêt commun, c'est pour moi-même,
en obéissant à mon propre sentiment et à la douleur
de mon âme, que je le proclame : ce qui se rapporte aux
malheurs de sa vie et à sa cause, ce qu'il veut qu'on
dise en sa faveur, les conditions dont il se contente,
juges, vous me l'entendrez exposer bientôt, à la fin de
mon discours.

XLV 130 Voici les questions que je pose à Chrysogonus en mon nom personnel ; je laisse de côté la cause
de Sex. Roscius : d'abord, pourquoi les biens d'un excellent citoyen ont-ils été mis en vente ; ensuite, pourquoi
a-t-on mis en vente les biens de cet homme qui n'était
ni du nombre des proscrits, ni du nombre de ceux qui
ont été tués dans les rangs du parti adverse, alors que ce
sont les seuls que vise la loi ; ensuite, pourquoi cette
vente a-t-elle eu lieu bien après le jour fixé par la loi ;
ensuite, pourquoi cette vente a-t-elle été faite à si bas
prix. Si, comme les affranchis sans valeur et sans probité ont coutume de le faire, Chrysogonus veut rejeter
sur son patron la responsabilité de tout cela, ce sera
peine perdue. Car il n'est personne qui ne le sache :
à cause de l'importance des affaires qui occupaient
Sylla, bien des gens ont, de leur chef, commis bien des
abus qu'il ignorait. 131 Est-ce à dire que nous trouvions
bon que des faits de cet ordre soient ignorés et demeurent
impunis ? Cela ne nous paraît pas bon, juges, mais
cela nous paraît inévitable. En effet, si Jupiter, le dieu
très bon et très grand qui, d'un signe de tête et à son
gré, gouverne le ciel, la terre et les mers, fait souvent
éprouver de graves dommages à l'humanité, soit par
l'impétuosité des vents et la violence des tempêtes, soit
par une chaleur excessive ou par un froid intolérable,
ruine les villes et détruit les moissons, nous n'imputons
aucun de ces désastres à une décision divine, nous les
attribuons à la force même et à la grandeur de la nature. Au contraire, les avantages dont nous usons, la
lumière dont nous jouissons, l'air que nous respirons,
sont, nous le voyons, des faveurs que Jupiter nous donne,

uitae casum causamque pertinent, et quid hic pro se
dici uelit et qua condicione contentus sit, iam in extrema
oratione nostra, iudices, audietis.

XLV 130 Ego haec a Chrysogono, mea sponte,
remoto Sex. Roscio, quaero : primum qua re ciuis
optimi bona uenierint, deinde qua re hominis eius qui
neque proscriptus, neque apud aduersarios occisus est,
bona uenierint, cum in eos solos lex scripta sit ; deinde
qua re aliquanto post eam diem uenierint, quae dies
in lege praefinita est ; deinde cur tantulo uenierint.
Quae omnia si, quem ad modum solent liberti nequam
et improbi facere, in patronum suum uoluerit con-
ferre, nihil egerit ; nemo est enim qui nesciat propter
magnitudinem rerum multa multos pr*iua*tim imprudente L. Sulla commisisse. 131 Placet igitur in his
rebus aliquid imprudentia praeteriri ? Non placet,
iudices, sed necesse est. Etenim si Iuppiter Optimus
Maximus, cuius nutu et arbitrio caelum terra ma-
riaque reguntur, saepe uentis uehementioribus aut
immoderatis tempestatibus aut nimio calore aut into-
lerabili frigore hominibus nocuit, urbes deleuit, fruges
perdidit, quorum nihil pernicii causa diuino consilio
sed ui ipsa et magnitudine rerum factum putamus, at
contra, commoda quibus utimur, lucemque qua frui-
mur, spiritumque quem ducimus, ab eo nobis dari
atque impertiri uidemus, quid miramur, *iudices*, L. Sul-

129 uitae casum causamque : uitae discrimen casumque *w*
uitae causamque ω uitae causam *Ruhnken* uitam causamque
Richter ‖ pertinent *Eberhard* : pertineant (—neat σφω) *codd.*
130 neque proscriptus *add. Hotman* ‖ priuatim imprudente
Garatoni : partim imprudente *codd.* partim improbante partim
imprudente *Clark.*
131 pernicii GELL. 9, 14, 19 NON. ; —cie *codd.* ‖ iudices *Schol.* :
om. *codd.*

auxquelles il nous fait participer : pourquoi donc nous
étonner, juges, alors que L. Sylla était seul à diriger la
République et à gouverner l'univers, alors qu'il affer-
missait déjà par les lois la majesté de l'empire qu'il
avait rétablie par les armes, s'il est quelques faits dont
il n'ait pu s'apercevoir ? Il faudrait donc s'étonner
que l'intelligence humaine ne parvienne pas à des
résultats où la puissance divine elle-même ne peut pas
arriver.

132 Mais laissons de côté le passé ; ce qui se produit
précisément à présent ne permet-il pas à n'importe qui
de comprendre que celui qui seul a tout combiné, tout
machiné, c'est Chrysogonus, qui s'est occupé de déférer
le nom de Sex. Roscius à la justice, Chrysogonus, pour
l'honneur duquel Erucius a déclaré se porter accusateur (1) ?...

---

(1) Pour suppléer la lacune qui se trouve ici dans tous les mss.,
les éditions récentes donnent le passage suivant fourni par le commentaire du Scholiaste dont on doit la première publication à
Gronovius :

Dans le quartier de Pallacine : *L'endroit où Roscius avait soupé.*
Il craint surtout : *C'est Sylla qu'il craint.*

Il détourne cependant la question et il prétend qu'il... : « *C'est à
dire qu'il rejette les soupçons sur un autre. Chrysogonus disait, en
effet :* « *Ce n'est pas parce que j'ai craint que les biens de Roscius me
fussent enlevés que j'ai ravagé ses domaines ; mais, comme je faisais
bâtir, c'est pour cela que j'en ai transporté quelque chose sur ma propriété de Véies.* »

Les garanties en immeubles qui étaient mises à ma disposition par ces domaines : *Les domaines, l'occasion dont il profite,
comme on dit :* « *Mets ce manuscrit à ma disposition.* »

Ici, je désire entendre ces gens-là : *Dans ce chapitre, il rend
odieuse la puissance de Chrysogonus, il énumère par le détail les
divers genres d'agréments dont il jouit, le grand nombre de biens qu'il
possède, ses esclaves, toutes propriétés que Chrysogonus, il le déclare,
a acquises par ses rapines.*

Iam, cum solus rem publicam regeret orbemque
terrarum gubernaret imperique maiestatem quam armis
receperat *ia*m legibus confirmaret, aliqua animad-
uertere non potuisse ? nisi hoc mirum est quod uis
diuina adsequi non possit, si id mens humana adepta
non sit.

132 Verum, ut haec missa faciam quae iam facta
sunt, ex iis quae nunc cum maxime fiunt, nonne quiuis
potest intellegere omnium architectum et machina-
torem unum esse Chrysogonum, qui Sex. Rosci nomen
deferendum curauit**, cuius honoris causa accusare
se dixit Erucius ?...

[*Desunt non pauca.*]

. . . .

In uico Pallacinae. *Locus ubi cenauerat Roscius.* —
Maxime metuit. *Sullam scilicet.* — Deriuat tamen et
ait se, *id est suspicionem suam in alium deducit. Hoc
enim dicebat Chrysogonus : «* Non quia timui ne mihi
tollerentur bona Rosci, ideo eius praedia dissipaui, sed,
quia aedificabam, in Veientanam ideo de his transtuli. »
— Manu praedia praediis. *Praediis, occasione, quem
ad modum dicimus : « fac ad manum illum codicem. »*
— Hic ego audire istos cupio. *In hoc capite de potentia
Chrysogoni inuidiam facit, ut enumeret singula deliciarum genera, quod habeat plures possessiones, man-
cipia, quae omnia dicit de rapinis ipsum habere. (Schol.
Gron., p. 436, 14.)*

131 iam *Clark* : tum Σ ut Απφω cum σχψ.
132 ex iis : ex his *B* ‖ nunc cum Σ : nunc *cet.* ‖ curauit *Madvig* :
curauit hoc iudicium *codd.*

XLVI... Ils estiment qu'ils possèdent une maison de
campagne confortable et à leur convenance, ceux qui
sont propriétaires dans le territoire des Sallentins ou
dans le Bruttium, d'où ils peuvent recevoir des nouvelles tout au plus trois fois dans l'année. 133 Cet
autre personnage, on le voit descendre du Palatin et de
sa belle habitation : il a pour son plaisir une propriété
d'agrément aux environs de Rome et, de plus, beaucoup de domaines, tous magnifiques et à proximité
de la ville ; sa maison est encombrée de vases de Corinthe et de Délos ; parmi tous ces vases est ce bouilleur
automatique (1) qu'il a récemment acheté à un prix si
élevé que les passants, en entendant le crieur public
faire le calcul de la somme, pensaient qu'il s'agissait
de la vente d'un fonds de terre. Et, en outre, ce qu'il y
a chez lui d'argenterie ciselée, de tapis, de tableaux,
de statues, de marbres, vous en faites-vous une idée ?
Naturellement il y en a tout autant qu'on a pu en ravir
à de nombreuses et opulentes familles et en entasser
dans une seule maison, à la suite des dégâts causés par
des troupes d'hommes rassemblés à cet effet (2). Quant
à ses esclaves, que vous dirai-je de leur nombre immense,
de la variété des professions qu'ils exercent ? 134 Je ne
parle pas de ces métiers vulgaires : cuisiniers, boulan-
gers, porteurs de litière. Mais, pour charmer son esprit
et ses oreilles, il a tellement d'artistes que, le jour et
pendant les festins qu'il donne la nuit, tout le voisinage
retentit du bruit harmonieux des voix, des instruments
à cordes et des flûtes. Quand on mène une telle vie,
juges, vous faites-vous une idée de ce que l'on dépense,
de ce que l'on prodigue chaque jour ? Et quels festins !
— honnêtes, je veux bien le croire, dans une maison de
ce genre, si l'on peut appeler la demeure de Chrysogonus
une maison plutôt qu'une officine de perversité et le
rendez-vous de tous les vices. 135 Et lui-même, juges,
vous voyez de quelle allure, les cheveux bien arrangés
et ruisselants de parfums, il va et il vient de tous côtés
sur le Forum, accompagné d'une troupe de clients qui
portent la toge du citoyen ; vous voyez ses airs de mépris

. . . .

XLVI... aptam et ratione dispositam se habere exis-
timant, qui in Sallentinis aut in Bruttiis habent, unde
uix ter in anno audire nuntium possunt. 133 Alter tibi
descendit de Palatio et aedibus suis ; habet animi
causa rus amoenum et suburbanum, plura praeterea
praedia neque tamen ullum nisi praeclarum et propinquum. Domus referta uasis Corinthiis et Deliacis
in quibus est authepsa illa, quam tanto pretio nuper
mercatus est, ut, qui praetereuntes quid praeco enumeraret audiebant fundum uenire arbitrarentur. Quid
praeterea caelati argenti, quid stragulae uestis, quid
pictarum tabularum, quid signorum, quid marmoris
apud illum putatis esse ? Tantum scilicet, quantum
e multis splendidisque familiis in turba et rapinis
coaceruari una in domo potuit. Familiam uero quan-
tam et quam uariis cum artificiis habeat, quid ego
dicam ? 134 Mitto hasce artes uulgares, coquos, pistores, lecticarios ; animi et aurium causa tot homines
habet, ut cotidiano cantu uocum et neruorum et tibia-
rum nocturnisque conuiuiis tota uicinitas personet.
In hac uita, iudices, quos sumptus cotidianos, quas
effusiones fieri putatis ? quae uero conuiuia ! Honesta,
credo, in eius modi domo, si domus haec habenda est
potius quam officina nequitiae ac deuersorium flagi-
tiorum omnium. 135 Ipse uero, quem ad modum com-
posito et delibuto capillo passim per forum uolitet cum

133 quid praeco enumeraret *Steinmetz* : q. p. enumerare σ q.
praeconum numerare Σ q. praeco enuntiare χ q. precium nuntiare
π q. praetium numerare (en—ψ²) *Aφψ¹ω* pecuniam numerare *B*
praeconem numerare *A. Klotz* ‖ in domo σχψ : in (ui *ABφ*) nemo
Σ*ABφπ* in uenio ω.
134 pistores *Navagero* : pict— *codd.* ‖ tot homines : h. t. *B* ‖
conuiuiis *codd.* : conuiciis *Paul* ‖ ac deuersorium : et d. φχψ¹ω.

pour tout le monde, lui qui n'admet la comparaison avec personne, lui qui se croit au comble du bonheur et de la puissance. Si je voulais vous rappeler tout ce qu'il fait, tout ce qu'il entreprend de faire, je craindrais, juges, que quelque homme peu informé estimât que j'ai voulu outrager la cause et la victoire de la noblesse. Et pourtant, je serais en droit de critiquer ce qui peut me déplaire dans ce parti. Car je ne crains point que personne estime que j'aie eu des sentiments défavorables à la cause de la noblesse.

XLVII **136** Ils le savent bien, ceux qui me connaissent : après m'être rendu compte que l'accord, objet de mes désirs les plus ardents, était impossible, j'ai travaillé dans la mesure de mon pouvoir médiocre et faible à assurer la victoire de ceux qui ont vaincu. Etait-il, en effet, quelqu'un qui pût ne pas voir qu'il s'agissait de la lutte pour le pouvoir entre les gens d'une humble condition et les hommes d'un rang élevé ? Dans ce combat, c'était faire acte de citoyen pervers que de ne pas se joindre à ceux dont le salut assurait la dignité de la République à l'intérieur et son autorité au dehors. C'est ce qui a été réalisé et chacun a recouvré les honneurs et le rang qui lui appartenaient ; je m'en réjouis, juges, j'en suis profondément heureux, et je me rends compte que tous ces résultats sont dus à la volonté des dieux, au zèle du peuple romain, à la sagesse, à l'autorité et au bonheur de L. Sylla. 137 On a sévi contre ceux qui ont combattu de tous leurs moyens dans le parti adverse ; à cela je ne trouve rien à reprendre. Les hommes de cœur qui ont fait preuve d'un zèle particulier dans les affaires publiques ont été honorablement récompensés ; pour ces récompenses je n'ai que des éloges. C'est, je le pense bien, dans l'espoir d'arriver à ces résultats que l'on a combattu ; et j'avoue que j'étais moi-même tout dévoué à ce parti. Mais si l'on n'a agi de la sorte, si l'on n'a pris les armes que pour donner aux derniers des hommes le moyen de s'enrichir du bien d'autrui et de se jeter sur la fortune des particuliers, s'il n'est permis non seulement d'exercer aucune action contre de

magna caterua togatorum, uidetis, iudices ; *uidetis* ut
omnes despiciat, ut hominem prae se neminem putet,
ut se solum beatum, solum potentem putet. Quae uero
efficiat, et quae conetur, si uelim commemorare, uereor,
iudices, ne quis imperitior existimet me causam nobilitatis uictoriamque uoluisse laedere. Tametsi meo iure
possum, si quid in hac parte mihi non placeat, uituperare ; non enim uereor ne quis alienum me animum
habuisse a causa nobilitatis existimet.

XLVII **136** Sciunt ii qui me norunt me pro *mea* tenui
infirmaque parte, postea quam id quod maxime uolui
fieri non potuit, ut componeretur, id maxime defen-
disse ut ii uincerent qui uicerunt. Quis enim erat qui
non uideret humilitatem cum dignitate de amplitudine
contendere ? Quo in certamine perditi ciuis erat non
se ad eos iungere quibus incolumibus et domi dignitas
et foris auctoritas retineretur. Quae perfecta esse et
suum cuique honorem et gradum redditum gaudeo,
iudices, uehementerque laetor, eaque omnia deorum
uoluntate, studio populi Romani, consilio et imperio
et felicitate L. Sullae gesta esse intellego. **137** Quod
animaduersum est in eos qui contra omni ratione
pugnarunt, non debeo reprehendere ; quod uiris for-
tibus quorum opera eximia in rebus gerendis exstitit
honos habitus est, laudo. Quae ut fierent idcirco pu-
gnatum esse arbitror, meque in eo studio partium fuisse
confiteor. Sin autem id actum est et idcirco arma
sumpta sunt, ut homines postremi pecuniis alienis locu-
pletarentur et in fortunas unius cuiusque impetum

---

135 uidetis *Reid* : et inuidetis iudices et unum (inium *in mg.*) Σ
etiam uidetis iudices *cet. om. B del. Manuzio.*
136 mea *Madvig* : illa *codd. Schol.*

tels crimes, mais même de prononcer aucune parole
qui les blâme : oh ! alors, au lieu de rétablir et de res-
taurer la prospérité du peuple romain, cette guerre n'a
servi qu'à le soumettre et à l'opprimer. **138** Mais il en
est tout autrement, juges ; rien de tel ne se produit.
Non seulement on ne portera aucune atteinte à la cause
de la noblesse en résistant à ces gens-là, mais, au contraire, on contribuera à sa gloire.

XLVIII Et, en effet, ceux qui veulent blâmer l'ordre
de choses actuel se plaignent du pouvoir excessif de
Chrysogonus ; ceux qui veulent le louer rappellent que
ce pouvoir ne lui a pas été concédé. Car il n'est plus
possible qu'il se trouve un homme qui ait assez peu
d'intelligence ou d'honnêteté pour dire : « Je voudrais
que cela fût permis ; j'aurais parlé ainsi. » — Il t'est
permis de parler. « J'aurais agi ainsi. » — Il t'est permis
d'agir ; personne ne t'en empêche. « J'aurais décidé
ceci. » — Décide, pourvu que ta décision soit correcte ;
tout le monde approuvera. « J'aurais jugé ainsi. » —
Tout le monde fera ton éloge, si tu juges correctement
et dans l'ordre.

139 Alors que cela était nécessaire et que la situation
même l'exigeait, un seul homme possédait tous les pouvoirs ; depuis que cet homme a créé des magistrats et
établi des lois, chacun a été rappelé à l'exercice de ses
fonctions et de son autorité. Ceux qui les ont recouvrées
peuvent, s'ils désirent les conserver, en rester investis à
jamais ; mais, s'ils viennent à commettre ou à approu-
ver ces meurtres, ces rapines, ces exagérations et ces
profusions de dépenses, je ne veux — pas même à titre
de présage — prononcer contre eux aucune parole qui
soit trop dure. Je me borne à dire ceci : notre noblesse,
telle que vous la voyez, devra nécessairement, si elle ne
fait preuve de vigilance, de bonté, de courage et de
miséricorde, abandonner les distinctions dont elle se
pare aux hommes chez qui on trouvera les qualités que
je mentionne.

140 Ainsi donc, qu'ils cessent enfin de prétendre que
l'on a mal parlé, quand on a parlé avec vérité et avec

facerent, et id non modo re prohibere non licet, sed ne
uerbis quidem uituperare, tum uero in isto bello non
recreatus neque restitutus, sed subactus oppressusque
populus Romanus est. 138 Verum longe aliter est ;
nil horum est, iudices. Non modo non laedetur causa
nobilitatis, si istis hominibus resistetis, uerum etiam
ornabitur.

XLVIII Etenim qui haec uituperare uolunt, Chrysogonum tantum posse queruntur ; qui laudare uolunt,
concessum ei non esse commemorant. Ac iam nihil est
quod quisquam aut tam stultus aut tam improbus sit
qui dicat : « Vellem quidem liceret ; hoc dixissem. »
Dicas licet. « Hoc fecissem. » Facias licet ; nemo pro-
hibet. « Hoc decreuissem. » Decerne, modo recte ;
omnes approbabunt. « Hoc iudicassem. » Laudabunt
omnes, si recte et ordine iudicaris.

139 Dum necesse erat resque ipsa cogebat, unus
omnia poterat ; qui postea quam magistratus creauit
legesque constituit, sua cuique procuratio auctori-
tasque est restituta. Quam si retinere uolunt ii qui
reciperarunt, in perpetuum poterunt obtinere ; sin has
caedes et rapinas et hos tantos tamque profusos sumptus aut facient aut approbabunt — nolo in eos grauius
quicquam ne ominis quidem causa dicere, unum hoc
dico : nostri isti nobiles nisi uigilantes et boni et fortes
et misericordes erunt, iis hominibus, in quibus haec
erunt, ornamenta sua concedant necesse est.

140 Quapropter desinant aliquando dicere male aliquem locutum esse, si qui uere ac libere locutus sit, desi-

137 in isto : isto *w Garatoni.*

138 laedetur *Angeli* : laeditur *codd.* || uolunt : uolent Σπφω ||
qui dicat : quid dicat Σ || decerne : decerne.. Σ decernere *A.*

139 uolunt : uolent *Richter* || ominis *Manuzio* : hominis *codd.*

indépendance ; qu'ils cessent de faire cause commune avec Chrysogonus et de croire, si Chrysogonus reçoit une blessure, qu'ils subissent eux-mêmes quelque atteinte ; qu'ils considèrent l'état de honte et de misère où ils se trouveraient, eux qui n'ont pas pu supporter l'éclatante distinction de l'ordre équestre (1), s'ils pouvaient supporter la domination du plus vil des esclaves. Cette domination, juges, se donnait jusqu'ici carrière autre part ; vous voyez maintenant quelle route elle se construit, quel chemin elle veut prendre : elle prétend arriver jusqu'à votre loyauté, jusqu'au serment que vous prêtez, jusqu'aux jugements que vous rendez, jusqu'à tout ce qui reste encore à peu près de sincère et de saint dans l'Etat. **141** Même ici, Chrysogonus pense-t-il posséder quelque pouvoir ? Même ici, veut-il être puissant ? Quelle douleur ! Quelle misère ! Et, par Hercule ! mon indignation ne vient pas de ce que je redoute qu'il ait quelque pouvoir : mais qu'il ait eu cette audace, mais qu'il ait eu l'espérance d'avoir auprès d'hommes aussi éminents quelque pouvoir pour perdre un innocent, voilà justement ce dont je me plains.

XLIX Ainsi donc, la noblesse, dont on attendait tellement, n'a reconquis par les armes et par le fer le gouvernement de la République que pour donner aux affranchis, aux vils esclaves des nobles la possibilité de faire ravage dans nos biens et dans nos fortunes ? **142** Si c'est là ce qu'on a voulu, j'avoue mon erreur, moi dont les préférences ont été pour le succès des nobles ; j'avoue ma folie, moi dont les sentiments ont été les leurs : si je n'ai pas pris les armes comme eux, juges, j'ai partagé toutefois leurs sentiments. Mais, si la victoire des nobles doit être une gloire et un avantage pour la République et pour le peuple romain, oh ! alors, il convient que mon langage fasse le plus grand plaisir aux meilleurs et aux plus nobles des citoyens. Que s'il est quelqu'un qui croie sa personne ou sa cause atteinte quand Chrysogonus est blâmé, celui-là ignore tout de sa cause, mais il se connaît lui-même parfaitement. Car la cause de la noblesse n'aura que plus d'éclat, si

nant suam causam cum Chrysogono communicare,
desinant, si ille laesus sit, de se aliquid detractum arbitrari ; uideant ne turpe miserumque sit eos, qui eques-
trem splendorem pati non potuerunt, serui nequissimi
dominationem ferre posse. Quae quidem dominatio,
iudices, in aliis rebus antea uersabatur, nunc uero
quam uiam munitet et quod iter adfectet uidetis, ad
fidem, ad ius iurandum, ad iudicia uestra, ad id quod
solum prope in ciuitate sincerum sanctumque restat.
141 Hicne etiam sese putat aliquid posse Chrysogonus ?
Hicne etiam potens esse uult ? O rem miseram atque
acerbam ! Neque me hercules hoc indigne fero, quod
uerear ne quid possit, uerum quod ausus est, quod
sperauit sese apud tales uiros aliquid posse ad perniciem innocentis, id ipsum queror.

XLIX Idcircone exspectata nobilitas armis atque
ferro rem publicam reciperauit ut ad libidinem suam
liberti seruulique nobilium bona fortunas*que* nostras
uexare possent ? 142 Si id actum est, fateor me errasse
qui hoc maluerim, fateor insanisse qui cum illis sen-
serim : tametsi inermis, iudices, sensi. Sin autem uictoria nobilium ornamento atque emolumento rei publicae populoque Romano debet esse, tum ucro optimo
et nobilissimo cuique meam orationem gratissimam
esse oportet. Quod si quis est qui et se et causam laedi
putet, cum Chrysogonus uituperetur, is causam ignorat,

140 quam uiam : qua uiam *Boemoraeus* ‖ quod iter : quo iter
Boemoraeus.
141 hicne etiam potens *Clark* : hic.. e. p. Σ hlc e. p. *cet.* ‖ posse
ad perniciem *s* : ad p. posse χψ ad perniciem *cet.* ‖ exspectata :
experrecta *Angeli* ‖ fortunasque nostras *Garatoni* : fortunas ues-
trasque nostras Σ f. uestras nostrasque σχ f. uestras atque nostras
cet. fortunas uitasque nostras *Luterbacher*.

tous les scélérats se voient opposer une résistance ; et tel personnage qui fait preuve de la plus grande improbité en favorisant Chrysogonus, qui pense qu'il y a communauté d'intérêts entre Chrysogonus et lui, reçoit l'atteinte la plus grave en se séparant d'une cause dont la gloire est éclatante.

Péroraison **143** Mais, je le répète, tout ce que je dis maintenant, je le dis en mon propre nom ; c'est l'intérêt de la République, c'est la douleur que j'éprouve, c'est la violation du droit par ces gens-là qui m'ont forcé à parler ainsi. Sex. Roscius ne s'indigne d'aucun de ces actes contraires au droit ; il n'accuse personne ; il ne se plaint aucunement d'avoir été dépouillé de son patrimoine. Dans son inexpérience des mœurs d'aujourd'hui, ce cultivateur, cet homme de la campagne croit que tout ce que vous prétendez être des actes de l'administration de Sylla a été fait suivant la coutume, la loi, le droit des gens (1). Ce qu'il désire, c'est de s'éloigner de votre tribunal, libéré de toute inculpation, déchargé de l'accusation d'un crime impie. **144** Que cet indigne soupçon disparaisse, il déclare qu'il se résignera à voir disparaître tous les avantages dont il jouissait. Il te le demande, Chrysogonus, il t'en prie : si de l'immense fortune de son père il n'a rien détourné à son profit, s'il n'a commis aucune fraude à ton égard, si c'est en pleine confiance qu'il t'a concédé, qu'il t'a compté, qu'il t'a pesé tout ce qu'il possédait, s'il t'a remis les vêtements dont il était couvert et l'anneau qu'il a retiré de son doigt, si, de tous ses biens, il n'a excepté que sa propre personne toute nue : veuille bien lui permettre de mener, lui qui n'a rien fait de mal, grâce aux secours de ses amis, une vie de mendiant.

L **145** Tu possèdes mes propriétés ; moi, je suis à la miséricorde d'autrui. Je cède absolument, car mon cœur se résigne, et c'est la nécessité. Ma maison, qui s'ouvre pour toi, m'est fermée ; je le supporte. Tu disposes de l'ensemble de mes gens, qui est considérable ; je n'ai pas un seul esclave : je le souffre et j'estime que je dois le

se ipsum probe ⁎ nouit ; causa enim splendidior fiet, si
nequissimo cuique resistetur, ille improbissimus Chrysogoni fautor qui sibi cum illo rationem communi-
catam putat laeditur, cum ab hoc splendore causae
separatur.

143 Verum haec omnis oratio, ut iam ante dixi, mea
est, qua me uti res publica, et dolor meus, et istorum
iniuria coegit. Sex. Roscius horum nihil indignum
putat, neminem accusat, nihil de suo patrimonio queritur. Putat homo imperitus morum, agricola et rusticus, ista omnia, quae uos per Sullam gesta esse dicitis,
more, lege, iure gentium facta ; culpa liberatus et crimine nefario solutus, cupit a uobis discedere. **144** Si
hac indigna suspicione careat, animo aequo se carere
suis omnibus commodis dicit. Rogat oratque te, Chrysogone, si nihil de patris fortunis amplissimis in suam
rem conuertit, si nulla in re te fraudauit, si tibi optima
fide sua omnia concessit, adnumerauit, appendit, si
uestitum quo ipse tectus erat anulumque de digito
suum tibi tradidit, si ex omnibus rebus se ipsum nudum
neque praeterea quicquam excepit, ut sibi per te liceat
innocenti amicorum opibus uitam in egestate degere.

L **145** Praedia mea tu possides, ego aliena misericordia uiuo ; concedo, et quod animus aequus est, et quia
necesse est. Mea domus tibi patet, mihi clausa est ;
fero. Familia mea maxima tu uteris, ego seruum habeo
nullum ; patior et ferendum puto. Quid uis amplius ?
quid insequeris, quid oppugnas ? qua in re tuam uolun-

---

142 probe nouit *Madvig* : prope non nouit *codd.*
143 Sex. *Madvig* : sed *codd.*
144 de digito *Boemoraeus* : dedit os *codd.*
145 aequus est et *Angeli* : aequus esset *codd.* ‖ maxima tu *w* :
maximat Σ maxima *cet.*

supporter. Que désires-tu de plus ? Pourquoi me poursuivre ? Pourquoi m'attaquer ? En quoi estimes-tu que
j'aie offensé tes désirs ? Où vois-tu de ma part une gêne
à tes intérêts ? En quoi suis-je pour toi un obstacle ? Si
c'est pour avoir ses dépouilles que tu veux la mort d'un
homme, cet homme tu l'as déjà dépouillé : qu'exiges-tu
de plus ? Si c'est pour cause d'inimitiés, quelles inimitiés
peux-tu avoir avec celui dont tu as possédé la propriété
avant de le connaître lui-même ? Si c'est la crainte, que
peux-tu craindre de celui que tu vois incapable de se
défendre lui-même contre une injure atroce (1) ? Si c'est
parce que les biens qui ont appartenu à Roscius sont
devenus ta propriété que tu tiens à perdre son fils, ne
montres-tu pas que tu redoutes — et moins que tout
autre tu ne devrais avoir pareille crainte — que les biens
qui leur viennent de leurs pères ne soient un jour rendus
aux enfants des proscrits ?

146 C'est une injure, Chrysogonus, de fonder plus
d'espérances pour la validité de ton achat sur la mort
de mon client que sur les actes que L. Sylla a accomplis.
Si tu n'as aucune raison de vouloir accabler ce misérable
d'une telle calamité, s'il t'a livré tous ses biens, excepté
sa vie, si de tout ce qui appartenait à son père, il n'a
rien détourné absolument, pas même à titre de souvenir,
par les dieux immortels ! qu'est-ce donc que cette excessive cruauté, qu'est-ce que cette nature féroce et inhu-
maine ? Quel homme de proie fut jamais assez criminel,
quel pirate assez barbare pour préférer arracher des
dépouilles ensanglantées, alors qu'il pouvait avoir la
proie entière sans verser de sang ? 147 Tu sais que cet
homme ne possède rien, qu'il n'ose rien, qu'il ne peut
rien, que jamais il n'a rien médité contre tes intérêts :
et, cependant, tu l'attaques, lui que tu ne peux pas
craindre, lui que tu ne dois pas haïr, lui à qui, tu le
vois, il ne reste rien que tu puisses lui arracher. Peut-
être cela te paraît-il une indignité de voir assis sur les
bancs de ce tribunal, recouvert d'un vêtement, cet
homme que tu as chassé de ses biens patrimoniaux aussi
nu qu'on l'est après avoir échappé à un naufrage. Comme

tatem laedi a me putas ? ubi tuis commodis officio ? quid
tibi obsto ? Si spoliorum causa uis hominem occidere,
spoliasti ; quid quaeris amplius ? Si inimicitiarum, quae
sunt tibi inimicitiae cum eo cuius ante praedia possedisti quam ipsum cognosti ? S*i* met*us*, ab eone aliquid
metuis quem uides ipsum ab se tam atrocem iniuriam
propulsare non posse ? Sin, *quod* bona quae Rosci fuerunt tua facta sunt, idcirco hunc illius filium studes
perdere, nonne ostendis id *te* uereri, quod praeter ceteros tu metuere non debeas, ne quando liberis proscriptorum bona patria reddantur ?

146 Facis iniuriam, Chrysogone, si maiorem spem
emptionis tuae in huius exilio ponis quam in iis rebus
quas L. Sulla gessit. Quod si tibi causa nulla est cur
hunc miserum tanta calamitate adfici uelis, si tibi
omnia sua praeter animam tradidit nec sibi quicquam
paternum ne monumenti quidem causa clam reseruauit,
per deos immortales ! quae ista tanta crudelitas est,
quae tam fera immanisque natura ? Quis umquam
praedo fuit tam nefarius, quis pirata tam barbarus, ut,
cum integram praedam sine sanguine habere posset,
cruenta spolia detrahere mallet ? **147** Scis hunc nihil
habere, nihil audere, nihil posse, nihil umquam contra
rem tuam cogitasse, et tamen oppugnas eum quem neque
metuere potes neque odisse debes nec quicquam iam
habere reliqui uides quod ei detrahere possis. Nisi hoc
indignum putas, quod uestitum sedere in iudicio uides,
quem tu e patrimonio tanquam e naufragio nudum
expulisti. Quasi uero nescias hunc et ali et uestiri a

145 si metus *Madvig* : sin metuis *codd.* ǁ quod bona *Navagero* : bona *codd.* ǁ debeas (a *sup. l.* Σ) : debebas *Heusinger.*
146 iis rebus π : his rebus *cet.* ǁ clam reseruauit *cod. Oxon. cod.
Palat.* : clare seruauit (reseruauit ψ²) *cet.*

si tu ignorais que ses aliments et ses vêtements lui sont
fournis par Caecilia, la fille du Baléarique, la sœur de
Nepos, cette femme si considérée, qui, elle qui avait
un très illustre père, des oncles paternels de la plus
haute distinction, un frère d'un mérite éminent, est
cependant arrivée par sa vertu, — elle, une femme, — à
donner aux hommes de sa famille une gloire aussi grande,
due aux éloges dont elle était digne, que l'honneur qui lui
venait à elle-même de leur position élevée dans l'Etat.

LI 148 Est-ce le zèle qu'on met à le défendre qui te
paraît être un crime indigne ? Crois-moi : si, en considération des liens d'hospitalité qui les unissaient à son
père et de la reconnaissance qu'ils lui doivent, tous
ceux qui furent ses hôtes voulaient bien être présents
ici et osaient le défendre librement, il aurait un nombre
suffisant de défenseurs ; mais si, en considération de la
gravité de l'injure, en considération de ce fait qu'en
l'accusant, on s'attaque aux intérêts essentiels de l'Etat,
tous voulaient tirer vengeance des actes qui ont été commis, par Hercule ! il ne vous serait pas permis de demeurer à la place où vous êtes. Les conditions dans lesquelles il est présentement défendu ne doivent certainement pas gêner ses adversaires, ni leur donner à penser
qu'ils sont vaincus par une puissance supérieure à la leur.

149 Pour la gestion de ses intérêts domestiques, Caecilia s'en charge ; quant à la conduite de ses affaires au
Forum et en justice, c'est M. Messalla, comme vous le
voyez, juges, qui l'a assumée. S'il en avait déjà l'âge et
la force, il plaiderait lui-même pour Sex. Roscius ;
comme son âge et sa modestie, qui en est la parure,
l'empêchent de plaider, il m'a confié cette cause : à
cause de lui, il s'en rendait compte, mon désir et mon
devoir étaient de la défendre. Personnellement, grâce à
sa présence assidue, à sa prudence, à son crédit, à son
activité, il a réussi à obtenir que la vie de Sex. Roscius,
arrachée des mains des dépeceurs de biens, fût remise
aux décisions des juges. Voilà, croyez-le bien, juges, la
noblesse pour laquelle la plus grande partie des citoyens
a pris les armes ; si l'on a agi ainsi, c'est pour rétablir

Caecilia Balearici filia, Nepotis sorore, spectatissima
femina, quae cum patrem clarissimum, amplissimos
patruos, ornatissimum fratrem haberet, tamen cum
esset mulier, uirtute perfecit ut, quanto honore ipsa
ex illorum dignitate adficeretur, non minora illis ornamenta ex sua laude redderet.

LI **148** An, quod diligenter defenditur, id tibi indignum facinus uidetur ? Mihi crede, si pro patris huius
hospitiis et gratia uellent omnes hui*c* hospites adesse et
auderent libere defendere, satis copiose defenderetur ;
sin autem pro magnitudine iniuriae proque eo, quod
summa res publica in huius periculo tentatur, haec
omnes uindicarent, consistere me hercule uobis isto in
loco non liceret. Nunc ita defenditur, non sane ut
moleste ferre aduersarii debeant neque ut se potentia
superari putent.

149 Quae domi gerenda sunt, ea per Caeciliam transi-
guntur, fori iudicique rationem *M.* Messal*l*a, ut uidetis,
iudices, suscepit ; qui, si iam satis aetatis ac roboris
haberet, ipse pro Sex. Roscio diceret. Quoniam ad
dicendum impedimento est aetas et pudor, qui ornat
aetatem, causam mihi tradidit, quem sua causa cupere
ac debere intellegebat, ipse adsiduitate, consilio, auctoritate, diligentia perfecit ut Sex. Rosci uita erepta de
manibus sectorum sententiis iudicum permitteretur.
Nimirum, iudices, pro hac nobilitate pars maxima ciuitatis in armis fuit ; haec acta res est ut i*i* nobiles resti-
tuerentur in ciuitatem qui hoc facerent quod facere

---

147 Balearici *Manuzio* : Baliaris *codd.*
148 hospitiis *ed. Ven.* 1471 : hospitis *codd.* ‖ huic *Eberhard* :
huius *codd.*
149 M. *add. Garatoni* ‖ Messalla *Lambin* : Messala *codd.* ‖ ut ii
Madvig : uti *codd.*

dans leurs droits de citoyens les nobles capables de faire
ce que vous voyez Messalla faire aujourd'hui, capables
de défendre l'existence civile d'un innocent, capables
de résister à l'injustice et de mieux aimer montrer
l'étendue de leur pouvoir en sauvant qu'en perdant leurs
concitoyens. Si tous ceux qui sont nés dans ce même
rang se conduisaient comme Messalla, la République
aurait moins à souffrir par leur faute et ils souffriraient
moins eux-mêmes de la haine dont ils sont l'objet.

LII **150** Mais, juges, si nous ne pouvons obtenir de
Chrysogonus qu'il se contente de notre fortune et qu'il
ne réclame pas notre vie ; s'il ne peut être amené, après
nous avoir dépouillé de tout ce qui nous appartenait
en propre, à ne pas désirer nous ravir encore la lumière
du jour, dont la jouissance appartient en commun à
tous ; si l'argent ne lui suffit pas pour assouvir son avidité, et si sa cruauté exige encore qu'on lui fournisse du
sang, il ne reste plus pour Sex. Roscius, ainsi que pour
la République, de refuge et d'espoir que dans les sentiments de bonté et de miséricorde que vous professiez
autrefois. Si ces sentiments restent les mêmes, nous
pouvons encore être sauvés. Mais si la cruauté, qui, ces
temps derniers, s'est donné carrière dans la République,
rend vos cœurs — certes, il ne peut en être ainsi — durs
et féroces, c'en est fait, juges. Mieux vaudrait passer
sa vie parmi les bêtes sauvages que de demeurer au
milieu d'une telle barbarie.

151 Le rôle que l'on vous a réservé, pour lequel on
vous a choisis, serait-il de condamner ceux que les
dépeceurs de biens et les sicaires n'auraient pu égorger ?
Les bons généraux ont coutume, au moment où ils
engagent le combat, de placer des soldats à l'endroit
vers lequel ils pensent que la fuite des ennemis se diri-
gera, pour que ces soldats puissent tomber à l'impro-
viste sur ceux des ennemis qui auraient fui de la ligne
de bataille. Ces acheteurs de biens prétendent apparemment agir de la même manière : ils pensent que des
hommes tels que vous siègent à cette place pour arrêter
les victimes qui se seraient échappées de leurs mains.

Messallam uidetis, qui caput innocentis defenderent, qui
iniuriae resisterent, qui quantum possent in salute
alterius quam in exitio mallent ostendere ; quod si
omnes qui eodem loco nati sunt facerent, et res publica
ex illis et ipsi ex inuidia minus laborarent.

LII **150** Verum si a Chrysogono, iudices, non impe-
tramus ut pecunia nostra contentus sit, uitam ne petat,
si ille adduci non potest ut, cum ademerit nobis omnia
quae nostra erant propria, ne lucem quoque hanc quae
communis est eripere cupiat, si non satis habet auaritiam suam pecunia explere, nisi etiam crudelitati
sangu*i*s prae*b*itus sit, unum perfugium, iudices, una spes
reliqua est Sex. Roscio, eadem qu*a*e rei publicae, uestra
pristina bonitas et misericordia. Quae si manet, salui
etiam nunc esse possumus ; sin ea crudelitas quae hoc
tempore in *re* public*a* uersata est uestros quoque animos
— id quod fieri profecto non potest — duriores acerbio-
resque reddit, actum est, iudices ; inter feras satius
est aetatem degere quam in hac tanta immanitate
uersari.

151 Ad eamne rem uos reseruati estis, ad eamne rem
delecti, ut eos condemnaretis quos sectores ac sicarii iugulare non potuissent ? Solent hoc boni imperatores facere,
cum proelium committunt, ut in eo loco quo fugam hos-
tium fore arbitrentur milites collocent, in quos si qui ex
acie fugerint de improuiso incidant. Nimirum similiter
arbitrantur isti bonorum emptores uos hic, tales uiros,
sedere, qui excipiatis eos, qui de suis manibus effugerint.

149 Messallam *Lambin* : Messalam *codd.* ‖ nati sunt σχψ : nati
sint *cet.*

150 crudelitati sanguis praebitus *Madvig* : crudelitate (−ti *A*)
sanguinis praeditus *codd.* crudelitati sanguine perlitarit *coni.*
Jean Le Clerc ‖ eadem quae *Navagero* : eademque *codd.* ‖ in re
publica *ed. Mediol.* : in rem publicam *codd.* ‖ reddit : reddidit ψ.

Fassent les dieux, juges, que votre conseil, auquel nos ancêtres ont tenu à donner le nom de conseil public, ne soit pas regardé comme le poste de soutien des dépeceurs de biens ! 152 Mais, juges, ne le comprenez-vous pas ? Il ne s'agit d'autre chose que de se défaire par n'importe quel moyen des enfants des proscrits ; on réclame que le premier exemple de ces exécutions soit donné par la sentence que vous rendrez sous la foi du serment dans l'accusation capitale intentée à Sex. Roscius. Quel est l'auteur du crime ? pouvez-vous en douter, quand vous voyez d'une part un dépeceur de biens, un ennemi, un sicaire, qui se fait maintenant accusateur, d'autre part, réduit à l'indigence, un fils estimé de tous ses proches, en qui on n'a pu reconnaître aucune culpabilité, sur qui même aucun soupçon n'a pu s'arrêter ? Ne le voyez-vous pas ? Il n'y a qu'un seul obstacle au salut de Roscius : les biens de son père ont été vendus.

LIII 153 Si vous prenez la responsabilité d'une pareille entreprise, si vous offrez vos services pour la faire réussir, si vous siégez ici pour qu'on amène devant vous les enfants de ceux dont les biens ont été vendus : au nom des dieux immortels, prenez garde, juges, que par vos actes une nouvelle proscription ne paraisse commencer, et beaucoup plus cruelle. La première a été dirigée contre ceux qui ont été capables de prendre les armes ; et, cependant, le Sénat n'a pas voulu en assumer la responsabilité : il ne voulait pas qu'un acte qui dépasse la rigueur autorisée par les coutumes de nos ancêtres parût avoir la sanction du conseil public. Mais cette proscription qui concerne les fils des proscrits (1), qui s'étend jusqu'au berceau des petits enfants, privés encore de la parole, si par le jugement que vous allez rendre vous ne la rejetez pas loin de vous, vous ne la repoussez pas avec mépris, prenez garde, par les dieux immortels ! et songez à ce qu'il adviendrait de la République.

154 Des hommes sages, pourvus de cette autorité et de ce pouvoir que vous possédez, doivent porter les

Di prohibeant, iudices, *ne* hoc, quod maiores consilium
publicum uocari uoluerunt, praesidium sectorum existi-
metur ! **152** An uero, iudices, uos non intellegitis nihil
aliud agi, nisi ut proscriptorum liberi quauis ratione
tollantur, et eius rei initium in uestro iure iurando atque
in Sex. Rosci periculo quaeri ? Dubium est, ad quem
maleficium pertineat, cum uideatis ex altera parte
sectorem, inimicum, sicarium eundemque accusatorem
hoc tempore, ex altera parte egentem, probatum suis
filium, in quo non modo culpa nulla, sed ne suspicio
quidem potuit consistere ? Numquid hic aliud uidetis
obstare Roscio nisi quod patris bona uenierunt ?

LIII **153** Quod si id uos suscipitis et e*am* a*d* rem operam uestram profitemini, si idcirco sedetis, ut ad uos
adducantur eorum liberi quorum bona uenierunt, cauete,
per deos immortales ! iudices, ne noua et multo crudelior
per uos proscriptio instaurata esse uideatur. Illam prio-
rem, quae facta est in eos qui arma capere potuerunt,
tamen senatus suscipere noluit, ne quid acrius quam
more maiorum comparatum *est,* publico consilio factum
uideretur ; hanc uero quae ad eorum liberos atque ad
infantium puerorum incunabula pertinet nisi hoc iudicio
a uobis reicitis et aspernamini, uidete, per deos immortales ! quem in locum rem publicam peruenturam putetis !

154 Homines sapientes et ista auctoritate et potestate
praeditos qua uos estis ex quibus rebus maxime res publica laborat, iis maxime mederi conuenit. Vestrum nemo est quin intellegat populum Romanum, qui quon-

151 ne hoc *Whitte* : ut hoc *codd.*
152 intellegitis : intellegetis Σ*A* ‖ dubium : dubiumne *w.*
153 eam ad rem *Gulielmius* : eandem rem φχ eadem rem *cet.*
ea de re *Reid* ‖ comparatum est *ed. Rom.* 1471 : comparatum *codd.*

plus grands remèdes aux plus grands maux dont la
République souffre. Il n'est personne de vous qui ne
s'en rende compte : le peuple romain, dont on estimait
jadis la très grande clémence envers ses ennemis, souffre
aujourd'hui d'une cruauté qui s'exerce contre ses citoyens.
Faites-la disparaître de l'Etat, cette cruauté, juges ;
ne tolérez pas qu'elle se donne carrière plus longtemps
dans la République. La mort si atroce de tellement de
citoyens n'est pas le seul mal qu'elle ait produit ; elle
a encore étouffé toute miséricorde dans l'âme des hommes
les plus cléments en les habituant à tout ce qui est
mauvais. Car, lorsqu'à toute heure nous voyons, nous
apprenons quelque atrocité, nous avons beau avoir un
naturel très doux, la continuité de ces événements
pénibles fait perdre à nos âmes tout sentiment d'humanité.

dam in hostes lenissimus existimabatur, hoc tempore
domestica crudelitate laborare. Hanc tollite ex ciuitate,
iudices, hanc pati nolite diutius in hac re publica uersari ; quae non modo id habet in se mali quod tot ciues
atrocissime sustulit, uerum etiam hominibus lenissimis
ademit misericordiam consuetudine incommodorum.
Nam, cum omnibus horis aliquid atrociter fieri uidemus
aut audimus, etiam qui natura mitissimi sumus adsiduitate molestiarum sensum omnem humanitatis ex
animis amittimus.

154 uerum etiam : uerum etiam quod *Lambin.*

M. TVLLI CICERONIS

PRO Q. ROSCIO COMŒDO

ORATIO

PRO Q. ROSCIO COMŒDO

Le plaidoyer civil pour le comédien Q. Roscius est une œuvre de la jeunesse de Cicéron (1). La date n'en peut être fixée que d'une façon approximative : elle est antérieure à 66 av. J.-C., et même à 71, car en énumérant les actes contraires au droit qui donnaient lieu à une action proposée dans l'album du Préteur, Cicéron ne cite ni le dol sanctionné en 66 par le préteur C. Aquilius Gallus (2), ni la violence (*metus*) sanctionnée par la formule Octavienne qui existait en 71 (3). D'autre part la déférence de Cicéron pour deux sénateurs dont il invoque le témoignage a fait supposer qu'il n'était pas encore entré dans la carrière des honneurs ; or il dit lui-même qu'à son retour d'Asie en 76, étant candidat à la questure, il plaida plusieurs causes importantes (4). Il avait alors 30 ans.

Le *pro Q. Roscio comœdo* ne nous est pas parvenu en entier ; l'exorde, la narration, la péroraison manquent. Il ne reste que la division et un fragment de la confirmation. De là des difficultés pour reconstituer et préciser les diverses phases d'un litige qui a donné lieu, entre les mêmes parties, à deux instances, à trois ans d'intervalle. La première fut soumise à un arbitre ;

---

(1) XV, 44 : magis mea adulescentia indiget illorum bona existimatione quam illorum senectus...

(2) *De nat. deor.*, III, 74.

(3) Act. II in Verr., III, 65, 152 ; cf. Ed. Cuq, *Manuel*, p. 582, 2.

(4) *Brutus*, XCII, 318.

la seconde à un juge. C'est dans celle-ci que Cicéron plaida pour Q. Roscius. Il eut pour adversaire un avocat nommé Saturius, dont il loua plus tard la loyauté et l'intégrité (1), mais qu'il traite ici de « vieux routier » pour s'excuser sans doute de ne paraître auprès de lui qu'un novice (VIII, 22).

Voici les faits qui ont motivé le double procès. C. Fannius Chaerea s'était associé avec un acteur célèbre, Q. Roscius, pour exploiter les services d'un de ses esclaves, nommé Panurge. Roscius, qui était lui-même d'origine servile (2), devait lui apprendre l'art du comédien. Bien que les apports des associés fussent de nature différente, il fut convenu que lorsque l'esclave serait en état de paraître sur la scène, les associés se partageraient par moitié le loyer de ses services. Les profits ne tardèrent pas à être considérables : le comédien Panurge, élève de Roscius, se louait 100.000 sesterces (x, 28). Un jour, on ne sait en quelle circonstance, il fut tué par un habitant de Tarquinies, Q. Flavius (XI, 32). Roscius, qui avait pris tant de peine pour instruire Panurge (XI, 31), résolut d'exercer l'action *damni iniuria* (*dati*), créée par la loi Aquilia contre l'auteur d'un dommage causé à autrui contrairement au droit (3). Il pria Fannius Chaerea d'agir en son nom, il le constitua mandataire dans la forme solennelle usitée pour nommer un *cognitor* (4). Conformément au 1er chapitre de la loi Aquilia, la peine prononcée contre le meurtrier fut calculée d'après la plus haute valeur de l'esclave dans l'année qui avait précédé le délit, soit 100.000 sesterces.

Fannius exécuta le mandat donné par Roscius. Il cita Flavius à comparaître en justice (XIII, 38) ; l'instance fut organisée ; la *litis contestatio* eut lieu à son nom (XI, 32). C'est lui qui acquit le droit exclusif à la condamnation, sauf à en transférer le profit à son mandant. Lui seul avait le droit d'exercer l'action *iudicati*

(1) *Pro Cluentio*, XXXVIII, 107 ; LXV, 182.
(2) Pline, *Hist . nat.*, VII, 39, 128.
(3) Gaius, III, 210-214.
(4) *Ibid.*, IV, 83.

pour faire exécuter le jugement (1). Mais à ce moment Roscius, sans se soucier de son mandataire (2), entra en négociation avec le meurtrier et conclut avec lui une transaction (XI, 32). Flavius n'était pas en état de payer en argent la somme due à Roscius ; il avait des terres, mais on était à une époque de troubles politiques ; on ne pouvait les vendre à leur valeur normale. Roscius consentit à accepter en paiement des 100.000 sesterces auxquels il avait droit une terre inculte que lui céda Flavius.

Douze ans plus tard cette terre avait acquis une importante plus-value. Le calme était revenu dans l'Etat ; la dépréciation subie par les terres avait cessé. Roscius avait fait défricher le champ cédé par Flavius ; il avait édifié une villa confortable là où il n'y avait pas même un toit pour s'abriter (XII, 33). C'est alors que Fannius Chaerea réclama à son ancien associé une part du profit que lui avait procuré la transaction. Roscius refusa, disant qu'il avait transigé pour sa part et n'avait fait aucun tort à Fannius ; il l'avait laissé libre de faire valoir son droit contre le meurtrier de Panurge (XII, 34). De là le procès.

Fannius semble avoir proposé d'abord d'en remettre la décision à un arbitre : Cicéron parle d'un compromis (IV, 12), c'est-à-dire d'une convention extrajudiciaire (3). Mais ailleurs il parle d'un arbitrage qui a donné lieu

---

(1) Gaius, IV, 86.

(2) Au cours de l'instance, le mandant qui n'est pas satisfait de la manière dont le *cognitor* conduit le procès peut le faire remplacer en demandant au préteur une *translatio iudicii*, qui est accordée après enquête.

(3) Le compromis est une convention extrajudiciaire, par laquelle deux personnes s'engagent à confier la mission de trancher un différend qui les divise à un tiers choisi d'un commun accord, et à se soumettre à sa sentence. Cette convention est sanctionnée par des stipulations pénales réciproques. Elle est subordonnée à l'acceptation par l'arbitre de la mission qui lui est confiée *(receptum arbitrii)*. S'il accepte et qu'il refuse ensuite de statuer, le préteur, après examen, le punit de sa déloyauté en usant des moyens de coercition dont il dispose, l'amende et sans doute aussi la *pignoris capio. (Dig.,* IV, 8, 3, 3).

à une instance, à la rédaction d'une formule (iv, 11). Il
indique même à cette occasion les différences qui séparent
les devoirs d'un juge et ceux d'un arbitre (1).

De quelle sorte fut cet arbitrage ? Ce ne fut sûrement
pas un arbitrage entre associés, car Cicéron reproche à
Fannius de n'y avoir pas eu recours (ix, 25). La société
ayant été dissoute par la perte du capital social lors
de la mort de l'esclave (xiii, 38), les seuls rapports
existant entre les anciens associés étaient ceux qui
résultaient du mandat d'agir en justice donné par Roscius à Fannius. On sait par Cicéron lui-même comment
on envisageait de son temps de tels rapports (2). Ce sont,
dit-il, des services d'ami qu'on doit remplir avec une
fidélité scrupuleuse. Trahir son devoir en pareil cas,
c'est un désordre social, un déshonneur suprême. L'action
de mandat n'est pas moins honteuse que l'action de vol ;
la condamnation entraîne l'infamie. Or Fannius Chaerea
a lieu de se plaindre de la conduite de Roscius. Après
l'avoir chargé d'exercer contre Flavius l'action de la
loi Aquilia, après que le procès a été engagé, et que
Fannius est devenu *dominus litis,* Roscius a révoqué
tacitement le mandat en traitant séparément avec le
débiteur commun. Il a transigé avec lui sans prévenir
son mandataire ; il n'a même pas indemnisé Fannius
pour ses peines et soins (3) (xiii, 38). Il a méconnu tous
ses devoirs ; il a commis une faute dont il doit réparation. De plus, en se faisant céder par Flavius une de
ses terres, il a causé à Fannius un préjudice éventuel :
l'aliénation qui lui a été consentie a diminué la valeur
des biens qui sont le gage des créanciers de Flavius.
Fannius risque de n'être pas intégralement payé.

(1) La distinction du *iudicium* et de l'*arbitrium* a été remplacée
à l'époque ultérieure par celle des actions de droit strict et de
bonne foi, qui ne s'applique d'ailleurs qu'aux actions *in ius* (Gaius,
IV, 45).

(2) *Pro Sex. Roscio Amerino,* XXXVIII, 111.

(3) Le mandat est gratuit, mais le mandant doit indemniser le
mandataire soit pour les dépenses qu'il a faites en exécutant le
mandat, soit même pour avoir sacrifié une partie de son temps.

La décision de l'arbitre, à laquelle Cicéron se réfère à plusieurs reprises, prouve que la réclamation de Fannius fut accueillie, avec une réserve inspirée par un sentiment d'équité : le rôle d'un arbitre consiste à déterminer les prestations réciproques qu'il convient d'imposer aux parties (1). Dans l'espèce, l'arbitre considérant que Roscius a commis une faute envers son mandataire, en transigeant pour lui seul, sans égard aux services que lui avait rendus Fannius, l'invite à réparer le préjudice causé, mais il juge équitable d'atténuer les conséquences de cette faute si Flavius est solvable et dans la mesure où il le sera. Les plaideurs devront conclure entre eux un arrangement (*pactio*) aux conditions suivantes :

1º Roscius paiera à Fannius 100.000 sesterces, c'est-à-dire une somme égale au montant de sa créance contre le meurtrier de Panurge (2). La moitié sera exigible de suite (xvii, 51), le reste à une date ultérieure.

2º Fannius promettra sur stipulation à Roscius de lui payer la moitié de ce qu'il pourra obtenir de Flavius (xiii, 37), c'est-à-dire 50.000 sesterces si l'auteur du délit est solvable, ou une partie de cette somme si la vente de ses biens, requise par ses créanciers, ne permet à Fannius de toucher qu'une somme inférieure.

En fait, le paiement effectué par Fannius viendra en déduction du second versement de Roscius. Mais en droit les deux créances et les obligations corrélatives restent indépendantes, car la compensation judiciaire n'a été admise à Rome que bien après Cicéron. Grâce à ce pacte, si Flavius est solvable, Fannius gardera la différence entre ce qu'il reçoit de Flavius et ce qu'il a promis de payer à Roscius : ce sera la rémunération

---

(1) Cic., *de Off.*, III, 17, 70 : *quid quemque cuique praestare oportet*.

(2) Les victimes d'un délit, sanctionné par une action pénale, peuvent exercer l'action, chacune pour le tout, de même que les co-auteurs sont tenus de payer le montant de la peine, chacun pour le tout. Cf. Ed. Cuq, *Manuel*[2], p. 556, n. 2. Dans l'espèce, le meurtrier devait 100.000 sesterces à chacun des anciens associés.

de ses peines et soins comme *cognitor* (XIII, 38). Roscius
fera le sacrifice de 50.000 sesterces, sacrifice bien minime
en regard du profit que lui a procuré sa transaction
avec Flavius. Si au contraire Flavius est insolvable
lorsque Fannius Chaerea le poursuivra en justice, celui-ci
se retournera contre Roscius pour obtenir le second
versement mis à la charge de son mandant : il sera
ainsi indemnisé tout au moins du préjudice que lui a
causé l'exécution du mandat.

L'interprétation du pacte conclu à l'instigation de
l'arbitre judiciaire a donné lieu à des controverses. Il
n'est pas facile d'adapter à cette convention les chiffres
indiqués dans les manuscrits. On a essayé de résoudre
les difficultés en corrigeant les textes. Certains éditeurs
ont trouvé trop forte l'indemnité de 100.000 sesterces
accordée à Fannius pour la conduite du procès contre
Flavius. Les uns la réduisent à 15.000 ; les autres, à
10.000 sesterces. D'autres enfin lisent 50.000, mais
suppriment les mots *pro opera (ac) labore.* Ils font
remarquer que le chiffre de 50.000, qui représente la
moitié de la somme due par Flavius à Roscius et qu'il
a payée en nature en lui cédant sa terre, correspond à la
fraction que Fannius promet de payer à Roscius sur ce
qu'il touchera de Flavius. Chacun aura la moitié de ce
qui est dû par l'auteur du délit.

Mais cette symétrie n'est qu'une apparence ; la réalité
est tout autre. Le pacte imposé par l'arbitre a le caractère d'une transaction (1) ; or une transaction exige des
sacrifices réciproques. Fannius n'aura pas, comme il le
voudrait, la moitié de la valeur actuelle de la terre cédée
par Flavius ; il devra se contenter de ne pas subir de
perte : il recevra de son mandant Roscius 100.000 sesterces, montant de la somme à laquelle il a droit en raison du délit dont il a été victime. De son côté Roscius
fera un sacrifice en recevant seulement la moitié de ce

(1) Cette transaction est mentionnée plusieurs fois, § 35, 49, 55
Sur la différence entre la transaction et le compromis, cf. Ed.
Cuq, *Manuel* [2], p. 506, n. 6.

que Fannius obtiendra de Flavius. Si maintenant on ajoute à l'acompte de moitié déjà payé par Roscius (XVII, 51), le solde d'égale valeur qui reste à sa charge, on reconstitue le chiffre de 100.000 indiqué dans les manuscrits. Il n'y a donc pas lieu de les corriger (I, 4 ; XIII, 38 ; XVII, 51).

Dans un seul passage, le nombre qu'on a cru lire est faux. Cicéron reconnaît que Roscius a fait une brillante affaire en transigeant avec Flavius (XI, 32) : la terre qu'il a reçue en paiement de 100.000 sesterces en vaut aujourd'hui 100.000 ! L'erreur est manifeste. Mommsen a fait remarquer qu'avant cccIɔɔɔ, il y a des traces du signe qui exprime *quingenta millia*. Il propose de le rétablir et de lire 600.000 (1).

La transaction prescrite par l'arbitre aurait dû mettre fin au différend entre les deux anciens associés. Fannius Chaerea en était si bien persuadé qu'il vint chez Roscius s'excuser de l'avoir cité en justice, déclarant bien haut qu'il n'avait plus rien à réclamer (IX, 26). C'était une imprudence. Roscius prit à la lettre cette déclaration et la notifia à l'arbitre qui prononça son absolution. Il était de règle en effet que le défendeur devait être absous lorsqu'il donnait satisfaction au demandeur avant le jugement (2). De son côté Cicéron interpréta la démarche de Fannius comme un hommage rendu à la parfaite honnêteté de Roscius qui n'avait rien à se reprocher envers son mandataire.

Trois ans après (XIII, 37 ; III, 9), Fannius n'avait pas encore reçu la pleine satisfaction qu'il avait escomptée : Roscius n'avait pas fait le second versement convenu dans la transaction. Fannius, fatigué d'attendre et ne pouvant non plus rien obtenir de Flavius, résolut d'exiger les 50.000 sesterces restant dus par Roscius en cas d'insolvabilité de Flavius. Il intenta une action *certae pecuniae* (IV, 10) (3). Mais était-il dans les conditions

(1) *Philologische Schriften*, I, 691.
(2) Gaius, IV, 114 : *omnia iudicia absolutoria esse.*
(3) C'est le type des actions personnelles de droit strict (Gaius, IV, 50). La formule en est très étroite ; elle a une *intentio* et une

requises pour exercer cette action ? Cicéron le conteste au début de la portion de son discours qui nous est parvenue.

Il rappelle d'abord que dans une action de cette espèce le gain du procès est subordonné à une condition rigoureuse : la créance doit résulter d'un de ces trois faits, un prêt, l'inscription sur le livre des recettes et des dépenses, la stipulation d'une somme d'argent déterminée (IV, 13). Cicéron note ensuite combien la procédure est périlleuse : le demandeur qui réclame plus qu'il n'est dû, ne serait-ce qu'un as (IV, 11), perd son procès (IV, 10) (1). Le demandeur et le défendeur peuvent stipuler l'un de l'autre un tiers de la somme réclamée (2) ; le montant en sera exigé de celui des plaideurs qui aura succombé. Le juge qui condamne à une somme supérieure à celle qui est écrite dans la formule commet un quasi-délit : il fait le procès sien (3).

Cicéron soutient que Fannius Chaerea n'a pas une créance d'argent au sens qui vient d'être indiqué. Fan-

condemnatio certa (Pro Q. Rosc., IV, 11, 12 ; Gaius, IV, 41). Elle s'oppose à l'action *certae rei*, qui a une *condemnatio incerta*, et confère au juge le pouvoir d'estimer l'intérêt du demandeur (Gaius, IV, 51). Elle se distingue également de l'action *ex stipulatu* qui est une action de droit strict atténuée, et qui sanctionne les stipulations dont l'*intentio* et la *condemnatio* sont incertaines. A l'époque antérieure à Cicéron, lorsque les actions de la loi étaient en usage, la procédure s'ouvrait par une *condictio* créée par la loi Silia pour les dettes d'argent certaines, par la loi Calpurnia pour toute autre chose certaine (Gaius, IV, 19). Cette *condictio* consistait à notifier *(denuntiare)* au défendeur d'avoir à comparaître le 30ᵉ jour. On confondait autrefois le *iudicium certae pecuniae* avec une *condictio*. La *condictio* qu'on rencontre sous l'Empire et même dès la fin de la République est une action en répétition qui tend à empêcher un enrichissement injustifié (Gaius, II, 79). La loi et la jurisprudence en ont multiplié les applications. Sous Justinien, le mot *condictio* désigne une catégorie générale d'actions. Cf. Ed. Cuq. *Manuel* ², p. 540.

(1) Gaius, IV, 53 : *causa cadit.*

(2) *Legitimae, tertiae partis sponsio* : IV, 10 ; V, 14. Gaius, IV, 171, 52.

(3) Sur le sens de l'expression *litem suam facere*, sur les cas d'application et la sanction de ce quasi-délit, cf. Ed. Cuq, *Manuel*², p. 589.

nius en effet reconnaît qu'il n'a pas prêté d'argent à Roscius (*adnumerasse sese negat*, iv, 13). Il ne dit pas que sa créance a été inscrite sur son livre de recettes et de dépenses (1), car il n'en donne pas lecture (ii, 5) (2). S'il le montrait, Roscius produirait le sien (3), et l'on constaterait que la concordance entre les deux livres n'existe pas, alors qu'elle est nécessaire pour faire foi en justice (i, 2) (4). Fannius invoque la mention portée sur son brouillard (*adversaria*), mais aucun homme sérieux n'oserait le présenter comme un moyen de preuve. Les écritures y sont faites sommairement et sans ordre ; elles doivent, à la fin de chaque mois, être reportées à leur rang sur le livre des recettes et des dépenses avec l'indication des parties au contrat. Or ici il s'est écoulé plus de trois ans (iii, 9). Ce retard, il est vrai, s'expliquait aisément : Fannius devait compter que Roscius, connaissant la situation précaire de Flavius, paierait d'un moment à l'autre le reste de la somme fixée par

(1) Le *codex accepti et expensi* est le livre sur lequel le chef de famille consigne les mouvements de fonds de sa caisse et les opérations qui les ont motivés. Les tablettes qui le composent sont divisées en deux colonnes (Pline, *Hist. nat.*, II, 7, 22) : sur l'une sont inscrits les déboursés ; sur la colonne en regard figurent les recettes.

(2) On omettait tout au plus les créances peu importantes (*parua nomina*, I, 4) ou dont on voulait dissimuler la provenance (Val. Max., VIII, 22). C'étaient des *pecuniae extraordinariae* (Cic., I, 4.) Les mentions tardives étaient inscrites avec la note : *A (ntea) F (actum) P (ostea) R (elatum)*.

(3) Cicéron reconnaît ailleurs *(ad Att.*, IV, 18, *Pro Cluentio*, XXX, 82) qu'à défaut d'une inscription sur le *codex* on peut se référer à la mention inscrite sur les livres de tiers (cf. Horace, *Sat.*, II, 3, 70, Senec., *de benef.*, II, 23 ; III, 15). Ces tiers *(pararii)* sont des hommes d'affaires, dont les livres servent de moyen de preuve (Plaute, *Curc.* III, 432).

(4) Régulièrement l'inscription sur le livre du créancier est faite avec l'assentiment du débiteur *(iussu ejus*, I, 2). L'assentiment peut être donné verbalement si le débiteur est présent (Cic., *ad fam.*, VII, 23) ; ordinairement il est constaté par une mention sur le livre du débiteur (Plaute, *Most.*, I, 3, 147). L'omission est un acte malhonnête (I, 2). Prétendre que la mention d'une créance sur le livre du créancier soit une preuve absolue, c'est, dit Cicéron, de l'arrogance (II, 5).

l'arbitre. Mais Cicéron prétendra que Fannius a été
payé intégralement par Flavius.

Cicéron objecte encore que, si Fannius avait une
créance d'argent certaine, il n'aurait pas commencé
par soumettre l'affaire à un arbitre, car un arbitre
judiciaire a un pouvoir d'appréciation qui fait défaut
au juge d'une action *certae pecuniae* : il peut modérer
la condamnation (iv, 11) ; le juge au contraire doit
s'en tenir au chiffre indiqué dans la formule (iv, 12).
Cicéron feint de croire que le nouveau procès a le même
objet que celui qui a été jugé, tandis qu'il s'agit d'obtenir le paiement d'une dette résultant d'un arbitrage.

Si Fannius n'a pas prêté d'argent à Roscius, s'il n'a
pas inscrit sa créance sur son livre de recettes et de dépenses, a-t-il du moins stipulé la somme qu'il réclame ?
L'a-t-il stipulée à titre de donataire ou d'associé (vi, 16) ?
De ces deux hypothèses, la première serait la plus simple :
Cicéron l'indique sans s'y arrêter. La seconde serait
très grave : personne, pas même l'avocat de Fannius,
n'a mis en doute la probité de Roscius (vi, 18). Est-il
vraisemblable qu'il ait commis une fraude au préjudice
de son associé (vii, 21) ? Et si cela était, pourquoi Fannius n'a-t-il pas intenté une des actions proposées par
le préteur pour réprimer les actes contraires au droit ?
Il y a des formules de toute sorte ; elles sont rédigées
de manière qu'il n'y ait pas d'erreur possible sur le choix
à faire dans chaque espèce (viii, 24) (1).

---

(1) Les formules appropriées aux actes énumérés par Cicéron
sont : pour les dommages, celles de la loi Aquilia, *damni infecti,
hominibus coactis (pro Tullio,* XVII, 41) ou *in turba dati* ; pour la
douleur physique provoquée par une *uerberatio,* la formule du
3ᵉ chapitre de la loi Aquilia (Gaius, III, 220-222) ; pour l'*incommodum,* la formule *aquae pluviae arcendae* applicable à celui qui a
fait sur son champ des travaux de nature à nuire au champ
d'autrui en y faisant écouler les eaux pluviales *(Top.,* IX, 39 ;
Q. Muc., *Dig.,* XXXIX, 1, 4 ; Tubero, *eod.,* 11, 9) ; pour une
calamité, la formule délivrée contre l'auteur d'un incendie,
d'une ruine ou d'un naufrage (Labeo, *Dig.,* XLVII, 9, 32) ; pour
l'injure, la formule estimatoire (*ad Her.,* II, 26 ; IV, 25 ; Servius,
Dig., XLVII, 10, 15 et 32 ; Gaius, III, 225. Cf. Plaute, *Asin.,* 371).

Fannius dira-t-il qu'il a été circonvenu (1) par un homme dont la munificence est telle qu'il a refusé des sommes énormes pour mettre ses services à la disposition du peuple romain (VIII, 23) ?

Cicéron déclare ici qu'il a terminé sa démonstration : il pense avoir prouvé que Fannius n'a pas de créance d'argent certaine contre Roscius. Cependant, n'étant pas très sûr d'avoir gagné sa cause, il annonce que son plaidoyer comprend deux parties : l'une nécessaire, l'autre volontaire (V, 15). Dans la première, il a examiné l'affaire au point de vue du droit ; dans la seconde, il l'envisagera au point de vue humain. Il sait que le juge à qui il s'adresse, C. Piso, est le même que celui qui, en qualité d'arbitre, a déjà apprécié la conduite des parties. C'est lui qui a fixé la somme d'argent à payer, et déterminé les modalités du paiement. Cicéron veut essayer de persuader l'entourage du juge, les conseillers qui siègent à ses côtés. Il passe en revue les griefs de Fannius.

Fannius prétend que son associé l'a fraudé (VII, 20). Pourquoi Roscius l'aurait-il fait ? Est-il dans le besoin ? Il possédait des biens fonds. Avait-il des dettes ? L'argent ne lui manquait pas. A-t-il fraudé par avarice ? Il est très généreux. Quand il rend service au peuple romain, il n'accepte pas de rémunération (VIII, 22).

Fannius se dit victime d'un vol : Roscius aurait acquis gratuitement la copropriété d'un esclave acheté par Fannius et payé 4.000 sesterces. Mais l'art que Roscius avait enseigné à Panurge était-il sans valeur ? Cet esclave se louait 100.000 sesterces (X, 28).

Fannius ne peut pas reprocher à Roscius d'avoir transigé séparément avec Flavius, après l'avoir chargé de diriger le procès (XI, 32). Roscius a suivi l'exemple de beaucoup d'autres ; il n'a fait aucun tort à Fannius : il n'a pas transigé *de tota lite,* mais seulement pour sa

---

(1) La notion de la *circumscriptio* qui se rapproche de celle de dol apparaît dans la loi Plaetoria, au temps de Plaute (*Pseud.*, I, 3, 69 ; *Rudens,* V, 3, 24). La loi punit celui qui, en contractant avec un mineur de 25 ans, l'a circonvenu.

part. S'il en avait été autrement, pourquoi Flavius n'a-t-il pas exigé la garantie que personne ne lui réclamera plus rien (1) ? Pourquoi n'a-t-il pas été absous (XII, 35-36) ?

Les arguments de Cicéron sont ici peu probants : on ne peut se prévaloir contre Fannius de la négligence de son débiteur Flavius dans ses rapports avec Roscius.

Vainement Fannius allègue-t-il qu'il n'a rien reçu de Flavius : Cicéron affirme qu'il a touché 100.000 sesterces (XIV, 40). A quel titre ? Est-ce que Flavius lui a été attribué par un décret du magistrat ? N'est-ce pas en réparation du meurtre de Panurge ? Le fait est attesté par deux sénateurs des plus vénérables qui l'ont eux-mêmes appris par Cluvius, le juge qui a condamné Flavius (XIV, 43). Cicéron se rend bien compte du peu de valeur d'un témoignage *de auditu* : ce n'est qu'un « on dit ». Il essaie de le fortifier en faisant ressortir la haute estime dont jouissent les deux personnages qui ont rapporté le propos attribué à Cluvius : on ne peut suspecter leur sincérité ; ils n'ont pu être subornés.

Fannius prétend à tort que la terre, donnée en paiement à Roscius, est devenue un bien commun aux associés. C'est à tort qu'il soutient que la transaction avec Flavius a été faite *de tola re* (XII, 34), *pro societate* (XII, 37). Il n'est pas vrai que ce que Roscius a réclamé pour lui-même *in societatem recidit* (XVIII, 54), ou bien *id commune societatis factum est* (XVII, 52). Sans doute, il est de règle que les actes de gestion faits par un associé dans l'intérêt commun, ceux qui servent à réaliser le but social, sont valables sans que celui qui les a conclus ait à justifier d'un mandat ; il doit simplement en communiquer le bénéfice à son coassocié. Mais cela n'est vrai que tant que la société subsiste. Lorsqu'elle est dissoute, comme dans l'espèce, par la perte du capital social, le but que les associés avaient en vue ne pouvant plus être atteint, l'un d'eux ne peut agir dans l'intérêt

(1) La caution *amplius non peti* est mentionnée par Cicéron (*ad fam.*, XIII, 28,) et par Labéon (*Dig.*, XLVI, 8, 15). Cf. Papin., *Dig.*, XXXVI, 3 : « cauere neminem amplius petiturum. »

de l'autre qu'en vertu d'un mandat. A défaut, on applique la règle générale : l'acte ne peut ni profiter ni nuire aux tiers.

De même l'action en justice, exercée par un ex-associé contre un débiteur commun, ne profite qu'à lui-même et pour sa part, à moins qu'il n'ait été constitué son *cognitor* (xviii, 53). Tel n'est pas le cas de Fannius : il n'a pas donné mandat à Roscius d'agir ni de transiger pour lui.

A l'inverse, chacun des anciens associés peut disposer de sa part, même à titre gratuit (*condonare*) : il peut faire remise de la dette au débiteur commun, sans que ce pacte soit opposable à son cocréancier (xviii, 54). C'est un pacte *in personam*.

Cicéron fait ici entre la société et l'hérédité un rapprochement (xviii, 55) qui n'est pas tout à fait exact. Certes un associé peut comme un héritier disposer librement de sa part, mais dans leurs rapports entre eux, les associés se doivent plus d'égards que les cohéritiers. Cicéron l'a dit lui-même (vi, 16) : c'est presqu'un crime de tromper un associé ; c'est une atteinte à la loi divine (*nefarium*), un péché (vi, 17). L'*arbitrium pro socio* entraîne l'infamie (Gaius, iv, 182).

Cicéron invoque enfin contre la prétention de Fannius l'avis des juristes experts qui, lors de la transaction prescrite par l'arbitre, ont conseillé à Fannius de promettre sur stipulation à Roscius de lui payer la moitié de ce qu'il pourra obtenir de Flavius (xviii, 56). Si Fannius avait été tenu de faire ce paiement à titre d'associé, il aurait été inutile de confirmer son obligation par une stipulation.

L'objection présentée par Cicéron est juste en elle-même, mais l'argument se retourne contre son client. La promesse qu'on a exigée de Fannius a une cause indépendante de la société : c'est la contre-partie de l'obligation imposée à Roscius de payer à Fannius en deux termes 100.000 sesterces : le mandataire ne doit pas souffrir de la faute commise envers lui par le mandant, mais l'équité ne permet pas qu'il s'enrichisse à ses dépens.

SIGLA

ω = ms. Laur. XLVIII. 26 (Lag. 26).
b = ms. S. Marci 255 (Lag. 6), Flor. Bibl. Nat. I. ıv. 4.
m = ms. Ambr. C. 96 supr.
o = ms. Oxon. Dorvill. 78 (Lag. 38).
s = ms. Senensis H. VI. 12.
t = ms. Senensis H. XI. 61.
ψ = ms. Laur. (Gadd.) XC. sup. 69.
c = ms. Oxon. Canonici 226.
k = ms. Paris. 7779.

Omnes codices saeculo XV scripti sunt.

PLAIDOYER POUR Q. ROSCIUS LE COMÉDIEN

La créance de Fannius
I 1...* [On connaît] la méchanceté de son naturel et on aurait confiance en lui ?* A la vérité, cet homme très vertueux, cet homme d'une loyauté particulière essaie d'user dans sa propre cause du témoignage de ses livres. C'est communément l'usage de dire, quand on fait écrire sur les livres d'un honnête homme qu'on a remis une somme d'argent à un tiers : « Aurais-je pu corrompre un tel homme pour lui faire mentionner un faux sur son *codex*, dans mon intérêt ? » Chaerea, je m'y attends, va bientôt tenir ce langage : « Aurais-je pu amener cette main que vous voyez — cette main pleine de perfidie, — aurais-je pu amener mes doigts à passer écriture d'une fausse créance ? » S'il produit ses livres, Roscius, lui aussi, produira les siens. La créance sera sur les livres de Chaerea ; la dette ne sera pas sur ceux de Roscius. 2 Pourquoi avoir plus de confiance dans le livre de Chaerea que dans celui de Roscius ? — Chaerea aurait-il passé écriture sans l'ordre de Roscius ? — Roscius n'aurait-il pas passé écriture de la somme qu'il avait inscrite à son débit ? Car, si vous vous déshonorez en inscrivant sur vos registres une somme qui ne vous est pas due, vous vous rendez coupable d'improbité en n'y portant pas une somme que vous devez. Car la condamnation est égale pour celui qui n'a pas reporté sur son livre une dette vraie et pour celui qui y a inscrit une créance fausse.

PRO Q. ROSCIO COMOEDO ORATIO

I **1** ... malitiam naturae, crederetur. Is scilicet uir optimus et singulari fide praeditus in suo iudicio suis tabulis testibus uti conatur. Solent fere dicere, qui per tabulas homin*is hones*ti pecuniam expensam tulerunt : « Egone talem uirum corrumpere potui, ut mea causa falsum in codicem referret ? » Exspecto, quam mox Chaerea hac oratione utatur : « Egone hanc manum plenam perfidiae et hos digitos meos impellere potui, ut falsum perscriber*ent* nomen ? » Quod si ille suas proferet tabulas, proferet suas quoque Roscius. Erit in illius tabulis hoc nomen, at *in* huius non erit. **2** Cur potius illius quam huius cred*e*tur ? — Scripsisse*t* ille, si non iussu huius expensum tulisset ? — Non scripsisset hic, quod sibi expensum ferre iussisset ? Nam, quem ad modum turpe est scribere, quod non debeatur, sic improbum est non referre quod debeas. Aeque enim tabulae condemnantur eius, qui uerum non rettulit, et eius, qui falsum perscripsit.

1 qui : ipsi ω ii qui *coni. Clark* ‖ hominis *Manuzio* : —nes *codd.* ‖ honesti *Manuzio* : citi (*in lac. plerique codices, post* V *litteras rasas* ω) *codd.* acciti *Orsini* ‖ perscriberent *Manuzio* : —rem *codd.* ‖ in huius *Fr. Dubois* : huius *codd.*

2 credetur ? scripsisset *Manuzio* : crederetur scripsisse *codd.* ‖ expensum ferre : expensum ferri *Navagero.*

Mais, dans la confiance que m'inspirent le nombre et la force des moyens de ma cause, voyez jusqu'où je vais. Si Fannius produit son livre de recettes et de dépenses, qu'il a tenu à sa guise dans son propre intérêt, prononcez votre jugement en sa faveur ; je n'y fais aucun obstacle. 3 Quel est le frère, quel est le père qui accorderait à son frère, à son fils de regarder comme valable tout ce qui serait reporté sur son livre ? Roscius regardera comme valables les écritures de C. Fannius. Produis tes livres. Ce dont tu auras été persuadé, il en sera persuadé ; ce qui aura été pour toi chose prouvée sera pour lui chose prouvée. Tout à l'heure, nous demandions les livres de M. Perpenna, de P. Saturius ; maintenant, ce sont les tiens, C. Fannius Chaerea, les tiens seuls que nous réclamons avec instance. Que le différend soit tranché d'après l'inscription qui doit s'y trouver, je n'y fais aucune objection. Pourquoi donc ne les produis-tu pas ? 4 Il ne tient pas de comptes ? Au contraire, il tient ses comptes avec la plus grande exactitude. Il ne porte pas les petites créances sur ses registres ? Au contraire, il y porte toutes les sommes. Cette créance est faible et chétive ? Il s'agit d'une créance de cent mille sesterces. Comment laisses-tu une si grande somme d'argent sans en faire l'inscription à son rang ? Comment ces cent mille sesterces ne se trouvent-ils pas dans tes livres de recettes et de dépenses ? Dieux immortels ! Existe-t-il donc un homme doué d'une assez grande audace pour oser réclamer une créance qu'il a craint de porter sur ses registres, pour ne pas hésiter à confirmer par serment devant le magistrat une créance qu'il n'a pas voulu porter sur ses livres, alors qu'il n'avait pas de serment à prêter, pour essayer de persuader à autrui ce dont il n'a pu se donner la preuve à lui-même !

II 5 Il prétend que je suis trop prompt à m'indigner pour la question des registres ; il avoue qu'il n'a pas cette créance portée sur son livre de recettes et de dépenses, mais il soutient qu'elle s'étale sur son brouillard. Es-tu donc assez épris de toi-même, te considères-tu avec assez d'orgueil pour réclamer de l'argent, non en

Sed ego copia et facultate causae confisus, uide quo
progrediar. Si tabulas C. Fannius accepti et expensi profert suas in suam rem suo arbitratu scriptas, quo minus
secundum illum iudicetis, non recuso. 3 Quis hoc frater
fratri, quis parens filio tribuit, ut, quodcumque
rettulisset, id ratum haberet ? Ratum habebit Roscius ;
profer ; quod tibi fuerit persuasum, huic erit persuasum ;
quod tibi fuerit probatum, huic erit probatum. Paulo
ante M. Perpennae, P. Saturi tabulas poscebamus : nunc
tuas, C. Fanni Chaerea, solius flagitamus et, quo minus
secundum eas lis detur, non recusamus ; quid ita non
profers ? 4 Non conficit tabulas ? Immo diligentissime.
Non refert parua nomina in codices ? Immo omnes
summas. Leue et tenue hoc nomen est ? Hs cccɔɔɔ sunt.
Quo modo tibi tanta pecunia extraordinaria iacet ? Quo
modo HS cccɔɔɔ in codice accepti et expensi non sunt ?
Pro di immortales ! Essene quemquam tanta audacia
praeditum, qui, quod nomen referre in tabulas timeat,
id petere audeat, quod in codicem iniuratus referre
noluerit, id iurare in litem non dubitet, quod sibi probare non possit, id persuadere alteri conetur !

II 5 Nimium cito ait me indignari de tabulis ; non
habere se hoc nomen in codicem accepti et expensi rela-
tum confitetur, sed in aduersariis patere contendit.
Vsque eone te diligis et magnifice circumspicis, ut pecuniam non ex tuis tabulis, sed *ex* aduersariis petas ? Suum
codicem testis loco recitare arrogantiae est ; suarum

---

2 profert : proferet *Lambin.*
4 nomen est : nomen *b* ‖ CCCIƆƆƆ Navagero : CCCLIII *codd.*
(ita semper) ‖ iniuratus *c²k* : iuratus (—rans ω¹) *cet.* ‖ noluerit
Clark : noluit *codd.* nolit *Lambin.*
5 codicem *Beroaldo* : codice *codd.* ‖ ex aduersariis *Fr. Dubois* :
aduersariis *ck* —arii *cet.*

vertu de tes registres, mais en vertu d'un brouillard ? Donner lecture de son propre registre en témoignage, c'est de l'arrogance ; mais, produire le brouillard des écritures qu'on a passées et des ratures qu'on a faites, n'est-ce pas une vraie folie (1) ? **6** Que si le brouillard a la même valeur, la même exactitude, la même autorité que les registres, à quoi bon constituer un registre, y tout écrire, y maintenir l'ordre des opérations, transmettre le souvenir de vieilles écritures ? Mais, si l'institution des registres vient justement de ce qu'on n'ajoute aucune foi aux brouillards, attribuera-t-on devant le juge une autorité et une sanction à ce qui, partout ailleurs, n'a aucun poids, aucune force ? **7** Quelle raison avons-nous de ne pas tenir avec soin les écritures de nos brouillards ? Quelle raison avons-nous de mettre tous nos soins à la confection de nos registres ? Quelle raison ? C'est que les brouillards existent un mois ; les registres existent toujours. Les uns sont immédiatement détruits, les autres sont conservés religieusement. Les uns embrassent le souvenir d'un court espace de temps, les autres assurent à perpétuité la considération d'un citoyen, en attestant sa fidélité à ses engagements, son scrupule à les observer. Sur les uns, on jette les notes au hasard ; dans les autres, on les rédige en ordre. C'est pourquoi personne ne produit de brouillard en justice ; mais on produit un registre, on donne lecture d'un livre de compte.

III Toi-même, C. Piso, malgré la loyauté, la vertu, la gravité et l'autorité qui te distinguent, tu n'oserais pas réclamer de l'argent en vertu d'un simple brouillard. **8** Pour moi, je ne dois pas insister plus longtemps sur les faits dont la coutume prouve l'évidence ; mais je pose une question qui a avec l'affaire le rapport le plus intime : depuis combien de temps, Fannius, as-tu porté cette créance sur ton brouillard ? Il rougit ; il ne sait que répondre, il ne trouve moyen d'improviser aucun mensonge. Il y a déjà deux mois, diras-tu. Elle a dû cependant être portée au livre des recettes et des dépenses. Il y a plus de six mois. Comment cette créance reste-t-elle si longtemps oubliée dans le brouillard ?

perscriptionum et liturarum aduersaria proferre non
amentia est ? 6 Quod si eandem uim, diligentiam auc-
toritatemque habent aduersaria quam tabulae, quid
attinet codicem instituere, conscribere, ordinem conseruare, memoriae tradere litterarum uetustatem ? Sed si,
quod aduersariis nihil credimus, idcirco codicem scribere instituimus, quod etiam apud omnes leue et infirmum est, id apud iudicem graue et sanctum esse ducetur?
7 Quid est, quod neglegenter scribamus aduersaria ?
Quid est, quod diligenter conficiamus tabulas ? Qua de
causa ? Quia haec sunt menstrua, illae sunt aeternae ;
haec delentur statim, illae seruantur sancte ; haec parui
temporis memoriam, illae perpetuae existimationis
fidem et religionem amplectuntur ; haec sunt disiecta,
illae sunt in ordinem confectae. Itaque aduersaria in
iudicium protulit nemo ; codicem protulit, tabulas
recitauit.

III Tu, C. Piso, tali fide, uirtute, grauitate, auctoritate ornatus, ex aduersariis pecuniam petere non auderes.
8 Ego, quae clara sunt consuetudine, diutius dicere non
debeo ; illud uero, quod ad rem uehementer pertinet,
quaero : Quam pridem hoc nomen, Fanni, in aduersaria
rettulisti ? Erubescit, quid respondeat nescit ; quid fin-
gat extemplo non habet. Sunt duo menses iam, dices.
Tamen in codicem accepti et expensi referri debuit. Amplius sunt sex menses. Cur tam diu iacet hoc nomen in
aduersariis ? Quid si tandem amplius triennium est ?

---

6 ducetur *ed. Rom.* 1471 : duceretur *codd.*

7 disiecta *Turnèbe* : deiecta *ck* deiectae *cet.* ‖ illae sunt in : illae
in *ock.*

8 extemplo *ck* : exemplo *cet.* ‖ tamen : tum *ωmc* ‖ accepti et
expensi *Turnèbe* : acceptum et expensum *codd.* ‖ referri *ck* : *om.*
cet.

Que sera-ce donc, s'il y a plus de trois ans qu'elle y
demeure ? Comment, alors que tous ceux qui tiennent
des registres reportent, ou peu s'en faut, sur ces registres
tous les comptes qui ont un mois de date, comment,
toi, laisses-tu plus de trois ans cette créance oubliée
dans ton brouillard ? 9 As-tu ou n'as-tu pas tes autres
créances classées sur ton livre de recettes et de dépenses ?
Si non, de quelle manière tiens-tu tes registres ? Si
oui, comment, alors que tu y reportais tes autres créances
pour les inscrire suivant leur ordre, laissais-tu plus
de trois ans dans ton brouillard cette créance, qui était
au premier rang des plus importantes ? Tu ne voulais
pas que l'on sût que Roscius était ton débiteur ; pourquoi inscrivais-tu sa dette ? Tu avais été prié de ne
pas la reporter sur ton livre ; pourquoi l'avais-tu inscrite
sur ton brouillard ?

Je vois dans tout cela des preuves solides ; je ne peux
cependant me juger satisfait, si je n'obtiens de Fannius lui-même l'attestation que cet argent ne lui était
pas dû. Grande est la tâche que je m'impose ; difficile,
l'engagement que je prends. Si Roscius n'a pas à la fois
Fannius pour adversaire et pour témoin, je ne veux pas
qu'il sorte vainqueur de son procès.

IV 10 On te devait une somme d'argent certaine ;
tu la demandes aujourd'hui devant un juge, en stipulant en sus la fraction fixée par la loi. Si tu as réclamé
un sesterce de plus que ce qui t'est dû, tu as perdu ton
procès ; car autre chose est l'instance soumise à un
juge, autre chose l'instance soumise à un arbitre. L'instance soumise à un juge porte sur une somme d'argent
certaine ; l'instance soumise à un arbitre, sur une somme
d'argent incertaine. Nous venons à l'instance soumise
au juge sous cette condition que nous devons gagner
ou perdre le procès en totalité ; nous allons à l'instance
soumise à l'arbitre avec l'idée que notre réclamation
ne sera pas sans aucun succès, mais que nous n'obtien-
drons pas autant que nous avons réclamé. 11 Le fait
que j'avance est attesté par les termes mêmes de la
formule. Que trouve-t-on dans la formule de l'instance
soumise au juge ? Des termes précis, rudes, simples :

Quo modo, cum omnes, qui tabulas conficiant, menstruas paene rationes in tabulas transferant, tu hoc nomen triennium amplius in aduersariis iacere pateris ? 9 Vtrum cetera nomina in codicem accepti et expensi digesta habes an non ? Si non, quo modo tabulas conficis ? Si etiam, quam ob rem, cum cetera nomina in ordinem referebas, hoc nomen triennio amplius, quod erat in primis magnum, in aduersariis relinquebas ? Nolebas sciri debere tibi Roscium ; cur scribebas ? Rogatus eras, ne referres ; cur in aduersariis scriptum habebas ?

Sed haec quanquam firma esse uideo, tamen ipse mihi satis facere non possum, nisi a C. Fannio ipso testimonium sumo, hanc pecuniam ei non deberi. Magnum est, quod conor, difficile est, quod polliceor ; nisi eundem et aduersarium et testem habuerit Roscius, nolo uincat.

IV 10 Pecunia tibi debebatur certa, quae nunc petitur per iudicem, in qua legitimae partis sponsio facta est. Hic tu si amplius HS nummo petisti, quam tibi debitum est, causam perdidisti, propterea quod aliud est iudicium, aliud est arbitrium. Iudicium est pecuniae certae, arbitrium incertae ; ad iudicium hoc modo uenimus, ut totam litem aut obtineamus aut amittamus ; ad arbitrium hoc animo adimus, ut neque nihil neque tantum, quantum postulauimus, consequamur. 11 Ei rei ipsa uerba formulae testimonio sunt. Quid est in iudicio ? Derectum, asperum, simplex : SI PARET HS IƆƆƆ DARI. —

---

8 conficiant : conficiunt *Lambin.*

9 codicem : codice *cod. Dionysii Lambin* ‖ digesta ω¹ck : et digesta *cet.* relata et digesta *Halm.*

10 debebatur *Navagero* : debeatur *codd.* ‖ amittamus *k* : omittamus *cet.*

11 ei rei *Mueller* : eius rei *codd.* ‖ derectum *Mueller* : di — *codd.* ‖ paret *Lambin* : peteret *codd.* ‖ IƆƆƆ *Navagero* : LIII *codd.* (*ita semper* ; *cf.* § 4).

s'il est établi qu'il faut donner cinquante mille sesterces... S'il ne démontre pas que cinquante mille sesterces lui sont dus jusqu'au dernier as, le demandeur perd son procès. Que trouve-t-on dans la formule soumise à l'arbitre ? Des termes doux et modérés : donner ce qui est plus équitable et meilleur. Ici le demandeur confesse bien qu'il réclame plus qu'il ne lui est dû ; mais il se déclare plus que satisfait de ce qui lui sera attribué par l'arbitre. Ainsi donc, le premier a confiance, le second n'a pas confiance dans sa cause. 12 Cela étant, je te pose cette question : pourquoi as-tu fait un compromis à propos de cette somme d'argent, de ces cinquante mille sesterces dont il s'agit, de la confiance que méritent tes registres ? Pourquoi as-tu accepté un arbitre pour décider suivant cette formule : combien il est plus équitable et meilleur de donner et de promettre en retour, si le fait est établi ? Quel a été l'arbitre pour cette affaire ? Plût aux dieux qu'il fût à Rome ! Il est à Rome. Plût aux dieux qu'il assistât à l'instance ! Il y assiste. Plût aux dieux qu'il siégeât dans le conseil de C. Piso ! Mais c'est C. Piso lui-même. Tu acceptais donc à la fois le même homme pour arbitre et pour juge ? C'est au même homme que tu remettais les pouvoirs les plus larges, des pouvoirs sans bornes ; et c'est le même homme que tu enfermais dans la formule très étroite d'une stipulation ? Quel est donc le demandeur qui jamais devant l'arbitre a enlevé autant qu'il réclamait ? Personne. Ce demandeur, en effet, a réclamé qu'on lui donnât autant que l'équité le permettait. C'est pour la même créance que tu es allé à l'arbitre et que tu es venu devant le juge ! 13 Les autres, quand ils s'aperçoivent que leur cause perd toute solidité devant le juge, cherchent un refuge auprès de l'arbitre. Celui-ci a osé venir de l'arbitre au juge ! En acceptant un arbitre pour décider de cette somme d'argent d'après la confiance que ses registres méritent, il a jugé lui-même que cette somme ne lui est pas due.

Dès à présent deux points de la cause sont définitivement établis : il reconnaît ne pas avoir compté d'argent ; il ne prétend pas l'avoir porté en dépense

Hic nisi planum facit HS ɪƆƆƆ ad libel*lam* sibi deberi,
causam perdit. Quid est in arbitrio ? Mite, moderatum :
QUANT*VM* AEQVIVS ET MELIVS *SIT* DARI. Ille tamen confitetur plus se petere, quam debeatur, sed satis superque
habere dicit, quod sibi ab arbitro tribuatur. Itaque alter causae confidit, alter diffidit. 12 Quae cum ita sint,
quaero abs te, quid ita de hac pecunia, de his ipsis HS
ɪƆƆƆ, de tuarum tabularum fide compromissum feceris,
arbitrum sumpseris, QVANT*VM* AEQVIVS ET MELIVS SIT
DARI REPROMITTIQVE, SI *PAREAT*. Quis in hanc rem fuit
arbiter ? Vtinam is quidem Romae esset ! Romae est.
Vtinam adesset in iudicio ! Adest. Vtinam sederet in
consilio C. Pisonis ! Ipse C. Piso est. Eundemne tu arbitrum et iudicem sumebas ? *e*idem et infinitam largitio-
nem remittebas, et eundem in angustissimam formulam
sponsionis concludebas ? Quis umquam ad arbitrum,
quantum petiit, tantum abstulit ? Nemo ; quantum
enim aequius esset sibi dari, peti*i*t. De quo nomine ad
arbitrum adisti, de eo ad iudicem uenisti ! 13 Ceteri
cum ad iudicem causam labefactari animaduertunt, ad
arbitrum confugiunt, hic ab arbitro ad iudicem uenire
est ausus ! Qui cum de hac pecunia tabularum fide arbitrum sumpsit, iudicauit sibi pecuniam non deberi.

Iam duae partes causae sunt confectae ; ad*n*um*e*rasse
sese negat, expensum tulisse non dicit, cum tabulas non
recitat. Reliquum est, ut stipulatum se esse dicat ;

---

11 libellam *Beroaldo* : libellum *codd*. ‖ quantum *Manuzio* :
—to *codd*. ‖ sit dari *Manuzio* : id dari *ωt* id clarius *cet*.

12 quantum *Manuzio* : —to *codd*. ‖ si pareat *Clark* : si peieres
codd. si pareret *Lambin* sic petieris *Mommsen* ‖ Vtinam adesset
ck : nam utinam adesset *cet*. ‖ eidem *Angeli* : idem (id est *k*)
codd. ‖ quantum petiit *ck* : quantum petit *cet*. ‖ dari petiit *Manuzio* : dari petit *ck* pari petit *cet*.

13 adnumerasse *Liebhard* : adulterasse *codd*.

sur son livre, puisqu'il ne donne pas lecture de ses registres. Il ne lui reste qu'à déclarer qu'il a fait une stipulation ; car, quel autre moyen pourrait-il avoir de réclamer une somme d'argent certaine ? Je n'en trouve point.

V Tu as stipulé ? où, quel jour, à quelle date, en présence de qui ? Est-il quelqu'un qui déclare que j'ai répondu à l'interrogation ? Personne. 14 Si je terminais ici mon plaidoyer, il me semble que j'aurais assez fait pour ma conscience et pour mon devoir, pour la cause et pour la question qui est l'objet de la controverse, pour la formule et pour la stipulation, assez même pour le juge en lui démontrant pourquoi la sentence doit être prononcée en faveur de Roscius. Une somme d'argent certaine a été réclamée ; la stipulation du tiers a été faite. Pour cela, il faut ou que cette somme d'argent ait été remise ou qu'elle ait été inscrite à la page de l'*expensum*, ou qu'elle ait été promise par stipulation. Fannius avoue qu'elle n'a pas été remise ; les livres de Fannius prouvent qu'il n'en a pas été passé écriture ; par leur silence, les témoins conviennent qu'elle n'a pas été stipulée. 15 Quelle est donc la situation ? Puisque le défendeur est un homme qui n'a jamais accordé la moindre importance à l'argent et qui a toujours regardé l'estime publique comme le bien le plus sacré, puisque le juge est un homme dont nous désirons non moins l'estime qu'une sentence favorable, puisque la réunion d'amis appelés à assister Roscius est d'une si éminente illustration que nous devons avoir en face d'elle la crainte respectueuse que l'on a en face d'un juge unique, nous parlerons comme si toutes les instances organisées en vertu de la loi, tous les arbitrages fondés sur l'autorité du magistrat, tous les devoirs de la vie privée étaient inclus et compris dans cette formule. Jusqu'ici, toute ma plaidoirie était nécessaire ; ce que je vais dire maintenant, je le dirai volontairement ; je m'adressais au juge, je m'adresserai à C. Piso ; je parlais pour un défendeur, je parlerai pour Roscius ; je plaidais pour vaincre, je plaiderai pour assurer la considération de mon client.

praeterea enim quem ad modum certam pecuniam petere
possit, non reperio.

V Stipulatus es — ubi, quo die, quo tempore, quo
praesente ? Quis spopondisse me dicit ? Nemo. 14 Hic
ego si finem faciam dicendi, satis fidei et diligentiae meae,
satis causae et controuersiae, satis formulae et spon-
sioni, satis etiam iudici fecisse uidear, cur secundum
Roscium iudicari debeat. Pecunia petita est certa ; cum
tertia parte sponsio facta est. Haec pecunia necesse est
aut data, aut expensa lata, aut stipulata sit. Datam non
esse Fannius confitetur, expensam latam non esse codices Fanni confirmant, stipulatam non esse taciturnitas
testium concedit. 15 Quid ergo est ? Quod et reus is est,
cui et pecunia leuissima et existimatio sanctissima fuit
semper, et iudex est is, quem nos non minus bene de nobis existimare quam secundum nos iudicare uelimus, et
aduocatio ea est, quam propter eximium splendorem ut
iudicem unum uereri debeamus, perinde ac si in hanc
formulam omnia iudicia legitima, omnia arbitria hono-
raria, omnia officia domestica conclusa et comprehensa
sint, perinde dicemus. Illa superior fuit oratio necessaria,
haec erit uoluntaria ; illa ad iudicem, haec ad C. Pisonem ; illa pro reo, haec pro Roscio ; illa uictoriae, haec
bonae existimationis causa comparata.

VI 16 Pecuniam petis, Fanni, a Roscio. Quam ? dic
audacter et aperte. Vtrum quae tibi ex societate debeatur, an quae ex liberalitate huius promissa sit et ostenta-
ta ? Quorum alterum est grauius et odiosius, alterum le-

14 cum tertia parte : cuius t. p. *Huschke* in t. p. *Rinkes.*
15 reus is est cui *Manuzio* : res eius est cuius *codd.* ‖ iudicem
unum : iudicem mutum *Mueller* iudicem ipsum *Garatoni* ‖ perinde
dicemus : proinde dicemus *b¹ Lambin.*
16 utrum quae *k* : utrum *cet.* ‖ odiosius : odiosius et ω.

**Parallèle
entre Roscius
et Fannius**

VI 16 Fannius, tu réclames de Roscius une somme d'argent. Quelle est cette somme ? Dis-le hardiment et franchement. Est-ce une dette qu'il a contractée comme associé ? Est-ce une libéralité dont il t'avait donné promesse et fait montre ? Dans le premier cas, je vois un fait plus grave et plus odieux ; dans le second cas, la chose est moins importante et plus simple. Une somme due en vertu de votre association ? Que dis-tu ? Voici une allégation que l'on ne doit pas prendre à la légère et contre laquelle on ne doit pas négliger de se défendre. S'il est, en effet, des instances privées où le caractère essentiel de la considération, je dirai presque, l'existence civile est en jeu, c'est dans les trois actions de fiducie, de tutelle et de société. Il y a une égale perfidie et un crime égal à enfreindre la foi promise, qui est le lien de la vie sociale, à faire tort par fraude au pupille qui a été placé en tutelle, à tromper l'associé qui a mis ses intérêts en commun dans une affaire. 17 Cela étant, examinons quel est celui qui a pu faire tort à son associé, qui a pu le tromper. En effet, son passé va nous donner en sa faveur ou contre lui un témoignage qui, pour être tacite, n'en a pas moins de solidité et de poids. Q. Roscius ? Que dis-tu ? Un corps en état d'ignition plongé dans l'eau s'éteint et se refroidit immédiatement : les flammes, elles aussi, de la calomnie que l'on lance sur la plus pure et la plus innocente des vies ne tombent-elles pas, ne s'éteignent-elles pas aussitôt ? Roscius a fait tort par fraude à son associé ? Le soupçon d'une telle faute peut-il s'attacher à un tel homme ? Que le dieu de la bonne foi me vienne en aide ! Cet homme — je n'ai aucune crainte de le dire — réunit en sa personne plus de loyauté encore que de talent, encore plus d'amour de la vérité que de science de son art ; en lui le peuple romain estime encore plus l'homme que l'acteur : si son art le rend très digne de la scène, sa vertu ne le rendrait pas moins digne du Sénat.

18 Mais pourquoi prononcer sur Roscius ces paroles qui, devant Piso, sont sans objet ? Je le recommande longuement, comme s'il s'agissait d'un inconnu. Est-il

uius et facilius. Quae ex societate debeatur ? Quid ais ?
Hoc iam neque leuiter ferendum est neque neglegenter
defendendum. Si qua enim sunt priuata iudicia summae
existimationis et paene dicam capitis, tria haec sunt,
fiduciae, tutelae, societatis. Aeque enim perfidiosum et
nefarium est fidem frangere, quae continet uitam, et
pupillum fraudare, qui in tutelam peruenit, et socium
fallere, qui se in negotio coniunxit. **17** Quae cum ita
sint, quis sit, qui socium fraudarit et fefellerit, consideremus ; dabit enim nobis iam tacite uita acta in alterutram
partem firmum et graue testimonium. Q. Roscius ?
Quid ais ? Nonne, ut ignis in aquam coniectus continuo
restinguitur et refrigeratur, sic referuens falsum crimen
in purissimam et castissimam uitam collatum statim con-
cidit et exstinguitur ? Roscius socium fraudauit ! Potest
hoc homini huic haerere peccatum ? Qui me dius fidius
(audacter dico) plus fidei quam artis, plus ueritatis quam
disciplinae possidet in se, quem populus Romanus me-
liorem uirum quam histrionem esse arbitratur, qui ita
dignissimus est scaena propter artificium, ut dignissimus
sit curia propter abstinentiam.

   18 Sed quid ego ineptus de Roscio apud Pisonem dico ? Ignotum hominem scilicet pluribus uerbis commen-
do. Estne quisquam omnium mortalium, de quo melius
existimes tu ? Estne quisquam, qui tibi purior, puden-
tior, humanior, officiosior liberaliorque uideatur ? Quid ?
tu, Saturi, qui contra hunc uenis, existimas aliter ? nonne, quotienscumque in causa in nomen huius incidisti,
totiens hunc et uirum bonum esse dixisti et honoris

---

16 leuius : lenius ω[1].
17 quis sit *ck* : quid sit *cet.*
18 existimes tu : tu *supra uersum habet* ω.

quelqu'un au monde que tu aies en plus grande estime ?
quelqu'un qui te paraisse plus vertueux, plus délicat,
plus humain, plus serviable et plus libéral ? Eh quoi ?
Toi-même, Saturius, toi qui te présentes ici contre lui,
as-tu de lui une autre opinion ? Chaque fois que dans
cette cause tu as eu l'occasion de prononcer son nom,
ne l'as-tu pas traité d'homme de bien, n'as-tu pas parlé
de lui avec ce respect que nous ne montrons que pour
les hommes que nous honorons le plus et que nous
aimons le mieux ? **19** En cela, tu m'as paru d'une plai-
sante inconséquence, alors que tu l'outrageais en même
temps que tu le louais, alors que tu le traitais à la fois
d'homme de la plus grande vertu et de personnage sans
la moindre probité. Tu le nommais avec le plus grand
respect ; c'était, disais-tu, un homme du premier mérite,
et tu l'accusais d'avoir porté tort par fraude à son associé. Mais, je le pense, la louange était un tribut que tu
payais à la vérité ; l'accusation, une concession que tu
faisais à la complaisance. Tu disais hautement le bien
que tu pensais de Roscius, et tu plaidais la cause suivant le bon plaisir de Chaerea.

VII Roscius coupable de fraude ! Voilà une imputation qui choque les oreilles et les idées de tout le
monde. Mais enfin, aurait-il eu affaire à quelque indi-
vidu craintif et borné, à quelque riche nonchalant,
incapable d'avoir recours à la justice, l'imputation n'en
serait pas moins incroyable. **20** Voyons, cependant,
à qui il aurait fait tort par fraude. C'est à C. Fannius
Chaerea que Roscius a porté tort par fraude ! Je vous
en prie, je vous en supplie, au nom des dieux, que ceux
de vous qui les connaissent l'un et l'autre mettent leur
vie en parallèle, que ceux de vous qui ne les connaissent
pas considèrent le visage de l'un et de l'autre. Cette tête
elle-même, ces sourcils complètement rasés ne paraissent-
ils pas sentir la méchanceté et crier la fourberie ? De
l'extrémité des ongles au sommet de la tête — si l'on
peut conjecturer le caractère d'un homme par son extérieur seul, sans entendre sa parole, — ne paraît-il pas
être fait tout entier de fraudes, de tromperies et de
mensonges ? Lui qui a toujours la tête et les sourcils

causa appellasti ? Quod nemo nisi aut honestissimo aut
amicissimo facere consueuit. 19 Qua in re mihi ridicule es
uisus esse inconstans, qui eundem et laederes et lauda-
res, et uirum optimum, et hominem improbissimum esse
diceres. Eundem tu et honoris causa appellabas et uirum
primarium esse dicebas et socium fraudasse arguebas ?
Sed, ut opinor, laudem ueritati tribuebas, crimen gratiae
concedebas ; de hoc, ut existimabas, praedicabas, Chae-
reae arbitratu causam agebas.

VII Fraudauit Roscius ! Est hoc quidem auribus ani-
misque hominum absurdum. Quid si tandem aliquem
timidum, dementem, diuitem, inertem nactus esset, qui
experiri non posset ? Tamen incredibile esset. 20 Verum tamen, quem fraudarit, uideamus. C. Fannium
Chaeream Roscius fraudauit ! Oro atque obsecro uos,
qui nostis, uitam inter se utriusque conferte ; qui non
nostis, faciem utriusque considerate. Nonne ipsum caput, et supercilia illa penitus abrasa olere malitiam et
clamitare calliditatem uidentur ? Non ab imis unguibus
usque ad uerticem summum, si quam coniecturam adfert
hominibus tacita corporis figura, ex fraude, fallaciis,
mendaciis constare totus uidetur ? Qui idcirco capite
et superciliis semper est rasis, ne ullum pilum uiri boni
habere dicatur ; cuius personam praeclare Roscius in
scaena tractare consueuit, neque tamen pro beneficio ei
par gratia refertur. Nam Ballionem illum improbissimum
et periurissimum lenonem cum agit, agit Chaeream ; per-

---

19 quidem : primum quidem ω² quidem primum *ock* ‖ hominum : omnium *Mommsen* ‖ timidum dementem diuitem inertem :
diuitem timidum dementem diuitem inertem *o* diuitem timidum
dementem inertem *ck.*

20 abrasa : adrasa ω¹*o* ‖ non ab imis : nonne ab imis *otck* ‖ rasis :
rasus *ock.*

rasés, pour qu'on ne puisse pas dire qu'il se trouve sur
sa personne un seul poil d'honnête homme ; lui dont
Roscius s'est habitué à jouer en scène le personnage
admirablement, sans obtenir de lui la gratitude que
mérite un pareil service. En effet, dans le rôle de Ballio (1),
ce type du prostitueur pervers et parjure, il joue le rôle
de Chaerea. Tout ce qu'il y a de boueux, d'impur,
d'odieux chez ce personnage, trouve son expression
dans les mœurs, dans le caractère, dans la vie de Chaerea. Pourquoi a-t-il estimé que Roscius lui ressemblait
en fourberie et en méchanceté, cela me paraît étonnant ;
peut-être, cependant, est-ce qu'il a remarqué de quelle
manière admirable Roscius l'imite dans ce rôle de prostitueur. **21** C'est pourquoi, C. Piso, je te prie d'examiner à fond la personnalité du prétendu fraudeur et celle
de la prétendue victime. Roscius a fraudé Fannius.
Qu'est-ce à dire ? L'improbité a été victime de la probité ; le déshonneur, de l'honneur ; le parjure, de la
sincérité ; la ruse, de l'inexpérience ; l'avarice, de la
libéralité. Tout cela n'est pas croyable. On dirait que
Fannius a porté tort par fraude à Roscius : d'après le
caractère de ces deux hommes, il paraîtrait vraisemblable
et que Fannius par méchanceté a trompé Roscius, et
que, par défaut de prudence, Roscius s'est laissé tromper ; que l'on accuse, au contraire, Roscius d'avoir porté
tort par fraude à Fannius, il est également incroyable
et que l'avarice ait rien fait convoiter à Roscius et que
Fannius ait rien perdu par excès de bonté.

VIII **22** Tel est le point de départ ; examinons la
suite. Q. Roscius a fait tort par fraude de cinquante
mille sesterces à Fannius. Pour quel motif ? Je vois
sourire Saturius, qui est — qui, du moins, se croit —
un vieux routier. Pour le simple motif, dit-il, d'avoir
ces cinquante mille sesterces. Je comprends bien ; mais,
cependant, d'où viendrait cette si violente convoitise
pour ces cinquante mille sesterces ? Je pose la question. Car, assurément, ce n'est pas sur toi, M. Perpenna,
ce n'est pas sur toi, C. Piso, qu'une telle somme aurait
eu le pouvoir de vous faire porter tort par fraude à un
associé. **Pourquoi a-t**-elle eu ce pouvoir sur Roscius,

sona illa lutulenta, impura, inuisa, in huius moribus, natura uitaque est expressa. Qui quam ob rem Roscium
similem sui in fraude et malitia existimarit, *mirum* mihi
uidetur, nisi forte quod praeclare hunc imitari se in persona lenonis animaduertit. **21** Quam ob rem etiam atque
etiam considera, C. Piso, quis quem fraudasse dicatur. Roscius Fannium ! Quid est hoc ? Probus improbum,
pudens impudentem, periurum castus, callidum imperitus, liberalis auidum ? Incredibile est. Quem ad modum,
si Fannius Roscium fraudasse diceretur, utrumque ex
utriusque persona ueri simile uideretur, et Fannium per
malitiam fecisse, et Roscium per imprudentiam decep-
tum esse, sic, cum Roscius Fannium fraudasse arguatur,
utrumque incredibile est, et Roscium quicquam per auaritiam appetisse, et Fannium quicquam per ✱bonitate*m*
amisisse.

VIII **22** Principia sunt huius modi ; spectemus reliqua. Hs ɔ Q. Roscius fraudauit Fannium. Qua de
causa ? Subridet Saturius, ueterator, ut sibi uidetur ; ait
propter ipsa HS ɔ. Video ; sed tamen, cur ipsa HS
ɔ tam uehementer concupierit, quaero ; nam tibi,
M. Perpenna, *tibi*, C. Piso, certe tanti non fuisse*nt*, ut
socium fraudaretis. Roscio cur tanti fueri*nt*, causam requiro. Egebat ? Immo locuples erat. Debebat ? Immo in
suis nummis uersabatur. Auarus erat ? Immo etiam ante
quam locuples semper liberalissimus munificentissimus-
que fuit. **23** Pro deum hominumque fidem ! Qui HS

20 mirum mihi uidetur *Madvig* : mihi (non mihi *ck* mihi
causa non *t*) uidetur *codd.* nihil uidetur *Navagero* mihi uix uidetur *Clark.*
21 per bonitatem *Manuzio* : per se bonitate *codd.*
22 tibi *suppl. Clark* ‖ fuissent ut... fuerint *Turnèbe* : fuisset ut...
fuerit *codd.* ‖ nummis *ck* : summis *cet.* ‖ locuples *codd.* : locuples
esset *Halm.*

je requiers qu'on me le dise. Il était dans l'indigence?
Loin de là, il était riche. Il avait des dettes ? Loin de
là, il était fort bien en fonds. Il était avare ? Bien loin
de là : avant même de devenir riche, il a toujours fait
preuve de la plus grande libéralité et de la plus grande
magnificence. 23 Ah ! j'en atteste les dieux et les hommes !
Celui qui n'a pas voulu réaliser des gains de trois cent
mille sesterces — car il pouvait, il devait être payé
trois cent mille sesterces, si Dionysia (1) peut être payée
deux cent mille — celui-là aurait mis tout ce qu'on peut
imaginer de fraude, de méchanceté, de perfidie à s'approprier ces cinquante mille sesterces, qu'il désirait avec
ardeur ? D'un côté, la somme était énorme, de l'autre,
elle est bien mesquine ; d'un côté, elle était acquise
honorablement, de l'autre, elle avait une origine ignoble ;
d'un côté, c'était un gain flatteur, de l'autre, un lucre
pénible ; d'un côté, c'était une propriété sûre, de l'autre,
un argent dont la possession mise en cause fait l'objet
d'une instance. Dans ces dix dernières années, Roscius
aurait pu acquérir très honorablement six millions de
sesterces. Il ne l'a pas voulu. Il a accepté le labeur qui
méritait un gain ; il a refusé le gain mérité par ce labeur.
Il n'a jamais cessé de se dévouer au service du peuple
romain ; il y a longtemps qu'il a cessé de servir ses propres
intérêts. 24 Toi, Fannius, agirais-tu jamais ainsi ? Et,
si tu pouvais recevoir de tels profits, n'irais-tu pas
jusqu'à rendre l'âme en rendant par tes gestes quelque
action théâtrale ? Dis maintenant que tu as été circonvenu et volé de cinquante mille sesterces par Roscius,
lui qui a refusé des sommes d'argent si grandes, si illimi-
tées, non parce qu'il était nonchalant pour le travail,
mais parce qu'il était magnifique dans sa libéralité !

Qu'ai-je à dire maintenant, ce qui, j'en suis sûr, vous
vient à l'esprit ? Dans votre association, Roscius te
portait tort par fraude ! Il existe des institutions juridiques, des formules d'action constituées pour tous les
cas, afin que personne ne puisse commettre d'erreur
sur le genre de l'atteinte qui a été commise contre la
justice, ni sur le système de l'action. C'est, en effet,
d'après le dommage, la peine, le désagrément, le dé-

CƆƆIƆƆƆ CƆƆIƆƆƆ CƆƆIƆƆƆ quaestus facere noluit (nam
certe HS CƆƆIƆƆƆ CƆƆIƆƆƆ merere et potuit et debuit, si
potest Dionysia HS CƆƆIƆƆƆ CƆƆIƆƆƆ merere), is per
summam fraudem et malitiam et perfidiam HS IƆƆƆ
appetiit ? Et illa fuit pecunia immanis, haec paruula ;
illa honesta, haec sordida ; illa iucunda, haec acerba ;
illa propria, haec in causa et in iudicio collocata.
Decem his annis proximis HS sexagiens honestissime
consequi potuit ; noluit. Laborem quaestus recepit,
quaestum laboris reiecit ; populo Romano adhuc
seruire non destitit, sibi seruire iam pridem destitit.
24 Hoc tu umquam, Fanni, faceres ? *Et* si hos quaestus recipere posses, non eodem tempore et gestum
et animam ageres ? Dic nunc te ab Roscio HS IƆƆƆ
circumscriptum esse, qui tantas et tam infinitas pecunias
non propter inertiam laboris, sed propter magnificen-
tiam liberalitatis repudiarit !

Quid ego nunc illa dicam, quae uobis in mentem uenire
certo scio ? Fraudabat te in societate Roscius ! Sunt
iura, sunt formulae de omnibus rebus constitutae, ne quis
aut in genere iniuriae aut in ratione actionis errare possit.
Expressae sunt enim ex unius cuiusque damno, dolore,
incommodo, calamitate, iniuria publice a praetore formulae, ad quas priuata lis accommodatur.

IX 25 Quae cum ita sint, cur non arbitrum pro socio adegeris Q. Roscium, quaero. Formulam non noras ?
Notissima erat. Iudicio graui experiri nolebas ? Quid ita ?

---

23 CƆƆIƆƆƆ CƆƆIƆƆƆ CƆƆIƆƆƆ *Navagero* : CCCLIII CCCLIII
CCCLIII *codd.* IƆƆƆ CƆƆIƆƆƆ *Schütz* ‖ CƆƆIƆƆƆ CƆƆIƆƆƆ
Navagero : CCCLIII CCCLIII *codd.* ‖ quaestum laboris *Beroaldo* :
quaestus laboris *codd.*

24 et si *Turnèbe* : sed si *codd.* ‖ in ratione *b²* : ratione *cet.* ‖ publice
a praetore *De la Ville de Mirmont* (*cf. De Re Publica*, 4, 3, 3) :
publica hae a praetore *codd.* publicae a praetore *Navagero.*

sastre, l'injustice que chaque particulier a pu subir, qu'ont été rédigées et publiées les formules conformément auxquelles les instances privées sont instituées.

IX **25** Cela étant, pourquoi n'as-tu pas cité Q. Roscius devant l'arbitre statuant en matière de société ? Tu ne connaissais pas la formule ? Mais elle était très connue. Tu ne voulais pas l'engager dans une instance dont les effets sont graves ? Pourquoi cela ? A cause de votre vieille intimité ? Pourquoi donc l'outrages-tu ? A cause de son intégrité ? Alors, pourquoi l'accuses-tu ? A cause de l'importance du fait que tu lui reproches ? Peut-il en être ainsi ? Celui que tu ne pouvais circonvenir par le moyen de l'arbitre à qui il appartenait de décider en cette matière, tu obtiendras sa condamnation par le moyen du juge, qui n'a en cette matière aucun des pouvoirs de l'arbitre ? Voyons : ou bien lance ton accusation contre lui, là où tu peux intenter une action ; ou bien abstiens-toi de la lancer là où il ne convient pas. Mais voici que ton accusation tombe même par ton propre témoignage. Car, du moment que tu as refusé d'employer la formule voulue, tu as ⟨ jugé ⟩ que Roscius n'a commis aucune fraude contre la société. ... As-tu des tablettes ou n'en as-tu pas ? Si tu n'en as pas, comment la convention a-t-elle été faite ? Si tu en as, pourquoi ne pas dire le nom de cette convention ? **26** Dis maintenant que Roscius t'a prié de prendre un de ses amis pour arbitre ! Il ne te l'a pas demandé. Dis qu'il a fait une convention pour être absous ! Il n'a pas fait de convention. Pourquoi a-t-il été absous ? A cette question on te répondra : parce que son honnêteté et son intégrité étaient parfaites. En effet, que s'est-il passé ? Tu t'es rendu spontanément chez Roscius ; tu lui as donné satisfaction ; tu avais commis une imprudence, tu l'avais cité en justice : tu l'as prié de te pardonner ; tu as déclaré que tu ne comparaîtrais pas ; tu as crié bien haut que Roscius ne te devait rien du fait de l'association. Roscius a dénoncé tous tes dires au juge ; il a été absous. Et, cependant, tu oses parler de fraude et de vol !... Il persiste dans son impudence. « Il avait,

propter familiaritatem ueterem ? Cur ergo laedis ? Propter integritatem hominis ? Cur igitur insimulas ? Propter *magni*tudinem criminis ? Itane uero ? Quem per arbitrum circumuenire non posses, cuius de ea re proprium
*erat iudicium, *hunc* per iudicem condemnabis, cuius
de *ea* re nullum est arbitrium ? Quin tu hoc crimen aut
obice, ubi licet agere, aut *i*acere noli, ubi non oportet.
Tametsi iam hoc tuo testimonio crimen sublatum est.
Nam, quo tu tempore illa formula uti noluisti, nihil hunc
in societate*m* fraudis fecisse iudi†tionem† Tabulas
habe*s* an non ? Si non habe*s*, quem ad modum pactio
est ? Si habe*s*, cur non nominas ? **26** Dic nunc Roscium
abs te petisse, ut familiarem suum sumeres arbitrum !
Non petiit. Dic pactionem fecisse, ut absolueretur ! Non
pepigit. Quaere, qua re sit absolutus ! Quod erat summa
innocentia et integritate. Quid enim factum est ? Venisti
domum ultro Rosci, satis fecisti ; quod temere commisis-
ti, in iudicium ut denuntiare*s*, rogasti, ut ignosceret ; te
adfuturum negasti, debere tibi ex societate nihil clami-
tasti. Iudici hic denuntiauit ; absolutus est. Tamen fraudis ac furti mentionem facere audes ? Perstat in impudentia. « Pactionem enim, » inquit, « mecum fecerat. »
Idcirco uidelicet, ne condemnaretur. Quid erat causae,
cur metueret, ne condemnaretur ? — Res erat manifesta, furtum erat apertum.

25 magnitudinem *Manuzio* : egritudinem *codd.* ‖ proprium erat
Manuzio : p. non erat *codd.* ‖ hunc *Manuzio* : nunc *codd.* ‖ de ea
re *Manuzio* : de re *codd.* ‖ iacere *Manuzio* : tacere *codd.* ‖ iam hoc :
hoc ω*b* ‖ societatem *Beroaldo* : —te *codd.* ‖ iudi... tionem *Mueller :*
iudicasti *b²l* in deditionem *k* iuditionem ω iudiditionem *cet.*
ostendisti. Fecit pactionem. Num *uulgo* indicasti. Dic enim *Clark* ‖
habes... habes... habes *Ménard* : habet... habet... habet *codd.*
26 in iudicium : iudicium *Lambin* ‖ denuntiares : —ret *Lambin* ‖
debere : —ri *Lambin.*

en effet, — dit-il, — passé avec moi une convention. »
Sans doute pour éviter une condamnation. Mais quel
était le motif qui lui faisait craindre d'être condamné ?
— Le fait était manifeste, le vol était évident.

27 Qu'est-ce qui avait été volé ? L'exorde promet beaucoup ; l'avocat expose l'histoire de l'association qui
avait pour objet ce comédien vieilli dans le métier.

X Panurge, dit-il, était l'esclave de Fannius ; Panurge
devient la propriété commune de Fannius et de Roscius.
Ici commencent les plaintes de Saturius ; et ce ne sont
pas des plaintes légères : voilà, dit-il, Roscius qui devient,
sans rien payer, possesseur en commun d'un esclave
dont Fannius avait acheté la propriété. Cela s'entend,
Roscius a été l'objet des largesses de Fannius, cet homme
libéral, insouciant de ses intérêts, débordant de bonté.
Tel est bien mon avis. 28 Puisque Saturius a insisté
quelque temps sur cette question, il est nécessaire que
moi aussi je m'y arrête un peu. Toi, Saturius, tu dis
que Panurge était la propriété de Fannius. Mais, moi,
je soutiens qu'il appartenait tout entier à Roscius.
En effet, que possédait Fannius ? Le corps de Panurge.
Que possédait Roscius ? L'instruction reçue par Panurge. Ce n'est pas l'extérieur de l'homme, c'est l'art
du comédien qui avait un grand prix. Ce qui dans Panurge appartenait à Fannius ne valait pas quatre mille
sesterces ; ce qui appartenait à Roscius valait plus de
cent cinquante mille sesterces. Ce n'est pas le buste
de Panurge que l'on considérait, c'est son habileté
dans l'art du comédien que l'on estimait. Par eux-mêmes,
ses membres ne pouvaient gagner plus de douze as ;
l'instruction qui lui avait été donnée par Roscius ne se
louait pas moins de cent mille sesterces. 29 Quelle
duperie, quelle indignité dans cette association, où l'un
des associés porte quatre mille sesterces et l'autre une
valeur de cent cinquante mille ! Peut-être regrettes-tu
d'avoir tiré quatre mille sesterces de ta caisse (1), alors
que lui, par l'instruction qu'il donnait, par l'art qu'il
enseignait, en offrait cent cinquante mille. Quelles
espérances, en effet, ne fondait-on pas sur Panurge !
Que n'attendait-on pas de lui ! De quelle faveur, de

27 Cuius rei furtum factum erat ? Exorditur magna cum exspectatione ueteris histrionis exponere societatem. X « Panurgus, » inquit, « fuit Fanni ; is fit ei cum Roscio communis. » Hic primum questus est non leuiter Saturius communem factum esse gratis cum Roscio, qui pretio proprius fuisset Fanni. Largitus est scilicet homo liberalis et dissolutus et bonitate adfluens Fannius Roscio. Sic puto. **28** Quoniam ille hic constitit paulisper, mihi quoque necesse est paulum commorari. Panurgum tu, Saturi, proprium Fanni dicis fuisse. At ego totum Rosci fuisse contendo. Quid erat enim Fanni ? Corpus. Quid Rosci ? Disciplina. Facies non erat, ars erat pretiosa. Ex qua parte erat Fanni, non erat HS IIII ∞, ex qua parte erat Rosci, amplius erat HS cccɪↄↄↄ ɪↄↄↄ ; nemo enim illum ex trunco corporis spectabat, sed ex artificio comico aestimabat ; nam illa membra merere per se non amplius poterant duodecim aeris, disciplina, quae erat ab hoc tradita, locabat se non minus HS cccɪↄↄↄ. **29** O societatem captiosam et indignam, ubi alter HS IIII ∞, alter cccɪↄↄↄ ɪↄↄↄ quod sit in societatem adfert ! Nisi idcirco moleste pateris, quod HS IIII ∞ tu ex arca proferebas, HS cccɪↄↄↄ cccɪ ille ex disciplina et artificio promebat. Quam enim *spem* et exspectationem, quod studium et quem fauorem secum in scaenam attulit Panurgus, quod Rosci fuit discipulus ! Qui dili-

27 fit *Passow* : fuit *codd.*

28 mihi quoque *k* : q. m. *cet.* ‖ IIII *Orelli* ; LIII *codd.* Iↄↄ *Navagero* Iↄↄ *Mommsen* ‖ cccɪↄↄↄ cccɪ *Mommsen* CCCLIII CCCL [CCCLIII *ck*] *codd.* CCCIↄↄↄ *Navagero* ‖ aestimabat *ck* : exti— *cet.* ‖ cccɪↄↄↄ *Navagero* : CCCLIII *codd.*

29 IIII *Orelli* : LII *codd.* ‖ cccɪↄↄↄ Iↄↄↄ *Mommsen* : CCCLIII *ck* LIII *cet.* (*sed. cf.* § 28) ‖ IIII *Orelli* : LIII *codd.* ‖ ille ex disciplina *k* ; ex disciplina *cet.* Roscius *post* artificio *add. ed.* Rom. 1471 ‖ cccɪↄↄↄ Iↄↄↄ *Mommsen* : CCCLIII LIII (CCCLIII *ek*) *codd.* ‖ spem *Boemoraeus* : rem *codd.* ‖ secum *om.* ω.

quel intérêt n'était-il pas accompagné, quand il parut
sur la scène ! C'est qu'il était l'élève de Roscius. Tous
les amis de Roscius lui accordaient leur faveur ; tous
les admirateurs de Roscius lui accordaient leur approbation ; ceux enfin qui avaient entendu prononcer le
nom du maître estimaient que l'élève était un comédien instruit et accompli. Tel est le vulgaire : c'est
rarement sur la vérité, le plus souvent sur l'opinion
qu'il fonde ses jugements. **30** Ce que Panurge savait,
très peu de gens y faisaient attention : où avait-il appris,
c'est ce dont tout le monde s'enquérait. On ne pensait
pas qu'il pût sortir de chez Roscius rien d'incorrect
et de défectueux. Sorti de chez Statilius (1), Panurge
aurait eu beau surpasser Roscius même en talent, il
n'aurait pas pu obtenir un regard. Car, si on n'admet
pas qu'un honnête homme soit le fils d'un père malhonnête, on ne saurait pas admettre non plus qu'un
bon comédien puisse être formé par un méchant his-
trion. Parce qu'il venait de chez Roscius, il paraissait
encore mieux instruit qu'il ne l'était.

XI Le même fait s'est produit récemment à propos
du comédien Eros. Chassé de la scène non seulement
par des sifflets, mais par un concert de huées, il s'est
réfugié dans la maison de Roscius, comme à l'abri
d'un autel protecteur ; il trouva un refuge dans l'enseignement, dans le patronage, dans le nom de Roscius.
Et c'est ainsi qu'en très peu de temps Eros, qui n'était
pas même compté parmi les acteurs du dernier ordre,
parvint à prendre place au rang des premiers comédiens.
31 Comment est-il arrivé si haut ? Uniquement parce
qu'il se recommandait de Roscius. Cependant, pour
ce Panurge qui nous occupe, Roscius ne s'est pas con-
tenté de l'accueillir dans sa maison pour que l'on pût
dire qu'il avait été son élève, mais il s'est donné bien
de la peine, il s'est fait bien de la bile et du tourment
pour le former. En effet, plus un maître a d'habileté
et de talent, plus il s'irrite, plus il se fatigue dans son
enseignement ; quand il voit son élève si lent à s'assi-
miler ce qu'il a lui-même saisi si rapidement, c'est pour
lui un vrai supplice. Si mon discours s'est développé

gebant hunc, illi fauebant ; qui admirabantur hunc,
illum probabant ; qui denique huius nomen audierant,
illum eruditum et perfectum existimabant. Sic est
uulgus ; ex ueritate pauca, ex opinione multa aestimat.
30 Quid sciret ille, perpauci animaduertebant, ubi didi-
cisset, omnes quaerebant ; nihil ab hoc prauum et peruer-
sum produci posse arbitrabantur. Si ueniret ab Statilio,
tametsi artificio Roscium superaret, adspicere nemo
posset ; nemo enim, sicut ex improbo patre probum filium
nasci, sic *a* pessimo histrione bonum comoedum fieri
posse existimaret. Quia ueniebat a Roscio, plus etiam
scire, quam sciebat, uidebatur.

XI Quod item nuper in Erote comoedo usu uenit ; qui
postea quam e scaena non modo sibilis, sed etiam conui-
cio explodebatur, sicut in aram confugit in huius domum, disciplinam, patrocinium, nomen : itaque perbreui
tempore, qui ne in nouissimis quidem erat histrionibus,
ad primos peruenit comoedos. 31 Quae res extulit eum ?
Vna commendatio huius ; qui tamen Panurgum illum,
non solum ut Rosci discipulus fuisse diceretur, domum
recepit, sed etiam summo cum labore, stomacho mise-
riaque erudiit. Nam quo quisque est sollertior et ingeniosior, hoc docet iracundius et laboriosius ; quod enim
ipse celeriter arripuit, id cum tarde percipi uidet, dis-
cruciatur. Paulo longius oratio mea prouecta est hac de
causa, ut condicionem societatis diligenter cognosce-
retis.

32 Quae deinde sunt consecuta ? « Panurgum », in-

29 aestimat *ck* : existimat ω*b* extimat *cet.*

30 prauum *ck* : paruom (—um *bt*) *cet.* ‖ a pessimo *Lambin* : ex
pessimo *codd.* ‖ usu uenit : usu euenit ω ‖ nouissimis *codd.* : uilissimis *coni. Clark.*

31 nam *Fr. Dubois* : iam *codd.* ‖ et ingeniosior *om.* ω ‖ hac de
causa *om.* ω*m.*

un peu trop longuement, c'est qu'il fallait vous donner une connaissance exacte des conditions dans lesquelles l'association a été conclue.

32 Quelles furent les suites de tout cela ? « Ce Panurge — dit Fannius — cet esclave que nous possédions en commun, un certain Q. Flavius de Tarquinies l'a tué. Tu m'as — dit-il encore — constitué comme mandataire pour cette affaire. Une fois que le procès a été engagé solennellement, une fois que l'instance en dommage causé contrairement au droit (1) a été constituée, tu as, sans ma participation, transigé avec Flavius. » Est-ce pour la moitié ou pour la totalité que j'ai transigé ? Parlons plus clairement : est-ce pour moi seul ou, à la fois, pour toi et pour moi ? Pour moi : je le pouvais, j'avais de nombreux exemples ; c'est chose licite : beaucoup d'autres l'ont fait en usant de leur droit ; en cela, il n'y a de ma part aucun acte contraire à ton droit. Quant à toi, réclame ce qui est à toi ; fais-toi payer, emporte ce qui t'est dû ; que chacun conserve la possession de la part qui lui revient en droit et la revendique. « Oui, mais toi tu as fait une bonne affaire. » — Fais toi aussi une bonne affaire. — « Tu as transigé à très haut prix pour ta moitié. » — Toi aussi, transige à très haut prix pour la tienne. — « Tu en as tiré six cent mille sesterces. » — Tire aussi de ta moitié six cent mille sesterces.

XII 33 Mais, cette transaction de Roscius, les paroles et l'opinion peuvent en exagérer l'importance ;

Roscius a transigé pour son propre compte

les faits et la réalité montreront combien les avantages en étaient médiocres et faibles. Il a reçu, en effet, un champ en ces temps où les biens ruraux étaient dépréciés ; ce champ, dont aucune partie n'était cultivée, ne possédait pas de maison d'exploitation. Aujourd'hui, ce champ a beaucoup plus de valeur qu'il n'en avait alors. Rien d'étonnant : alors, en effet, à cause de l'état déplorable de la République, personne n'avait la certitude de rester en possession de ses propriétés. Aujourd'hui, grâce à la

quit, « hunc seruum communem, Q. Flauius Tarquinien-
sis quidam interfecit. In hanc rem, » inquit, « me cognitorem dedisti. Lite contestata, iudicio damni iniuria
constituto, tu sine me cum Flauio decidisti. » Vtrum pro
dimidia parte an pro *re* tota ? Planius dicam : utrum pro
me an et pro me et pro te ? Pro me : potui exemplo mul-
torum ; licitum est ; iure fecerunt multi ; nihil in ea re
tibi iniuriae feci. Pete tu tuum, exige et aufer, quod debe-
tur ; suam quisque partem iuris possideat et persequa-
tur. — « At enim tu tuum negotium gessisti bene. » —
Gere et tu tuum bene. — « Magno *tu* tuam dimidiam
partem decidisti. » — Magno et tu tuam partem decide.
— « HS Q ꞇꞇꞇꞼꞼꞼ tu abstulisti. » — [Si fit hoc uero]
HS Q ꞇꞇꞼꞼꞼ tu aufer.

XII 33 Sed hanc decisionem Rosci oratione et opinione augere licet, re et ueritate mediocrem et tenuem
esse inuenietis. Accepit enim agrum temporibus iis, cum
iacerent pretia praediorum ; qui ager neque uillam habuit neque ex ulla parte fuit cultus ; qui nunc multo plu-
ris est, quam tunc fuit. Neque id est mirum. Tum enim
propter rei publicae calamitates omnium possessiones
erant incertae, nunc deum immortalium benignitate
omnium fortunae sunt certae ; tum erat ager incultus
sine tecto ; nunc est cultissimus cum optima uilla. 34 Verum tamen, quoniam natura tam maleuolus es, numquam
ista te molestia et cura liberabo. Praeclare suum negotium gessit Roscius, fundum fructuosissimum abstulit ;

32 sine me : sine me sine me ω ‖ re tota *Clark* : tota *codd.* toto
A. Klotz ‖ tu *suppl. Navagero* ‖ HSQ CCCIƆƆƆ *Mommsen* : HS que
CCCLIII *codd.* HS Q *Clark* HS CCCIƆƆƆ *Navagero* ‖ Si fit hoc
uero *codd. del. Beck* : sit ita hoc uero *Clark* si sit hoc uerum *Hotman* ‖
HSQ CCCIƆƆƆ tu aufer *Mommsen* : HS que (quoque *c*) tu aufer
codd. HSQ tu aufer *Clark* HS CCCIƆƆƆ tu quoque aufer *Navagero*.
34 liberabo *k* : —bis *cet.*

bonté des dieux immortels, personne n'a d'incertitude pour sa fortune ; le champ était alors inculte et sans bâtiment ; il est aujourd'hui très bien cultivé, il possède une maison d'exploitation en excellent état. **34** Cependant, puisque tu es d'un naturel si malveillant, je me garderai bien de jamais te délivrer de ce souci et de ce chagrin. Oui, Roscius a fait une bonne affaire. Il a obtenu un fonds de terre d'un excellent rapport. En quoi cela te regarde-t-il ? Pour la moitié qui t'appartient, fais tel arrangement qu'il te plaira. Ici, sa tactique change ; à défaut de preuves, il donne des suppositions. « C'est pour la totalité — dit-il — que tu as transigé. »

Voici donc maintenant à quoi se réduit la cause tout entière : est-ce seulement pour sa moitié ou pour la totalité de l'association que Roscius a fait une convention avec Flavius ? **35** Car, si Roscius a touché quelque argent au nom de la communauté, je confesse qu'il doit mettre cet argent à la disposition de l'association. — Ce n'est pas lui-même, c'est l'association qu'il a dégagée du litige quand il a reçu de Flavius un fonds de terre. — Pourquoi alors n'a-t-il pas donné la satisdation que PERSONNE NE LUI RÉCLAMERA PLUS RIEN (1) ? Celui qui transige pour sa part laisse aux autres le droit d'agir en justice, qui demeure entier pour eux. Celui qui transige pour ses associés donne la garantie que désormais aucun d'eux ne réclamera rien. Pourquoi alors ne vient-il pas à l'esprit de Flavius l'idée d'exiger cette satisdation ? Apparemment, il ne savait pas que Panurge appartenait à la société ? Il le savait. Il ne savait pas que Fannius était associé à Roscius ? Il le savait parfaitement, puisque c'est avec lui qu'il avait engagé le procès. **36** Pourquoi donc transige-t-il sans stipuler que personne ne lui réclamera rien ? Pourquoi cède-t-il un fonds de terre, sans être absous par le juge ? Comment se conduit-il avec une telle impéritie qu'il ne parvienne ni à lier Roscius par une stipulation, ni à se faire libérer de l'instance par Fannius ? **37** Tel est le premier argument que fournissent à la fois les conditions du droit civil et les coutumes en matière de garantie ; cet argument est d'une grande force et d'un grand poids. Je le

quid ad te ? Tuam partem dimidiam, quem ad modum uis, decide. Vertit hic rationem et id, quod approbare non potest, fingere conatur. « De tota re », inquit, « decidisti. »

Ergo huc uniuersa causa deducitur, utrum Roscius cum Flauio de sua parte an de tota societate fecerit pactionem. **35** Nam ego Roscium, si quid communi nomine tetigit, confiteor praestare debere societati. — Societatis, non suas lites redemit, cum fundum a Flauio accepit. — Quid ita satis non dedit AMPLIVS NEMINEM PETI-TVRVM ? Qui de sua parte decidit, reliquis integram relinquit actionem, qui pro sociis transigit, satis dat neminem eorum postea petiturum. Quid ita Flauio sibi cauere non uenit in mentem ? Nesciebat uidelicet Panurgum fuisse in societate. Sciebat. Nesciebat Fannium Roscio esse socium. — Praeclare ; nam iste cum eo litem contestatam habebat. **36** Cur igitur decidit et non restipulatur neminem amplius petiturum ? Cur de fundo decedit et iudicio non absoluitur ? Cur tam imperite facit, ut nec Roscium stipulatione alliget, neque a Fannio iudicio se absoluat ? **37** Est hoc primum et ex condicione iuris et ex consuetudine cautionis firmissimum et grauissimum argumentum, quod ego pluribus uerbis amplecterer, si non alia certiora et clariora testimonia in causa haberem.

XIII Et ne forte me hoc frustra pollicitum esse praedices, te, te, inquam, Fanni, ab tuis subselliis contra te testem suscitabo. Criminatio tua quae est ? Roscium

---

34 approbare ω*ock* : probare *cet.*

35 amplius *k* (*cf. Brutus*, 5, 18) : amplius a se *cet.* ‖ relinquit *t* : reliquit *cet.* ‖ in societate *om.* ω ‖ praeclare : praeclare sciebat *Kayser.*

36 decedit *b¹sc* : decidit *cet* ‖ ut nec *ed. Rom.* 1471 : ut ne *codd.*

développerais plus longuement, si je ne trouvais dans
la cause des preuves encore plus sûres et plus évidentes.

XIII Et, pour que tu n'ailles point proclamer que je
prends ici des engagements que je ne pourrai tenir, c'est
toi, c'est toi, dis-je, Fannius, que je ferai lever de ton
banc pour que tu témoignes contre toi-même. En quoi
consiste ton accusation ? Roscius a transigé avec Flavius
au nom de la société. A quelle époque ? Il y a quinze ans.
En quoi consiste ma défense ? C'est pour sa part que Roscius a transigé avec Flavius. Il y a trois ans, tu as fait à
Roscius une simple promesse. Comment ? Qu'on lise bien
nettement la teneur de cette stipulation. Prête toute ton
attention, Piso, je t'en prie, à cette lecture.

C'est malgré lui, malgré ses tergiversations dans tous
les sens, que je contrains Fannius à témoigner contre
lui-même. Que crie-t-elle, en effet, cette restipulation ?
CE QUE J'AURAI TIRÉ DE FLAVIUS, JE M'ENGAGE A EN
VERSER LA MOITIÉ A ROSCIUS. Voilà tes paroles, Fannius.
38 Que peux-tu tirer de Flavius, si Flavius ne doit rien ?
Pourquoi donc maintenant Roscius fait-il une restipulation à propos d'une somme qu'il a déjà recouvrée depuis
longtemps ? Mais, Flavius, qu'a-t-il à te donner, lui qui
s'est libéré envers Roscius de tout ce qu'il devait ? Pourquoi, à propos d'une si vieille affaire, de négociations
maintenant terminées, d'une société dissoute, faire intervenir cette nouvelle restipulation ? Cette restipulation,
quel en est le rédacteur, le témoin et l'arbitre ? C'est toi,
Piso. C'est toi, en effet, qui, pour désintéresser Fannius
de ses soins et peines, parce qu'il avait été mandataire,
parce qu'il avait satisfait à plusieurs engagements de
comparaître en justice, c'est toi qui as demandé à Q. Roscius de lui donner cent mille sesterces, à cette condition
que, si Fannius recouvrait quelque somme de Flavius,
il en verserait la moitié à Roscius. Cette restipulation
elle-même ne te paraît-elle pas dire nettement que Roscius a transigé pour lui seul ? 39 Mais, peut-être, te
viendra-t-il à l'esprit que Fannius s'est engagé en retour
à donner à Roscius la moitié de ce qu'il pourrait obtenir
de Flavius, mais qu'il n'a absolument rien recouvré. Eh
bien ! après ? Ce que tu dois considérer, ce n'est pas le

cum Flauio pro societate decidisse. Quo tempore ? Abhinc annis xv. Defensio mea quae est ? Roscium pro sua
parte cum Flauio transegisse. Repromittis tu abhinc
triennium Roscio. Quid ? Recita istam restipulationem
clarius. Attende, quaeso, Piso.

Fannium inuitum et huc atque illuc tergiuersantem
testimonium contra se cogo dicere. Quid enim restipulatio clamat ? QVOD A FLAVIO ABSTVLERO, PARTEM DIMI-
DIAM INDE ROSCIO ME SOLVTVRVM SPONDEO. Tua uox est,
Fanni. **38** Quid tu auferre potes a Flauio, si Flauius nihil debet ? Quid hic porro nunc restipulatur, quod iam
pridem ipse exegit ? Quid uero Flauius tibi daturus est,
qui Roscio omne, quod debuit, dissoluit ? Cur in re tam
uetere, in negotio *i*am confecto, in societate dissoluta,
noua haec restipulatio interponitur ? Quis est huius res-
tipulationis scriptor, testis arbiterque ? Tu, Piso ; tu
enim Q. Roscium pro opera *ac* labore, quod cognitor fuisset, quod uadimonia obisset, rogasti, ut Fannio daret
HS cccɪɔɔ hac condicione, ut, si quid ille exegisset a
Flauio, partem eius dimidiam Roscio dissolueret. Sa-
tisne ipsa *r*estipulatio dicere tibi uidetur aperte Roscium
pro se decidisse ? **39** *A*t enim forsitan hoc tibi ueniat in
mentem, repromisisse Fannium Roscio, si quid a Flauio
exegisset, eius partem dimidiam, sed omnino exegisse
nihil. Quid tu*m* ? Non exitum exactionis, sed initium

37 abhinc annis : abhinc annos *Lambin* ‖ cogo dicere *Boemo-*
raeus : dicere cogo *codd.* dicere ego cogo *coni. Clark.*

38 uetere *ed. Rom.* 1471 : —ri *codd.* ‖ iam *Gulielmius* : tam *codd.* ‖
ac *add. Mueller* ‖ obisset *b²ck* : —iret *t* —esset (essent *b¹*) *cet.* ‖
CCCIƆƆ *Navagero* : CCCLIII *codd.* CCIƆ IƆƆ *Lambin* ‖ restipulatio *Manuzio* : stipulatio *codd.*

39 At enim *Manuzio* : et enim *codd.* ‖ Fannium Roscio *ck* :
Fannio Roscium *b²t* FanniumRoscium *cet.* ‖ sed omnino *Manuzio* :
se domino *codd.* ‖ quid tum *Lambin* : quid tu *codd.*

succès de la réclamation pour faire rentrer de l'argent,
mais c'est l'origine de la promesse. S'il n'a pas jugé à
propos de faire des poursuites, il n'en a pas moins jugé,
autant qu'il était en lui, que Roscius s'était dégagé lui-
même du litige, mais qu'il n'en avait pas dégagé l'association. Que sera-ce, si je montre enfin en toute évidence que,
depuis l'ancienne transaction de Roscius et depuis ce
récent engagement pris par Fannius, Fannius a tiré de
Flavius cent mille sesterces au titre de ce qui lui était
dû pour Panurge ? Osera-t-il encore se jouer de la réputation d'un très honnête homme, de Q. Roscius ?

XIV 40 Tout à l'heure, je posais une question qui a
avec l'affaire le rapport le plus intime : pourquoi Flavius,
alors qu'il faisait une convention pour la totalité du
litige, ne recevait-il pas, d'une part, la garantie de
Roscius, et n'était-il pas, d'autre part, libéré de l'instance
par Fannius ? C'est maintenant un fait étonnant et
incroyable dont je requiers l'explication : pourquoi, alors
qu'il avait transigé pour la totalité avec Roscius, pourquoi
a-t-il fait à Fannius un paiement séparé de cent mille
sesterces ? Ce que tu te prépares à répondre sur ce point,
Saturius, je désire le savoir : Fannius n'a-t-il absolument
pas tiré de Flavius cent mille sesterces, ou a-t-il obtenu
cette somme au titre d'une autre créance et pour un autre
motif ? 41 Si c'est pour un autre motif, quelle question
de compte y avait-il entre lui et toi ? Aucune. T'avait-il
été attribué comme esclave à cause de ce qu'il te devait (1) ?
Non. C'est à des riens que j'use mon temps. « Fannius —
dit-il — n'a absolument pas tiré cent mille sesterces de
Flavius, ni pour la créance concernant Panurge, ni pour
toute autre créance. » Si je montre en toute évidence que,
postérieurement à cette récente stipulation de Roscius,
tu as tiré cent mille sesterces de Flavius, comment pour-
ras-tu ne pas perdre ton procès et ne pas te retirer frappé
du plus infamant des jugements ? 42 Quel est donc le
témoin qui me permettra de fournir cette évidence ?
Cette affaire, je le pense, était venue en justice. Assurément. Qui était demandeur ? Fannius. Qui était défendeur ? Flavius. Qui était juge ? Cluvius. De ces trois
hommes, il m'en faut produire un comme témoin qui

repromissionis spectare debes. Neque si ille *id* exsequendum *non iudicauit,* non, quod in se fuit, iudicauit Roscium suas, non societatis lites redemisse. Quid si tandem
planum facio post decisionem ueterem Rosci, post repro-
missionem recentem hanc Fanni HS cccɪɔɔ Fannium a
Q. Flauio Panurgi nomine abstulisse ? Tamen*ne* diutius
illudere uiri optimi existimationi, Q. Rosci, audebit ?

XIV **40** Paulo ante quaerebam, id quod uehementer
ad rem perlinebat, qua de causa Flauius, cum de tota
lite faceret pactionem, neque satis acciperet a Roscio
neque iudicio absolueretur a Fannio ; nunc uero, id
quod mirum et incredibile est, requiro : Quam ob rem,
cum de tota re decidisset cum Roscio, HS cccɪɔɔ sepa-
ratim Fannio dissoluit ? Hoc loco, Saturi, quid pares
respondere, scire cupio : utrum omnino Fannium a Flauio
HS cccɪɔɔ non abstulisse an alio nomine et alia de
causa abstulisse. **41** Si alia de causa, quae ratio tibi cum
eo intercesserat ? Nulla. Addictus erat tibi ? Non. Frustra tempus contero. « Omnino, » inquit, « HS cccɪɔɔ
a Flauio non abstulit neque Panurgi nomine neque
cuiusquam. » Si planum facio post hanc recentem stipula-
tionem Rosci HS cccɪɔɔ a Flauio te abstulisse, numquid causae est quin ab iudicio abeas turpissime uictus ?
42 Quo teste igitur hoc planum faciam ? Venerat, ut
opinor, haec res in iudicium. Certe. Quis erat petitor ?

39 id exsequendum *Clark* : in eo sequendum *ɷock* inexsequen-
dum *t* inersequendum *ms* persequendum *b* ‖ non iudicauit *add.*
Clark ‖ CCCIƆƆƆ *Navagero* : CCCLIII *codd.* ‖ Q. Flauio *Navagero* :
C. Flauio *codd.* ‖ tamenne *Lambin* : tamen *codd.*
  40 CCCIƆƆƆ *Navagero* : CCCLIII *codd.* ‖ dissoluit : —uerit
Lambin ‖ Fannium *bm* : Fannius *cet.* ‖ a Flauio *k* : de Flauio *c*
Fabio *cet.* ‖ non abstulisse *b* : non abstulisset *cet.*
  41 CCCIƆƆƆ *Navagero* : CCCLIII *codd.* (*ita semper*) ‖ causae est
ck : causae erit *b²t* causare *cet.*

déclare que l'argent a été donné. De ces trois hommes, quel est celui dont le témoignage a le plus de poids ? Sans conteste, celui dont la désignation comme juge a été pleinement approuvée par le jugement de tous. Quel est donc de ces trois hommes celui que tu attendras de moi comme témoin ? Le demandeur ? C'est Fannius ; jamais il ne témoignera contre lui-même. Le défendeur ? C'est Flavius. Il y a longtemps qu'il est mort ; s'il était vivant, vous entendriez ses paroles. Le juge ? C'est Cluvius. Que dit-il ? Que pour la créance au sujet de Panurge Flavius a fait à Fannius un paiement de cent mille sesterces. Considère Cluvius d'après son cens : c'est un chevalier romain ; d'après sa vie : c'est un homme de la plus haute illustration ; d'après la confiance qu'il inspire : tu l'as accepté pour juge ; d'après sa connaissance des faits : ce qu'il a dit, il pouvait et devait le savoir. **43** Déclare, déclare maintenant qu'il n'y a pas lieu de croire à la parole d'un chevalier romain, d'un homme d'honneur, de ton juge ! Il regarde autour de lui ; il bouillonne il déclare que nous ne donnerons pas lecture du témoignage de Cluvius. Nous en donnerons lecture. Tu es dans l'erreur ; c'est à une vaine et chétive espérance que tu demandes des consolations. Qu'on donne lecture du témoignage de T. Manilius et de C. Luscius |Ocrea, ces deux sénateurs, ces deux hommes d'une si haute distinction (1), qui ont appris les faits de Cluvius. TÉMOIGNAGE DE T. MA-NILIUS ET DE C. LUSCIUS OCREA. Prétends-tu qu'il ne convient pas de croire Luscius et Manilius et Cluvius lui-même ? Parlons plus nettement, plus clairement.

XV De deux choses l'une : ou Luscius et Manilius n'ont-ils rien appris de Cluvius au sujet des cent mille sesterces, ou Cluvius a-t-il dit une fausseté à Luscius et à Manilius ? Sur ce point, je suis sans inquiétude et j'ai toute liberté d'esprit ; en quelque sens que ta réponse se dirige, cela ne me met guère en peine. Car ce sont les témoignages les plus positifs, les plus sacrés des meilleurs citoyens qui consolident la cause de Roscius. **44** Si tu as déjà décidé quels sont ceux dont le serment ne t'inspire pas confiance, réponds-moi. Est-ce à Manilius et à Luscius qu'on ne doit pas s'en rapporter ? Dis-le, ose le dire. Une

Fannius. Quis reus ? Flauius. Quis iudex ? Cluuius.
Ex his unus mihi testis est producendus, qui pecuniam
datam dicat. Quis est ex his grauissimus ? Sine controuersia qui omnium iudicio comprobatus est iudex. Quem
igitur ex his tribus a me testem exspectabis ? petito-
rem ? Fannius est ; contra se numquam testimonium
dicet. Reum ? Flauius *est*. *Is* iam pridem est mortuus ;
si uiueret, uerba eius audiretis. Iudicem ? Cluuius est.
Quid is dicit ? HS ccci⊃⊃ Panurgi nomine Flauium
Fannio dissoluisse. Quem tu si ex censu spectas, eques
Romanus est ; si ex uita, homo clarissimus est ; si ex
fide, iudicem sumpsisti ; si ex ueritate, id, quod scire
potuit et debuit, dixit. **43** Nega, nega nunc equiti Romano, homini honesto, iudici tuo credi oportere ! Cir-
cumspicit, aestuat, negat nos Cluui testimonium recita-
turos. Recitabimus. Erras ; inani et tenui spe te conso-
laris. Recita testimonium T. Manili et C. Lusci Ocreae,
duorum senatorum, hominum ornatissimorum, qui ex
Cluuio audierunt. *TESTIMONIVM T. MANILI ET C. LVSCI*
OCREAE. Vtrum dicis Luscio et Manilio an et*iam* Cluuio
non esse credendum ? Planius atque apertius dicam.

XV Vtrum Luscius et Manilius nihil de HS ccci⊃⊃
ex Cluuio audierunt, an Cluuius falsum Luscio et Manilio dixit ? Hoc ego loco soluto et quieto sum animo ; et,
quorsum recidat responsum tuum, non magno opere laboro ; firmissimis enim et sanctissimis testimoniis uirorum optimorum causa Rosci communita est. **44** Si iam
tibi deliberatum est, quibus abroges fidem iuris iurandi,

---

42 exspectabis *b*² : spectabis *cet.* ‖ est. Is *ed. Rom.* 1471 : testis
codd. ‖ quid is dicit *om.* ω ‖ Flauium Fannio : Fannium Flauio
*b*¹*c* Fannio Flauium *b*² ‖ ex fide *Kayser* : ex te *codd.*

43 TESTIMONIVM... OCREAE *suppl. Hotman* ‖ an etiam *Clark* :
an et (an *b* et *ck*) *codd.*

telle déclaration convient bien à ton arrogance, à ton orgueil obstiné, aux habitudes de ta vie entière. A quoi t'attends-tu ? A ce que je m'empresse de dire que Luscius et Manilius par leur ordre appartiennent au Sénat ; que par leur âge ce sont des vieillards ; par leur caractère, des hommes d'une loyauté scrupuleuse ; par les ressources de leurs biens patrimoniaux des citoyens riches en terres et en argent ? Je n'en ferai rien, je ne porterai aucune atteinte à ma propre considération, en leur payant comme un tribut ce qui est le fruit légitime de toute une vie qui s'est soumise aux exigences de la plus austère vertu. Ma jeunesse a beaucoup plus besoin de leur opinion favorable que leur austère vieillesse ne demande mes louanges. **45** Mais c'est à toi, Piso, qu'il appartient de délibérer longuement sur cette question, de la mûrir : est-ce Chaerea qu'il faut croire, lui qui n'a pas prêté serment dans une affaire qui lui est personnelle, ou Manilius et Luscius, qui ont prêté serment dans une affaire qui leur est étrangère ? Il ne lui reste plus qu'à soutenir que Cluvius a dit une fausseté à Luscius et à Manilius. S'il le fait — et il est assez impudent pour le faire — désapprouvera-t-il comme témoin celui dont il a approuvé le choix comme juge ? Déclarera-t-il que vous ne devez pas accorder votre confiance à celui à qui il a accordé la sienne ? Infirmera-t-il devant le juge sa loyauté de témoin, alors qu'il lui a présenté des témoins à cause de sa loyauté et de sa religion de juge ? Cet homme, je le lui proposerais pour juge, il aurait le devoir de ne pas le récuser ; je le produis comme témoin : aura-t-il l'audace de réfuter son témoignage ?

XVI **46** « C'est — dit-il — que ses déclarations à Luscius et à Manilius ne sont pas faites sous la foi du serment. » Si elles étaient faites sous la foi du serment, tu les croirais ? Mais quelle différence y a-t-il entre le parjure et le menteur ? Celui qui a l'habitude de mentir s'est accoutumé à se parjurer. Celui que je peux amener à mentir, je pourrai facilement obtenir de lui par mes prières qu'il se parjure. Car celui qui s'est une seule fois écarté de la vérité, celui-là n'a pas eu plus de scrupule pour s'accoutumer à se laisser entraîner au parjure qu'au mensonge. Celui qui n'est pas ému par la droiture de sa conscience

responde. Manilio et Luscio negas esse credendum ? Dic,
aude ; est tuae contumaciae, arrogantiae uitaeque uniuersae uox. Quid exspectas quam mox ego Luscium et
Manilium dicam ordine esse senatores, aetate grandes
natu, natura sanctos et religiosos, copiis rei familiaris
locupletes et pecuniosos ? Non faciam ; nihil mihi detra-
ham, cum illis exactae aetatis seuerissime fructum, quem
meruerunt, retribuam. Magis mea adulescentia indiget
illorum existimatione, quam illorum seuerissima senectus desiderat meam laudem. **45** Tibi uero, Piso, diu
deliberandum et concoquendum est, utrum potius Chae-
reae iniurato in sua lite, an Manilio et Luscio iuratis in
alieno iudicio credas. Reliquum est, ut Cluuium falsum
dixisse Luscio et Manilio contendat. Quod si facit, qua
impudentia est, eumne testem improbabit, quem iudicem probarit ? Ei negabit credi oportere, cui ipse credi-
derit ? Eius testis ad iudicem fidem infirmabit, cuius
propter fidem et religionem iudicis testes compararit ?
Quem ego si ferrem iudicem, refugere non deberet, cum
testem producam, reprehendere audebit ?

XVI **46** « Dicit enim, » inquit, « iniuratus Luscio et
Manilio. » Si diceret iuratus, crederes ? At quid interest
inter periurum et mendacem ? Qui mentiri solet, peierare consueuit. Quem ego, ut mentiatur, inducere possum, ut peieret, exorare facile potero. Nam qui semel a
ueritate deflexit, hic non maiore religione ad periurium
quam ad mendacium perduci consueuit. Quis enim de-

---

44 nihil mihi : ne mihi *Mommsen* ‖ bona existimatione : extima-
tione bona ω.

45 reliquum *b²tck* : relictum *cet.* ‖ compararit *Halm* : — abit *c*
—abat *cet.*

46 diceret iuratus *k* : diceret iniuratus *cet.* ‖ non maiore *ck* : non
minore *cet.* minore *Mommsen.*

sera-t-il ému par les imprécations que l'on prononce contre
les parjures en prenant les dieux à témoin ? C'est pourquoi la même peine a été établie par les dieux immortels
pour châtier le parjure et le menteur. Car ce n'est pas à
cause de la convention que suppose la formule du serment, mais à cause de la perfidie et de la méchanceté qui
ont été mises à tendre des pièges à quelqu'un, que les
dieux ont coutume de s'irriter et de brûler de colère contre
les hommes. **47** Eh bien ! moi, tout au contraire, voici ce
que je soutiens : l'autorité de Cluvius aurait moins de
poids s'il parlait après avoir prêté serment qu'elle n'en a
maintenant qu'il parle sans avoir prêté serment. Car alors,
aux yeux des gens sans probité, il paraîtrait peut-être trop
partial en devenant témoin pour une affaire dont il
avait été juge ; tandis qu'à présent, aux yeux de tous
ceux qui ont quelque équité, il doit paraître très intègre
et très ferme, lui qui dit à ses amis intimes ce qu'il sait.

48 Dis-le maintenant, si tu le peux, si l'affaire, si la
cause te le permet, dis-le : Cluvius a menti !... Il a menti,
lui, Cluvius ! C'est la vérité elle-même qui a usé sur
moi de son droit de mainmise et qui me contraint d'insister quelque temps sur cette question, de m'y arrêter.
D'où a-t-on tiré tout ce mensonge ? Comment l'a-t-on
forgé ? Roscius est, apparemment, un homme habile et
qui sait se retourner. Dès le début, il a commencé à
raisonner ainsi : « Puisque Fannius me demande cinquante mille sesterces, je demanderai à C. Cluvius, chevalier romain, personnage de la plus haute distinction, de
mentir en ma faveur, de dire qu'une transaction a été
faite, alors qu'il n'a pas été fait de transaction, qu'une
somme de cent mille sesterces a été donnée par Flavius à
Fannius, alors que cette somme n'a pas été donnée. »
C'est là la première pensée d'un homme dont le cœur est
malhonnête, l'esprit misérable, la prudence nulle.

49 Qu'arrive-t-il ensuite ? Il commence par s'affermir très
nettement dans son dessein ; puis, il va trouver Cluvius.
Quel homme est-ce que Cluvius ? Un homme léger ?
Tout au contraire, un homme très sérieux. Un homme
inconstant ? Tout au contraire, c'est le plus ferme des
hommes. Est-il le familier de Roscius ? Tout au con-

precatione deorum, non conscientiae fide commouetur ?
Propterea, quae poena ab dis immortalibus periuro, haec
eadem mendaci constituta est ; non enim ex pactione
uerborum, quibus ius iurandum comprehenditur, sed ex
perfidia et malitia, per quam insidiae tenduntur alicui,
di immortales hominibus irasci et suscensere consuerunt.
47 At ego hoc ex contrario contendo : leuior esset auctoritas Cluui, si diceret iuratus, quam nunc est, cum dicit
iniuratus. Tum enim forsitan improbis nimis cupidus
uideretur, qui, qua de re iudex fuisset, testis esset ; nunc
omnibus *non* iniquis necesse est castissimus et constantissimus esse uideatur, qui id, quod scit, familiaribus
suis dicit.

48 Dic nunc, si potes, si res, si causa patitur, Cluuium
esse mentitum ! Mentitus est Cluuius ? Ipsa mihi ueritas
manum iniecit et paulisper consistere et commorari co-
git. Vnde hoc totum ductum et conflatum mendacium
est ? Roscius est uidelicet homo callidus et uersutus. Hoc
initio cogitare coepit : « Quoniam Fannius a me petit
HS Ↄ, petam a C. Cluuio, equite Romano, ornatissimo homine, ut mea causa mentiatur, dicat decisionem
factam esse, quae facta non est, HS ꟿ a Flauio
data esse Fannio, quae data non sunt. » Est hoc princi-
pium improbi animi, miseri ingeni, nulli consili. **49** Quid
deinde ? Postea quam se praeclare confirmauit, uenit ad
Cluuium. Quem hominem ? Leuem ? Immo grauissimum.
Mobilem ? Immo constantissimum. Familiarem ? Immo
alienissimum. Hunc postea quam salutauit, rogare coe-

---

46 propterea : praeterea *ck* ǁ consuerunt : consueuerunt *ωc.*
47 non iniquis *Clark* : inimicis *codd.* ciuibus *Mueller del. Madvig.*
48 iniecit : inicit *Fr. Dubois* ǁ Romano *bck* : *om. cet.* ǁ nulli :
nullius *o²k.*

traire, il lui est absolument étranger. Après les premières
salutations, Roscius commence à lui exposer sa demande
en termes flatteurs et élégants; voici, sans doute, comment
il s'exprime : « Veuille dans mon intérêt mentir en présence de ces hommes de bien qui sont tes familiers. Dis
que Flavius s'est arrangé avec Fannius au sujet de
Panurge, alors qu'il n'a fait aucune transaction. Dis
qu'il a donné cent mille sesterces, alors qu'il n'a pas donné
un as. » A cela que répond Cluvius ? « Assurément, c'est
avec empressement et bien volontiers que je mentirai
dans ton intérêt. Si, quelque jour, tu désires que je me
parjure pour te faciliter quelque économie, sache bien que
je serai à ta disposition ; tu n'avais pas à prendre la peine
de venir chez moi : pour une affaire de si peu d'importance, tu aurais pu la traiter par un messager. »

XVII **50** Ah ! J'en atteste les dieux et les hommes !
Peut-on croire ou que Roscius eût jamais adressé une
telle demande à Cluvius, alors même qu'il aurait eu
mille fois cent mille sesterces engagés dans l'instance, ou
que Cluvius eût jamais fait accueil à une pareille demande,
alors même qu'il aurait dû avoir sa part de la proie tout
entière ? Que le dieu de la bonne foi me vienne en aide !
C'est à peine si, toi, Fannius, tu aurais l'audace de
réclamer et le pouvoir d'obtenir pareil service de Ballio
ou de quelqu'un de ses semblables ! Pour ce qui est de la
vérité, le fait est faux ; pour ce qui est du bon sens, il est
incroyable. Oui, j'oublie que Roscius et Cluvius sont des
hommes du premier mérite ; pour l'intérêt du moment,
j'imagine que ce sont de malhonnêtes gens. **51** Roscius a
suborné comme faux témoin Cluvius ! Pourquoi l'a-t-il
fait si tardivement ? Pourquoi, alors qu'il fallait solder
le second versement, et non à l'époque du premier ? Car
il avait déjà payé cinquante mille sesterces. Ensuite,
puisque aussi bien Cluvius était décidé à mentir, pourquoi n'a-t-il pas dit que Fannius avait reçu de Flavius
trois cent mille sesterces plutôt que cent mille, puisque,
en vertu de leur restipulation, la moitié de la somme
appartenait à Roscius ?

Tu t'en rends compte maintenant, C. Piso : c'est pour
lui seul que Roscius réclamait ; pour la société, il ne

pit blande et concinne scilicet : « Mentire mea causa, uiris
optimis, tuis familiaribus, praesentibus, dic Flauium
cum Fannio de Panurgo decidisse, qui nihil transegit ;
dic HS cccɪɔɔɔ dedisse, qui assem nullum dedit. » Quid
ille respondit ? « Ego uero cupide et libenter mentiar tua
causa, et, si quando me peierare *uis*, ut paululum tu
compendi facias, paratum fore scito ; non fuit causa, cur
tantum laborem caperes et ad me uenires ; per nuntium
hoc, quod erat tam leue, transigere potuisti. »

XVII **50** Pro deum hominumque fidem ! hoc aut
Roscius umquam a Cluuio petisset, si HS miliens in iudicium haberet, aut Cluuius Roscio petenti concessisset,
si uniuersae praedae particeps esset ? Vix me dius fidius
tu, Fanni, a Ballione aut aliquo eius simili hoc *et* postulare auderes et impetrare posses. Quod cum est ueritate
falsum, tum ratione quoque est incredibile ; obliuiscor
enim Roscium et Cluuium uiros esse primarios ; impro-
bos temporis causa esse fingo. **51** Falsum subornauit
testem Roscius Cluuium ! Cur tam sero ? Cur, cum altera
pensio soluenda esset, non tum, cum prima ? Nam iam
antea HS ɪɔɔɔ dissoluerat. Deinde, si iam persuasum
erat Cluuio, ut mentiretur, cur potius HS cccɪɔɔɔ quam
cccɪɔɔɔ cccɪɔɔɔ cccɪɔɔɔ data dixit Fannio a Flauio,
cum ex restipulatione pars eius dimidia Rosci esset ?

Iam intellegis, C. Piso, sibi soli, societati nihil Roscium petisse. Hoc cum sentit Saturius esse apertum, resistere et repugnare contra ueritatem non audet, aliud

49 mentire *tck* : —ri *cet.* ‖ respondit *om. ck* ‖ peierare uis
Clark : peierare oportuerit (—tuit *c*) *kc* peierare *cet.* uis peierare
ed. Rom. 1471.
  50 in iudicium : in iudicio *Lambin* ‖ et postulare *Garatoni* :
expostulare *codd.*
  51 Fannio a Flauio *tk* : Flauio a Fannio *c* Fannio Flauio *cet.* ‖
ɔum sentit : quoniam sentit *Mueller.*

demandait rien. S'apercevant que rien n'est plus évident, n'osant résister à la vérité et la combattre en face, Saturius découvre sur-le-champ un autre moyen détourné d'user de manœuvres frauduleuses et de tendre des pièges. 52 « Que Roscius — dit-il — ait réclamé sa part à Flavius, je le reconnais ; qu'il ait laissé celle de Fannius libre et entière, je le concède. Mais, que ce qu'il s'est fait payer à lui-même est devenu la propriété commune de l'association, voilà ce que je soutiens. » Peut-on raisonner d'une manière plus captieuse, plus indigne ? Voici, en effet, la question que je pose : en vertu du contrat de société, Roscius a-t-il pu, oui ou non, réclamer sa part ? S'il ne l'a pas pu, comment a-t-il retiré cette part ? S'il l'a pu, comment n'est-ce pas pour lui-même qu'il s'est fait payer ? Car, ce qu'on réclame pour soi, ce n'est pas évidemment au bénéfice de l'autre associé qu'on se le fait payer. 53 Est-ce admissible ? Si Roscius avait réclamé ce qui appartenait à l'ensemble de la société, l'argent qu'on aurait fait rentrer aurait été attribué par parties égales à chacun des associés ; et maintenant qu'il a réclamé ce qui lui revenait, l'argent obtenu ne serait pas pour lui seul ?

XVIII Quelle différence y a-t-il entre celui qui soutient un procès par ses propres moyens et celui qui a été constitué en termes solennels mandataire. Celui qui engage un procès par lui-même ne peut agir que pour lui seul ; nul ne peut agir pour autrui, à moins d'avoir été constitué mandataire (1) en termes solennels. N'en est-il pas ainsi ? Si Roscius avait été ton mandataire, ce qui aurait été le fruit de sa victoire dans l'instance, tu l'emporterais comme étant ta propriété ; mais alors qu'il a réclamé en son propre nom, ce qu'il a obtenu, est-ce pour toi, n'est-ce pas pour lui-même qu'il l'a encaissé ? 54 Si quelqu'un qui n'a pas été constitué mandataire peut réclamer pour autrui, je pose cette question : pourquoi, après le meurtre de Panurge, après que l'instance en dommage causé contrairement au droit avait été régulièrement engagée avec Flavius, pourquoi as-tu été constitué mandataire de Roscius pour ce procès, demandant pour lui, ainsi que ton discours le soulignait, tout ce que tu demandais pour toi, et tout ce que tu faisais rentrer pour toi

fraudis et insidiarum in eodem uestigio deuerticulum
reperit. 52 « Petisse, » inqu*it*, « suam partem Roscium
a Flauio confiteor, uacuam et integram reliquisse Fanni
concedo : sed, quod sibi exegit, id commune societatis
factum esse contendo. » Quo nihil captiosius neque indignius potest dici. Quaero enim, potueritne Roscius ex
societate suam partem petere necne. Si non potuit, quem
ad modum abstulit ? Si potuit, quem ad modum non
sibi exegit ? Nam quod sibi petitur, certe alteri non exi-
gitur. 53 An ita est : Si, quod uniuersae societatis fuisset,
petisset, quod *t*um redactum esset, aequaliter omnes
partirentur ; nun*c*, *cum* petierit, quod suae partis esset,
n*on*, qu*od t*um abstulit, soli sibi exegit ?

XVIII Quid interest inter eum, qui per se litigat, et
eum, qui cognitor e*st* dat*us* ? Qui per se litem contesta-
tur, sibi soli petit, alteri nemo potest, nisi qui cognitor
est factus. Itane uero ? Cognitor si fuisset tuus, quod
uicisset iudicio, ferres tuum ; *cum* suo nomine petii*t*,
quod abstulit, *t*ibi, non sibi exegit ? 54 Qu*o*d si quisquam petere potest alteri, qui cognitor non est factus,
quaero, quid ita, cum Panurgus esset interfectus et lis
contestata cum Flauio damni iniuria esset, tu in eam
litem cognitor Rosci sis factus, cum praesertim ex tua
oratione, quodcumque tibi peteres, huic peteres, quodcumque tibi exigeres, id in societatem recideret. Quod si
ad Roscium nihil perueniret, quod tu a Flauio abstulisses,

51 deuerticulum *Lambin* : diuerticulum *codd.*
52 inquit *Angeli* : inquam *codd.*
53 si quod *Angeli* : si quid *codd.* ‖ quod tum *Manuzio* : quod
cum *codd.* ‖ nunc cum *Manuzio* : numquid *codd.* ‖ non quod tum
Marchal : numquid cum *codd.* ‖ et eum qui ω[1] *Lambin* : et qui *cet.* ‖
cognitor est datus *Manuzio* : cognitorem dat *codd.* ‖ cum *add.*
Lambin ‖ petiit *ed. Rom.* 1471 : petit *codd.* ‖ tibi non sibi *Hotman* :
sibi non tibi *codd.*
54 perueniret : pertineret *b.*

devant revenir à la société ? Si, de tout ce que tu
aurais tiré de Flavius, rien ne devait passer à Roscius,
à moins qu'il ne t'eût constitué mandataire pour son
procès, rien ne doit passer entre tes mains de ce que
Roscius s'est fait payer pour sa part, puisque Roscius n'a
pas été constitué ton mandataire. 55 A cela que pourras-
tu répondre, Fannius ? Alors que Roscius a transigé pour
sa part avec Flavius, t'a-t-il, oui ou non, laissé le droit
d'agir en justice ? S'il ne te l'a pas laissé, comment t'es-tu
fait payer dans la suite cent mille sesterces par Flavius ?
S'il te l'a laissé, pourquoi réclamer de Roscius ce que tu
dois par tes propres moyens revendiquer et réclamer ?
Une association ressemble, en effet, beaucoup à une
hérédité commune ; la situation de l'associé et celle du
cohéritier sont jumelles. Comme l'associé a sa part dans
l'association, le cohéritier a sa part dans l'hérédité. Un
héritier intente une réclamation pour lui seul et non pour
ses cohéritiers ; de même, un associé intente une réclamation pour lui et non pour ses associés. L'un et l'autre,
ils intentent les réclamations et font les paiements pour
leur part, l'héritier d'après la part pour laquelle il est
entré dans l'hérédité, l'associé d'après la part pour
laquelle il est entré dans l'association. 56 De même que
Roscius a pu, en son propre nom, faire abandon de sa
part à Flavius, sans que tu aies eu le droit de réclamer au
sujet de cette part, de même, alors qu'il s'est fait payer
sa part et t'a laissé dans son intégrité ton droit de réclamer, il ne doit pas partager avec toi, à moins, par hasard,
que par un renversement de la coutume tu ne puisses lui
enlever ce qui lui appartient, faute de pouvoir l'extorquer
à un autre. Saturius persiste dans son opinion : tout ce
qu'un associé réclame pour lui-même devient propriété
de l'association. S'il en est ainsi, quelle ne fut pas —
maudite folie ! — la sottise de Roscius qui, suivant le
conseil et d'après l'autorité des jurisconsultes, concluait
une restipulation précise aux termes de laquelle Fannius
devait lui verser la moitié de ce qu'il se serait fait payer
par Flavius, du moment que, sans stipulation (1) ni promesse, Fannius n'en était pas moins redevable de cette
moitié à l'association, c'est-à-dire à Roscius ?...

nisi te in suam litem dedisset cognitorem, ad te perue-
nire nihil debet, quod Roscius pro sua parte exegit,
quoniam tuus cognitor non est factus. 55 Quid enim huic
rei respondere poteris, Fanni ? Cum de sua parte Roscius transegit cum Flauio, actionem tibi tuam reliquit
an non ? Si non reliquit, quem ad modum HS cccɔɔɔ ab
eo postea exegisti ? Si reliquit, quid ab hoc petis, quod
per te persequi et petere debes ? Simillima enim et
maxime gemina societas hereditatis est ; quem ad modum
socius in societate habet partem, sic heres in hereditate
habet partem. Vt heres sibi soli, non coheredibus, petit,
sic socius sibi soli, non sociis, petit ; et quem ad modum
uterque pro sua parte petit, sic pro sua parte dissoluit,
heres ex *ea* parte, qua hereditatem adiit, socius ex ea,
qua societatem coiit. 56 Quem ad modum suam partem
Roscius suo nomine condonare potuit Flauio, ut eam tu
non peteres, sic, cum exegit suam partem et tibi integram petitionem reliquit, tecum partiri non debet, nisi
forte tu peruerso more, quod huius est, ab alio extor-
quere non potes, huic eripere potes. Perstat in sententia
Saturius, quodcumque sibi petat socius, id societatis
fieri. Quod si ita est, qu*a*, malum ! stultitia fuit Roscius,
qui ex iuris peritorum consilio et auctoritate restipula-
retur a Fannio diligenter, ut quod is exegisset a
Flauio, dimidiam partem sibi dissolue*t*, si quidem sine
cautione et repromissione, nihilo minus id Fannius
societati, hoc est Roscio, debebat ?...

55 ex ea parte *Madvig* : ex sua parte *codd.*
56 suo nomine condonare potuit : condonari potuit suo nomine
ω ‖ ab alio (illo *b²*) : si ab alio *Kayser* ‖ qua malum *Manuzio* :
quae malum *codd.* ‖ quod is ω²o*k* : quod eius *cet.* eius quod *Clark* ‖
dissolueret *ed Rom.* 1471 : —re *codd.* ‖ debebat : debeat ω.

NOTES COMPLÉMENTAIRES

Page 19.

(1) Les *Atria Licinia* étaient les salles de vente aux enchères où se tenait la réunion des crieurs publics ; on admet que ces *atria* ont été édifiés par l'orateur L. Licinius Crassus, alors qu'il était édile.

Page 20.

(1) Les comptoirs des changeurs se trouvaient au Forum, près du temple de Castor.

Page 22.

(1) L. Cornelius Scipio Asiaticus et C. Junius Norbanus furent consuls en 671/83, deux ans avant le plaidoyer de Cicéron pour Quinctius, qui est de l'an 673/81.

Page 23.

(1) *Vada Volaterrana*, port d'Etrurie ; aujourd'hui, *Torre di Vada*.

Page 24.

(1) C. Valerius Flaccus, propréteur de Gaule en 671/83, est l'oncle de L. Valerius Flaccus que Cicéron devait défendre en 695/59.

Page 41.

(1) M. Junius Brutus, père du meurtrier de César, tribun de la plèbe en 671/83.

Page 48.

(1) L'année lunaire, dite année de Numa, n'ayant que trois cent cinquante-cinq jours, pour rétablir l'accord avec l'année solaire on intercalait, tous les deux ans, entre février et mars, un mois de vingt-deux ou de vingt-trois jours.

(2) Le pays des *Sebaginni* était situé dans les Alpes du Dauphiné ou de Vaucluse, peut-être aux alentours de Sault. — Voir C. Jullian, *Histoire de la Gaule*, Paris, Hachette, tome II, 1908, p. 517, n. 6.

Page 80.

(1) Le défenseur de Roscius se croit forcé, dans l'intérêt de son client, d'adresser une assez lâche flatterie aux sénateurs qui composent le tribunal présidé par le préteur M. Fannius. Sylla avait fait entrer, à cause de leurs opinions politiques et non à cause de leur *dignité*, trois cents *simples citoyens* dans le Sénat dépeuplé par la guerre civile et par les proscriptions ; ce n'est pas la *sévérité des mœurs* de ces sénateurs nouveaux, mais le choix du préteur qui les a fait inscrire sur l'*album iudicum* où l'on prend les membres de la *quaestio inter sicarios*, comme ceux des autres *quaestiones*.

(2) Cicéron ne s'est jamais débarrassé de cette timidité naturelle, dont il parle souvent dans ses discours (*Diu. in Caecil.*, XIII, 41 ; *Pro Cluentio*, XVIII, 51). A la fin même de sa carrière, quand il plaide pour le roi Déjotarus (709-45), son exorde (I, 1) rappelle l'émotion violente qu'il éprouve toujours au moment de prendre la parole dans une cause importante. Le *De Oratore* (I, XXVI, 121) attribue cette même timidité à l'orateur Crassus dont Cicéron trace le portrait à sa propre ressemblance.

Page 84.

(1) Le quartier de Pallacine (Cf. § 132 *Pallacinae uicus*) se trouvait dans la région du cirque Flaminius.

(2) Volaterres, ville d'Etrurie, bâtie dans une position très forte sur le plateau d'une colline escarpée. Les proscrits qui s'y étaient formés en un corps régulier de quatre cohortes soutinrent à Volaterres un siège de deux ans. Voir Strabon, V, II, 6.

Page 86.

(1) Les décurions sont les membres du Sénat d'un municipe ; d'où le nom d'ordre des décurions *(ordo decurionum)* donné à ce Sénat.

Page 87.

(1) Cicéron emploie un terme de droit, *praedia uacua* : on entend par *uacua possessio fundi* la possession d'un fonds que le propriétaire déchu de ses droits livre dans sa totalité, après avoir vidé les lieux.

(2) J. Carcopino voit dans ce passage une allusion directe au rôle que Caecilia aurait joué dans la guerre des Marses, apaisant Juno Sospita dont le temple avait été profané, obtenant du Sénat la restauration de ce temple et rendant confiance au peuple Romain (cf, Cic. *De Diuinatione*, I, 44, 99 ; Obsequens, 55) ; *uestigia antiqui offici* serait « le signe dont l'avait à jamais marquée son devoir ou son service d'autrefois (*Sylla*, p. 182). » Mais l'opposition du passé et du présent (*etiam nunc... antiqui*), la remarque que « telle fut toujours l'opinion de tout le monde » montrent bien que Cicéron ne vise pas un fait particulier de la

vie de Caecilia, mais veut dire que sa conduite, en toutes circonstances, a été digne des matrones d'autrefois.

Page 88.

(1) Après avoir été frappé de verges jusqu'au sang, le parricide était cousu vivant dans un *culleus*, grand sac de cuir que les Romains employaient pour le transport du vin et de l'huile. Dans ce sac, on enfermait avec lui une vipère, un coq, un chien et un singe vivants : la vipère, parce qu'en naissant elle déchire le ventre de sa mère ; le coq, parce qu'il bat souvent sa mère ; le chien, parce qu'il est le symbole de la rage ; le singe, à cause de sa ressemblance avec l'homme. Le *culleus* était ensuite jeté à la mer. Voir plus loin, xxvi, 71.

Page 89.

(1) C. Flavius Fimbria, fougueux partisan de Marius ; grièvement blessé par ses ordres aux funérailles de Marius (janvier 668-86), Q. Mucius Scaevola fut tué en 672/82, lors des massacres ordonnés par Marius le jeune, au moment où Sylla, vainqueur, allait rentrer à Rome.

Page 90.

(1) On ne sait rien de C. Erucius, l'homme de paille des Roscius et de Chrysogonus. Ce personnage, né de père inconnu (xvi, 46), était-il d'origine grecque ? Deux poètes de l'*Anthologie* portent le nom d'Erykios. S'il était latin, son nom peut venir du mot *eruca*, qui désigne une espèce de chou. Quintilien *(I. O.* VIII, iii, 22) parle d'un Erucius que Cicéron, dans le *Pro Vareno*, discours qui ne nous est pas parvenu, qualifiait d'*Antoniaster*: nous ignorons si ce mauvais imitateur de l'orateur Antoine est l'accusateur de Sex. Roscius.

Page 92.

(1) L'expression *praedia rustica* désigne les fonds de terre situés à la campagne et généralement affectés à la culture. Ce sont des propriétés non bâties. Le *praedium urbanum* au contraire est une propriété bâtie, quel que soit son emplacement. Qu'il soit à la campagne ou à la ville, dès l'instant qu'il suppose une construction, le *praedium* est *urbanum*. ULPIEN, *Dig.* L, 16, 198 : « Urbana praedia omnia aedificia accipimus, non solum quae sunt in oppidis, sed si... in uillis et uico, quia urbanum praedium non locus facit, sed materia. »

Page 94.

(1) Le fils, né en légitime mariage, a seul, au point de vue de la loi romaine, un père certain. Le père d'un enfant naturel est légalement inconnu, comme le père d'un *uulgo quaesitus*. Ni l'un ni l'autre de ces enfants n'a le droit de succession sur les biens de son père. Mais au temps de Cicéron l'édit du préteur a accordé aux

enfants naturels une *bonorum possessio* à titre de cognats. Un
sénatus consulte de l'an 178 ap. J.-C. accorda aux enfants nés hors
mariage un droit de succession sur les biens de leur mère.

(2) Personnages de l'*Hypobolimaeus*, comédie de Caecilius, dont
il ne reste à peu près rien, et dont il est difficile de conjecturer
le sujet. Le mot grec ὑποβολιμαῖος signifie « enfant supposé ».

Page 95.

(1) C. Atilius Serranus, à qui l'on vint offrir le consulat (497/
257), alors qu'il ensemençait lui-même son champ ; d'où son surnom. Pline, *N. H.*, XVIII, iii, 20 : Serentem inuenerunt dati
honores Serranum, unde ei cognomen.

(2) Caton *(De agri cultura, Praefat.*, 1) rappelle cette opinion des
ancêtres qui pensaient faire le plus grand éloge d'un honnête
homme en louant son mérite d'agriculteur : Maiores nostri uirum
bonum cum laudabant ita laudabant, bonum agricolam, bonum-
que colonum. Amplissime laudari existimabatur qui ita laudabatur.
On trouvera dans la *Préface* du *De re rustica* de Columelle les noms
des autres grands hommes de l'antiquité romaine qui ressemblaient
à Atilius : Cincinnatus, qu'on arracha à sa charrue pour faire de
lui un dictateur, Fabricius et Curius Dentatus, qui, après leurs
victoires, revenaient labourer leurs champs.

Page 98.

(1) On sait comment les oies sauvèrent le Capitole au moment
de l'assaut nocturne des Gaulois. Pline *(N. H.*, XXIX, iv, 57; cf.
X, xxii, 51) rappelle que le rôle des chiens du Capitole fut moins
brillant et qu'en mémoire de leur négligence, chaque année, on
crucifiait vivants quelques-uns de ces animaux sur une fourche de
sureau dans l'espace compris entre le temple de la déesse Juventas
et le temple du dieu Summanus.

(2) Aulu-Gelle (*N. A.*, VI [VII], i, 6) rapporte, d'après C. Op-
pius, Julius Hyginus et autres biographes de Scipion l'Africain,
que ce grand homme avait coutume de se rendre avant l'aube au
temple de Jupiter sur le Capitole : les gardiens constataient
avec étonnement que les chiens, habitués à s'élancer sur qui-
conque s'approchait à pareille heure, demeuraient tranquilles et
n'aboyaient même pas contre lui.

Page 103.

(1) Allusion à Oreste, *Furiis agitatus Orestes* (*Aen.*, III, v. 331),
qui avait tué sa mère Clytemnestre d'après les ordres d'Apollon.
Ennius avait fait jouer une imitation des *Euménides* d'Eschyle ;
les auditeurs de Cicéron connaissaient bien par l'adaptation
latine « les traditions que les poètes nous ont transmises ».

Page 104.

(1) Trente-cinq ans après avoir prononcé le discours pour Roscius, Cicéron rappelait, non sans ironie, dans l'*Orator* (xxx, 107),

quels applaudissements cette déclamation de jeunesse avait sou
levés.

Page 108.

(1) Le double sens du mot *sector* donne à Cicéron l'occasion d'un
jeu de mots. Le *sector collorum* est le meurtrier qui, avec son poignard, fait la *section* du cou de sa victime ; en droit, le *sector
bonorum* est l'adjudicataire qui se rend acquéreur de biens *sec-
tionnés* en parcelles pour une vente judiciaire. Ce sont les mêmes
gens qui tuent les proscrits et qui achètent leurs biens à vil prix.

Page 112.

(1) Les accusateurs de profession et leur doyen Antistius furent,
pendant les guerres civiles, massacrés auprès du lac Servilius,
réservoir voisin du Forum, aussi funeste pour eux que l'avait été
le lac Trasimène pour les légionnaires au temps de la guerre
d'Hannibal. — Le vers cité est probablement emprunté à l'*Achille*
d'Ennius.

Page 116.

(1) Le *lemniscus* (λημνίσκος) était un ruban de diverses couleurs
qui s'attachait à la partie postérieure d'une couronne et qui pen-
dait derrière la tête. On attachait aussi le *lemniscus* à la *palma*
donnée en récompense aux vainqueurs des jeux du cirque. La
« palme décorée du ruban » était la distinction la plus haute que
pût ambitionner un gladiateur. Cf. *Glossae Luctatii Placidi Gram-
matici* (64, 4) : *Lemniscata : maior palma Gladiatorum.* Capito
n'était évidemment pas un vieux gladiateur professionnel dont de
nombreuses palmes et, enfin, la palme décorée du ruban, avaient
récompensé les victoires dans les jeux du cirque ; c'est par méta-
phore que Cicéron fait de lui un *lanista* (v, 17 ; xl, 118), directeur
d'un *ludus gladiatorius.* On a vu (iii, 8 ; cf. *Pro Quinctio*, xxi, 69)
que Cicéron emploie le mot *Gladiateur* comme terme injurieux :
dans les *Philippiques*, c'est l'épithète ordinaire d'Antoine.

Page 122

(1) Dans l'action de mandat, comme dans l'action de vol, le
défendeur condamné encourt l'ignominie. Il en est de même dans
les actions de société, fiducie, dépôt, tutelle ; dans les actions
d'injures, de la loi Plaetoria, de dol. En outre l'édit du préteur
attache certaines déchéances à la condamnation prononcée dans
une action infamante : exclusion du droit de constituer un représentant judiciaire *(cognitor* ou *procurator)* ou d'en remplir la fonc-
tion. Mais il faut que le défendeur plaide en son nom personnel :
le demandeur qui consent à plaider contre un représentant est
censé renoncer à cette sanction. A la fin de la République et au
temps d'Auguste, plusieurs lois ont attaché à l'ignominie d'autres
déchéances : exclusion du sénat, du décurionat, de la liste des
juges ; inéligibilité aux magistratures ; droit de se porter accusateur en cas d'adultère ou de tuer le complice en cas de flagrant

délit. Mais ces lois, sauf la loi Cassia de 104 *(Pro Corn.* 24 ; Ascon. 69) sont postérieures à notre plaidoyer : loi Calpurnia *de ambitu*, de 67 ; Iulia *repetundarum*, de 59 ; table d'Héraclée, de 45 ; Iulia *de maritandis ordinibus*, de 18 ; Iulia *de adulteriis*, antérieure à la mort d'Horace en 8 *(Odes*, IV, 5, 21).

Page 126.

(1) Voici un de ces jeux de mots faciles sur les noms propres dont Cicéron abuse ailleurs même que dans les *Verrines*. Avant d'être un nom banal d'esclave, Χρυσόγονος, celui qui est né de l'or (Χρυσός, γίγνομαι), avait été le nom de Persée, né de Danaé et de Zeus changé en pluie d'or.

Page 127.

(1) Cicéron affecte d'ignorer si la loi en vertu de laquelle les biens des proscrits étaient confisqués et leurs fils et petits-fils déclarés indignes d'être élus aux magistratures a été portée par L. Cornelius Sulla lui-même ou par L. Valerius Flaccus, qui lui avait fait conférer la dictature perpétuelle.

(2) Les anciennes lois sont la *lex Porcia* (556/198), qui établissait qu'aucun citoyen ne pouvait être mis à mort sans jugement et que Cicéron devait violer en faisant exécuter Cethegus et les autres complices de Catilina ; la *lex Sempronia* (632/122), qui établissait que la condamnation à mort d'un citoyen romain ne pouvait être prononcée que par les *comitia centuriata*.

Page 131.

(1) Le bouilleur automatique, *authepsa* (ὁυτάς, ἔψω), qui cuit lui même, était un récipient à double fond, l'un pour le feu, l'autre pour les mets qu'on faisait cuire. Un des auteurs de l'*Histoire Auguste*, Lampridius (*Heliog.*, xix) rapporte que l'empereur Héliogabale fut le premier à posséder des *authepsae argenteae*. Il est probable que l'*authepsa* que Chrysogonus acheta si cher était en bronze de Corinthe ou de Délos, comme les autres vases qui ornaient sa somptueuse demeure.

(2) La question de savoir si, dès l'époque du procès, l'édit du préteur distinguait le dommage causé par des troupes d'hommes et le vol avec violence, est discutée. En tout cas, pour qu'il y ait *turba*, il faut de 10 à 15 personnes ; 3 ou 4 ne suffisent pas, d'après Labéon (*Dig.*, XLVII, 8, 2 pr., 4 pr.).

Page 134.

(1) Cicéron se plaît, en toute occasion, à vanter l'éclatante distinction *(splendor)* de l'ordre équestre auquel il appartient lui-même. La vieille aristocratie, qui voyait dans Sylla un sauveur de la société, n'avait pu supporter la suprématie de cet ordre dont l'exercice de la justice dans les tribunaux et le privilège de la ferme des impôts dans les provinces faisaient à la fois une noblesse de robe et une noblesse de haute finance.

Page 135.

(1) Le *ius gentium*, que Cicéron distingue de la coutume et de la loi, est le droit commun aux citoyens et aux pérégrins.

Page 136.

(1) Une injure est atroce *ex facto*, ou *ex loco*, ou *ex persona* (Gaius, III, 225). Ici elle est atroce en raison du crime dont Sex. Roscius est accusé.

Page 139.

(1) Salluste (*Hist.*, I, Fragm. 55, éd. Maurenbrecher) fait prononcer par le consul M. Aemilius Lepidus (676-78) un violent discours où les dispositions tyranniques prises par Sylla contre les fils des proscrits sont éloquemment attaquées. En l'an 691/63, pendant son consulat, le défenseur de Sex. Roscius devait, pour obéir à des nécessités politiques, demander dans son discours *De proscriptorum filiis* le maintien de la *lex Cornelia de proscriptis*, qui privait les fils des proscrits des biens paternels et leur interdisait l'accès aux fonctions publiques.

Page 159.

(1) Les *aduersaria*, qu'on appelle aussi *ephemeris*, sont le brouillard qu'on tient au jour le jour, le livre-journal. A la fin du mois, les notes des *aduersaria* doivent être reportées avec soin sur le *codex*, ou livre de compte.

Page 165.

(1) Le *leno* Ballio joue un rôle odieux dans le *Pseudolus* de Plaute. Le nom de Ballio se trouve encore dans un passage des *Philippiques* (II, VI, 15) où Cicéron compare Antoine à ce personnage.

Page 166.

(1) Aulu-Gelle (*N. A.*, I, v, 3) mentionne la danseuse pantomime Dionysia.

Page 168.

(1) Le mot *arca*, qui a le sens général de *coffre*, est pris ici dans le sens spécial de *coffre-fort*. C'est la caisse où un particulier garde ses écus. Cf. Horace, *Sat.*, I, I, v. 67 : ... *nummos contemplor in arca.*

Page 169.

(1) Le comédien Statilius, dont l'enseignement était peu estimé, et le comédien Eros sont également inconnus.

Page 170.

(1) Cette instance s'appelle *actio legis Aquiliae*. La *lex Aquilia* réglementait d'une façon générale toute la matière des dommages causés à la propriété d'autrui ; une de ses dispositions était relative

au meurtre d'un esclave commis par une personne qui ne se trouvait pas dans un cas de légitime défense. Le meurtrier devait payer une somme égale à la plus haute valeur que l'esclave avait eue dans l'année antérieure au meurtre.

Page 171.

1. Certains éditeurs lisent *amplius assem*, d'autres *amplius a se*. La question me paraît résolue par Cicéron lui-même *(Brutus*, V, 18) précisément à propos de la *cautio de non amplius petendo* : « Tibi ego non soluam nisi prius a te cauero amplius eo nomine neminem, cujus petitio sit, petiturum. »

Page 173.

1. L'*addictio* est le décret par lequel un magistrat autorise le créancier d'une somme d'argent qui a obtenu un jugement contre son débiteur *(iudicatus)* ou qui lui a consenti un prêt en forme de *nexum*, à l'emmener chez lui à défaut de paiement et à le faire travailler à son profit comme un esclave, jusqu'à ce qu'il l'ait désintéressé (Cato, *De re rust.*, 56 ; Sénèque, *Controv.*, X, 4, 18 ; Cic. *Pro Flacco*, 20, 48 ; *De Oratore*, II, 63, 255 ; Pline, *Lettres*, III, 9, 7 ; Gell., XX, 1, 1). Le droit du créancier était sanctionné par l'action de vol (Gaius, III, 199). L'*addictus* est assimilé à un esclave *(serui loco)*, mais il reste citoyen : il peut invoquer la protection du magistrat lorsque le créancier abuse de son droit (Val. Max. VI, 1, 9). Quand il recouvre la liberté, on le traite comme un ingénu (Quint. VII, 3, 26). L'usage de l'*addictio*, réglementé par la loi des Douze Tables, atténué par la loi Poetelia de 428, a été aboli par Dioclétien. Cf. Ed. Cuq, *Manuel*, 2ᵉ éd., p. 84 et 901.

Page 174.

1. Ces deux sénateurs sont inconnus.

Page 178.

1. Le *uoluntarius procurator ad agendum* est mentionné par Cicéron, un quart de siècle plus tard, après Pharsale *(Brutus*, 4, 17).

Page 179.

1. Le mot *cautio* ne désigne pas ici une sûreté personnelle ou réelle. Cicéron vient de dire que cette *cautio* consiste en une stipulation dont les termes ont été soigneusement déterminés par les *iurisperiti*. L'activité des Prudents, dit-il ailleurs *(De Oratore*, I, 48, 212), se manifeste de trois manières : *respondere*, *agere*, *cauere* (cf. Ed. Cuq, *L'ancien droit*, 2ᵉ éd., p. 162). *Cauere*, c'est rédiger un acte juridique de manière à prévenir les chicanes d'un contractant sans scrupules.

TABLE DES MATIÈRES

ABBEVILLE. — IMPRIMERIE F. PAILLART. — 23-10-34.